Baedeker

Allianz Reiseführer

Mexiko

www.baedeker.com

Verlag Karl Baedeker

TOP-REISEZIELE ✶✶

Mexiko hat alles, was man für einen abwechslungsreichen Urlaub braucht: Wüsten und Wasserfälle, weiße Karibikstrände, Dschungel und Kakteenwälder, prähispanische Tempelanlagen, einsame Dörfer, moderne Metropolen und prachtvolle Kolonialstädte. Tauchen Sie ein in die Kultur des Landes mit ihren vielen Festen, farbenfrohen Märkten und schmackhaften Spezialitäten!

Monarchfalter
Tausende überwintern jedes Jahr in Mexiko.

1 ✶✶ Barranca del Cobre
Mit ihrer Ausdehnung – viermal so groß wie der Grand Canyon – gehört die Kupferschlucht zum Spektakulärsten in Mexiko. ► **Seite 216**

2 ✶✶ Teotihuacán
Keine Stadt, kein Staat, kein Volk hat größeren Einfluss auf das übrige Mittelamerika gehabt ... ► **Seite 551**

3 ✶✶ Guanajuato
Juwel der Kolonialarchitektur, dessen historisches Zentrum und Bergwerksanlagen zum Weltkulturerbe zählen ► **Seite 318**

4 ✶✶ San Miguel de Allende
Einst Missionsstation, heute beliebter Treffpunkt für Künstler und Kunststudenten aus aller Welt ► **Seite 533**

5 ✶✶ Mexiko-Stadt
Ein wahrer Moloch, gleichzeitig aber faszi-

Uxmal
Pyramide des Wahrsagers

Mexiko-Stadt
Aztekentänzer vor der Kathedrale

DIE BESTEN BAEDEKER-TIPPS

Von allen Baedeker-Tipps in diesem Buch haben wir hier die interessantesten für Sie zusammengestellt. Erleben und genießen Sie Mexiko von seiner schönsten Seite!

! Neues Bauen live
Luis Barragáns Häuser waren stets komponiert aus Licht, Farbe und großzügigen Flächen. Sein Wohnhaus in Mexiko-Stadt steht Besuchern mittlerweile offen.
► **Seite 88**

! Mehr vom Meer
Wer in Cancún nicht nur baden und sich bräunen möchte, kann Meeresbewohner im ersten interaktiven Aquarium Lateinamerikas hautnah kennen lernen.
► **Seite 237**

! Olas Verdes
An der Costa Alegre wird man im Frühjahr Zeuge eines einzigartigen Naturschauspiels: bis zu 8 m hohe Wellen, die durch fluoreszierende Mikroorganismen grün aufleuchten. ► **Seite 278**

! Tequila-Express
Jeweils samstags und sonntags um 11.00 Uhr startet im Bahnhof von Guadalajara der Tequila-Express zu einer Fahrt durch das zentrale Hochland. Für gute Stimmung an Bord sorgen eine Mariachi-Band – und natürlich der hochprozentige Agavenschnaps. ► **Seite 304**

! Méridas Lieder
Typisch für Mérida ist die trova, die Kunst der Troubadoure. Jeden Donnerstagabend zeigen die Sänger und Musiker ihr Können bei der Serenata de Santa Lucía.
► **Seite 344**

! Tempelbesuch bei Nacht
Die Archäologische Zone von Mexiko-Stadt am Rande des Zócalo erfährt man im Rahmen von Führungen nach Einbruch der Dunkelheit vollkommen neu.
► **Seite 378**

! Heiliger Antonius hilf!
Jeder Morelianer kennt das Restaurant San Miguelito und führt Fremden gerne seine besondere Atmosphäre vor. Hier bitten die

Am Pátzcuaro-See
versuchen die Fischer mit Hilfe von Schmetterlingsnetzen ihr Glück beim morgendlichen Fang.

ledigen Frauen bei einem bestimmten Ritual – im Spaß oder Ernst – um einen Mann. Manche Bittstellerin hatte angeblich nur mit dem Eintrag ihrer Email-Adresse schon Erfolg. ► **Seite 436**

! Baile de Viejitos

Am 8. Dezember wird in Pátzcuaro der Tanz der alten Männer aufgeführt, bei dem die Tänzer anfangs einen ganz gebrechlichen Eindruck machen. ► **Seite 474**

! Rosinenfreuden

Gegenüber der Plazuela do los Sapos in Puebla, auf der sonntags ein Flohmarkt stattfindet, liegt die Bar La Pasita. Hier wurde der beliebte Rosinenlikör gleichen Namens erfunden, der meist auch mit einer Rosine im Glas serviert wird.
► **Seite 486**

Tequila
sowie ein wenig Salz und ein herzhafter Biss in die Limone ...

! Pelota-Spiel

In Yucatáns Freizeitpark Xcaret wird nicht nur Ökologie groß geschrieben, sondern auch die Geschichte der Maya auf lebendige Weise dargestellt. So gehört zum nachmittäglichen Showprogramm auch ein Pelota-Spiel in entsprechender historischer Kleidung auf einem authentisch nachgebauten Spielfeld.
► **Seite 516**

! Wie heilten die Maya?

Vornehmlich mit Kräuern, Naturheilmitteln und magischen Ritualen. Wie Leiden diagnostiziert und behandelt wurden, kann man in der Casa de Curación im Museo de la Medicina Maya gleich überprüfen ...
► **Seite 520**

! Wellness auf mexikanisch

Sich einige Tage verwöhnen lassen? Das Kurhotel in Ixtapán de la Sal ist dafür genau die richtige Adresse. ► **Seite 576**

Die Nachkommen der Maya
sind ihren Traditionen eng verhaftet, sei es in puncto Heilverfahren, Ackerbau oder Architektur.

Hängematten besorgt man sich am besten in Mérida.
► **Seite 346**

Hierve del Aqua: Sinterterrasse bei Oaxaca →

Hintergrund

»MÉXICO ES UN OTRO MUNDO« – MIT SEINER REICHEN KULTURELLEN GESCHICHTE, SEINER EINZIGARTIGEN LANDSCHAFTLICHEN VIELFALT, SEINER BESONDEREN TRADITIONEN UND VOR ALLEM SEINER MENSCHEN WEGEN IST MEXIKO TATSÄCHLICH EINE ANDERE – EINE FASZINIERENDE – WELT.

¡VIVA MÉXICO!

Mexiko – allein der Name zaubert Bilder herbei: Traumstrände, faszinierende Ausgrabungsstätten, bunte Folklore, pure Lebensfreude, riesige Kakteen und tropische Wälder. Tatsächlich kann man in Mexiko dies alles erleben. Entdecken Sie die Faszination der Geschichte, der Landschaften und der Kultur der indianischen Ureinwohner ebenso wie die Realitäten des modernen Mexiko!

Die ersten europäischen Reisenden, die nach Mexiko kamen, waren spanische Eroberer. Sie suchten eine neue Welt und Reichtum, sie fanden Hochkulturen, denen sie mit Unverständnis begegneten. Ihr Drang nach Geld und Macht ließ sie innerhalb kurzer Zeit all das vernichten, was Generationen über Jahrhunderte entwickelt hatten. Heute noch trägt Mexiko schwer an dieser geschichtlichen Hypothek, ist sich jedoch seiner historischen Schätze bewusst: Nicht zuletzt wegen der einmaligen Zeugnisse der Maya und Azteken strömen heute die Besucher ins Land.

Traumstrände
Bei 10 000 km Küste am Pazifik, dem Golf von Mexiko und der Karibik findet jeder Reisende das passende Angebot.

Palmen und Pyramiden

Das Schöne an Mexiko: Seine Geschichte ist tatsächlich erlebbar. Man kann Pyramiden besteigen und erfahren, wie durch Ausgrabungen eine zeitliche Ebene nach der anderen freigelegt wird. In den Dörfern der indianischen Ureinwohner erlebt man, wie nach uralter Handwerkstradition wahre Alltagskunst entsteht und wie köstlich traditionelle Gerichte schmecken. In den südlichen Landesteilen liegen Kultur und Erholung nah beisammen: Bade- und Tauchparadiese erstrecken sich entlang der Küsten, und wer morgens noch Pyramiden bewunderte, speist abends unter Palmen.

Kakteen und Sombreros

Mit dem kleinen grünen Kaktus vom heimischen Fensterbrett haben die rund 4000 mexikanischen Kakteenarten kaum etwas gemeinsam. In Nordmexiko gibt es imposante Giganten und ganze Kakteenwälder. Überall lässt sich hier Interessantes entdecken: Überlebenskünstler aus der Tier- und Pflanzenwelt, die Schönheit blühender Wüsten

Relikte bedeutender Hochkulturen
Chichén Itzá ist wohl die größte und bekannteste Maya-Stätte Yucatáns und war ein monumentales Machtzentrum.

Mariachi
Markenzeichen der mexikanischen Musik sind die Mariachis, volkstümliche Ensembles mit Gitarren, Trompeten und Geigen.

Kakteen
gedeihen vor allem auf der Baja California.

Margaritas
Urlaubsfeeling pur: mit solch einem Drink den Tag ausklingen lassen …

Día de los Muertos
So feiern die Mexikaner den Tod als Teil des Lebens.

Tacos
– für viele kaum von Tortillas, Burritos oder Fajitas zu unterscheiden. Zwar werden immer Tortillas verwendet, doch sind jeweils Füllungen, Zubereitung und Präsentation verschieden.

oder leckere frische Kaktusfeigen. Man könnte glauben, dass der Sombrero der passende Sonnenschutz für diese Region wäre. Doch erst Hollywood machte den Sombrero dann zum Synonym für Mexiko. Im Alltag sind sie längst durch kleinere Hüte verdrängt, wirklich praktisch sind die Sombreros nämlich nicht.

Heimat für Millionen

Beim Landeanflug auf den Flughafen von Mexiko-Stadt wird es oft still: Für viele Reisende ist der Blick aus dem Flugzeug auf die schier grenzenlose Hauptstadt der erste Eindruck von Mexiko. Die Hauptstadt ist so faszinierend wie das Land. Die Einwohnerzahl hat die Schallmauer von 25 Millionen längst durchbrochen und täglich werden es mehr. In dieser Megatown gibt es nichts, was es nicht gäbe: Mexiko-Stadt ist sowohl Wirtschafts-, Handels- und Verwaltungszentrum, Verkehrsknotenpunkt als auch Sitz der bedeutendsten Bildungs- und Kulturinstitutionen. Es gibt Villenviertel und Slums, Museen, Theater und Straßenkleinkunst, Luxusrestaurants und mobile Imbissstände – die Liste ließe sich endlos fortsetzen. Mexiko-Stadt bietet für jeden das Richtige, man muss es nur entdecken.

Sonnenuntergänge
Spektakulär und atemberaubend

Bunt und scharf

Nicht nur Tequila ist Kult auf der ganzen Welt, auch die mexikanische Küche hat sich ihren Platz erobert: Sie gilt als besonders kreativ und vielfältig. Kein Wunder bei dem Reichtum an frischen Gemüse- und Obstsorten. Ohne Mais, Bohnen sowie die verschiedensten Sorten an Chili geht jedoch nichts. Allein die köstlichen Tortillas, von denen es unzählige Varianten gibt, lassen keine Langeweile aufkommen. Das Einzigartige an der mexikanischen Küche sind ausgefallene Gewürze wie Zimt und Koriander oder Gerichte in der Tradition der Maya und Azteken.

Ebenso bunt wie das Treiben auf den Gemüsemärkten ist die Volkskunst des Landes. Ob Silberschmiedekunst, Keramiken, Blech- und Flechtarbeiten oder Stoffe und Stickereien - in allen Regionen wird Kunsthandwerk meist von höchster Qualität hergestellt. Farben, Formen, Muster und Symbole spiegeln dabei viel von den Traditionen wider. Schnell kann man vor lauter Farbenpracht in einen Kaufrausch geraten, doch keine falsche Zurückhaltung – über ein schönes Mitbringsel freut sich eigentlich jeder.

Fakten

Mexiko überwältigt seine Besucher mit einer ureigenen Mischung von Kulturen, Landschaften, Traditionen und Impressionen. Nirgendwo sonst in Amerika sind alte Geschichte und magische Rituale so eng mit dem modernen Alltag verwoben.

Natur

Ein Blick in die Erdgeschichte

Weite Teile Mexikos waren noch in der Kreidezeit, also vor über 65 Mio. Jahren, von den Fluten des Weltmeeres überspült. Am Übergang von der Kreide- zur Tertiärzeit ist neueren geophysikalischen Forschungen zufolge ein riesiger Meteorit im Bereich der heutigen Halbinsel Yucatán in die Erdkruste eingedrungen und hat den Chicxulub-Krater ausgeworfen, der einen Durchmesser von 200 km hat.

Erst während des Tertiärs wurde das heutige Mexiko von der Gebirgsbildung erfasst. Sozusagen als südliche Fortsetzung der nordamerikanischen Rocky Mountains bzw. der Basin and Range Province wuchsen die Hauptstränge der Sierra Madre Occidental (Westliche Sierra Madre) und der Sierra Madre Oriental (Östliche Sierra Madre) heran, begleitet von schweren Erdbeben und heftigen **Vulkanausbrüchen**. Erst vor 5 bis 2 Mio. Jahren bildete sich der Isthmus von Tehuantepec, der nun Nord- mit Südamerika verbindet.

◄ Unruhige Erde

Mexikos Erde ist bislang nicht zur Ruhe gekommen. Der Grund dafür sind anhaltende Bewegungen einzelner Platten der Erdkruste. So schiebt sich beispielsweise die im östlichen pazifischen Raum befindliche Cocosplatte unter die Amerikanische und die Karibische Platte. Die dabei an den Plattenrändern entstehenden Spannungen entladen sich immer wieder in starken Erdstößen oder führen zu heftigen Vulkanausbrüchen. Ein letztes verheerendes **Erdbeben** trug sich 1985 im Raum Mexiko-Stadt zu. Es forderte ca. 10 000 Menschenleben und richtete immense Schäden an der Bausubstanz und Infrastruktur an. Das jüngste schwere Beben ereignete sich im Sommer 1999 im Raum Puebla. Damals fanden 23 Menschen den Tod. Auch Mexikos Feuerberge, die Teil des zirkumpazifischen »Ring of Fire« sind, sorgen immer wieder für Aufregung. Erst 1943 »erwachte« der Paricutin, Mexikos jüngster Vulkan. Mehrfach machte sich in den letzten Jahren der Popocatépetl bemerkbar, in dessen näherer Umgebung über 30 Mio. Menschen leben.

Mexikanisches Hochland

Kernstück des geografisch und geologisch überaus kontrastreichen Landes ist das Hochland **(Altiplano)**, das den nördlichen und mittleren Teil Mexikos einnimmt. Diese Hochebene, die von Norden nach Süden von 900 m auf 2400 bis 3000 m Höhe ansteigt, wird von der Sierra Madre Occidental und der Sierra Madre Oriental eingerahmt. Nur ein kleiner Teil der Niederschläge kann über diese gewaltigen Gebirgswälle hinweg das Landesinnere erreichen. Das Hochland besteht aus sieben großen Becken, die von Bergketten und tiefen Schluchten durchzogen sind.

◄ Nördliches Hochland

Das niedrigere Nördliche Hochland besteht hauptsächlich aus breiten Senken, den sog. **Bolsones**. Die größten dieser Art – ohne Abfluss zum Meer – sind die Bolsones von Mapimí und San Luis Potosí. Da-

← *Kleines Mädchen aus Chiapas*

gegen sorgen die rechten Nebenflüsse des Río Bravo del Norte (Río Grande) für eine Entwässerung in den Golf von Mexiko. Im nördlichen Abschnitt ist der breite, zwischen 900 und 1200 m hohe Talboden stellenweise von Seen, Sanddünen, Salzsteppen und an den Berghängen von Schwemmland bedeckt. Im Allgemeinen überragen die Berge das Wüstenbecken um 800 bis 900 m. In den Bergen existieren zahlreiche Lagerstätten von Gold, Silber, Blei, Zink, Quecksilber, Ölschiefer, Kohle und Eisenerz.

Südliches Hochland ► Das zentrale Südliche Hochland umfasst im Kerngebiet mehrere breite Talbecken, unter denen die von Bajío, Toluca, México und Puebla zu erwähnen sind. Die Böden bestehen aus vulkanischem Material. Die Täler werden voneinander und auch vom südlichen Mexiko durch ein Hochland getrennt, das sowohl von sanften Kuppen wie auch von schroffen Vulkangipfeln gezeichnet ist. Die durch Lava blockierte Entwässerung ließ in den zwischen 1500 und 2600 m ü. d. M. gelegenen Becken Seen und Sümpfe sowie Thermalquellen entstehen. Unter diesen Seen sind die von Chapala, Cuitzeo und Pátzcuaro die bekanntesten. Drei der wichtigsten Fluss-Systeme ergießen sich aus diesem Gebiet ins Meer: aus Puebla das Mezcala-Balsas-System, aus dem Gebiet westlich des México-Beckens der Río Lerma/Río Grande de Santiago sowie das System Río Moctezuma/Río Pánuco aus dem Talbecken von México. Schon in der vorspanischen Zeit war dieses große Gebiet sehr stark bevölkert. Eines der

Mexiko *Landschaftsräume*

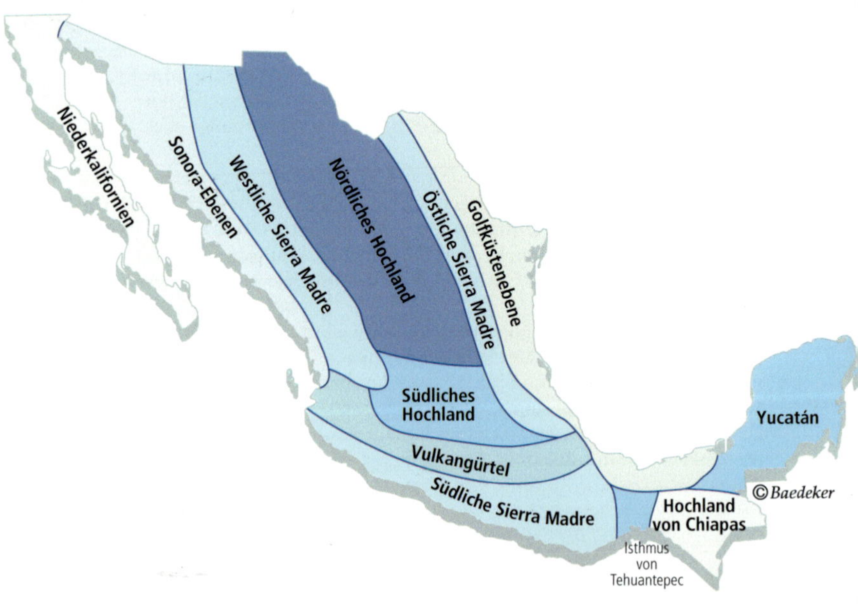

Da der Popocatépetl immer wieder Asche ausstößt, ist er für Besteigungen oftmals gesperrt.

fruchtbarsten Getreidegebiete des Landes ist das Bajío, die Region, die sich entlang des Río Lerma erstreckt und vorwiegend Teile der Bundesstaaten Michoacán und Guanajuato umfasst.

◄ Vulkangürtel (Sistema Volcánico Transversal)

Das Südliche zentrale Hochland wird von einem Vulkangürtel durchzogen, der sich etwa von San Blás am Pazifischen Ozean bis nach Veracruz an der Küste des Golfs von Mexiko erstreckt. In diesem Streifen, der den Norden und die Mitte des Landes vom Süden abgrenzt, erheben sich die höchsten **»Feuerberge«** Mexikos: Citlaltépetl (Pico de Orizaba, 5747 m ü. d. M.), Popocatépetl (5465 m ü. d. M.), Iztaccíhuatl (5286 m ü. d. M.), Nevado de Toluca (Cinantecátl, 4575 m ü. d. M.), La Malinche (Matlalcuéyetl, 4461 m ü. d. M.). Die südlichen Abhänge des vulkanischen Gürtels sind stark zerklüftet, und das Vulkangestein ist von den Nebenflüssen des Río Mezcala abgetragen worden. Ein ähnliches Bild zeigt die Gebirgsbrücke der Sierra Mixteca, welche das Hochland mit der Südlichen Sierra Madre verbindet.

◄ Westliche Sierra Madre (Sierra Madre Occidental)

Die Westliche Sierra Madre verläuft über eine Länge von etwa 1100 km von Nordwesten nach Südosten und hat eine Breite von rund 160 Kilometern. Die Gipfel steigen im Allgemeinen über 1800 m auf, die höchsten überschreiten sogar 3000 m. Der Verlauf der Bergketten und gewaltigen Schluchten (barrancos) entspricht weitgehend den Faltungen des Erdmittelalters sowie älterer Perioden der Erdgeschichte. Im Westen trifft man **Barrancos**, die über 1500 m tief sind und die in ihrer Großartigkeit dem weltberühmten Grand Canyon im US-Bundesstaat Arizona kaum nachstehen.

Aus der Sierra Madre Occidental werden die »Oasen« des Hochlandes und die an den Golf von Kalifornien grenzenden Niederungen bewässert. Für das Hochland sind es die Flüsse Carmen, Conchos, Nazas und Aguanaval; nach Westen fließen Yaqui, Mayo, Fuerte, Sinaloa und Culiacán.

Östliche Sierra Madre (Sierra Madre Oriental) ► Von der großen Flussbiegung des Río Bravo del Norte (auch Río Grande genannt) zieht eine Reihe von relativ niedrigen Bergen nach Südosten. Südlich von Monterrey entwickeln sich diese Bergzüge zu einer **eindrucksvollen Kette**, der Östlichen Sierra Madre. Die Gipfelhöhen liegen im Allgemeinen bei 2100 m Höhe, manche überragen 3000 Meter. Einige Flüsse durchbrechen die östliche Flanke des Hochlandes und ergießen sich in den Golf von Mexiko, so auch der Pánuco.

Nordpazifische Region

Die Nordpazifische Region besteht aus parallelen Bergketten und breiten Tälern im Bundesstaat Sonora sowie dem Korridor der Küstenebene, der Halbinsel Niederkalifornien (Baja California) und der Rinne des Golfs von Kalifornien (Mar de Cortés).

Becken von Sonora ► Die Becken von Sonora sind von Gesteinsschutt-Ablagerungen flankiert, die nach Nordosten in zahlreiche Bergzüge übergehen. Die Küste ist überwiegend gerade, flach und sandig. Daneben gibt es von Felsbastionen geschützte, tiefe Buchten sowie einige Lagunen. Zwischen dem Río Sonora und dem Río Colorado existiert praktisch kein Wasserlauf, der bis zum Meer gelangt. Im Süden hingegen befinden sich »**Oasen**«, in denen Baumwolle, Weizen, Zuckerrohr, Obst und Gemüse angepflanzt werden können. Im äußersten Nordosten werden reiche Kupfervorkommen abgebaut.

Baja California ► Baja California ist eine 1250 km lange, aber nur 90 km breite Halbinsel, die an der südlichen Fortsetzung des berühmt-berüchtigten Andreasgrabens liegt. Entlang dieses tiefen Risses in der Erdkruste brach die Halbinsel vor mehr als 20 Mio. Jahren vom Festland ab und bewegt sich seither – immer wieder begleitet von heftigen Erdbeben und vulkanischer Tätigkeit – in nordwestlicher Richtung. Der **Vulkanismus** hat erst in geologisch junger Zeit eingesetzt. Ganz im Norden, nahe der Grenze zu den USA, brodelt es heute noch sehr heftig in der Laguna de los Volcanos. Die extrem trockene und aus diesem Grund auch nur spärlich besiedelte Halbinsel besteht im Wesentlichen aus hohen Bergen und Wüsten. Das Rückgrat Niederkaliforniens bilden kristalline Berge, die meist die Höhe von 1500 m übersteigen. Manche erreichen gar 3000 m. Neben Hochebenen gibt es auch zu beiden Seiten der Sierra de Santa Clara recht breite Streifen flachen Wüstenlandes. An den beiden Küsten findet man ausgezeichnete natürliche Hafenbuchten und weite, größtenteils noch unberührte Strände. Am Ende des Golfs von Kalifornien liegt das Flussdelta des Colorado.

Inseln ► Die meisten der recht zahlreichen Inseln vor Baja California sind unbewohnt. Lediglich ein paar Seelöwen, Ziegen und andere Tiere sind dort anzutreffen.

Golfküste

Die Küstenebene am Golf von Mexiko geht im Südwesten allmählich in das Randgebiet der Östlichen Sierra Madre über. Der Unterbau des nördlichen und mittleren Teils wurde in der Kreidezeit gebildet. Typisch für die Region sind niedrige Hügel aus Sedimenten, die selten über 200 m hoch sind. Dies trifft vor allem für die ausgedehnte »Huasteca« im Süden von Tampico zu. Die Küstenebene zeichnet sich durch **lange Strände, Sandbänke, Sümpfe und Lagunen** aus. Die nördliche Golfküste besitzt keine guten natürlichen Häfen. Im mittleren Teil des Bundesstaats Veracruz wird die Küstenebene durch die Ausläufer der Östlichen Sierra Madre eingeengt. Die Felsküste sowie ein Hügelland in der Umgebung von San Andrés Tuxtla unterbrechen die ebene Landschaft. In ihrem nördlichen Teil wird die Küstenebene von den beiden großen Flüssen Río Bravo del Norte (Río Grande), der die Grenze zu den USA bildet, und Río Pánuco durchmessen. Südlich und östlich der Hafenstadt Veracruz fächern die Flüsse Papaloapán, Coatzacoalcos, Grijalva und Usumacinta in riesige Sumpfgebiete aus, bevor sie ins Meer fließen.

◄ Halbinsel Yucatán

Das Tiefland erreicht seine größte Breite in der flachen Halbinsel Yucátan. Erdgeschichtlich betrachtet ist sie der jüngste Landesteil Mexikos. Die auf einem kristallinen Grundgebirgssockel lagernden flachen

Perfekte Urlaubskulisse an der Bahia de Zihuatanejo

Pflanzen und Tiere

Flora

Artenvielfalt Die Flora ist sehr artenreich, und eine ganze Reihe unserer heutigen Nutzpflanzen wie Mais, Kartoffeln, Tomaten, Tabak, Kakao, Kaffee, Vanille, diverse Obstarten und Nüsse stammen aus Mexiko.

In der **Wüste und Halbwüste** Mexikos, also vorwiegend im nordöstlichen Teil des Landes, aber auch in Niederkalifornien, gedeihen Arten, die vor übermäßiger Austrocknung geschützt sind, wie z. B. Sukkulenten, die in ihrem Gewebe große Feuchtigkeitsmengen speichern können. Zahlreich vertreten sind Feigenkakteen (Opuntien). Die **Gras- und Strauchsteppe** zeigt einen etwas stärkeren Bewuchs und kann sich nach ergiebigeren Niederschlägen vorübergehend in üppiges Gras verwandeln. Auch hier gibt es viele Arten von Kakteen, ferner Mesquitesträucher, Yuccapalmen und die Chaparrales genannten Dornensträucher, Agaven und den von den Indios Peyotl genannten, berauschend wirkenden Kaktus. Steppengebiete finden sich im Südlichen Hochland von Zentralmexiko. Die Westliche, die Östliche und die Südliche Sierra Madre sowie der Vulkangürtel, die zusammen das Zentrale Hochland einfassen, sind reich an **Laub- und Nadelwald**. Er besteht aus immergrünen, Laub abwerfenden Eichenarten, Lebensbaum, Wacholder sowie Kiefern und anderen Koniferen. Die Bodenvegetation bilden Horstgräser und Polsterpflanzen. **Immergrüner Tropenwald** steht vor allem an und nahe dem südwestlichen Küstenstreifen am Golf von Mexiko. In den amphibischen Küstenbereichen gedeihen Sumpfpflanzen, Bambus und Mangroven. Die Bäume sind von Schlingpflanzen und epiphytischen Farnen bedeckt; ferner gibt es Orchideen und Sumpfzypressen, u. a. einen Ahuehuetl (Wassergreis) genannten Baum. **Ausgedehntes Buschland** prägt das Landschaftsbild entlang der Pazifikküste Mittel- und Südmexikos und im Norden Yucatáns. Das Grasland ist von niederer Strauchvegetation durchsetzt. **Tropischen Regenwald** findet man im Süden der Halbinsel Yucatán, in Chiapas, Tabasco und Veracruz. Hier wachsen u. a. Mahagoni, Kapokbaum, Blauholz sowie der zur Gewinnung von Kaugummi-Rohmaterial genutzte Chiclebaum; diese Gewächse sind oft von Kletterpflanzen und Epiphyten bedeckt.

Fauna

Säugetiere Auch die Fauna Mexikos ist von großer Vielfalt. Seit dem Pliozän haben sich hier die Tierwelten Nord- und Südamerikas gemischt. Aus dem Norden wanderten Wolf, Kojote, Schwarzbär und Biber ein und fanden auf der Hochebene neue Lebensräume. Das Tiefland zog Jaguar, Puma, Affen und andere südamerikanische Gattungen an. Daneben trifft man in Mexiko Ozelot, Luchs, Dachs, Otter, Gürteltier, Dickhornschaf, Faultier, Waschbär, Eichhörnchen, Tapir und Ameisenbär, ferner mehrere Wildschweinarten, Hirsche und kleine Nagetiere. Fledermäuse sind als Überträger von Viehseuchen gefürchtet und werden deshalb bekämpft. Allerdings sind sie auch nützlich zur Vertilgung von Insekten.

Reptilien und Amphibien

An Reptilien und Amphibien gibt es Großechsen (Leguane), kleine Echsenarten, Alligatoren, Schildkröten sowie verschiedene Frösche und Kröten. Im Nordwesten des Landes kommt die giftige Gila-Krustenechse vor. Eine zoologische Besonderheit ist der Querzahnmolch Axolotl, der in unterirdischen Gewässern lebt und sich bereits im Larvenstadium fortpflanzt. In Mexiko leben die meisten **Schlangen** der Welt, nämlich 705 verschiedene Arten. Als Giftschlangen sind vor allem Klapperschlangen (mehrere Arten), Korallennatter, Buschmeister und Lanzenotter zu nennen; keinen giftigen Biss hat die Würgeschlange (Boa constrictor), die mehrere Meter Länge erreichen kann.

Vögel

Vögel spielten wegen ihrer für die Indianer unerklärlichen Flugfähigkeit schon in der Mythologie eine große Rolle. Der **Quetzal**, aus dessen Federn Prunkgewänder für die indianischen Herrscher gefertigt wurden, ist sehr selten geworden, ebenso der Adler, das Wappentier Mexikos. Auch **Kolibri** und **Papagei** haben mythologische Bedeu-

Kolibris ernähren sich vorwiegend von Blütennektar, der durch seine reichhaltigen Nährstoffe ihren kraftraubenden Flugstil erst möglich macht.

Seelöwen an der Baja California

tung. Daneben gibt es Truthahn, Geier, Bussard, Kormoran, Pelikan, Tukan (Pfefferfresser), Reiher und Flamingo. Als Zugvögel aus dem Norden treten Specht, Wildgans und Wildente, Wildtaube, Wachtel, Möwe, Schwalbe und Rebhuhn auf.

Insekten Die Insekten und Spinnentiere Mexikos können bisweilen lästig werden, u. a. die verschiedenen Arten von Stechmücken, Fliegen, Zecken und Milben. In fast allen trockenen Landesteilen kommen Skorpione vor, deren Stich unangenehm und gefährlich sein kann. Gleichfalls giftig sind manche Spinnen, z. B. die Vogelspinne und die Schwarze Witwe. Der Biss der Roten Ameise (Hormiga Roja) ist schmerzhaft.

Schmetterlinge Mexiko ist reich an Schmetterlingen; zu erwähnen sind u. a. Admiral, **Monarchfalter**, Kupferkopfbolla, Malachitfalter, Pfauenspinner, Morphofalter und Kalikospanner.

Maritime Fauna In den Ozeanen existiert eine artenreiche maritime Fauna. In Küstennähe des nördlichen Pazifik kann man **Seelöwen** und zeitweise auch **Grauwale** beobachten. In der Flachwasserzone findet man Garnelen (wichtiger Exportartikel), Panzerkrebse (Langusten, Krabben) und Plattfische. Unter den Seefischen gibt es Zackenbarsch, Makrele, Meeräsche, Sardine, Thunfisch, Bonito, Barrakuda, Schwertfisch, Muräne sowie verschiedene Hai- und Rochenarten. Vor allem an abgelegenen Stellen der Pazifikküste kommen bisweilen Delphine in die Nähe des Strandes. Im Süßwasser leben unter anderem Forelle, Barsch, Karpfen und Wels.

Zahlen und Fakten Mexiko

Lage

- Südteil Nordamerikas
- zwischen 32° 43' und 14° 14' nördlicher Breite sowie 88° 48' und 117° 07' westlicher Länge
- Angrenzende Staaten: USA, Guatemala und Belize

Fläche

- 1 964 375 km² (mehr als fünfeinhalb Mal so groß wie Deutschland)

Einwohner

- ca. 108 Millionen (2006)
- Durchschnittsalter: 24,6 Jahre (in Deutschland: 41,7 Jahre)
- Bevölkerungwachstum: 1,1%/a

Staat

- Präsidialrepublik aus 31 Bundesstaaten (Estados) und einem Bundesdistrikt (Distrito Federal, kurz D. F.), der die Landeshauptstadt Mexiko-Stadt mit ihrer Umgebung umfasst.
- Staatsoberhaupt: Präsident, der zugleich Regierungschef ist und für sechs Jahre gewählt wird.
- Die einzelnen Bundesstaaten Mexikos verfügen über regionale Autonomie und werden jeweils von einem Gouverneur regiert.

Wirtschaft

- Größte Volkswirtschaft und bedeutendste Exportnation Lateinamerikas
- Bruttoinlandsprodukt: 850 Mrd. US-Dollar (2006)
- Inflation: ca. 4 % (2006)
- Handelspartner: USA (77 % der Import- und 85 % der Exportgüter), China, Japan, Deutschland und Kanada
- Rohstoffe: Erdöl, Erdgas, Zink, Salz, Silber, Kupfer, Marmor, Mangan, Phosphat, Uran
- Industrie: Ölförderung und -verarbeitung, Automobilindustrie, Chemie, Nahrungs- und Genussmittel, Eisen
- Landwirtschaft: Mais, Zuckerrohr, Früchte, Gemüse, Kaffee, Baumwolle, Getreide, Bohnen
- Tourismus: steigende Tendenz, 2006 rund 20 Mio. Besucher

Sprache und Religion

- Amtssprache: Spanisch; diverse indianische Idiome
- Überwiegend römisch-katholisch (etwa 89 %); protestantische, jüdische und bahaiische Minderheiten; Elemente und Riten des altindianischen Glaubens

Name, Flagge und Wappen

- Der Name geht auf »México« zurück, wie sich die Azteken selbst nannten. Zudem nannten die Spanier die Stadt, die sie auf den Trümmern Teotihuacáns erbauten »Méjico«.
- Das Wappen erzählt die Sage von der legendären Gründung der Aztekenhauptstadt Tenochtitlán: Die Azteken sollten nach Verheißung der Götter ihre Stadt dort gründen, wo sie einen Adler erblickten, der mit gespreizten Flügeln auf einem Kaktus sitzt und eine Schlange im Schnabel hält.
- Die Flagge bezieht sich auf die französische Trikolore: Grün steht für Unabhängigkeit, Weiß für die Reinheit der Religion und Rot für die nationale Einigkeit.

Bevölkerung · Politik · Wirtschaft

Verschmelzung verschiedener Rassen

Mexiko ist das einzige Land des amerikanischen Kontinents, in dem der überwiegende Teil der Bevölkerung aus der Verschmelzung der verschiedenen Rassen hervorgegangen ist. Aus 6 bis 7 Millionen indianischen Ureinwohnern zum Zeitpunkt der Conquista, 200 000 eingewanderten Spaniern und einer etwa gleichen Anzahl aus Afrika eingeführter Sklaven in der Kolonialzeit entstand das heutige mexikanische Volk mit **ca. 108 Millionen** Menschen (2006).

In Ermangelung genauer Zahlen wird geschätzt, dass die Bevölkerung zu etwa 80 % aus Mestizen vorwiegend indianisch-spanischer,

Mexiko Indianische Bevölkerung

Grupos indígenas de México

Quelle: Instituto Nacional Indigenista

1 Kumiai
2 Cucapá
3 Paipai (akwa'ala)
4 Cochimí
5 Kiliwa
6 Seri
7 Tequistlateco/Chontal de Oaxaca
8 Tlapaneco
9 Pame
10 Chichimeco Jonaz
11 Otomi
12 Mazahua
13 Matlatzinca
14 Ocuilteco
15 Mazateco
16 Popoloca
17 Ixcateco
18 Chocho-Popoloca
19 Mixteco
20 Cuicateco
21 Trique
22 Amuzgo
23 Chatino
24 Zapoteco
25 Chinanteco
26 Huave
27 Pápago
28 Pima Alto
29 Pima Bajo
30 Tepehuano
31 Yaqui
32 Mayo
33 Tarahumara
34 Guarijio
35 Cora
36 Huichol
37 Nahua
38 Huasteco
39 Maya Peninsular
40 Lacandón
41 Chontal (de Tabasco)
42 Chol
43 Tzeltal
44 Tzotzil
45 Tojolabal
46 Chuj
47 Jacalteco
48 Mame
49 Motozintleco
50 Mixe
51 Popoluca
52 Zoque
53 Totonaco
54 Tepehua
55 Purépecha
56 Kikapú

aber auch afrikanischer und asiatischer Abstammung besteht. Weitere 8 bis 10 % sind Indios, etwas über 10 % Weiße, meist altspanischer Herkunft (Criollos). Trotz ihres geringen Anteils an der Gesamtbevölkerung spielen die Weißen nach wie vor eine dominante Rolle im politischen und wirtschaftlichen Leben.

Indianische Urbevölkerung (Indígenas)

Indios bildeten noch 1870 die Bevölkerungsmehrheit, aber bereits 1921 betrug ihr Anteil an der Gesamtbevölkerung nur noch 30 bis 35 Prozent. Der Großteil der Urbevölkerung ist im zentralen Hochland (México, Hidalgo, Puebla), im Süden (Guerrero, Oaxaca, Chiapas), an der Golfküste (Veracruz) und im Osten (Halbinsel Yucatán) konzentriert. Man geht davon aus, dass von den heute 10 bis 15 Millionen Indios etwa ein Viertel **kein Spanisch** spricht, d. h. ca. 8 % der Gesamtbevölkerung. Die ursprünglich gut 130 Sprachen der Ureinwohner konnten sich nicht halten. Es werden nur noch wenige indianische Sprachen gesprochen, darunter allein über 20 verschiedene Maya- und 6 Náhuatl-Idiome.
Heute erkennt der Staat 52 individuelle Indianergruppen an, inoffizielle Schätzungen besagen jedoch, dass es noch etwa 115 dieser Gruppen gibt. Zu den größten und bekanntesten Indiostämmen, die z. T. noch ein eigenständiges Leben führen, gehören die Náhua, Otomí, Tarasken (Purépecha), Huicholes, Cora, Tarahumara, Mayo, Yaqui, Totonaken, Huasteken, Matlatzínca, Mazateken, Mazahua, Amuzgo, Trique, Míxteken, Zapoteken, Chinanteken, Tzeltal, Tzotzil, Tajolabal, Chol und Yucatán-Maya. Gut zwei Dutzend Indiostämmen wird in ihren Wohngebieten weitgehende Selbstverwaltung zugestanden. Ungeachtet der Tatsache, dass der mexikanische Staat das Erbe der indianischen Ureinwohner mit Stolz zur Schau stellt, stehen deren direkte Nachfahren ökonomisch und sozial **am Rand der Gesellschaft**. Die Bestrebungen des Nationalen Indianerinstituts (Instituto Nacional Indígenista) zur Integration sind auch vom Widerspruch geprägt, die wirtschaftliche Rückständigkeit der indianischen Landbevölkerung bekämpfen und gleichzeitig deren kulturelles Erbe erhalten zu wollen. Bei einzelnen Stämmen zeigt sich in den letzten Jahren ein steigendes Selbstbewusstsein. So kam es am 1. Januar 1994 zu einem auch ökonomisch bedingten Aufstand der Tzolzil und Tzeltal in Chiapas.

Lakandonenknaben tragen lange Haare.

Politik

Parteien Die weitaus stärkste politische Partei im Staat war von ihrer Gründung 1929 bis zum Jahr 2000 die »Partido Revolucionario Institucional« (**PRI**). Sie stellte in dieser Zeit ununterbrochen den Präsidenten; politische Gegner wurden bedroht und manchmal auch ermordet, die Wahlen manipuliert. Bis heute regiert die PRI noch immer die meisten Bundesstaaten und stellt nach wie vor die größte Fraktion im Parlament. Mit der Wahl von **Vicente Fox** zum Präsidenten endete am 2. Juli 2000 die langjährige Oppositionszeit der konservativ-katholischen Partei »Partido Acción Nacional« (PAN). Obwohl sie das Staatsoberhaupt stellt, hat sie keine Mehrheit im Parlament. Die grün-ökologische Partei PVEM unterstützte die PAN bei der Präsidentenwahl, trat bei der Parlamentswahl aber in einer Allianz mit der PRI an. Die kleine Linkspartei PRD (Partido de Revolución Democrática) profitiert vom Unmut der Bevölkerung über die Regierung Fox, obwohl sie selbst mit der PRI im Parlament Reformen blockiert.

Präsidentschaftswahlen 2006 Der PRD-Politiker **Andrés Manuel López Obrador** galt als Favorit für die mexikanischen Präsidentschaftswahlen 2006; er lag viele Monaten bei Umfragen weit vor den Kandidaten der PAN und der PRI (für die Fox nach sechs Jahren Amtszeit nicht mehr kandidieren darf). Obrador hatte sich als Bürgermeister von Mexiko-Stadt einen Namen gemacht; er war vor allem dort wegen seiner umfassenden Sozialpolitik zu Gunsten der Armen in der Bevölkerung beliebt. Die Bundesregierung unter dem PAN-Präsidenten Vicente Fox tat daher alles, um dem linken Konkurrenten Einhalt zu gebieten. Im Oktober 2004 kam es zu massiven politischen Auseinandersetzungen, weil die Bundesregierung in die Finanzen der Hauptstadtregierung eingreifen wollte. Das Ziel war offensichtlich: Die Sozialprogramme von López Obrador sollten beschnitten werden, um seiner Popularität zu schaden. Im April 2005 hob das von den konservativen Parteien beherrschte Parlament die Immunität Obradors auf, um den Weg zu einer Anklage gegen ihn freizumachen. Die Staatsanwaltschaft warf ihm vor, trotz eines gerichtlichen Verbots dem Bau einer Straße zugestimmt zu haben. Was dahinter stand: Sollte Obrador für schuldig befunden werden, wäre ihm als Vorbestrafter eine Kanditatur bei der Präsidentschaftswahl unmöglich geworden. Mehrere Hunderttausend Menschen kamen daraufhin in Mexiko-Stadt zur größten Kundgebung in der Geschichte des Landes zusammen. Für den Wahlkampf war daher ein Sieg Obradors erwartet worden. Aber überraschend konnte sich mit knapper Mehrheit sein Herausforderer **Felipe Calderón** von der PAN durchsetzen (►S. 56, 57). Seine Partei ist heute stärkste Kraft im Kongress, gefolgt von der linken PRD, für die die Wahl 2006 zur erfolgreichsten wurde trotz des Verlierens von Obrador. Hohe Verluste musste die PRI hinnehmen, die aber nach wie vor in vielen Einzelstaaten sehr stark ist.

Auf der anderen Seite der Grenze bei Tijuana lockt das »Gelobte Land«.

Mexiko und die USA

Die ökonomische Abhängigkeit Mexikos vom »Großen Bruder« hat sich kaum verringert. Eine große Belastung in den Beziehungen zwischen den beiden Ländern ist das Problem der illegalen mexikanischen Arbeiter in den USA. Einerseits sind viele landwirtschaftliche Betriebe und auch kleinere Industrieunternehmen auf die billigen mexikanischen Arbeitskräfte angewiesen, andererseits wehren sich die amerikanischen Gewerkschaften gegen die Konkurrenz. Für Mexiko bedeuten die »wetbacks« eine willkommene Entlastung des Arbeitsmarktes, aber man beklagt sich nicht ohne Grund darüber, dass die Wanderarbeiter in den USA rechtlos sind.
Nach längeren innenpolitischen Auseinandersetzungen trat im November 1986 ein neues Einwanderungsgesetz (Simpson-Rodino-Act) in Kraft. Es beinhaltet u. a. ein Amnestieprogramm für illegale Einwanderer, die sich seit 1982 in den USA aufhalten, und Strafen für Arbeitgeber, die Illegale beschäftigen. Die meisten Illegalen scheuen jedoch davor zurück, sich den Behörden zu stellen.

Wirtschaft

Bruch mit Protektionismus und Verstaatlichung

In den vergangenen Jahren hat Mexikos Wirtschaft beachtliche Veränderungen durchlaufen, deren erklärtes Ziel der Bruch mit der protektionistischen und staatswirtschaftlichen Vergangenheit ist. Die Privatisierung staatlicher Unternehmen, die Liberalisierung und Öffnung der Wirtschaft nach außen sowie die Deregulierung der administrativen Verfahren für inländische und ausländische Investitionen sind die Kennzeichen dieser neuen Wirtschaftspolitik. Ob-

wohl vom ehemaligen Präsidenten Fox geplante Reformprojekte wie die Öffnung des Energiesektors für ausländische Investoren, die Flexibilisierung des Arbeitsmarktes und die Beseitigung struktureller Probleme in den öffentlichen Finanzen nicht vollständig umgesetzt werden konnten, deutet die Konjunkturlage auf einen **Aufwärtstrend** hin. Problematisch sind nach wie vor die ungerechte Einkommensverteilung mit hoher Armutsrate, hohe Kriminalität, das sanierungsbedürftige Bankensystem, die hohe Verschuldung der privaten Haushalte und Unternehmen und die daraus resultierende starke Abhängigkeit von ausländischen Unternehmen (ca. zwei Drittel der aus Mexiko exportierten Produkte werden von ausländischen Firmen hergestellt). Außerdem gerät der mexikanische Arbeitsmarkt zunehmend unter Druck aufgrund der Konkurrenz aus Asien.
4,7 % Wirtschaftswachstum und ein solides Finanzwesen geben zwar insgesamt Anlass zur Hoffnung, dennoch blieb Mexiko bislang hinter seinen Möglichkeiten zurück, die Wettbewerbsfähigkeit nimmt derzeit ab. Der 2006 gewählte Präsident Felipe Calderón hat umfassende Reformen angekündigt, um das Land im Rahmen des Programms »Mexiko 2030« zu einer der weltweit führenden Wirtschaftsnationen zu machen.

Arbeitsmarkt Von den 108 Mio. Einwohnern Mexikos stehen dem Arbeitsmarkt rund 43,3 Mio. zur Verfügung. Die Arbeitslosenrate liegt derzeit offiziell bei 4 %; auf dem Land ist sie aber wesentlich höher. Den gesetzlichen Mindestlohn hatte noch die Regierung Fox auf 4 US-Dollar pro Tag (ca. 3,50 Euro) festgelegt. Untersuchungen des mexikanischen Instituts für soziale Sicherheit (IMSS) zeigen, dass auf dem Arbeitsmarkt nahezu eine Million Menschen nach diesem Minimaltarif bezahlt werden. Mehr als 20 Mio. Lohnempfänger erhalten jedoch oft weniger als die offiziell geforderten vier Dollar.

Industrie Industriegüter, v. a. Kraftfahrzeuge und Ersatzteile, sind mit mehr als 50 % der Exporterlöse die wichtigsten Devisenbringer; sie stellen mehr als ein Viertel des Bruttoinlandsprodukts. Die größten Industriezweige sind Automontage (u. a auch von VW), Stahl, Textilien, Nahrungsmittelverarbeitung und Brauereien. Der Elektronik- und Computerbereich hat in den letzten Jahren einen wahren Boom erlebt. Trotz aller Dezentralisierungsversuche ballen sich die meisten Industriebetriebe nach wie vor in und um Mexiko-Stadt, Puebla, Guadalajara, Monterrey, Mérida und Mexicali. Die für die Exporte ebenfalls wichtige Weiterverarbeitungsindustrie wuchs 2004 um ca. 15 Prozent.
Wirtschaftliche Bedeutung haben auch die so genannten **»Maquiladoras«**, ausländische Unternehmen, die das relativ niedrige Lohnniveau in Mexiko ausnutzen, um Halbfertigprodukte (z. B. Textilien, Bauteile für die Automobilindustrie, elektrische und elektronische Geräte) weiterverarbeiten zu lassen. Zur Zeit gibt es ca. 3500 solcher Betriebe (Industrieparks genannt) mit rund 1,5 Mio. Beschäftigten.

Mexiko zählt zu den fünf größten Erdöl exportierenden Ländern der Welt. Nach den Verstaatlichungen 1938 gelang es, auch eine große Erdöl verarbeitende Industrie aufzubauen.

Ursprünglich vor allem im Grenzgebiet zu den USA angesiedelt, lassen sie sich inzwischen auch in anderen Landesteilen nieder. Trotz miserabler Arbeitsverträge (bis zu 12 Stunden Arbeitszeit; gewerkschaftliches Engagement ist unerwünscht) und niedriger Löhne geriet der Arbeitsmarkt Mexikos dadurch in Bewegung.

Landwirtschaft

Mexiko ist trotz fortgeschrittener Industrialisierung noch weitgehend agrarisch geprägt. Am Bruttoinlandsprodukt hat die Landwirtschaft einen Anteil von rund 4 %. Die Produktivität ist relativ gering, denn trotz zunehmender Bewässerungsmaßnahmen ist nur ein Sechstel des Landes für die landwirtschaftliche Nutzung geeignet; rund 40 % sind Weideland. Hauptanbaugebiete sind die südliche Hochebene und die sich anschließenden Randgebirge des Hochlands, ferner die Küstengebiete am Pazifischen Ozean und am Golf von Mexiko. Die wichtigsten landwirtschaftlichen Exportgüter sind Kaffee, Obst und Gemüse, vor allem Tomaten. Der landwirtschaftliche Export hat sich seit Mexikos Mitgliedschaft in der NAFTA mehr als verdoppelt. Al-

Geschichte

Wie entstanden die altamerikanischen Hochkulturen und wie konnten sich Architektur, Kunst und Wissenschaft zu einer solchen Blüte entwickeln? Warum vernichteten die Spanier diese Zivilisation innerhalb kürzester Zeit so nachhaltig? Wieso bedurfte es so vieler Revolten und Revolutionäre, um aus Mexiko einen modernen Staat zu machen?

Anfänge

Vorkolonialzeit	Bedeutende Hochkulturen: Olmeken in Südmexiko (1. Jahrtausend v. Chr.) Teotihuacán (Blütezeit 600 n. Chr.) Maya (Blütezeit 600 n. Chr.) Azteken (seit 1300 n. Chr.)
1325	Gründung von Tenochtitlán (heute Mexiko-Stadt) durch die Azteken

Ureinwohner aus Asien (50 000 bis 5000 v. Chr.)

Die ersten Menschen kamen um 50 000 v. Chr. über die Bering-Landverbindung aus Asien nach Süd- und Mittelamerika. Ihre Lebensgrundlage fanden diese Paläo-Indianer als Jäger und Sammler. Dabei durchstreiften sie den gesamten Subkontinent. In der Zeit zwischen 10 000 und 5000 v. Chr. wurde das Nomadentum zu Gunsten des Ackerbaus aufgegeben. Seitdem bildet die Kultivierung von Mais und Bohnen die Nahrungsgrundlage für ganz Mittel- und Südamerika. Aus kleinen Dörfern entstanden Großsiedlungen, die zu Ausgangspunkten der präkolumbischen Hochkulturen wurden.

Olmeken (1200 bis 500 v. Chr.)

Zwischen 1200 und 500 v. Chr. entstand die erste Hochkultur in der Region Tabasco, die dem Volk der Olmeken zugeschrieben wird. Neben der sagenumwobenen Verehrung des Jaguars als Gottheit, geben riesige Kolossalköpfe ebenso Rätsel auf wie das plötzliche Verschwinden der Olmeken von der historischen Bühne.

Maya und andere Hochkulturen (2000 v. Chr. bis 900 n. Chr.)

Erste Maya-Siedlungen bestanden schon seit etwa 2000 v. Chr. in der Region Belize. Zur Blüte gelangte die Kultur der Maya jedoch erst um die Zeitenwende in der Gegend von Yucatán. Um 900 n. Chr. verfielen die Städte der Maya. Reste ihrer Kultur und Tradition konnten sich aber in Dorfgemeinschaften abgelegener Gegenden bis heute erhalten. Zapoteken und Mixteken entwickelten im heutigen Oaxaca vergleichbare **Kulturzentren**. Welches Volk jedoch den grandiosen Stadtkomplex von Teotihuacán in Zentralmexiko schuf, ist bis heute ungeklärt.

Tolteken (900 bis 1200 n. Chr.)

Die Tolteken waren ein kriegerisches Volk, das aus dem Norden nach Zentral- und Südmexiko eindrang. Der legendäre **Quetzalcoatl**, der als gefiederte Schlange sowohl König als auch Gott seines Volkes war, vollendete mit der Stadt Tula ein neues Meisterwerk. Die Blüte toltekischer Kultur dauerte aber nur von 900 bis 1200 n. Chr.

Azteken (1400 – 1519)

Im 15. Jh. lösten die Azteken die Tolteken und Tepaneken als mächtigste Völker ab. Ausgangspunkt ihrer Macht- und Prachtentfaltung

← Moctezuma II., der Gegenspieler von Hernán Cortés (1623)

Mixtekischer Codex (um 1400)

war die Stadt Tenochtitlán, die im ursprünglich sumpfigen Inselsystem im Texcoco-See entstand. Der Sage nach saß an diesem Ort ein Adler auf einem Kaktus und verzehrte eine Schlange, was als Zeichen gedeutet wurde, genau an dieser Stelle zu siedeln. Diese Szene findet sich heute auf der **Nationalflagge** wieder. Mexiko-Stadt breitet sich längst schneller aus als die ehemalige Aztekenhauptstadt an gleicher Stelle.

Aztekische Gesellschaft

Die Azteken beherrschten bis zu ihrem Untergang ein für die damalige Zeit ungewöhnlich großes Gebiet und unterdrückten die einheimischen Völker. Der König, der aus den Reihen eines Herrschergeschlechts gewählt wurde, regierte die **streng hierarchisch gegliederte Gesellschaft**. Zum Adel zählten Priester, höhere Verwaltungsbeamte und bedeutende Krieger. Händler versorgten nicht nur die Hauptstadt mit den notwendigen Gütern, sondern bereisten als einzige das gesamte Reich. Das eigentliche Machtzentrum aber lag im Hochtal Anahuac.

Im Kreis von Sonne und Kalender

Es entstanden umfangreiche Geschichtsbücher, die dazu dienten, die Herkunft der Azteken mythisch herzuleiten und ihre Macht religiös zu untermauern. Geschichte, Tradition und Leben waren eng mit einem **komplexen Sonnenmythos** verbunden, dem u. a. durch die architektonische Anlage der Städte, religiöse Ballspiele und Menschenopfer gehuldigt wurde. Der Kreis als Symbol der Sonne galt als so heilig, dass sogar der Gebrauch des Rades tabu war. Auch der Kreislauf von Tag und Jahr war mythisch belegt. Erstaunliche Nebeneffekte dieser Mythen sind **exakte Kalenderberechnungen** (siehe Seite 64 / 65). Eine Kalenderrunde betrug mit 52 Jahren ungefähr ein Menschenalter. Am Ende jeder Runde drohte jeweils der Weltuntergang, dem mit zahlreichen religiösen Handlungen entgegenzuwirken versucht wurde.

Untergang

Die Verstrickung der Azteken in Legenden und Mythen brachte nicht nur beeindruckende kulturelle Leistungen in Architektur, Literatur und Kunst hervor, sondern trug auch zu deren Untergang bei. Sie verloren ihre auf Unterdrückung und Krieg basierende Macht, als ihnen die spanischen Eroberer vehement entgegentraten. Denn die Azteken fürchteten nicht nur die Stärke der fremden Krieger und ihrer Waffen, sondern sie vermuteten in ihnen gar neue Götter.

Die spanische Eroberung

1492	Kolumbus »entdeckt« Amerika.
1519 bis 1521	Unterwerfung der Azteken durch die Eroberer (Hernán Cortés)

Erste Kontakte

Seit 1492, als Kolumbus Haiti und Kuba entdeckte, hielten sich die Konquistadoren vor den Toren Mexikos auf. Zu Kontakten zwischen Spaniern und Maya kam es jedoch erst 1512 auf der Halbinsel Yucatán. Diesen Begegnungen folgten Erkundungen der Golfküstenregion durch Hernández de Córdoba. Der spanische Pater Juan de Aguilar geriet in Gefangenschaft und erlernte so als erster Europäer indianische Sprachen.

Hernán Cortés

Im Jahr 1519 setzte sich Cortés mit elf Schiffen und etwa 600 Mann von Kuba aus ohne Erlaubnis seiner Befehlshaber ab. Sein Ziel war zunächst Yucatán, wo er Pater Aguilar befreite, dann die Küste Tabascos, von wo ihn aber Maya-Krieger vertrieben. Von dort nahm er seine indianische Geliebte Malinche mit, mit der er mehrere Kinder hatte. Cortés hatte nun mit **Pater Aguilar und Malinche** zwei Sprach- und Kulturmittler, die ihm in den folgenden Jahren unersätzliche Dienste leisteten.

Der Anfang vom Ende

Der erste Ort, an dem sich die Spanier ansiedeln konnten, war Veracruz. Es wurde zum Ausgangs- und Rückzugspunkt für die folgenden Eroberungen. Cortés fand hier die Unterstützung von Indianerstämmen, die sich aus der Unterdrückung der Azteken befreien wollten. Der Aztekenfürst **Moctezuma II.** ließ Cortés wenige Tage nach seiner Ankunft prunkvolle Gastgeschenke überbringen. Die Indianer bestaunten die Spanier, ihre Schiffe, Pferde und zerstörerischen Waffen. Kaum jemand vermutete in ihnen potentielle Feinde.

Geschenke und Tote Die prunkvollen Geschenke zeigten Cortés, dass es in diesem Land tatsächlich unvergleichliche Schätze geben musste. Er schloss von der erst seit knapp 200 Jahren bestehenden Macht der Azteken auf die Instabilität des auf Unterdrückung und Mythen basierenden Reiches. So machte er sich also auf den Weg in die Hauptstadt Tenochtitlán. Demonstrativ zerstörte er auf seinem Feldzug die bedeutenden Städte Tlaxcala und Cholula und tötete etwa 15 000 Menschen, die ihn friedlich empfangen hatten. Diese vernichtende Kriegsführung überraschte die Azteken völlig, da sie bei ihren Kriegen darauf bedacht waren, möglichst viele Gefangene als spätere Götteropfer zu machen und intakte Städte in ihr Reich einzuverleiben. Trotz der Übermacht von 60 000 Aztekenkriegern gegenüber 450 Spaniern empfing Moctezuma II. Cortés am 8. November 1519 **ohne Gegenwehr** in Tenochtitlán. Vermutlich hoffte er dadurch, die Spanier beschwichtigen und zu einem Abzug bewegen zu können, was sich als folgenschwerer Irrtum erweisen sollte.

Widerstand (1519–1520) Um seine eigenmächtige Expedition zu legitimieren, schickte Cortés eine Schiffsladung mit wertvollen Geschenken nach Spanien, rechtzeitig zur Kaiserkrönung Karls V. Nachdem er zunächst als Gast in Tenochtitlán geweilt hatte, baute er seine dortige Residenz zur Festung aus, platzierte Geschütze und setzte Moctezuma II. Ende 1519 in dessen eigenem Palast unter der Aufsicht von Pedro de Alvarado gefangen. Er selbst eilte 1520 nach Veracruz zurück, um ein spanisches Aufgebot zu besiegen, das die Eigenmächtigkeit Cortés beenden sollte. In der Zwischenzeit nutzte Alvarado ein religiöses Fest, um mehrere Aztekenhäuptlinge zu töten. Daraufhin erhob sich endlich Widerstand gegen die ungebetenen Gäste.

Als Cortés im Juni 1520 in die Aztekenhauptstadt zurückkehrte, blieb ihm nichts anderes übrig, als sich dort mit seinen Schätzen zu verschanzen. Die Situation eskalierte, als sich Moctezuma II. weigerte, sein Volk zu beschwichtigen und er dies mit dem Leben bezahlen musste. In der »Traurigen Nacht« (**»Noche triste«**) vom 30. Juni auf den 1. Juli 1520 wagten die Spanier den Ausbruch. Ungefähr 800 von ihnen kamen dabei ums Leben; ein großer Teil wohl, weil sie – überladen mit den geraubten Schätzen – im Kanalsystem von Tenochtitlán ertranken.

Blutrünstige Eroberung (1521) Doch auch nach dieser Niederlage gelang es Cortés, seine Truppe erneut aufzubauen. Vier gegen ihn ausgesandte spanische Schiffe brachten ihm die nötigen Waffen, Pferde und Soldaten. Den Besatzungen versprach er großen Reichtum und zog sie so auf seine Seite. Auch unter den umliegenden Indianerstämmen rekrutierte er neue Truppen. Um die im Wasser gelegene Aztekenhauptstadt einnehmen zu können, ließ er Boote bauen und über die Berge transportieren. 1521 stand er erneut vor den Toren der Stadt. Die Bevölkerung war von einer **Pockenepidemie**, die die Spanier eingeschleppt hatten, stark angeschlagen. Trotzdem benötigten die spanischen Truppen drei Monate, um Tenochtitlán einzunehmen. Die Eroberung kostete mindestens 10 000 Azteken das Leben. Am 13. August 1521 besetzten die Spanier die völlig zerstörte Stadt. Damit war das Aztekenreich zerschlagen, seine Kultur zerstört und das Volk nahezu ausgerottet. Angesichts dieses Vernichtungskriegs unterwarfen sich auch zahlreiche andere Indianerstämme der spanischen Macht.

Kolonialreich Neuspanien

1521 bis 1810	Kolonialreich Neuspanien: Christianisierung, Versklavung der Indios, Ausbeutung der Bodenschätze
ab 1531	Verehrung der Jungfrau von Guadalupe
ab 1600	Wirtschaftlicher Niedergang

Nach dem Sieg über die Azteken bauten die Spanier schnell und konsequent ihr Kolonialreich auf. Sie gründeten Städte und überzogen die eroberten Gebiete mit einem nach spanischem Muster aufgebau-

Verbindung von Religion und Kult: Die Jungfrau von Guadalupe gilt als ein nationales Symbol des Landes. Sie erschien an dem Ort, wo bisher die aztekische Göttin Tonantzin verehrt wurde.

ten Verwaltungssystem. Das **Christentum** wurde zur Staatsreligion erklärt und die Indios gewaltsam bekehrt. Allerorten begann man die indianische Kultur auszurotten: Tempel wurden zerstört, Schriften sowie Kunst- und Kulturgüter vernichtet, die geistliche und politische Führungsschicht verfolgt. Die Schätze des Landes wurden geplündert und gelangten in europäische Sammlungen. Während auf den Trümmern von Tenochtitlán die neue Hauptstadt Mexiko-Stadt entstand, blieben einige entlegene Gebiete relativ unberührt. So konnten kleinere Maya-Gemeinschaften ihre Lebensformen über die Jahrhunderte retten.

Mithilfe der Jungfrau von Guadalupe

Der kriegerischen Eroberung folgte unmittelbar die christliche Vereinnahmung. Innerhalb weniger Jahre entstand eine große Anzahl an Kirchen und Klöstern, meist verbunden mit der Aneignung ausgedehnter Ländereien. Bei den Indios erfreute sich der seit 1531 bestehende Marienkult um die Jungfrau von Guadalupe großer Beliebtheit. Die dunkelhäutige Marienfigur **verband die Indioidentität mit der neuen Religion**. Bis heute vermischen sich in ihrer Verehrung christliche und indianische Kulte und Mythen. Kirchen und Orden wurden zum stabilisierenden Faktor beim Ausbau kolonialer Strukturen.

Seit 1535: Goldgrube Neuspanien

Mit der Ernennung von Antonio de Mendoza zum ersten Vizekönig erhob 1535 Karl V. Neuspanien offiziell zur **Kolonie**. Seit 1547 wurden die in kleinen Dorfverbänden lebenden Indios in größeren Siedlungen zusammengezogen, neue Städte entstanden und die systematische Ausbeutung von Land und Menschen begann. Die reichen Silbervorkommen machten Spanien zum größten Silberexporteur weltweit.

Innerhalb weniger Jahre reduzierte sich die Zahl der Indios drastisch, was auf willkürliche Ermordung, Sklavenarbeit und eingeschleppte Epidemien zurückzuführen war. **Bartolomé de las Casas**, Erzbischof von Chiapas, versuchte durch flammende Aufrufe die Menschenvernichtung in der »Neuen Welt« einzudämmen – ohne Erfolg. Um die Urbevölkerung zu schonen, plädierte er für afrikanische Sklaven, womit in vielen amerikanischen Ländern ein lang anhaltendes menschliches Elend einsetzte.

Sozialer Sprengstoff

In Mexiko selbst war nur eine sehr dünne spanische Oberschicht ansässig. Die in der Kolonie geborenen Weißen, die **Kreolen**, mussten meist als Handwerker oder niedrige Beamte ihr Auskommen suchen. Nach der bewussten Dezimierung der Indiobevölkerung stellten die **Mestizen** den größten Bevölkerungsanteil. Da das Konkubinat geduldet war, zeugten viele Spanier zahlreiche Kinder, erkannten diese jedoch nicht an. Von den traditionellen Dorfgemeinschaften wurden sie zwar geduldet, nicht jedoch völlig integriert, woraus soziale Widersprüche und Identitätsprobleme entstanden, die bis heute die mexikanische Gesellschaft prägen.

Der Weg in die Unabhängigkeit

1810–1821	Unabhängigkeitskrieg kostet 650 000 Menschenleben
1821	Mexiko wird in die Unabhängigkeit entlassen; allerdings werden die ursprünglich sozialrevolutionären Kräfte der Bewegung von der reformfeindlichen spanischstämmigen Oberschicht ausgeschaltet.

»Tod der schlechten Regierung«

Die Ideen der Französischen Revolution schwappten nicht nur in Form der nordamerikanischen Unabhängigkeitserklärung auf den Kontinent über. Auch in Mexiko formierten sich erste Souveränitätsbestrebungen.
Diese bekamen durch den Sieg Napoleons im Jahr 1808 in Spanien und die Ernennung seines Bruders Joseph Bonaparte zum spanischen König neue Nahrung. Mexiko lehnte den ihm aufgezwungenen Herrscher ab.
Vor allem die Kreolen sahen nun die Zeit für die staatliche Unabhängigkeit gekommen und fanden im Priester **Miguel Hidalgo y Costilla** ihren radikalen Anführer. 1810 rief er von der Kanzel herab seine Gemeinde zum Kampf für eine Landreform und bessere soziale Bedingungen auf.
Obwohl Hidalgo schon 1811 gefangen genommen und hingerichtet wurde, führte die von ihm ausgelöste Protestlawine 1821 zur Unabhängigkeit Mexikos.

Blutzoll für die Unabhängigkeit (1811–1821)

Die Nachfolge Hidalgos trat 1811 der Priester **José Maria Morelos** an. Ihm gelang es die Ziele des Aufstands zu formulieren: Abschaffung von Sklaverei, Folter, Staatsmonopolen und Klassensystem sowie verfassungsmäßige Souveränität und allgemeines Wahlrecht. 1815 wurde auch er gefangen genommen und hingerichtet. Die europäische Entwicklung untergrub die Machtbasis der Spanier in Mexiko, trotzdem dauerte der blutige Konflikt an.
1821 sah sich der spanische König Ferdinand VII. gezwungen, eine Verfassung zu unterschreiben, die Mexiko offiziell die Unabhängigkeit brachte. Der Weg dorthin hatte etwa 650 000 Mexikanern das Leben gekostet. Doch selbst die Ausrufung der konstitutionellen Monarchie beseitigte nicht die gravierenden sozialen Konflikte.

Jahrhundert der Revolutionen

1823	Mexiko wird offiziell Republik.
1846 bis 1848	Krieg mit den USA. Mexiko verliert das halbe Staatsgebiet (Texas, Neu-Mexiko, Arizona, Kalifornien, Utah, Nevada und Teile von Colorado).

Zapatistenkolonne, angeführt von Subcomandante Marcos (re.) und Major Moises (li.)

¡VIVA ZAPATA!

Großer Schnurrbart und entschlossener Blick, riesiger Sombrero auf dem Kopf und lange Flinte in der Hand – so wird das Bild Emiliano Zapatas auf Fotos überliefert. Heute wie zu Lebzeiten ist er eine Legende, gehört zu Mexiko wie der Tequila und die Sonne. Doch warum hatte dieser kleine Mann eine so große Wirkung? Und warum lässt sein Name bis heute die Mächtigen erzittern?

Die Wurzeln

Emiliano Zapata wurde um 1877 als achtes Kind einer armen Landarbeiterfamilie in der Region Morelos geboren. Schon in jungen Jahren lernte er den Teufelskreis, der das Leben der landlosen Bauern bestimmte, am eigenen Leib kennen: Armut, harte Arbeit, Hunger und der Tod mehrerer Geschwister prägten Zapatas soziales Bewusstsein.

Er wurde Pferdezureiter, zog durch das Land und traf immer wieder auf die gleichen Missstände. Als er 30 Jahre alt war, wählte ihn sein Heimatdorf zum Gemeindevorsteher, ein Amt, das ihn zur tatkräftigen Um-

setzung seiner Ziele ermunterte. Für die besitzlosen Bauern, die wie Leibeigene für ihre Patrones schufteten, wollte er den traditionellen Gemeindebesitz und die alten Gemeinderechte wieder zurückerobern. Ein Kampf, der ihn schließlich das Leben kostete und ihm **Unsterblichkeit** verlieh.

»Land und Freiheit«

Mit dieser Parole sammelte Zapata viele Kampfgenossen unter den landlosen Bauern, denen es um Land- und Wasserrechte ging. Zehntausende bewaffneten sich gegen die Großgrundbesitzer für eine gerechte Verteilung des Landes.

Als der Landreformer Francisco Madero schließlich die Revolution ausrief, war auch für die **»Weißhemden«** Emiliano Zapatas – als »Uniform« trugen sie die weißen Hemden der Landarbeiter – die Zeit zum Kampf gekommen. Im Süden Mexikos erzielten sie große Erfolge und rangen gemeinsam mit den revolutionären Kräften aus anderen Regionen das alte Regime nieder.

Charakter und Charisma

Bald nach dem Einzug in Mexiko-Stadt zog sich Zapata aus dem Zentrum der politischen Macht zurück, um im Süden die Umverteilung des Landes voranzutreiben. Seine »Weißhemden« sollten lieber mit Pflug und Pflanzstock ihre Familien ernähren, als sich mit Flinte und Patronengürtel in der Weltgeschichte herumzutreiben.

Aber auch in Mexiko fraß die Revolution ihre Kinder: Venustiano Carranza, erster Präsident des revolutionären Mexikos und Verbündeter Zapatas, war nicht gewillt, die **Landreform** zu unterstützen und versuchte mit Truppen den Süden auf Linie zu bringen. Für den charakterstarken Zapata war jedoch klar, dass er seine Ideale nicht

verraten und seine Gefolgsleute nicht enttäuschen durfte. Sein Charisma und seine Integrität sorgten für die Loyalität der Bevölkerung.
Ein langer und blutiger Guerillakrieg schien unausweichlich, deshalb setzte Carranza auf Intrige und Mord statt auf politische Veränderungen. Zapata wurde am 10. April 1919 bei Chinameca in einen Hinterhalt gelockt und starb in einem Kugelhagel. Sein Grabmal befindet sich in Cuautla. Wenige Monate später schlossen die zapatistischen Führer ein Abkommen mit Alvaro Obregón, ihn in seinem Kampf um die Macht gegen Carranza zu unterstützen.

Chiapas: Zapata lebt

Nicht erst seit seinem Tod ist Zapata **Mythos und Nationalheld**. Die sozialen und wirtschaftlichen Lebensbedingungen der armen Landbevölkerung sind bis heute der Beweis für die Richtigkeit seiner Forderungen.
In den 90er-Jahren des 20. Jahrhunderts wurde die Diskrepanz zwischen dem verarmten Süden und dem am Wohlstand der benachbarten USA partizipierenden Norden immer deutlicher. In die Feierlichkeiten zum NAFTA-Beitritt Mexikos am 1. Januar 1994 knallte der deutliche Warnschuss aus dem Süden: Mit Zapata als Leitfigur sowie seinen Reformforderungen auf den Lippen, besetzte die Indioguerilla zahlreiche Städte in Chiapas. Das Thema heißt – heute wie gestern – Landreform. Offiziell ist der Aufstand zwar beendet, die im Untergrund aktive **»Zapatistische Nationale Befreiungsarmee«** vertritt aber weiterhin die Interessen großer Bevölkerungsteile.
Solange Mexiko dieses alte Problem nicht löst, lebt Emiliano Zapata weiter, und zwar nicht nur als glorifizierter Revolutionsheld, sondern als Unruhegeist, der umhergeht – solange er muss.

entzündete sich jedoch ein Konflikt zwischen Zapata und Carranza, der schon 1918 erneut Regierungstruppen gegen die Bauern in den Süden schickte.
Emiliano Zapata, der sich bis auf den heutigen Tag in seiner Heimat Morelos und den benachbarten Bundesstaaten ungeheurer Beliebtheit erfreut, wurde in einen Hinterhalt gelockt und im Auftrag der Regierung 1919 **ermordet.** Vier Jahre später erlitt der zweite führende Kopf der Revolution, Pancho Villa, das gleiche Schicksal.

Die institutionalisierte Revolution

1920er-Jahre	Revolution wird »institutionalisiert«; Gründung der Staatspartei (PRI)
1942	Kriegseintritt Mexikos auf Seite der Alliierten
1994	Freihandelsabkommen mit den USA und Kanada (NAFTA); gleichzeitig Aufstand im südlichen Chiapas
2000	Ablösung der PRI als Regierungspartei nach über 70 Jahren; Vicente Fox Quesada wird Präsident Mexikos

Das Rückgrat Mexikos im 20. Jahrhundert waren die »Partei der institutionalisierten Revolution«, die in der Verfassung festgeschriebene 6-jährige Amtszeit des Präsidenten, die Gewerkschaften und die Korruption. So absurd es klingen mag: Diese Faktoren haben Putsche, Langzeitdiktaturen und Bürgerkriege verhindert.

Stabilisierung

Carranzas Nachfolger war **Álvaro Obregón** (1921 – 1924), dem es gelang, wichtige Reformen durchzusetzen: Schulen und Gewerkschaften entstanden, Land wurde verteilt und die Macht der Kirche eingeschränkt. Präsident Calles regierte nur von 1924 bis 1928, behielt aber bis 1933 starken Einfluss auf die folgenden Präsidenten. Wirtschaftliche Eigenständigkeit sollte die Verstaatlichung ausländischen Besitzes bringen, v. a. der US-amerikanischen und britischen Erdölgesellschaften.
Seit 1929 besteht mit diversen Namensänderungen die »Partei der institutionalisierten Revolution« (Partido Revolucionario Institucional, **PRI**), deren Mitglieder bis zum Jahr 2000 ohne Unterbrechung sämtliche staatswichtigen Ämter besetzten.

Aufschwung

Während des Zweiten Weltkriegs erlebte Mexiko eine Phase der relativen inneren Ruhe. Als linksorientiertes Land gewährte es zahlreichen **Exilanten** Asyl, unter ihnen Leo Trotzkij, die Schriftstellerin Anna Seghers und der Journalist Egon Erwin Kisch. 1942 erklärte Mexiko Deutschland und Japan den Krieg, beteiligte sich aber erst 1945 mit Luftangriffen im Pazifik aktiv am Kriegsgeschehen. Trotz weiterhin stark steigender Bevölkerungszahlen verhinderte der wirtschaftliche Aufschwung der 1950er- und 1960er-Jahre Arbeitslosigkeit und Verelendung. Die Infrastruktur, das Sozial- und Bildungssystem konnten sogar weiter ausgebaut werden.

Korruption, Inflation, Rebellion

Von den positiven Auswirkungen des Wirtschaftswachstums profitierte jedoch hauptsächlich eine kleine elitäre Schicht, während der Großteil der Bevölkerung von diesem Wohlstand ausgeschlossen blieb. So enstand neue soziale Unzufriedenheit, die durch Korruption und Inflation zusätzlich Nahrung erhielt. Käuflichkeit der Ämter sowie Abhängigkeiten durch Geld und Freundschaftsdienste waren in Mexiko an der Tagesordnung.
Gegen diese Machenschaften formierte sich Ende der 1960er-Jahre Protest, vor allem von Seiten der Intellektuellen. Traurige Berühmtheit erlangte Präsident Gustavo Díaz Ordaz, der 1968 Studentenproteste grausam niedermetzeln ließ, um Mexiko anschließend den internationalen Gästen bei der Olympiade 1968 und der Fußballweltmeisterschaft 1970 als friedliches Land zu präsentieren.

Ölboom (1976 – 1981)

Die Schwierigkeiten verstärkten sich Anfang der 1970er-Jahre, als im Rahmen der weltweiten Wirtschaftskrise auch der Aufschwung in Mexiko endgültig zum Erliegen kam. Während der Präsidentschaft José López Portillos (1976 – 1982) erlebte das Land durch große Erdölfunde einen heftigen, aber kurzen Aufschwung. Überhöhte Investitionen und eine zunehmende Auslandsverschuldung waren die Folge, an denen Mexiko bis heute zu leiden hat.

Neue Wege

Die Politik sucht seitdem Auswege aus der Krise. Um- und Entschuldungsabkommen mit ausländischen Banken sowie politische Erneuerungen im Inneren stellten die Hauptaufgaben dar. Ende der 1980er-Jahre zeichneten sich erste Erfolge ab: 1988 gewann überraschend erstmals ein Oppositionskandidat die Präsidentschaftswahl. Aus Angst vor einem Machtvakuum und vor ausbrechendem Chaos entschied sich die PRI für Wahlbetrug.

Unruhe zum Jahrtausendwechsel

1994 brach der **Chiapas-Aufstand** aus, dem sich zapatistische Kämpfer der Nachbarregionen anschlossen. Die Rückbesinnung auf revolutionäre Forderungen zeigte, dass im Süden auch in den Jahren der »Institutionalisierten Revolution« soziale und ethnische Probleme weiter Bestand hatten. Zwar beruhigte sich die Situation nach 1996, eine zapatistische Guerillabewegung existiert aber weiterhin.

Ablösung der PRI

Bei den Präsidentschaftswahlen am 2. Juli 2000 gewann der Bewerber der oppositionellen PAN, **Vicente Fox**, und setzte damit der 71 Jahre währenden Herrschaft der PRI ein Ende. Da jeder Präsident nach der Verfassung nur eine Amtszeit regieren darf, konnte Fox bei den Präsidentschaftswahlen im 2006 nicht noch einmal antreten.

Unruhige Wahl 2006 ►

Weil viele Mexikaner ohnehin sehr unzufrieden mit seiner Regierung waren, wurde weltweit erwartet, dass sich der Kandidat der PRD (s.u.) **Andrés Manuel López Obrador**, von seinen Anhängern gerne nach seinen Initialien »Amlo« genannt, durchsetzen würde. Doch das trat nicht ein: Fox' Parteikollege **Felipe Calderón Hinojosa** gewann mit der hauchdünnen Mehrheit von 0,58 % der Stimmen, Zeichen einer deutlichen Spaltung der mexikanischen Bevölkerung. Obrador warf seinem Gegner Wahlbetrug vor und focht die Wahl an. In ganz Mexiko kam es zu Unruhen und Protesten, an denen sich bis zu einer Million Menschen beteiligten, um eine Neuauszählung der Stimmen zu erzwingen. Doch im September 2006 wurde die Wahl vom mexikanischen Bundeswahlgericht für gültig erklärt und Calderón, geb. 1962, Jurist und Ökonom, der auch in Harvard studiert hatte, trat am 1. Dezember 2006 sein Amt an. Er versprach, das Land mit »harter Hand« zu regieren, insbesondere, was den Kampf gegen die Drogenmafia betrifft. Auch gegen Korruption will Calderón entschlossen vorgehen. So entließ er im Juni 2007 284 hochrangige Bundespolizisten.

Heute sitzen Vertreter der konservative katholische PAN, der PRI und der linksorientierte PRD (Partido de la Revolución Democrática, eine linke Abspaltung der PRI) im Kongress.

Präkolumbische Kulturen

Nahezu 2000 Jahre lang gab es in Mittelamerika Hochkulturen. Sie errichteten Steinpyramiden für religiöse Rituale und entwickelten eine Schrift. Größer und reicher als jede europäische Stadt des 15. Jahrhunderts war Tenochtitlán, die Hauptstadt des mächtigen Aztekenreiches. Trotzdem wurde diese beeindruckende Kultur um 1520 von den Spaniern vernichtet.

Forschungsprobleme

Die Ursprünge der altindianischen Kulturen Mesoamerikas sind heute noch nicht klar erkennbar, da für diese Zeit verlässliche Quellen fehlen. In der indianischen Überlieferung vermischen sich historische Fakten mit Mythologie und Legendenbildung. Hinzu kommt, dass – abgesehen von den epi-olmekischen Schriftzeichen – die einzige entwickelte Schrift der vorspanischen Epoche, die der Maya, bislang nicht vollständig entziffert ist. So ist das Geschichtsbild Mesoamerikas nach wie vor lückenhaft. In Mexiko wurden bisher rund 13 000 archäologische Stätten registriert, von denen nur ein geringer Teil freigelegt und wissenschaftlich ausgewertet ist. Bei letzten Ausgrabungen wurden **immer frühere Datierungen** festgestellt, so dass die Geschichtsschreibung der »Neuen Welt« noch längst nicht abgeschlossen ist.

Zeitliche und geografische Eingrenzung

Der Begriff der präkolumbischen Kulturen umschreibt im Übrigen keineswegs eine Zeit, die mit Kolumbus' Entdeckung Amerikas im Jahre 1492 abrupt aufhört. Vielmehr ist darunter ein kulturhistorischer Abschnitt zu verstehen, der erst zu Ende ging, als die spanischen Konquistadoren in den Lebenskreis jener Kulturen eintraten. Nach heutigen Erkenntnissen datiert man ihren Ursprung am Übergang von der archaischen zur formativen Zeit (um 1500 v. Chr.). Die letzte präkolumbische Hochkultur, die der Azteken, endete 1521, etwa eine Generation nach Kolumbus. Die mesoamerikanischen Hochkulturen entwickelten sich vor allem in vier Großräumen: im Küstengebiet am Golf von Mexiko (Tabasco, Veracruz), im Zentralen Hochland (Distrito Federal, México, Puebla, Hidalgo), im Süden (Oaxaca, Chiapas; ferner in Guatemala, El Salvador und Honduras) sowie im Osten (Campeche, Yucatán, Quintana Roo; ferner in Belize, früher Britisch-Honduras).

Olmeken (Blütezeit 1400 – 400 v. Chr.)

Vom Volk der Olmeken bzw. der La-Venta-Kultur (Náhuatl: die Leute aus dem Kautschukland) ist wenig bekannt. Die von den Olmeken gegründeten Stadtstaaten an der Golfküste (z. B. La Venta, Tres Zapotes und San Lorenzo Tenochtitlán) waren die ersten bedeutenden Kult- und Wohnsiedlungen. Auch gab es eine Art Glyphenschrift und ein Zahlensystem. Der sensationelle Fund der Stele von La Mojarra bei Veracruz 1986, die 400 erkennbare Hieroglyphen einer epi-olmekisch genannten Schrift aufweist, zeigte, dass schon 100 bis 150 Jahre vor demjenigen der Maya ein entwickeltes Schriftsystem existiert haben muss.

Einfluss auf andere Kulturen

Der olmekische Einfluss wird in weit auseinander liegenden Orten deutlich, die vielfach keine Olmekensiedlungen, sondern kultische und merkantile Außenposten der Machtzentren an der Golfküste wa-

← Die »gefiederte Schlange« Quetzalcoatl (Codex Telleriano-Remensis)

Geschichte Die Entwicklung von Teotihuacán umfasst mehrere Phasen. Die erste dauerte bis zur Zeitenwende, die zweite bis etwa 350 n. Chr. In der dritten Phase (bis etwa 650) erreichte die Stadt ihre Blütezeit. Ein kultureller Austausch bestand mit Monte Albán, Pánuco, El Tajín und dem Maya-Gebiet. Dieser beruhte offenbar nicht nur auf Handelsbeziehungen, sondern u. a. auch auf der Errichtung von Künstlerkolonien. Man neigt heute sogar zu der Ansicht, dass Teotihuacán so weit entfernte Orte wie Kaminaljuyú in Guatemala (Luftlinie 1100 km) und Ansiedlungen der Tiefland-Maya zeitweise unmittelbar kontrollierte. Auch auf die Kultstätten von Xochicalco, Cholula und das frühe El Tajín sowie auf zahlreiche Plätze im Bundesstaat Guerrero gewann die Stadt Einfluss. Um 750 ging die Metropole auf z. T. gewaltsame Weise unter.

Kultur Teotihuacán zeichnet sich vor allem durch eine beispielhafte Architektur aus, die Pyramiden, Tempel, Paläste sowie Wohnhäuser für Arbeiter und Bauern umfasst. Ein Charakteristikum ist das architektonische Prinzip Talud-Tablero, wobei geneigte Stützmauern mit Hilfe horizontaler Gesimse optisch gegliedert und statisch stabilisiert werden. Dieses Prinzip wurde – meist in modifizierter Form – auch von anderen Völkern übernommen. Gegenüber der monumentalen Architektur dieser Stadtanlage tritt die Bildhauerei stark in den Hintergrund. Abgesehen von Schlangenkopfskulpturen und Steinreliefs konzentriert sich die künstlerische Tätigkeit auf prächtige Masken, oft in Einlegearbeit, sowie auf steinerne Figuren. Die zahlreichen Wandmalereien zeigen eine überraschende Vielfalt an Motiven; sie stellen u.a. Göttergestalten, Tiere, Kultszenen dar. In der Mythologie dominieren die Götter des Maises, der Regengott und der Gott des Feuers, die oft Tiergestalt besitzen.

Maya (500 v. Chr. – 1450 n. Chr.)

Herkunft Auch die Herkunft der Maya liegt historisch im Dunkeln. Bisher glaubte man, dass dieser Volksstamm erstmals um 500 v. Chr. im gemäßigten Hochland von Chiapas und Guatemala sowie im Tiefland des Petén in Erscheinung trat. Jüngere Forschungsergebnisse beweisen aber, dass bereits um 2000 v. Chr. in Cuello (Belize) ein größeres Maya-Zentrum entstanden war, das bis 200 n. Chr. existierte. Ein Stamm, aus dem später die Huasteken hervorgingen, scheint sich schon zwischen 1500 und 2000 v. Chr. abgespalten und an der Nordküste des Golfs von Mexiko niedergelassen zu haben.

Klassisches Maya-Gebiet Das Stammland der Maya war zwar bereits um 1500 v. Chr. dicht besiedelt, doch ist unklar, ob und wie stark die Stätten von Chiapa de Corzo, Izapa, Ocós und El Baúl mit der Entwicklung der Maya-Kultur im Zusammenhang stehen. Hier vermischten sich eigenständige, uns noch unbekannte Zivilisationen mit den Kulturen der Olmeken und den erstmals auftretenden Maya. Wenn man von den frühen

Steinrelief der Maya (Anthropologisches Museum, Mexiko-Stadt)

Stätten in Guatemala (Nakbé, El Mirador) und Belize absieht, so entstanden die ersten größeren Siedlungen in Dzibilchaltún und Yaxuná im nördlichen Yucatán. Der Einfluss der Maya reichte bereits früh bis Oaxaca (Monte Albán II) und später in der klassischen Periode bis Teotihuacán, Cacaxtla und Xochicalco. Allerdings war zwischen 400 und 600 auch ein Einfluss des olmekischen Teotihuacán auf Städte der Maya spürbar.

Kulturelle Leistungen

Die bedeutendsten Leistungen der Maya, die ohne Metallwerkzeuge, Zug- und Tragtiere auskommen mussten und das Rad nur für Kin-

derspielzeug verwendeten, entstanden in der klassischen Periode (200–900) vor allem im zentralen Siedlungsgebiet. Sie zeigen sich in Orten und Stadtstaaten wie Palenque, Bonampak, Toniná, Yaxchilán und Chinkultic im Bundesstaat Chiapas, ferner in Guatemala, Belize und Honduras. In Tikal (Guatemala) entstand die höchste Pyramide (65 m) der Maya-Kultur.
Man errichtete Paläste, Ballspielplätze, Altäre und Stelen nach bestimmten Daten des Kalenders. Die Gestaltung der Stelen zeugt von großer Kunstfertigkeit; sie zeigen in Flachrelief Schriftzeichen, Darstellungen von Herrschern und historische Szenen oder sind als Vollplastiken gestaltet. Der Kalender der Maya ist der modernste seiner Zeit, Astronomie und Mathematik waren hoch entwickelt.

Maya-Kalender Die Maya besaßen zwei verschiedene Kalendersysteme, die – geringfügig modifiziert – auch bei anderen Hochkulturen des mesoamerikanischen Raums gefunden wurden.
Der Ritualkalender basierte auf einer Jahreseinheit von 260 Tagen, welche durch eine Zählreihe von 1 bis 13 sowie durch 20 Tagesglyphen unterteilt wurde. Mit jedem Tag rückte man sowohl in der Zahlenreihe als auch in der Glyphenreihe um eine Stelle weiter.
Der Sonnenkalender dagegen war in 18 Monate zu je 20 Tagen eingeteilt. Um auf eine dem Erdumlauf um die Sonne entsprechende Jahreslänge von 365 Tagen zu kommen, wurden fünf ungezählte, als unheilvoll angesehene »leere« Tage (uayeb) angefügt. Das Wort kin bedeutete Tag, es folgten unial = 20 Tage, tun = 360 Tage (1 Jahr), katun = 7200 Tage (20 Jahre) und baktun = 144 000 Tage (400 Jahre). Das »Äon« des Maya-Kalenders, ein Zyklus von 52 Sonnenjahren bzw. 18 980 Tagen, ging zu Ende, wenn der letzte Tag des Jahres im Ritualkalender und im Sonnenkalender auf dasselbe Datum fielen. Die schriftliche Fixierung von Daten des Sonnenkalenders erfolgte mit Zahlzeichen oder Kopfzahlen, Tagesglyphen und Monatsglyphen, die eindeutige Angaben für jeden Tag des Jahres ermöglichten. Die Jahresbezeichnung des Sonnenkalenders ergab sich aus dem Datum

Maya-Kalender Orientierung

Ritualkalender 260 Tage

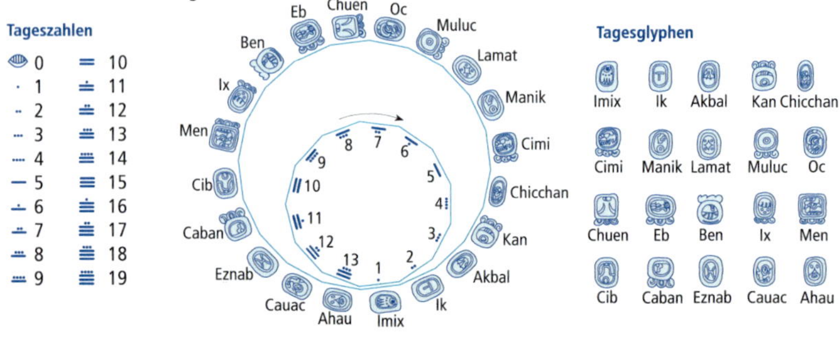

des Ritualkalenders, auf welches der jeweilige Jahresbeginn des 365-Tage-Zyklus fiel. Von großer Bedeutung war der Kalender für die Religion und Mythologie der Maya, die sich ganz an Astronomie und Astrologie orientierten.
Tage, Monate und Jahre waren einzelnen Gottheiten zugeordnet und jede Datumsangabe hatte eine bestimmte, glückbringende oder unheilvolle Bedeutung. Vor der Durchführung wichtiger Vorhaben musste stets der Kalender befragt werden, denn auch die Götter und ihre Handlungen unterlagen den jeweiligen Konstellationen. Dieses komplexe System der Zeitrechnung gestattet den rechnerischen Umgang mit sehr langen Zeitspannen. So wurden von den Maya Daten berechnet, die mehrere Jahrmillionen zurücklagen.

Untergang

Die glanzvollen Städte wurden schon im 9. Jh. aufgegeben und waren bereits um 900 verlassen und in kürzester Zeit von der Vegetation überwuchert. Über die Gründe ließen sich bislang nur Vermutungen anstellen. Es wird angenommen, dass der große gemeinsame Kult und damit verbundene innere Auseinandersetzungen das Ende der Maya-Kultur herbeiführten. Jüngere Forschungsergebnisse weisen auch darauf hin, daß äußerer Druck durch neu einwandernde fremde Stämme den Zusammenbruch beschleunigte.

Weitere Maya-Stätten

Auch Orte im Norden des Zentralgebiets, z. B. Kohunlich und die dem Río-Bec-Stil zugerechneten Gebiete im Südlichen Campeche (Hormiguero, Calakmul, Xpuhil, Becán, Chicaná) erlebten in der Klassik ihre Glanzzeit.
In der spätklassischen Phase, als man die skulptierten Stelen kaum noch kannte, blühten im nördlichen Teil von Yucatán u. a. der Chenes-Stil (Hochob, Dzibilnocac) und der Puuc-Stil (Uxmal, Kabah, Sayil, Labná). Sie zeichnen sich durch reichen Gebäudeschmuck aus Hunderten kleiner Elemente aus, die sich zu komplizierten Mustern zusammenfügen und als Hauptmotiv den Regengott Chac zeigen. Diese Stätten gingen im 11. und 12. Jh. unter.

Sonnenkalender

365 Tage - 18 Monate mit je 20 Tagen, 5 »leere« Tage

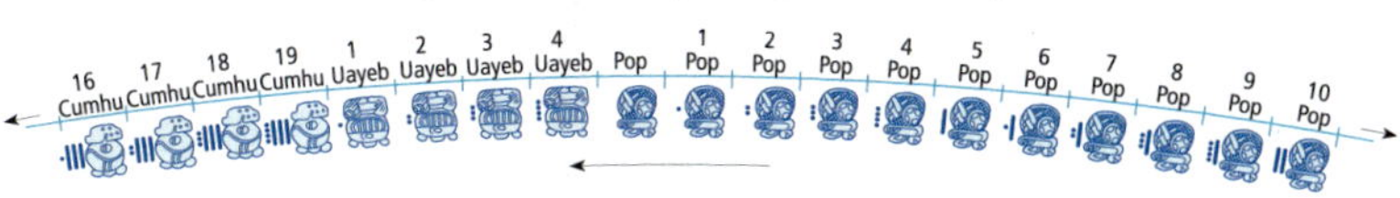

Monatsglyphen

Fremde Kultureinflüsse

Mit dem Eindringen der Tolteken und anderer mexikanischer Stämme in das nördliche Yucatán erlebte das Kunstschaffen einen neuen Aufschwung.
Vor allem in Chichén Itzá zeigt sich die Verbindung von toltekischen und Maya-Stilelementen, so an den steinernen Großskulpturen der **Chac-mool** und der **Atlanten**. Dominierend ist das Motiv der Federschlange. Die Blütezeit von Chichén Itzá ging um 1200 zu Ende, als es von der Stadt Mayapán überflügelt wurde. Diese letzte große Maya-Metropole ging ca. 1450 unter und mit ihr die zweitausendjährige Maya-Kultur. Erhalten blieb eine größere Anzahl von kleinen Fürstentümern ohne kulturelle Bedeutung. Es bedurfte 20 Jahre harten Krieges, bis die Spanier schließlich 1542 die Maya Yucatáns unterworfen hatten.

Zapoteken und Mixteken (500 v. Chr. – 1521 n. Chr.)

Geschichte

Die Geschichte des großen Kultzentrums im Tal von Oaxaca (Südmexiko) wird in fünf Phasen (Monte Albán I, II, III, IV und V) eingeteilt. Die aus vorchristlicher Zeit stammenden Steinreliefs, Gräber und Keramikfunde lassen in der Frühzeit Einflüsse aus der olmekischen, später aus der Maya-Kultur erkennen. Erst um die Zeitenwende traten die Zapoteken in Erscheinung, die im klassischen Zeitalter

Blick auf die Anlage von Monte Albán

das Wesen der Sakralstätte prägten. Von 300 bis 600 ist ein **lebhafter Kulturaustausch mit Teotihuacán** feststellbar. Zwischen 800 und 1000 trat erst eine Stagnation, dann der Niedergang ein. Vieles spricht dafür, dass Monte Albán von den Zapoteken verlassen und von den Mixteken übernommen wurde, den en der Ort aber nur noch als Begräbnisstätte diente. Gegen Ende des 15. Jh.s unterwarfen die Azteken das Gebiet um Oaxaca. Mitla, südöstlich von Oaxaca, stand abwechselnd unter dem Einfluss von Zapoteken, Mixteken und einer unbekannten Kultur.

Kultur

Aus der vorchristlichen Zeit stammen große, eindrucksvolle Tonplastiken von stehenden Menschengestalten und Jaguaren, ferner die **»Los Danzantes«** genannten Flachreliefs. Man nimmt an, dass diese ersten bisher entdeckten Schriftzeichen des vorspanischen Amerika zwischen 400 und 300 v. Chr. entstanden sind. Eine Entzifferung der Schriftzeichen ist bisher nicht gelungen.
In der klassischen Zeit entstanden neben der von Teotihuacán beeinflussten Monumentalarchitektur Figurengefäße, die meist Priestergottheiten darstellen und in Gräbern gefunden wurden. Dabei spielt der **Totenkult** eine große Rolle; die Grabkammern, von kreuzförmigem Grundriss, wurden mit Fresken und Reliefs geschmückt und bargen reiche Grabbeigaben. Die Mixteken fertigten hervorragenden Schmuck und polychrome Keramik; die Darstellungen in den Bilderhandschriften ermöglichten wichtige historische Erkenntnisse. In der Götterwelt der Bewohner des Tals von Oaxaca dominierten der Regengott Cocijo, der Maisgott Pitao Cozobi, der Windgott Quetzalcóatl sowie der Gott der Erneuerung und der Juweliere Xipe Tótec.

El Tajín (600 – 1200)

Geschichte

Die zwischen Tampico und Veracruz nahe dem Golf von Mexiko gelegene Kultstätte El Tajín wurde lange dem Volk der Totonaken zugeschrieben, die aber erst gegen Anfang des 13. Jh.s einwanderten, als die Stadt bereits verlassen war. Die Erbauer sind nicht zweifelsfrei auszumachen; man fand spätolmekische Merkmale und Einflüsse von Teotihuacán.

Kultur

Die Blütezeit von El Tajín dürfte zwischen 700 und 900 gelegen haben. Es entwickelte sich ein spezifischer, in seiner Verbreitung eng begrenzter Baustil, dessen bedeutendstes Zeugnis die sechsstöckige Nischenpyramide ist. Weitere typische Funde sind die oft kunstvoll ornamentierten Steinplastiken, die Yugo (Joch), Hacha (Axt) und Palma (Palme) genannt werden. Sie sind vermutlich Nachbildungen hölzerner Schutzschilde, die man beim **rituellen Ballspiel** trug. Das Ballspiel war im Glaubensleben der Bewohner von großer Bedeutung; allein in El Tajín hat man 13 Ballspielplätze gefunden. Unklar bleibt bislang, ob der Sieger oder der Verlierer den Göttern geopfert wurde.

Das Leben im Aztekenreich

Tenochtitlán

Als die spanischen Eroberer Tenochtitlán, die riesige Hauptstadt des Aztekenreiches, zu Gesicht bekamen, waren sie überwältigt von der Größe, Pracht und wohlgeordneten Anlage der Metropole. Besonders beeindruckten sie die Märkte. Selbst Hernán Cortés schrieb später an Kaiser Karl V. über den **Markt von Tlatelolco**: »Unter uns waren Soldaten, die in der Welt herumgekommen waren, in Konstantinopel, in ganz Italien, sogar in Rom, und sie sagten, sie hätten niemals einen so geordneten, großen und so von Waren und Menschen überfüllten Markt gesehen.« Der Chronist Bernal Díaz del Castillo berichtet, dass täglich 25 000 Menschen diesen Markt besuchten, dass aber alle fünf Tage ein Markt abgehalten würde, der 40 000 bis 50 000 Menschen anlockte.
Tenochtitlán (Ort der Kaktusfrucht) und das 1473 von ihm eroberte Tlatelolco waren zur Zeit der Ankunft der Spanier in vier große Bezirke geteilt, die man noch lange nach der spanischen Eroberung beibehielt. Die traditionelle Verwaltungseinheit bildeten jedoch die kleineren Calpulli, Stadtviertel mit gemeinsamem Landbesitz unter einem selbstgewählten Oberhaupt. Das Zentrum der Seestadt war durch drei große Dämme mit den Ufern verbunden. Die nördliche Hochstraße, die von Tlatelolco ausging, erreichte das Ufer bei Tepeyacac in der Nähe der jetzigen Wallfahrtsstätte von Guadalupe. Der westliche Damm verband Tenochtitlán mit Tlacopan, der südliche teilte sich, so dass eine Abzweigung südwestwärts Coyoacán erreichte, während die andere ostwärts nach Iztapalapa führte. Außerdem gab es zwei Aquädukte; einer führte von Chapultepec zur Stadtmitte, der andere brachte Trinkwasser aus Coyoacán entlang der Straße von Iztapalapa.

Gesellschaftsordnung

Würdenträger

Die Rangordnung der aztekischen Gesellschaft war hierarchisch gegliedert, ließ jedoch alle Aufstiegsmöglichkeiten zu. Die Mitglieder der obersten Schicht in Heer, Verwaltung und Gerichtsbarkeit wurden mit Tecuhtlí (Herr, Würdenträger) angeredet, ein Titel, den auch der Kaiser trug. Der allgemein als Kaiser bezeichnete Herrscher führte die Titel Tlatoaní (Sprecher, d. h. Leiter im Tlatocan, dem Obersten Rat) und Tlacatecuhtlí (Herr der Krieger).
In Tenochtitlán wurde der Herrscher von einer Wahlversammlung der Oberschicht gewählt. Seit Moctezuma I. stand dem Kaiser als höchstem Staatsbeamten der Cihuacóatl zur Seite, dessen Titel in Anlehnung an eine Göttin Schlangenfrau bedeutet. Unmittelbar un-

Markt von Tlatelolco (Diego Rivera, 1929–1935) →

Kunst und Kultur

Die überwältigenden prähispanischen Bauwerke und die teils fröhlichen, teils verstörenden Bilder der Frida Kahlo sind den meisten bekannt. Doch auf den folgenden Seiten erfahren Sie einiges mehr: von Einflüssen der Kolonialzeit vor allem auf die Architektur, dem genuin mexikanischen Muralismo und Traditionen wie Charreada und Jai alai. Neugierig geworden?

Malerei

Präkolumbische Wandmalerei und Codices

In der Zeit vor der spanischen Conquista (bis etwa 1520) dominierte in Mexiko die präkolumbische Wandmalerei. Hervorragende Beispiele hierfür sind die Fresken des Maya-Tempels in Bonampak oder die Malereien in Teotihuacán, Tepantitla, Atetelco, Cacaxtla und Cholula bei Puebla. Leider blieben nur wenige dieser **altindianischen Zeugnisse** erhalten. Die Rot- und Orangetöne, das Gold und das berühmte Blau der Fresken von Bonampak geben einen Eindruck vom hohen Stand der Maltechnik zur Zeit der klassischen Maya-Kultur. Außer Fresken hat man ebenfalls kunstvoll bemalte Keramik gefunden. In diese Epoche gehören auch die Bilderhandschriften mit figürlichen Darstellungen und Bildzeichen.

Kolonialkunst

Bald nach der Conquista begannen europäische Künstler an der von Franziskanermönchen gegründeten Schule in Mexiko-Stadt zu lehren. Wie die meisten Maler der Zeit, standen diese Künstler unter dem Einfluss der niederländischen Schule. Bedeutung erreichte in dieser Epoche allein der in Mexiko lebende flämische Maler **Simon Pereyns** (1566 – 1603).
Zu Beginn des 17. Jahrhunderts entstand eine eigenständige Kolonialkunst, dokumentiert in den Werken von **Baltazar de Echave Orío** (1548 – 1620), **Baltazar de Echave Ibía** (1585 – 1645) und **Luis Juárez** (1600 – 1635). Später folgten **José Juárez** (1615 – 1667), **Baltazar de Echave Rioja** (1632 – 1682) und **Pedro Ramírez** (1650 – 1678), denen es gelang, Stile so unterschiedlicher europäischer Maler wie Murillo und Rubens mit ihrem eigenen Duktus zu verbinden.

Mexikanischer Barock

Bedeutende Vertreter der ersten Phase des mexikanischen Barock (Ende 17. Jh./Anfang 18. Jh.) sind **Cristóbal de Villalpando** (1652 bis 1714), **Juan Correa** (1674 – 1739) und **Juan Rodríguez Juárez** (1675 bis 1728). Ihre Bilder lassen deutlich europäischen Einfluss erkennen. Die Correa-Schüler **José María de Ibarra** (1688 – 1756) und **Míguel Cabrera** (1695 – 1768) bestimmten die mexikanische Malerei des 18. Jh.s. Im Gegensatz zur mexikanischen Architektur und zu den Mestizo-Schulen von Cuzco und Potosí in Südamerika bleibt die mexikanische Malerei dieser Zeit fast gänzlich frei von indianischen Einflüssen.

19. Jahrhundert

Für die Mitte und die zweite Hälfte des 19. Jh.s sind als Porträtist der Vertreter der naiven Kunst, **José María Estrada** (1830 – 1862), und als Landschaftsmaler **José María Velasco** (1840 – 1912), der spätere Lehrer von Diego Rivera, zu erwähnen. In der Provinz entwickelte sich jetzt eine volkstümliche, aussagekräftige Malerei, deren beste

← Kolonialkunst: Gemälde der Nonne Sor Juana de la Cruz (anonym, 17. Jh., s.a. S. 96)

Zeugnisse in den vielen Dorfkapellen zu finden sind. Gegen Ende des 19. und zu Beginn des 20. Jahrhunderts verstärkte sich in der mexikanischen Malerei der Einfluss des französischen Impressionismus, so in den Landschaftsbildern von **Joaquín Claussel** (1866 – 1935) und **Mateos Saldaña**.

Muralismo

Die nächste Epoche der mexikanischen Malerei begann im 20. Jh. zur Zeit der Revolution (1910 – 1920). Mit dem Muralismo entstand eine eigenständige Kunstform. Ausgangspunkt dieser Richtung war eine sezessionistische Ausstellung im Jahre 1910, in deren Mittelpunkt Gerardo Murillo (1875 – 1964) stand, der sich **Dr. Atl** (Náhuatl: Wasser) nannte; als Vorläufer der neuen Kunstrichtung gilt der Metallstecher und politische Karikaturist José Guadalupe Posada (1851 – 1913).

Noch heute werden die drei führenden Künstler der neuen Stilrichtung »Los tres grandes« genannt: **Diego Rivera** (1886 – 1957), **José Clemente Orozco** (1883 – 1949) und **David Álfaro Siquieros** (1896 – 1974). Voller Liebe für ihr Land und das mexikanische Volk malten sie mit großem Engagement Wandbilder an öffentlichen Einrichtungen. Sie erzählen von ihren indianischen Wurzeln, der wechselvollen Geschichte des Landes und von der Aussicht auf ein Leben in Gesundheit und Wohlstand

Moderne

Frida Kahlo (1907 – 1954; Berühmte Persönlichkeiten, Baedeker Special S. 405), die zweimal in turbulenter Ehe mit Diego Rivera verheiratet war, vertritt hingegen die Staffelmalerei. Nach einem Unfall in ihrer Jugend musste sie zeitlebens mit schweren Behinderungen zurechtkommen. Ihre Ängste und Schmerzen verarbeitete sie in ihrer Malerei. Dabei entwickelte sie einen surrealistischen Stil, der selbst den französischen Meister des Surrealismus, André Breton, stark beeindruckte.

Als Altmeister der mexikanischen Moderne gilt der Zapoteke **Rufino Tamayo** (1899 – 1991), der Elemente der mexikanischen Volkskunst mit denen der modernen Malerei, besonders des Kubismus, verband. Wie Rivera setzte er sich für eine indianische Renaissance ein. Er wurde zum Begründer der modernen Malerei in Mexiko und malte ausschließlich bei Tageslicht, um sämtliche Farbschattierungen stets kontrollieren zu können (Abb. s. S. 82).

Das Leben in abgeschiedenen Dörfern, der ritualisierte Alltag und die Beziehung zu Ahnen, Pflanzen und Tieren sind die hauptsächlichen Themen der zeitgenössischen Maler. Richtungsweisend für diese subjektive, von Träumen geprägte Volkskunst sind vor allem Werke von **Rufino Tamayo**, **Rodolfo Morales** (1925 – 2001) und **Francisco Toledo** (geb. 1940). In der kleinen Region Oaxaca entstand dabei eine eigene Ausdrucksform: Während Tamayo einfühlsame Gebilde aus dem Tierreich kreiert, bezieht sich Toledo auf poetische Kindheitsträume und Morales befasst sich mit der geheimnisvollen Welt der Frauen.

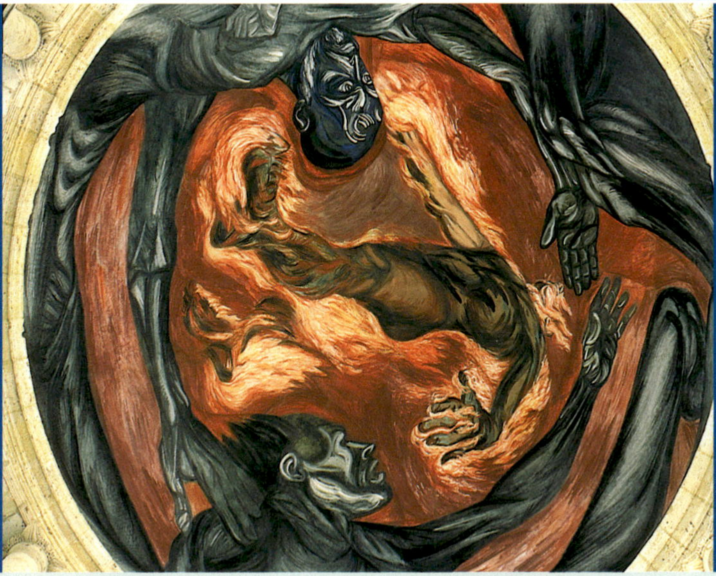

DIE GROSSEN DREI DES MURALISMO

Die Geschichte des mexikanischen Muralismo war im Wesentlichen die der »Los Tres Grandes« – Diego Rivera, José Orozco und David Álfaro Siqueiros – obwohl von Anfang an auch viele andere Künstler beteiligt waren. Es entstand eine neue Form der Volkskunst, die sich der mexikanischen Identität verpflichtet fühlte: als überdimensionales Mural (Wandgemälde), frei zugänglich für das ganze Volk.

Obwohl **José Orozco** (1883 – 1949) und **David Álfaro Siqueiros** (1896 bis 1974) bereits seit 1914 an Plänen zu einer künstlerischen und sozialen Revolution beteiligt waren, entstand erst sieben Jahre später – nach den Wirren der Revolution – der Wunsch, die Einheit und Identität Mexikos **(Mexikanidad)** auch bildlich darzustellen. Die Voraussetzung für die Entstehung und Ausbreitung einer neuen Kunstform schuf Anfang der 1920er-Jahre der damalige Erziehungsminister José Vasconcelos, der den Künstlern die Wände von Schulen und anderen öffentlichen Gebäuden zur Verfügung stellte. Nach seinem Paris-Aufenthalt wurde **Diego Rivera** (1886 – 1957) 1921 Teil des Teams, das versuchte, eine mexikanische Form des Modernismus, in überdimensionaler Größe und zugänglich für das ganze Volk, zu entwickeln.

Tradition und Vision

Die Maler wandten sich jetzt der alten, lebendig gebliebenen Volkskunst zu, übernahmen Formen, Farben und Themen aus der präkolum-

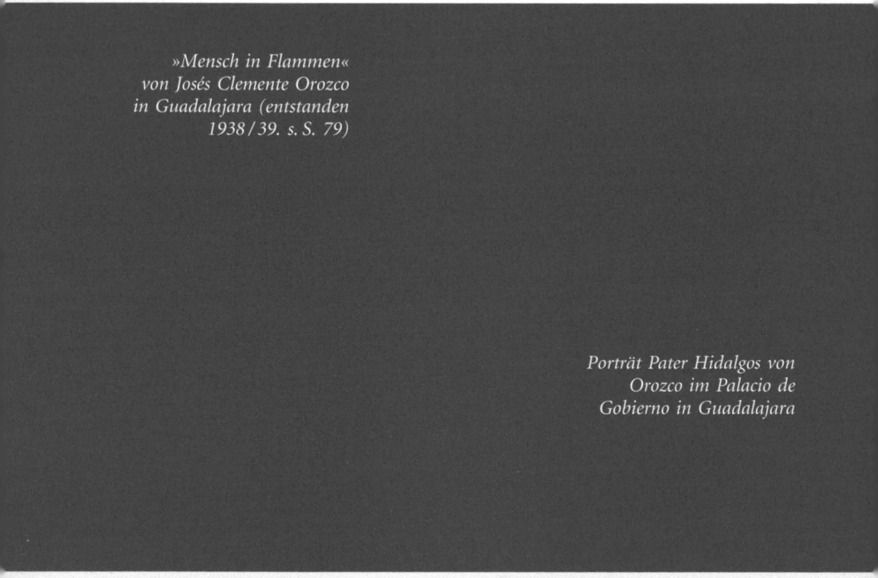

»Mensch in Flammen« von Josés Clemente Orozco in Guadalajara (entstanden 1938/39. s. S. 79)

Porträt Pater Hidalgos von Orozco im Palacio de Gobierno in Guadalajara

bischen Kunst und zeigten auf Wandbildern Szenen, die die **mexikanische Geschichte** zum Thema hatten wie auch den Blick auf eine **bessere Zukunft für die Massen** mittels Mechanisierung, moderner Landwirtschaft und Medizin. Nicht Ateliers, Museen, Galerien waren die passenden Ausstellungsorte für dieses Anliegen, sondern öffentliche Räume, zu denen auch die einfachen Leute von der Straße Zugang hatten. In puncto Fortschrittsglaube und Erziehung analphabetischer Massen fühlten sie sich zwar einer bestimmten Ideologie verpflichtet, meist ohne dabei in einen doktrinären sozialistischen Realismus zu verfallen.

Ideologische Auseinandersetzungen

Trotz der guten Vorsätze hatte die Bewegung der Muralisten, wie sie sich mittlerweile nannten, keine Zukunft. Schon bald fiel sie auseinander, v. a. wegen ideologischer Querelen. Es kam zu einer Auseinandersetzung über den (kommunistischen) Gehalt einiger Wandgemälde, womit ein langer **künstlerischer und ideologischer Diskurs zwischen Siqueiros und Rivera** begann. Höhepunkt war der 28. August 1935, als Rivera mit einer Pistole in der Hand einen Vortrag Siqueiros' im Palacio Bellas Artes stürmte und eine Debatte über das Wesen des mexikanischen Muralismo verlangte. Diese dauerte dann mehrere Tage an und man einigte sich schließlich darauf, sich nicht einigen zu können. Trotz all der Widrigkeiten entstanden über einen langen Zeitraum viele außergewöhnliche Kunstwerke des Muralismo. Da sich Siqueiros immer wieder im Gefängnis oder im Exil aufhalten musste, wurden aus den großen Drei schließlich nur noch Zwei, wobei Rivera v. a. in Mexiko-Stadt und Orozco in Guadalajara tätig war. Allerdings wurden beide zuletzt

von Siqueiros überlebt, der bis zu seinem Tod zu Muralismus und Revolution stand.

Die wichtigsten Werke

Die streng komponierten Bilder Orozcos sind oft von Skepsis und Mitleid über das menschliche Schicksal durchzogen. Sein Hauptwerk sind die riesigen Wandgemälde im Instituto Cultural Cabañas in Guadalajara (1938 / 1939), vor allem die Darstellung **»Mensch in Flammen«** in der Kuppel. In Guadalajara hat er auch das Treppenhaus des Regierungspalastes mit Fresken bemalt; in Mexiko-Stadt schuf er für die EPN und den Palacio Nacional de Bellas Artes imposante Wandgemälde. In seinen riesigen Fresken stellt Diego Rivera meist Szenen aus dem politischen und sozialen Leben Mexikos dar. Unter seinen zahlreichen Wandbildern sind jene im Palacio Nacional (Abb. S. 71) und in der Escuela Nacional de la Agricultura in Chapingo besonders hervorzuheben. Das berühmte Gemälde **»Traum an einem Sonntagnachmittag im Alameda-Park«** befindet sich in Mexiko-Stadt nahe der Plaza de la Solidaridad. Weiterhin erwähnt seien Fresken im Gebäude des Erziehungsministeriums, im Palacio de Bellas Artes, im Gebäude des Gesundheitsministeriums (jeweils in Mexiko-Stadt) sowie im Cortés-Palast in Cuernavaca. Im Werk Siqueiros' sind vor allem seine Darstellung von Bewegung, Maschinen und Technik auffallend. Im Auftrag verschiedener Regierungen schuf er für öffentliche Gebäude große Fresken von monumentaler Wirkung. Man findet seine Werke v. a. in Mexiko-Stadt, so im Hospital de la Raza, im Palacio Nacional, im Palacio de Bellas Artes und am **Rektorat der Universität** (Abb. S. 408) Auch das Polyforum wurde von ihm entworfen und künstlerisch gestaltet.

u. a. am Montejo-Haus in Mérida zu erkennen ist;
– **kolonial-plateresker Stil**, der Elemente des spanischen Renaissance-Stils mit lokalen Traditionen verbindet, wie z. B. am Seitenportal der Kathedrale in Cuernavaca;
– **indianisch-plateresker Stil**, der präkolumbische Kunstfertigkeit mit ortsüblichen Handwerkstechniken vereint, wie etwa an der Fassade und am Nordportal der Pfarrkirche in Xochimilco (Mexiko-Stadt).

Barock Im 17. Jh. kam allmähliche der Barock auf, zunächst noch in einer relativ nüchternen Form (z. B. La Soledad in Oaxaca). In diese Phase fielen auch die wichtigsten Bauarbeiten an den großen Kathedralen in Mexiko-Stadt, Puebla, Morelia, Guadalajara, San Luis Potosí und Oaxaca. Gleichzeitig baute man Nonnenklöster und zahlreiche Pfarrkirchen. Diese Bauten sind Ausdruck wachsender Macht der direkt der spanischen Krone unterstellten Kirche, während der Einfluss der unabhängigen Orden zurückging. Die zunehmend üppigere Entfaltung des mexikanischen Barock in verschiedenen Spielarten spiegelt auch das Erstarken der in Mexiko geborenen Spanier (Criollos) gegenüber den aus dem Mutterland kommenden Spaniern (Gachupines) wider.

Churriguerismus Mit dem Churriguerismus entwickelt sich das mexikanische Hochbarock im 18. Jh. zu voller Blüte. Benannt wurde dieser Stil nach dem in Spanien tätigen Architekten José Benito Churriguera (1665 – 1723). Das Hauptkennzeichen dieses Stils sind die Wandpfeiler (Estípites) in Form eines Pyramidenstumpfes, der auf der kleineren Fläche steht. Sie schmücken oft Fassaden und Altaraufsätze. Unter den zahlreichen Beispielen für diesen **»Überbarock«** Neuspaniens sind zu nennen: in Mexiko-Stadt die Fassaden des Sagrario Metropolitano, der Kirche La Santísima und der Casa de los Mascarones sowie der Altar der Könige in der Kathedrale. Weiterhin gehören die Kirche San Francisco Xavier (Tepotzotlán), die Basilika von Ocotlán (Tlaxcala), die Kirche San Sebastián y Santa Prisca (Taxco), die Pfarrkirche in Dolores Hidalgo, die Kirche La Valenciana (Guanajuato), die Kapelle von Aránzazu (San Luis Potosí) und die Kathedrale von Zacatecas dazu.

Poblano-Stil Eine besonders originelle Variante des mexikanischen Barock ist der nach der Stadt Puebla benannte Poblano-Stil, der die regionaltypische Bauweise **zwischen Tlaxcala und Puebla** bezeichnet. Hier vereint sich fantasievolle, oft indianisch geprägte Stuckornamentik mit farbenfrohen Kacheln und roten Ziegeln. Als hervorragende Beispiele für diesen Stil gelten u. a. die Casa del Alfeñique und die Kapelle von San Antonio in Puebla sowie die Casa de los Azulejos in Mexiko-Stadt.

Beispiel für den überreich dekorierten mexikanischen Barock: Santo Domingo in San Cristóbal de las Casas (Chiapas) →

Die **traditionellen Indianertrachten** dagegen sind noch an vielen Orten zu sehen. Die uralten Spinn- und Webemethoden haben sich bis heute nicht geändert; lediglich die früher üblichen Pflanzenfarben wurden durch synthetische Farbstoffe ersetzt. Vielfältige alte Trachten findet man heute vor allem noch in den Bundesstaaten Oaxaca, Veracruz, Yucatán und Chiapas. Meist sind es die Frauen, die sich in traditioneller Art kleiden; die Männer tragen überwiegend modernere Kleidung, etwa ein schlichtes weißes Hemd und eine von einem wollenen Gürtel gehaltene Hose.
Schwere wollene Umhänge (**sarapes**) mit geometrischen Mustern schützen vor Kälte und Regen. In den warmen Gegenden von Yucatán am Golf trägt man weit geschnittene plissierte Hemden (**cuayaberas**) mit vielen Taschen. Die Frauen tragen den **Huipil**, ein rechteckiges Stoffstück aus bestickter Baumwolle mit Öffnungen für Kopf und Arme. Ähnlich gearbeitet ist der in Nord- und Zentralmexiko gebräuchliche **Quechquémetl** aus zwei Stoffbahnen. Der **Sombrero** aus Stroh wurde von den Spaniern übernommen. Vorspanische Trachten findet man hauptsächlich noch bei den Indianervölkern der Tarahumara, Huicholes, Amuzgo, Tzotzil und Tzeltzal.

Für viele das klassische mexikanische Accessoire schlechthin – doch der Sombrero wurde von den Spaniern importiert.

Webstoffe aus Zinacantán

Kunsthandwerk

Hinsichtlich Qualität und Vielfalt der Volkskunst braucht Mexiko keinen Vergleich zu scheuen. Zwar ist auch hier in den letzten Jahren eine Tendenz zu industrieller Massenware minderer Güte zu beobachten, aber das Angebot an solider und fantasievoller Handarbeit ist noch immer sehr groß. Wie vieles andere im Land zeigt auch die Volkskunst eine reizvolle Mischung aus spanischen und mexikanischen Elementen. Viele Landschaften haben ihren eigenen Kunststil entwickelt, so dass man auf dem Land ein abwechslungsreiches Angebot antrifft (►Praktische Informationen, Shopping).

Berühmte Persönlichkeiten

Warum unterwarf sich Moctezuma II. Hernán Cortés? Wie kam es dazu, dass ein Österreicher 1863 Kaiser von Mexiko wurde? Stimmt es, dass Leo Trotzkij in Mexiko lebte und starb? Gab es einen mexikanischen Literaturnobelpreisträger? Und wussten Sie, dass Stars wie Carlos Santana und Salma Hayek in Mexiko geboren wurden?

Auf das Leben und Wirken folgender Persönlichkeiten wurde in Baedeker-Specials gesondert eingegangen: Frederick Catherwood und John Lloyd Stevens (S. 466), Frida Kahlo (S. 405), José Orozco, Diego Rivera und David Siquieros (S. 79) sowie Emiliano Zapata (S. 52)

Lázaro Cárdenas (1895 – 1970)

General und Politiker

Lázaro Cárdenas wurde in Jiquilpan in Michoacán geboren. Er schloss sich 1913 den Revolutionstruppen des Generals Guillermo Garcia und 1920 den Konstitutionalisten an. In den Jahren 1928 bis 1932 war er Gouverneur von Michoacán. Nach weiteren Regierungsposten wurde Cárdenas 1934 zum Staatspräsidenten gewählt. Sein Name steht heute für die bislang größte **Landreform**, bei der 18 Mio. ha Ackerland an Bauernfamilien und »ejidos« verteilt wurden. Er verstaatlichte unter großem Beifall der Bevölkerung die ausländischen Erdölgesellschaften und stärkte die Gewerkschaftsbewegung.

Hernán Cortés (1485 – 1547)

Eroberer Mexikos

Als Diego de Velásquez, Gouverneur von Kuba, Hernán Cortés, dem Sohn eines adligen Hauptmanns aus Medellín in Spanien, den Oberbefehl über eine Expedition zur Erkundung des mittelamerikanischen Festlandes übergab, sah dieser seine große Chance gekommen. Am 18. Februar 1519 stach er mit einer Flotte von elf Schiffen mit etwa 100 Mann Besatzung und 500 Soldaten in See.

An der Golfküste gründete er die Stadt Villa Rica de la Vera Cruz (in der Nähe des heutigen Veracruz). Nachdem ihm Abgesandte des Aztekenherrschers Moctezuma II. reiche Geschenke überbracht hatten, wollte der größte Teil seiner Gefolgschaft wieder umkehren. Cortés ließ daraufhin alle Schiffe bis auf eines verbrennen und trat den Marsch ins Landesinnere an. Am 3. November 1519 betrat er **Tenochtitlán**, wo sich Moctezuma II. ihm unterwarf, da er den Spanier für den wiedergekehrten Gott Quetzalcóatl hielt. Im Mai 1520 sah Cortés sich gezwungen, Tenochtitlán vorübergehend zu verlassen, um sich den Truppen unter Panfilo de Narváez zu stellen, die ihm der Gouverneur von Kuba wegen seiner Unbotmäßigkeit nachgeschickt hatte. Nachdem Cortés diese Truppen bezwungen hatte, kehrte er in die Aztekenhauptstadt Tenochtitlán zurück. Bei seiner Rückkehr fand er die Bevölkerung nach einem Massaker der zurückgebliebenen Spanier in Aufruhr und musste daher erneut aus Tenochtitlán fliehen. Über ein Jahr später, am 13. August 1521, eroberten Cortés' Truppen zusammen mit ihren indianischen Verbündeten die Stadt zurück und machten sie dem Erdboden gleich.

Kaiser Karl V. ernannte ihn 1522 zum Gouverneur und Generalkapitän der neuen Kolonie Neuspanien. In der folgenden Zeit unterwarfen seine Truppen fast alle indianischen Staaten. In den Jahren 1528

← Erfinder des Latin Rock: Carlos Santana

Salma Hayek in ihrer bislang berühmtesten Filmrolle als Frida Kahlo

»Teresa« in einer der erfolgreichsten TV-Shows in Mexiko.

In Hollywood musste sie zunächst mit kleinen Rollen vorlieb nehmen, aber 1995 kam dann mit Robert Rodriguez »**Desperado**« (an der Seite von Antonio Banderas) auch hier der Erfolg. Seither hat Salma Hayek in fast drei Dutzend Filmproduktionen mitgewirkt, darunter »Fools Rush In – Herz über Kopf«, »Studio 54«, »Dogma« und »Wild Wild West«.

Nach ihrem Traumprojekt »Frida«, für das übrigens der mexikanische Modezar **Armando Mafud** die Kostüme beisteuerte, drehte Hayek unter Rodriguez die »Desperado«-Fortsetzung »Irgendwann in Mexiko« und spielte in »After the Sunset« eine ehemalige Juwelendiebin. Zu ihren jüngsten Filmen zählen das Drama »Ask the Dust«, der Western »Bandidas« und »Paint«, eine Satire über die New Yorker Kunstszene.

Miguel Hidalgoy Costilla (1753 – 1811)

Freiheitskämpfer

Noch heute erschallt alljährlich am 15. September, eine Stunde vor Mitternacht, in ganz Mexiko der **»Ruf von Dolores«** (Grito de Dolores): »Mexikaner, es lebe Mexiko! Es lebe die Jungfrau von Guadalupe! Es lebe Ferdinand!« – Allerdings verzichtet man heute auf den letzten Satz »Tod den Gachupines!«, der auf die einstige spanischstämmige Elite des Landes gemünzt war.

Dieser Ruf, ausgestoßen in der Dorfkirche von Dolores nordwestlich von Querétaro, machte den Priester Miguel Hidalgo y Costilla zu einem mexikanischen Nationalhelden. Er war, zusammen mit dem Bürgermeister von Querétaro, Miguel Domínguez, dessen Frau und Hauptmann Ignacio Allende, Mitglied einer Verschwörung mit dem Ziel der Unabhängigkeit Mexikos von Spanien. Als sie entdeckt zu werden drohten, trat Pater Hidalgo die Flucht nach vorn an und trommelte binnen kurzer Zeit ein Heer von Zehntausenden zusammen, mit dem er Guanajuato, Morelia und Guadalajara eroberte. Dabei standen sich er und seine Gegner in Brutalität und Terror in nichts nach. Bei Puerto Calderón musste sich seine Armee den Truppen des Generals Calleja stellen und wurde geschlagen. Hidalgo und seine Offiziere versuchten, in die USA zu entfliehen, wurden jedoch gefasst und in Chihuahua erschossen.

Agustín de Iturbide (1783 – 1824)

Erster Kaiser Mexikos

Der erste Kaiser Mexikos, geboren in Valladolid, dem heutigen Morelia, tat sich zunächst als treuer Offizier des spanischen Vizekönigs hervor und bekämpfte erfolgreich die Unabhängigkeit fordernden Rebellen. 1820, nachdem die liberale Verfassung Spaniens der mexikanischen Unabhängigkeitsbewegung neuen Auftrieb gegeben hatte, schloss er sich einer konservativen Gruppe an, die zwar auch die Loslösung von Spanien verfolgte, aber ein monarchistisches System anstrebte.
Als Befehlshaber ihrer Truppen zog er gegen das Rebellenheer von Vicente Guerrero. In Verfolgung eigener Ziele einigte er sich mit Guerrero auf den Plan von Iguala, der ein unabhängiges Mexiko als konstitutionelle katholische Monarchie vorsah. Es gelang ihm, dem neuen spanischen Vizekönig Juan O'Donojú die Zustimmung dazu abzuringen. Im Mai 1822 löste er jedoch die verfassunggebende Versammlung auf und ließ sich zum **Kaiser Agustín I**. proklamieren. Seine Kaiserwürde war jedoch nur von kurzer Dauer: Der Druck eines neuen Aufstandes unter Präsident Santa Ana wurde zu groß, und so musste er nach elf Monaten als Kaiser nach Italien fliehen. Der Kongress klagte ihn des Verrats an. 1824 kehrte er heimlich nach Mexiko zurück, wo er erkannt und schließlich erschossen wurde.

Benito Juárez (1806 – 1872)

Präsident von Mexiko

Benito Juárez kam als Sohn zapotekischer Eltern in San Pablo Guelatao in Oaxaca zur Welt. Mit 13 Jahren lernte er Lesen und Schreiben, studierte dann und wurde Rechtsanwalt. 1848 wurde er zum Gouverneur von Oaxaca gewählt und setzte sich schon hier bis zum Ende seiner Amtsperiode 1852 für Reformen ein. Vor der unter Santa Ana durchgeführten Verfolgung der Liberalen floh er ins Ausland, wo er Gleichgesinnte kennen lernte. Nach der endgültigen Flucht Santa Anas arbeitete er als Justizminister der Regierung Comonforts eine liberale Verfassung aus, geriet jedoch in Widerspruch zu diesem. 1858 wurde er schließlich selbst zum Präsidenten gewählt.
Die ersten Jahre seiner Amtszeit waren geprägt von kriegerischen Auseinandersetzungen, die seine **Reformvorhaben** (Abschaffung der kirchlichen Privilegien, Einführung der Zivilehe und der Staatsschule, Verstaatlichung der Kirchengüter und Ausbau der Industrialisierung) stark behinderten. Waren es zunächst die Konservativen, vor denen er mit seiner Regierung nach Guadalajara und Veracruz fliehen musste, so hatte er sich ab 1861 mit den Franzosen auseinanderzusetzen, weil er die Auslandszahlungen eingestellt hatte. Nach dem Ende der habsburgischen Episode – die Franzosen hatten den österreichischen Erzherzog Maximilian zum mexikanischen Kaiser gemacht – übernahm Juárez 1867 erneut das Präsidentenamt und setzte sein Reformwerk fort. Er starb sieben Jahre später eines natürlichen Todes.

Bartolomé de Las Casas (1474 – 1566)

Missionar

Der Vater des Dominikaners Bartolomé de Las Casas, Don Francisco, fuhr auf der »Santa María« von Christoph Kolumbus mit. Nach dem Studium der Theologie und Jurisprudenz in Salamanca hielt sich Bartolomé ab 1502 in den spanischen Besitzungen in Mittelamerika auf. Im Jahr 1512 reiste er nach Kuba.

Schon bald erkannte er die Ungerechtigkeit und Grausamkeit der Spanier gegenüber den Indianern. Seit 1514 setzte er sich gegen unzählige Intrigen und Anfeindungen vehement für deren Rechte ein und unternahm zu diesem Zweck u. a. 14 Seereisen. Der Großinquisitor verlieh ihm den Titel eines »Defensor universal de los Indios«. In Audienzen bei Ferdinand V. und Karl V. legte er seine Vorschläge zur Verbesserung der Situation der Indianer vor. Als seine Bemühungen nichts fruchteten, zog er sich 1523 für zehn Jahre in das Dominikanerkloster auf Hispaniola (Kuba) zurück und arbeitete dort an seiner »Apologética Historia de las Indias« (»Apologetische Geschichte der Westindischen Länder«) und der »Historia General de las Indias« (**»Allgemeine Geschichte der Westindischen Länder«**). Nachdem er 1539 in Nicaragua spanische Soldaten zur Fahnenflucht veranlasst hatte, musste er nach Spanien zurückkehren, um sich dort vor Gericht zu verantworten.

In den vier Jahren seines Aufenthalts verfasste er sein wohl berühmtestes Werk, die »Brevísima relación de la destrucción de las Indias occidentales« (»Kurzgefasster Bericht von der Verwüstung der Westindischen Länder«). Er erreichte, dass Kaiser Karl V. 1542 die Neuen Gesetze verkündete, die den Indianern weitreichenden Schutz gewähren sollten, 1545 aber revidiert wurden. De Las Casas wurde zum Bischof von Chiapas in Mexiko berufen, wo er wiederum die Kolonialisten gegen sich aufbrachte und erneut nach Spanien vorgeladen wurde. 1547 verließ er Mexiko. In der berühmten Disputation von Valladolid im Jahr 1550 legte er noch einmal seine Auffassungen dar. Er starb 1566 in Madrid; wo er begraben wurde, ist nicht bekannt.

Maximilian I. (1832 – 1867)

Kaiser von Mexiko

Maximilian von Habsburg, ein jüngerer Bruder von Kaiser Franz Joseph I., wurde in Wien in Schloss Schönbrunn geboren und durchlief eine Militärkarriere. 1857 wurde er zum Generalgouverneur von Lombardo-Venezia ernannt. Nach dem Verlust dieser Provinz zog er sich auf Schloss Miramare bei Triest zurück.

Dort erreichte ihn das Angebot einer konservativ-klerikalen Gruppe von Mexikanern, Kaiser des Landes zu werden. Der Vorschlag kam vom französischen Kaiser Napoleon III., dessen Truppen in Mexiko gegen die republikanische Regierung unter Benito Juárez aufmarschiert waren. Maximilian nahm das Angebot an und betrat am 28. Mai 1864 in Veracruz erstmals mexikanischen Boden. Zum Ent-

»Die Erschießung Kaiser Maximilians von Mexiko«
Gemälde von Edouard Manet (1868/69)

setzen der Konservativ-Klerikalen setzte er das **Reformwerk** von Juárez fort, führte u. a. die Pressefreiheit ein und setzte die Verstaatlichung der Kirchengüter durch. Nachdem sich die Franzosen aus Mexiko zurückgezogen hatten, war er im nach wie vor tobenden Bürgerkrieg gegen die Republikaner ohne Unterstützung. Er floh nach Querétaro, wo er am 15. März 1867 in die Hände der Truppen der Generäle Corona und Escobedo fiel. Nach einem Militärprozess wurde er in Querétaro zusammen mit seinen Generälen Mejía und Miramón erschossen. Im Dezember 1867 traf sein Leichnam in Wien ein, wo er bestattet wurde.

Moctezuma

Bedeutende aztekische Herrscher

Zumindest zwei bedeutende Azteken trugen den Namen Moctezuma oder auch Motecuhzoma, was in Náhuatl »zorniger Herr« bedeutet und sich auf die von Wolken verdunkelte Sonne bezieht.

Moctezuma Ilhuicamina, dessen Name »Der, der Pfeile in den Himmel schießt« bedeutet, baute das politische Gebilde Tenochtitlán zur beherrschenden Macht Zentralmexikos aus, indem er u. a. den Handel weit über das Tal von Anahuac ausdehnte, Steuern und Tribute verlangte und die Dreierallianz mit Texcoco und Tlacopan schuf. Er initiierte zahlreiche Bauten in der Stadt Tenochtitlán; die Trinkwasserversorgung der Stadt über ein Aquädukt wurde von ihm in die Wege geleitet.

Abb. S. 42

Moctezuma II. Xocoyotzin (der Jüngere) ist wohl eine der tragischsten Figuren in der Geschichte Mexikos (Regierungszeit 1502 bis 1520). Zu spät erkannte er seinen Irrtum, Hernán Cortés für einen Nachfahren des Gottkönigs Quetzalcoátl gehalten zu haben. Mexikanische Forscher beschreiben ihn als hart, despotisch und tief religiös.

Unter seiner Regentschaft dehnte sich der Machtbereich Tenochtitláns bis zur Landenge von Panama aus. Die Stadt selbst erlebte ihre höchste Blüte; sogar die Spanier staunten über ihre Größe. Nach spanischen Quellen starb Moctezuma II. am 27. Juni 1520 durch einen Steinwurf aus einer Menschenmenge, die er vom Wohnhaus Cortés' aus beschwichtigen wollte. Demgegenüber berichten indianische Quellen, dass er von den Spaniern umgebracht wurde.

Tina Modotti (1896 – 1942)

Fotografin

Geboren und aufgewachsen in Udine (Italien), übersiedelte Tina Modotti mit ihrer Familie 1913 nach San Francisco, wo sie zunächst als Textilarbeiterin ihren Lebensunterhalt verdiente. 1918 zog sie mit ihrem Mann, dem Maler und Dichter Roubaix Richey, nach Los Angeles. Sie bekam Rollen in mehreren Hollywood-Stummfilmen und begann eine Affäre mit dem Fotografen **Edward Weston**. 1922 folgte sie zusammen mit Weston ihrem Mann nach Mexiko, wo sie u. a. Bekanntschaft mit **Diego Rivera** und dessen Kreis machte. Nach dem Tod Richeys übersiedelten Modotti und Weston gemeinsam nach Mexiko-Stadt. Weston lehrte sie die Fotografie und bald wurde sie von seiner Assistentin zur eigenständigen Künstlerin. Ihr Interesse galt zunächst Stillleben aus Pflanzen, die sie in surrealer Symbolik fotografierte. Ihr zunehmendes politisches Engagement im revolutionären Mexiko spiegelte sich aber bald auch in der verstärkten Hinwendung zum Menschenbild. Während ihr Gefährte Weston Tinas Körper in zahlreichen Akten inszenierte und die berühmten mexikanischen Künstler und Revolutionäre porträtierte, dominierten bei Modotti bald städtische Straßenszenen und **soziale Studien der Landbevölkerung**. Egon Erwin Kisch schrieb über Tina Modotti, dass »ihrer Kamera vollkommene Gemälde entsprangen« und das Geheimnis ihrer Werke darin lag, dass sie, »mit dem Blick der Güte, die Welt sichtbarer machten«. Als auf den neu gewählten mexikanischen Präsidenten ein Anschlag verübt wurde, musste die bekennende Kommunistin Modotti das Land verlassen. Sie begann eine Affäre mit dem kubanischen Revolutionär Julio Mella. Als er ermordet wurde, reiste sie nach Europa und Moskau, wo sie sich in der Roten Hilfe engagierte. Zahlreiche My-

Tina Modotti: »Frau aus Tehuantepec« (1929)

then ranken sich bis heute um Modottis Leben. Sie sei, so heißt es, sowohl in den Präsidentenanschlag als auch in den Tod Mellas verwickelt gewesen, hätte für Stalin spioniert und sei letztlich vergiftet worden. Tina Modotti starb in Mexiko-Stadt in einem Taxi auf dem Heimweg von einer Dinnerparty.

Octavio Paz (1914 – 1998)

Lyriker und Essayist

Bereits im 19. Jh. zählten Mitglieder der indianisch-spanischen Familie Paz zu den wichtigen Persönlichkeiten Mexikos. Octavios Großvater Ireneo galt als herausragende Figur des mexikanischen Liberalismus; er war Minister und Biograf von Porfirio Díaz. Der Vater arbeitete für den Sozialrevolutionär Zapata.
Octavio, dessen Wiege in Mixcoac, Mexiko-Stadt, stand, war bereits mit 17 Jahren Mitbegründer einer literarischen Zeitschrift und begann gleichzeitig zu publizieren. Nach seinem Jura- und Philosophiestudium arbeitete er als Lehrer und engagierte sich politisch. 1937 reiste er nach Spanien und gründete 1938 die Zeitschrift für Dichtkunst und Kritik »Taller«. Von 1946 bis 1952 lebte und arbeitete er in Paris, wo er an Aktivitäten der surrealistischen Bewegung um André Breton teilnahm. In dieser Zeit reist er auch erstmals nach Indien und Japan. 1962 wurde Paz als Botschafter nach Indien gesandt. Dieses Amt legte er 1968 aus Protest gegen das Massaker an demonstrierenden Studenten in Mexiko-Stadt nieder. Von dieser Zeit an lehrte er als Gastprofessor in den USA. Im Jahr 1971 kehrte er nach Mexiko zurück, wo er, unterbrochen von Lehrtätigkeiten an nordamerikanischen Universitäten, bis zu seinem Tod lebte und schrieb. Höhepunkt seiner von vielen Auszeichnungen begleiteten Autorenkarriere war der **Literaturnobelpreis**, der ihm 1990 für sein lyrisches und essayistisches Werk verliehen wurde. Sein berühmtestes Werk trägt den Titel **»Das Labyrinth der Einsamkeit«** und analysiert den Komplex verschiedener Kulturen in Lateinamerika. Es erschien bereits 1950, gilt aber bis heute als Schlüssel zur Seele Mexikos.

Octavio Paz nahm 1990 aus den Händen von König Carl Gustaf den Nobelpreis für Literatur entgegen.

Carlos Santana (geb. 1947)

Rockmusiker (Abb. S. 94)

Bereits als Fünfjähriger erhielt Carlos Santana von seinem Vater Geigenunterricht, wechselte aber 1955, mit dem Aufkommen des Rock 'n' Roll, zur Gitarre. In den Clubs von Tijuana, wohin die Familie im selben Jahr von seinem Geburtsort Autlán (im mexikanischen Bundesstaat Jalisco) gezogen war, verfeinerte er sein Spiel. 1960 siedelte die Familie nach San Francisco über. Carlos folgte ein Jahr später. Bald lernte er dort Gleichgesinnte kennen und gründete 1966 mit Gregg Rolie, Gus Rodriguez, Michael Carabello und Danny Haro die Santana Blues Band. Ihr unverwechselbarer Sound, eine Mischung aus Rock 'n' Roll, Blues und lateinamerikanischen Rhythmen machte die Gruppe rasch in und um San Francisco bekannt. Als **Latin Rock** ging ihr Stil in die Musikgeschichte ein. 1969 erschien die erste LP »Santana«, die auf Anhieb ein Erfolg wurde und der Band einen Auftritt beim legendären Woodstock Festival einbrachte. Das zweite Album, Abraxas, enthält die Klassiker **Samba Pa Ti** und **Black Magic Woman**. 1972 veröffentlichte Carlos Santana seine erste Soloplatte. Im Lauf der Zeit sank der Erfolg der Band und auch die Soloambitionen von Santana wurden geringer. Dennoch blieb er ein begehrter Gast bei den Musikgrößen der Zeit. 1999 gelang Santana mit seiner Band eines der größten Comebacks der Musikgeschichte: Das Album **»Supernatural«** wurde weltweit ein Erfolg und erzielte bei der Grammy-Verleihung 2000 mit neun Auszeichnungen einen neuen Rekord. Seither ist Santana wieder in aller Munde.

Leo Trotzkij (1879 – 1940)

Russischer Revolutionär

»Trotzkij« war seit 1902 der Deckname des in Janowska geborenen russischen Revolutionärs Lew Davidowitsch Bronstein. Er war der Organisator der bewaffneten Revolution in Russland und Schöpfer der Roten Armee. Ideologisch vertrat er die Position der **»Permanenten Revolution«**, die den Sozialismus in der Sowjetunion erst nach erfolgreichen Revolutionen auch in den kapitalistischen Ländern als gesichert ansah. Damit stand er im klaren Gegensatz zu Stalin, der den »Sozialismus in einem Land« propagierte. Die Rivalitäten verschärften sich, als Trotzkij in der Diktatur Stalins ein Abweichen von den Ideen Lenins sah, so dass er 1929 aus der Sowjetunion ausgewiesen wurde. Er kam 1937 in Mexiko-Stadt an und lebte bis zu seiner Ermordung 1940 mit seiner Frau und seinem Stiefsohn in einem festungsartigen Haus in Coyoacán.

Francisco »Pancho« Villa (1878 – 1923)

Mexikanischer Revolutionär

Francisco »Pancho« Villa, eigentlich Doroteo Arango, war eine der schillerndsten Figuren der mexikanischen Revolution. Im Jahr 1910 schloss er sich dem bewaffneten Kampf gegen den Diktator Díaz an. Im September 1913 gründete er die **»División del Norte«**, eine be-

Gemeinsam mit Zapata marschierte »Pancho« Villa 1914 in México City ein. Damals entstand auch das berühmte Bild auf dem Stuhl des mexikanischen Präsidenten.

rühmt-berüchtigte Reiterschar, die sich zwar in Kämpfen gegen die Regierungstruppen auszeichnete, aber auch beim Plündern nicht zurückhielt. Seinen größten Triumph erlebte Villa im Dezember 1914, als er zusammen mit **Emiliano Zapata** in Mexiko-Stadt einzog. Doch wie Zapata blieb er politisch ohne Wirkung. Nach seiner Rückkehr in den Norden Mexikos zerrieb er sich in zahlreichen Gefechten. Als auch US-Truppen gegen ihn zogen, überfiel seine Division sogar die zu den USA gehörende Stadt Columbus. Unter Präsident Álvaro Obregón wurde er amnestiert und erhielt eine Hacienda bei Hidalgo de Parral im Bundesstaat Chihuahua. Doch holte ihn dort seine Vergangenheit ein, als er 1923 zusammen mit seinem Kampfgefährten Miguel Trillo erschossen wurde.

Praktische Informationen

WIE HEISSEN DIE KULINARISCHEN SPEZIALITÄTEN MEXIKOS, DIE MAN UNBEDINGT PROBIEREN SOLLTE? WAS MUSS MAN BEIM REISEN BEACHTEN? UND WAS DÜRFEN SIE AUF KEINEN FALL ZU HAUSE VERGESSEN? LESEN SIE ES NACH, AM BESTEN SCHON VOR DER REISE!

Anreise · Vor der Reise

Mit dem Flugzeug

Für den Urlaubsreisenden kommt aus zeitlichen Gründen in der Regel nur die Anreise per Flugzeug in Frage. Der internationale Flughafen von Mexiko-Stadt ist von den wichtigsten europäischen Flughäfen in 12–14 Stunden zu erreichen.

Direktverbindungen mit Linienflügen gehen fast ausschließlich vom Flughafen Frankfurt / M. ab, bei Abflug von anderen Flughäfen ist meist ein Umsteigen noch in Europa oder in den USA nötig.

Von US-Städten bestehen Flugverbindungen nach Mexiko, die von Aeroméxico, Mexicana und US-Gesellschaften bedient werden. Solche Flüge empfehlen sich vor allem, wenn ein USA-Aufenthalt mit einem Abstecher nach Mexiko verbunden werden soll.

Für weitere Flüge innerhalb Mexikos bieten die Fluggesellschaften Mexicana de Aviación und Aeroméxico günstige Flugscheine zu über 30 Destinationen an. Diese Pakete (Mexico Airpass, Mexi-Pass, Mexi-Plan und Maya-Pass) müssen die Reisenden direkt in Europa beim Kauf ihres Tickets für den Transatlantikflug erwerben. Sie können nicht nachträglich in Mexiko gekauft werden.

Auf dem Landweg

Die Anreise auf dem Landweg geschieht in aller Regel aus den USA. Die wichtigsten Grenzübergänge sind San Diego (California) / Tijuana (B.C.N.), Calexico (California) / Mexicali (B.C.N.), Nogales (Arizona) / Nogales (Son.), El Paso (Texas) / Ciudad Juárez (Chih.), Presidio (Texas) / Ojinaga (Chih.), Del Río (Texas) / Ciudad Acuña (Coah.), Eagle Pass (Texas) / Piedras Negras (Coah.), Laredo (Texas) / Nuevo Laredo (N.L.), McAllen (Texas) / Reynosa (N.L.) und Brownsville (Texas) / Matamoros (Tamps.)

Mit dem Auto ► Der Kauf eines Autos lohnt sich nur bei einem längeren Aufenthalt und sollte dann in den USA getätigt werden. Das Fahrzeug wird auf der Touristenkarte und im Reisepass vermerkt und muss wieder ausgeführt werden.

Die Einfuhrgenehmigung wird für maximal 180 Tage erteilt; man sollte sich rechtzeitig um Verlängerung bemühen, da eine Überschreitung mit empfindlichen Geldbußen geahndet wird.

Eine in den USA abgeschlossene Versicherung erstreckt sich nicht auf Mexiko. Obwohl in Mexiko eine Haftpflichtversicherung nicht vorgeschrieben ist, wird der Abschluss einer solchen angeraten. Als zuverlässig hat sich die Gesellschaft Sanborn's erwiesen, die in allen wichtigen mexikanischen Grenzstädten Büros unterhält.

Mit dem Bus ► US-amerikanische Busse fahren die wichtigen Grenzorte an, von wo man mit den billigeren mexikanischen Busgesellschaften nach Mexiko-Stadt und anderen Orten weiterfahren kann. Von den USA aus lassen sich auch Direktfahrten von den Grenzorten in die mexikanische Hauptstadt buchen.

Mit der Bahn ► Anschlussmöglichkeiten vom US-amerikanischen Bahnnetz zum mexikanischen bestehen von den US-amerikanischen Grenzorten Cale-

FLUGGESELLSCHAFTEN

► **Aeroméxico**
Tel. (06 11) 267 67 50
Fax (0611) 267 67 60
www.aeromexico.com

► **Mexicana**
Tel. (06105) 20 60 80, Fax: 20 60 88
www.mexicana.com.mx

► **Condor**
Deutschland:
Tel. (0180) 576 77 57
Österreich: Tel. 0810 96 90 22
Schweiz: Tel. 0848 10 10 22
www.condor.com

► **KLM**
Tel. (01805) 25 47 50
www.klm.com

► **LTU**
Tel. (02 11) 94 18–888
Fax (02 11) 94 18–881
www.ltu.de

► **Lufthansa**
Tel. (018 03) 80 38 03
24-Stunden-Service
www.lufthansa.com

FRACHTSCHIFFREISEN

► **Hamburg-Süd Reiseagentur**
Ost-West-Str. 59
D-22767 Hamburg
Tel. (040) 3 70 50, Fax 370 54 20

► **Frachtschiff-Touristik Zylmann**
Exhöfter Damm 12
D-24404 Maasholm/Ostsee
Tel. (046 42) 62 02
Fax (046 42) 67 67

xico (California; mit dem Bus von Phoenix oder San Diego), Nogales (Arizona; mit dem Bus von Tucson), El Paso (Texas), Presidio (Texas; mit dem Bus), Del Río (Texas), Eagle Pass (Texas), McAllen (Texas; mit dem Bus) und Nuevo Laredo (Texas) zu den Bahnhöfen der mexikanischen Nachbarstädte. Bedenken Sie, dass die Bahn das mit Abstand langsamste Verkehrsmittel in Mexiko ist.

Mit dem Schiff

Wer viel Zeit (ca. 2–3 Wochen) erübrigen kann, kann auch auf dem Seeweg nach Mexiko gelangen. Schiffspassagen werden auf Frachtschiffe mit Passagierkabinen im Linienverkehr angeboten. Es besteht auch die Möglichkeit, Rundreisen – etwa Ostküste der USA und Golf von Mexiko – zu buchen. Von Europa fahren Schiffe verschiedener Reedereien regelmäßig von Hamburg, Bremen, Kiel, Rotterdam, Antwerpen und Genua nach Tampico und Veracruz. Von US-Häfen nehmen auch Frachter Passagiere nach Mexiko mit.

Reisedokumente

Touristenkarte

Bürger der Bundesrepublik Deutschland, Österreichs und der Schweiz benötigen zur Einreise nach Mexiko einen noch mindestens sechs Monate gültigen Reisepass und eine Touristenkarte. Diese erhält man nur im Heimatland von den mexikanischen Botschaften, Konsulaten und Fremdenverkehrsämtern, von Reiseveranstaltern

Ganz schön voll beladen!

oder von den Mexiko anfliegenden Fluggesellschaften im Flugzeug in doppelter Ausführung. Das Original dient zur Einreise, die Kopie zur Ausreise und sollte daher sicher aufbewahrt werden. Es wird eine Einreisegebühr erhoben, die üblicherweise im Flugpreis enthalten ist. Die Touristenkarte berechtigt in der Regel zu einem Aufenthalt von 30 Tagen. Es besteht jedoch die Möglichkeit, die Aufenthaltsdauer auf 90 oder 180 Tage verlängern zu lassen. Dies ist in Mexiko nur bei der Einreisebehörde in Mexiko-Stadt (Secretaría de Gobernación, Av. Chapultepec 284) gegen Nachweis finanzieller Absicherung möglich. Dort werden auch eventuell verloren gegangene Karten ersetzt. Da die Wartezeiten bei dieser Stelle recht lang sind, empfiehlt es sich, eine längere Aufenthaltsdauer schon zu Hause genehmigen zu lassen. Beim mexikanischen Konsulat in Frankfurt (► Auskunft) ist nach Ausfüllen eines Einreiseantrages eine Touristenkarte mit einer Aufenthaltsdauer von 180 Tagen erhältlich. Ein Aufenthalt über 180 Tage ist in aller Regel nicht möglich. Man kann jedoch, wenn mit den nötigen Visa versehen, in einen der Nachbarstaaten Mexikos ausreisen und nach einem Tag mit einer neuen Touristenkarte wieder einreisen.

Führerschein Wer in Mexiko mit dem Auto unterwegs sein möchte, benötigt lediglich den nationalen Führerschein. Die Mitnahme eines internationalen Führerscheins ist dennoch anzuraten.

Tiere Tiere benötigen ein von einem mexikanischen Konsulat beglaubigtes Tollwut-Impfzeugnis, das nicht älter als ein halbes Jahr ist.

Zollbestimmungen

Einreise

Touristen dürfen Gegenstände des täglichen Bedarfs und der Ausrüstung zollfrei einführen. Dazu gehören u. a. 400 Zigaretten bzw. 1 Stange Zigaretten, 50 Zigarren oder 250 g Tabak, 3 l Spirituosen (für Personen über 18 Jahre), je eine Foto-, Film- und Videokamera mit jeweils 12 Filmen bzw. Kassetten, Geschenke im Wert von bis zu 300 US-Dollar, drei gebrauchte Sportgeräte. Außerdem darf man je ein tragbares Fernseh-, Radio- und Kassettengerät, CD-Spieler, eine Schreibmaschine und einen Computer einführen. Nicht erlaubt ist die Einfuhr von Harpunen und Speeren zur Unterwasserjagd, von Waffen, Pflanzen, Früchten und pornografischen Produkten.

Ausreise

Verboten ist die Ausfuhr von Gold, Antiquitäten und archäologischen Gegenständen. Eindringlich gewarnt sei vor der Mitnahme auch kleinster Drogenmengen.

Wiedereinreise in die EU-Länder Deutschland und Österreich

Zollfrei sind alle bereits nach Mexiko mitgenommenen persönlichen Gebrauchsgegenstände (s. o.), zudem 200 Zigaretten bzw. 100 Zigarillos, 50 Zigarren oder 250 g Tabak, 1 l Spirituosen mit über 22 Vol.-% Alkohol oder 2 l Spirituosen unter 22 Vol.-% oder 2 l Schaumwein. Ferner 2 l Wein, 500 g Kaffee oder 200 g Kaffee-Extrakt (Pulverkaffee), 100 g Tee oder 40 g Tee-Extrakt, 50 g Parfüm, 0,25 l Toilettenwasser (Tabakwaren und alkoholische Getränke nur bei Personen über 17 Jahre, Kaffee nur bei über 15-Jährigen). Andere Waren und Geschenke sind bis zu einem Wert von 430 € zollfrei. Waren aus Duty-Free-Shops dürfen einen Wert von 85 € nicht übersteigen. Reist man von einem EU-Land wieder nach Deutschland oder Österreich ein, sind die Mengen für zollfrei eingeführte Waren größer.

Wiedereinreise in die Schweiz

Für die Schweiz gelten folgende Freimengengrenzen: 250 g Kaffee, 100 g Tee, 200 Zigaretten oder 50 Zigarren oder 250 g Tabak, 2 l Wein oder andere Getränke bis 22 Vol.-% Alkoholgehalt sowie 1 l Spirituosen mit mehr als 22 Vol.-% Alkoholgehalt. Souvenirs dürfen in die Schweiz bis zum Wert von 100 sfr zollfrei eingeführt werden.

Washingtoner Artenschutzabkommen

Im Sinne des Washingtoner Artenschutzabkommens kann jeder zum Erhalt bedrohter Tier- und Pflanzenarten beitragen, wenn man auf Souvenirs in Form von wild lebenden Tieren und wild wachsenden Pflanzen verzichtet. Auch Gegenstände, die aus geschützten Tieren oder Pflanzen hergestellt sind, fallen unter das Artenschutzabkommen. In Mexiko gehören zu diesen Gegenständen und Arten: Kakteen, Schildpatt, schwarze Korallen, Schildkrötenpanzer, Echsenhäute, lebende oder präparierte Krokodile, Papageien, Schildkröten und Vogelspinnen. Man sollte auch das Einfangen von Tieren und Ausgraben von Pflanzen unterlassen. Spätestens am europäischen Zoll wird der Verstoß gegen das Artenschutzabkommen entdeckt und mit Geldstrafen bis zu 50 000 € bzw. bis zu fünf Jahren Haft geahndet.

Auskunft

WICHTIGE ADRESSEN

IN DEUTSCHLAND

▸ **Staatliches Mexikanisches Verkehrsamt**
Taunusanlage 21
D-60325 Frankfurt am Main
24-Std.-Informationsservice:
Tel. (0 69) 25 35 09
Fax (0 69) 25 37 55
www.mexiko-reisetipps.de
www.visitmexico.com
Auskunft und Prospekte:
Info-Telefon (tgl. 9.00 bis 18.00 Uhr): Tel. (080 01) 82 35 53

▸ **Deutsch-Mexikanische Gesellschaft e.V.**
Eppendorfer Landstr. 107
D-20251 Hamburg
Tel. (040) 511 02 54
Fax (040) 51 21 17
www.deutschmexikanisch.de

IN MEXIKO

▸ **Hotline (24-stündig, kostenlos)**
Tel. 01 800 90 39 28
(Auskünfte jeglicher Art in englisch und spanisch)

▸ **Ministerium für Tourismus**
Secretaría de Turismo
Av. Presidente Masaryk 172
11587 México, D.F.
Tel. (55) 30 02 63 00
Telefon-Hotline (span./engl.)
Tel. (55) 250 01 23, 250 05 89
www.sectur.gob.mx

MEXIKANISCHE VERTRETUNGEN

▸ **in Deutschland**
Botschaft der Vereinigten Mexikanischen Staaten in der Bundesrepublik Deutschland
(Konsularabteilung)
Klingelhöferstr. 3
D-10785 Berlin
Tel. (030) 269 32 33 32,
(030) 269 32 33 34
Fax (030) 269 32 37 00
mail@embamexale.de

Generalkonsulat von Mexiko
Taunusanlage 21
D-60325 Frankfurt am Main
Tel. (069) 299 87 50
Fax (069) 29 98 75 75
consulmex@t-online.de

Honorarkonsulat von Mexiko
Präsident-Kennedy-Platz 1
D-28203 Bremen
Tel. (04 21) 32 49 46,
(04 21) 367 82 32

Honorarkonsulat von Mexiko
Landschaftstr. 6
D-30159 Hannover
(05 11) 32 81 88
(05 11) 32 81 89

Honorarkonsulat von Mexiko
Am Hauptbahnhof 2
D-70173 Stuttgart
(07 11) 127 47 30
(07 11) 127 47 32

Honorarkonsulat von Mexiko
Herzog-Heinrich-Str. 13
80336 München
Tel. (089) 54 88 38 77
Fax (089) 54 88 38 79

► **in Österreich**
Mexikanische Botschaft
Operngasse 21, 10. Stock
A-1040 Wien
Tel. (01) 310 73 83
Fax (01) 310 73 87

► **in der Schweiz**
Botschaft von Mexiko
Bernastrasse 57
CH-3005 Bern
Tel. (031) 357 47 47
Fax (031) 357 47 48
www.sre.gob.mx/sviza/

Honorarkonsulat von Mexiko
16, rue de Candolle
CH-1205 Genève
Tel. (022) 328 39 20
(022) 328 52 42

VERTRETUNGEN IN MEXIKO

► **Embajada de Alemania**
C. Lord Byron No. 737
Col. Polanco / Chapultepec
11560 México, D. F.
Tel. (55) 52 83 22 00
Fax (55) 281 25 88

Honorarkonsulat Acapulco
Antón de Alaminos 26
Col. Costa Azul
39850 Acapulco, Gro.
Tel. (744) 484 18 60, 484 96 80
Fax (744) 484 38 10

Honrarkonsulat Mérida
Calle 49 No. 212 entre 30 y 32
Sn. Antonio Cucul
97116 Mérida, Yuc.
Tel. / Fax (999) 944 32 52

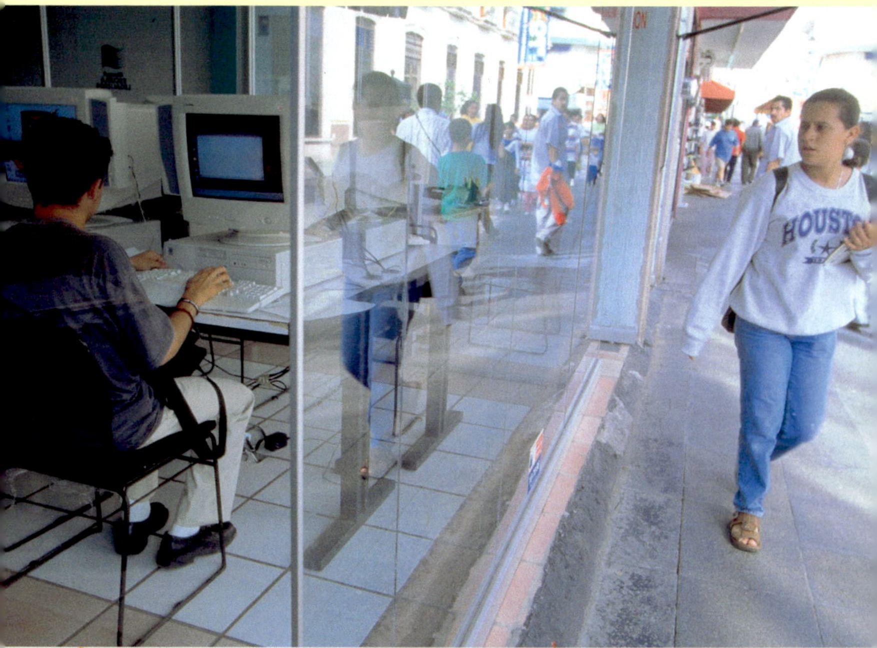

Sehr beliebt in Mexiko: In den Städten entstehen täglich neue Internetcafés.

Honorarkonsulat Cancún
Punta Conoca 36
77500 Cancún, Q. R.
Tel. (998) 884 53 33
Fax (998) 887 12 83

- **Embajada de la Suiza**
  Torre Optima, 11° piso
  Paseo de las Palmas 405
  Col. Lomas de Chapultepec
  11050 México, D. F.
  Tel. (55) 55 20 30 03
  Fax (55) 55 20 86 85

- **Embajada de Austria**
  Sierra Tarahumara 420
  Col. Chapultepec
  Del. Hidalgo
  11000 México, D. F.
  Tel. (55) 52 51 97 92
  Fax (55) 52 45 01 98

INTERNET

- **www.mexiko-reisetipps.de**
  Umfassende Website des mexikanischen Fremdenverkehrsamtes

- **www.mexicoweb.com**
  Seite für deutsch-/spanischsprachige Mexikoreisende mit vielen Bereichen und Foren

- **www.mexicotravel.net**
  Ausführliche Informationen zu allen Regionen Mexikos – von Unterkünften, Sportangeboten, traditionellen Festen bis zu Spanischkursen und Flitterwochen-Arrangements

- **www.arts-history.mx**
  Kulturelle Hintergrundinformationen, Museen

- **www.mayadiscovery.com**
  Webseite der Zeitschrift Mundo Maya

- **www.visitmexico.com**
  Website der Behörde für Tourismusförderung mit Hinweisen zu sportlichen Aktivitäten, Ökotourimus, Kunsthandwerk, Architektur u. v. m.

Badeurlaub

i Die schönsten Badestrände

- Acapulco: Klassischer Ferienort mit den berühmten Felsenspringern
- Cancún: Touristenzentrum und Ausgangspunkt, um die Maya-Stätten zu entdecken
- Cozumel: Herrliches Tauch- und Schnorchelrevier an der mexikanischen Karibik
- Huatulco: Wassersport und einsame Buchten
- Los Cabos: über 33 km lange Wüsten- und Strandlandschaft
- Playa del Carmen: Weitläufige Strände, entspannte Atmosphäre und Wassersport
- Puerto Escondido: Paradies für Surfer, ruhige Gewässer sowie ökologische Parks

Mit einer Küstenlinie von annähernd 10 000 km Länge am Golf von Mexiko und am Pazifischen Ozean bietet Mexiko eine Vielzahl abwechslungsreicher **Badestrände** (playas).
An der Golfküste (Atlantik) und im Golf von Kalifornien (Pazifik), der durch die Halbinsel Baja California gegen die offene See abgeschirmt ist, ist das Meer im Allgemeinen ruhig.
An der offenen Pazifikküste muss allerdings mit stärkerer Brandung und Strömungen gerechnet wer-

Traumhafte Stimmung in den Abendstunden am Strand von Acapulco

den. Jeder Urlauber findet den richtigen Ort für sein persönliches Badevergnügen, egal, ob in den großen Fremdenverkehrszentren wie Acapulco, Cancún oder Puerto Vallarta, in denen das Leben pulsiert, oder in den kleinen, paradiesischen Buchten.
An der Pazifik- wie auch an der Karibikküste sind einige der besten Tauchregionen zu finden, beispielsweise die Insel Cozumel, wo sich das zweitgrößte lebende Korallenriff der Welt befindet.
Die Pazifikküste bietet außerdem einige der besten Gewässer für Windsurfer.

Wasserqualität

In der Nähe der großen Häfen wie Tampico, Veracruz, Coatzacoalcos und Lázaro Cárdenas ist die Wasserqualität schlecht.
Durch den Ölboom und die Ansiedlung petrochemischer Industrie ist die Golfküste besonders in Mitleidenschaft gezogen worden, wobei die Küste um Coatzocoalcos ein besonders abschreckendes Beispiel ist.
In den großen Badeorten wie Acapulco, Puerto Vallarta und Mazatlán wechselt die Qualität, an allen übrigen Stränden ist sie gut bis ausgezeichnet.

? WUSSTEN SIE SCHON …?

- …, dass Wellness eine lange Tradition in Mexiko hat? Schon die Azteken entspannten in heilenden Thermalquellen und begaben sich zum Schwitzen in ein »temazcal«, eine medizinische Kräutersauna. Zahlreiche Luxushotels und Spa-Resorts (z. B. an der Riviera Maya, in Cuernavaca) bieten heute in Mexiko Wellnessprogramme und -aufenthalte an.

Die meisten mexikanischen **Thermalquellen** liegen im südlichen Teil der Sierra Madre Occidental und im südlichen zentralen Hochland. Einen durchorganisierten Kurbetrieb mit entsprechender Infrastruktur gibt es nur in den wichtigen Badeorten Aguascalientes, Ixtapán de la Sal, Río Caliente, Comanjilla und Tehuacán, aus dem auch das bekannteste mexikanische Mineralwasser »Agua Tehuacán« stammt. In den anderen Orten sind die Badeeinrichtungen sehr einfach; vielerorts treten nicht gefasste Mineralquellen zutage, die nur von den Einheimischen aus der Umgebung genutzt werden.

Mit Behinderung in Mexiko

Die meisten Flughäfen sowie gute Hotels und Restaurants in den größeren Städten verfügen über behindertengerechte Rampen und Toiletten. Auf dem Land hingegen stellt sich die Situation schwieriger dar. Weitere Informationen erhält man unter folgenden Adressen:

▶ **BSK-Reisehelferbörse**
Altkrautheimerstraße 17
D-74238 Krautheim/Jagst
Tel. (062 94) 428 10
www.bsk-ev.de

▶ **Bundesarbeitsgemeinschaft der Clubs Behinderter und ihrer Freunde**
Eupener Str. 5
D-53005 Bonn
Tel. (061 31) 22 55 14
www.bagcbf.de

▶ **Verband aller Körperbehinderten Österreichs**
Lützowgasse 24–28
A-1140 Wien
Tel. (01) 914 55 62

▶ **Mobility International Schweiz**
Froburgstr. 4
CH-4600 Olten
Tel. (062) 206 88 35
Fax (062) 206 88 34
www.mis-ch.ch

Elektrizität

Das mexikanische Stromnetz führt im Allgemeinen 110 Volt, gelegentlich auch 126 Volt oder 220 Volt Wechselspannung. Die Steckkontakte entsprechen meist der US-Norm (Flachstecker), so dass für europäische Geräte ein Zwischenstecker mitgebracht werden sollte.

Essen und Trinken

Mexiko bietet vom Spitzenrestaurant mit internationaler Küche über kleine Schnellgaststätten bis zur Garküche auf offener Straße reichlich Möglichkeiten, den Hunger zu stillen, wobei die Garküchen zum Teil aalein aus hygienischen Gründen skeptisch betrachtet werden müssen.

Besonders preiswert und unverfälscht mexikanisch isst man an den gekachelten Küchentheken der »fondas« in den Markthallen. In **Restaurants** sind die Mahlzeiten meist reichlich und bestehen aus mehreren Gängen. In der Regel wird auch ein Mittagsmenü (comida corrida) angeboten, das oft preiswerter ist als die Speisen à la carte.

Die **Essenszeiten** sind ein wenig nach hinten verschoben: Im allgemeinen wird das Mittagessen zwischen 14.00 und 16.00 Uhr, das Abendessen nicht vor 20.00 Uhr eingenommen.

i Preiskategorien

- Die in diesem Reiseführer im Kapitel »Reiseziele von A bis Z« empfohlenen Restaurants sind in folgende Preiskategorien eingeteilt (ein Menü ohne Getränke):
  Fein und teuer: über 20 €
  Erschwinglich: 6 – 20 €
  Preiswert: unter 6 €

Mexikanische Küche

Traditionen und unterschiedliche Schärfegrade

In Mexiko hat sich aus der kulinarischen Tradition der indianischen Bevölkerung sowie unter dem Einfluss der verschiedenen Einwanderernationen eine eigenständige Küche entwickelt, die in den einzelnen Landesteilen **lokaltypische Varianten** zeigt. Die Grundpfeiler der leckeren Gerichte sind meist Mais und Bohnen (► Baedeker-Special S. 120). Doch was wäre die mexikanische Küche ohne die berühmten **Chilis**, die den Gerichten erst den richtigen Pep geben? Nicht alle Sorten sind ungenießbar scharf, es kommt v. a. auf die richtige Dosierung an. Chilischoten können in **vielerlei Schärfegraden, Farben, Formen** auftreten; es gibt sie in Blassgelb, Orange, Feuerrot, Grün und auch Braun. Die »chile de árbol« ist beispielsweise recht klein und scharf, wohingegen der rötlichbraune »chile poblano« zu den milderen Sorten gehört, mit dem man ganz ausgezeichnet Suppen, Eintöpfe und Saucen verfeinern kann. Sehr pikant, um es vorsichtig auszudrücken, ist allerdings die »chile habanero«, die in Yucatán gedeiht. Beachten sollte man auch, dass man zwischen frischen und getrockneten Chilis unterscheidet; sie können Form, Farbe und Geschmack in der Trockenphase verändern.

Wem das einheimische Essen aber trotz allem nicht behagt, der findet in den großen Hotels und Restaurants natürlich auch die internationale Küche.

Chilischoten kann man auf den Märkten frisch in vielen Formen und Farben, aber auch getrocknet bekommen. Doch Vorsicht vor der Schärfe!

Typische Getränke

Bier

Schuld sind jene Deutschen, die im 19. Jahrhundert nach Mexiko auswanderten und oftmals als Bergleute arbeiteten. Sie brachten die Kunst des Bierbrauens nach Mexiko. Heute zählen mexikanische Biere überall auf der Welt zu den In-Getränken. **Corona**, **Negra Modelo** oder **Dos Equis** haben inzwischen auch europäische Supermärkte erobert. In Mexiko bekommt man manchmal ein Stück Zitrone oder Limone zum Bier serviert – das dient allerdings lediglich zum Reinigen des Flaschenhalses.

Tequila, Mezcal und Pulque

Anders beim Tequila, dem **mexikanischen Kultgetränk schlechthin**: Zuerst leckt man sich etwas Salz vom Handrücken, leert das Glas mit dem Hochprozentigen möglichst in einem Zug und beißt anschließend beherzt in ein Limettenstück. Dieser Brauch gilt für den einfachen Tequila.

Der echte Tequila muss aus der Region um das gleichnamige Städtchen bei Guadalajara kommen und wird aus einer speziellen blauen Agavenart hergestellt (►Baedeker-Special S. 314 – 317). Oftmals ist er auch Grundsubstanz leckerer Cocktails.

Kann eine wahre Verführung sein: eine gut gemixte Margarita aus Tequila, Limonensaft und Cointreau oder Triple Sec

Beim Mezcal, einem Agavenschnaps aus der Region Oaxaca, gilt ein **Wurm in der Flasche** als Beweis für die Hochprozentigkeit. Aus einer anderen Agavenart erzeugten schon die Maya Pulque, ein heute noch weit verbreitetes Getränk mit geringerem Alkoholgehalt.

Wein

Weinbau hat in Mexiko zwar eine lange Tradition, doch wird der mexikanische Wein überwiegend exportiert. Vor allem im Norden Mexikos gibt es renommierte Weinkellereien, Bodegas, die aber nicht die Qualität ihrer kalifornischen Nachbarregion erreichen. Weintrinken ist unter den Mexikanern nicht allzu populär. Wer jedoch die Möglichkeit hat, einheimische Weine zu probieren, sollte diese ruhig nutzen: Sie ergänzen oft prima die deftigen Speisen.

Kaffee und Schokolade

Wer als Ausländer in Mexiko Kaffee bestellt, bekommt meist »Café americano« (Filterkaffee). Was international als Espresso bekannt ist, heißt in Mexiko »Café solo«, »Café tinto« oder auch »Café negro«. Eine Spezialität ist »chocolate caliente«, heiße Schokolade, die nach altmexikanischer Tradition ebenfalls gewürzt wird. Hierbei hat jeder seine eigene Vorliebe, die im Ursprungsland der Schokolade von Zimt und Vanille bis zu Pfeffer und Chili reichen.

In Marisquerías werden Fisch und Meeresfrüchte angeboten, meist frisch aus dem Meer.

im Feuer erhitzten Steinen und eingewickelt in Bananen- oder Maisblättern. Dabei erhalten die Speisen eine rauchige Note. Bei Familienfeiern, Fiestas oder rustikalen Grillfesten kann man Traditionelles wie **Cochinita pibil** (Spanferkel) kosten. Pikante Tortillafüllungen bestehen oft aus Hackfleisch mit diversen Gemüsen. Zum delikaten Gaumenkitzel werden die Fleischgerichte vor allem durch Gewürze wie Chili, Kümmel, Koriander, Zimt, oder sogar Schokolade: Erst die klassische **Mole**, eine Sauce aus Nüssen, Chili, bitterer Schokolade und diversen Gewürzen, gibt dem Nationalgericht **Mole poblano**, Truthahn, seinen unverwechselbaren Geschmack. Überall wo das Meer nicht weit ist, kann man in Mexiko hervorragend Fisch und Meerestiere essen. Die Zubereitung in der Pfanne, im Ofen oder auf dem Grill ist meist einfach, den besonderen Pfiff geben auch hier köstliche Marinaden oder Saucen aus Gemüsen, exotischen Früchten und Gewürzen. Beliebt ist neben Muscheln und Garnelen vor allem Red Snapper, der als **Pescado a la Veracruzana** in Tomatensauce oder ganz rustikal in einem Mantel aus Zwiebeln und Speck serviert wird.

Gemüse und Obst

Auf mexikanischen Märkten kann man nur ins Schwärmen kommen: Pure Farbenpracht exotischer Obst- und Gemüsesorten, von denen viele in der europäischen Küche unbekannt sind. Berge von Limetten, verschiedene Sorten von Avocados, Paprika oder Chili in unbekannten Formen und Farben, dazu Kürbisse, Melonen, grüne, gelbe und rote Tomaten, Gemüsebananen, Papayas, Quitten, Guaven ... Nur noch wenig wird jedoch von Kleinbauern produziert oder sogar direkt vermarktet. Die mexikanische Landwirtschaft ist geprägt von exportorientierten Plantagengroßbetrie-

ben, die vor allem den US-Markt beliefern. Auch wenn die Mexikaner gerne Fleisch essen, ohne Gemüse geht nichts: Entweder als Salat, als Beilage, als Bestandteil von Füllungen oder Grundsubstanz von Saucen – kein Gericht kommt ohne aus. Am populärsten sind Bohnen, Chili, Tomaten und Zwiebeln, doch auch Avocado, Kürbis, Kartoffel und Gemüsebanane gehören zur Alltagsküche. Durch kreative und traditionelle Kombinationen mit Nüssen, Gewürzen und diversen Obstsorten entstehen delikate Gerichte: Mit Hackfleisch gefüllte grüne Paprika, **Chiles en nogada**, werden mit Walnusssauce und Granatapfelkernen serviert. Das Geflügelgericht **Pollo verde almendrado** besticht durch eine Sauce aus der physalisähnlichen Tomatillo-Beere, verfeinert mit Mandeln. **Nopal** (frische Kaktusfeigen) gelten ebenso als mexikanische Spezialität wie **Huitlacoche**, ein dunkler Pilz, der nur auf Mais gedeiht. Beliebt ist auch **Ate**, ein in Scheiben geschnittenes Fruchtgelee – z. B. aus Guaven oder Quitten, das oft mit Käse serviert wird.

Süßes

Während viele Mexikaner zum zweiten Frühstück um 10.00 Uhr schon richtig deftig und reichhaltig essen, gehören zum ersten morgendlichen Kaffee eher süße Leckereien: **Cuerno** (Croissants) oder **Orejas** (Schweinsöhrchen aus Blätterteig) sind ebenso beliebt wie diverse Kekse und Küchlein. Wer nicht auf die Kalorien achtet, kann heiße Schokolade bestellen, in die man frittierte **Churros** taucht, eine Frühstücksspezialität, die sich auch in Spanien etabliert hat.
Als Dessert werden neben dem international beliebten **Flan** (Karamellcreme), diverse Cremes auf Schokoladen-, Quark-, Frucht- oder Eibasis serviert, oft verfeinert mit Sirup und Gewürzen.

Feste · Feiertage · Events

Jeder Ort Mexikos hat seine eigene Fiesta zu Ehren des Ortsheiligen oder Schutzpatrons. Bei den Feiern mischen sich Lebensfreude, altindianische Riten und christliches Brauchtum. Da sämtliche Feierlichkeiten den Rahmen sprengen würden, folgt hier nur eine Auswahl:

VERANSTALTUNGSKALENDER

Die schönsten Feste und Festivals

- Karneval: Ausgelassene Feste mit bunten Umzügen in Veracruz, Mérida und Mazatlán
- Equinoccio: Licht- und Schattenspiel in Chichén Itzá, Illumination in Dzibilchaltún
- Fronleichnam: Baile de los Viejitos in Pátzcuaro und Voladores-Fest in Papantla
- Guelaguetza: Riesiges Tanzfest mit präkolumbischer Tradition in Oaxaca an den letzten beiden Julimontagen
- Feria Nacional del Huipil y del Café in Cuetzalán: Musik, Tanz, Voladores, Kunsthandwerk und die Krönung der Huipil-Königin
- Todos los Santos / Día de los Muertos: Totenkult an Allerheiligen und Allerseelen (►Baedeker-Special S. 128/129)
- Dia de la Virgen de Guadalupe: Höchster mexikanischer Feiertag: Zehntausende pilgern zur Basilika nach Mexiko-Stadt.

FEIERTAGE

1. Januar: Año nuevo (Neujahr)
6. Janur: Día de los Reyes (Dreikönigstag) mit Bescherung
5. Februar: Día de la Constitución (Verfassungstag)
21. März: Geburtstag des Nationalhelden und Staatspräsidenten Benito Juárez
Semana Santa (Karwoche)
Jueves de Corpus (Fronleichnam)
1. Mai: Día del Trabajo (Tag der Arbeit)
5. Mai: Jahrestag der Schlacht von Puebla 1862
1. September: Tag der Nation
16. September: Día de la Independencia (Unabhängigkeit)
12. Oktober: Día de la Raza (Tag der Rasse)
1. und 2. November: Todos los Santos, Día de los Muertos (Allerheiligen, Allerseelen)
20. November: Día d. l. Revolución
12. Dezember: Día de la Virgen de Guadalupe (Tag der Muttergottes von Guadalupe)
25. Dezember: Navidad (Weihnachten)

FIESTAS

► **Neujahrsfest**
Wird in ganz Mexiko mit Festessen, Umzügen, Tanz und Musik begangen

► **Día de los Reyes**
Am 6. Januar, dem Dreikönigstag, stellen die mexikanischen Kinder Teller vor die Tür in der Hoffnung, dass diese mit Süßigkeiten gefüllt werden.

► **Fiesta Grande**
In Chiapa de Corzo wird vom 9. bis 23. Januar verschiedener Heiliger gedacht und ein Stadtfest gefeiert.

► **San Antonio Abad**
Am 17. Januar werden in ganz Mexiko die Haustiere gesegnet und mit Blumen geschmückt.

Besonders schön: in Taxco, Tlalpan und in Mexiko-Stadt in Coyoacán in der Kirche San Juan Bautista, auf der Plaza de las Tres Culturas, in der Kirche Santiago und im Vorort Xochimilco in den »Schwimmenden Gärten«

► **Día de la Inmaculada Concepción (31. Januar)**
Am Tag der Unbefleckten Empfängnis schmückt sich Morelia mit Blumen und Lichtern.

► **Día de la Candelaria**
Mariä Lichtmess wird im ganzen Land gefeiert, besonders farbenprächtig in Cholula, Taxco und Tlacotalpan (Ver.).

► **Día de la Constitución**
Am Verfassungstag (5. Februar) finden in ganz Mexiko Reiterparaden und Stierkämpfe statt.

► **Mitte / Ende Februar**
Natürlich wird der Karneval im ganzen Land gefeiert, doch besonders berühmt ist der Karneval von Veracruz. Aber auch Mazatlán (►Baedeker-Tipp S. 342), Villahermosa und Mérida halten rauschende Feste ab.

► **Aschermittwoch**
In Amecameca de Juárez (Mex.) Wallfahrt zum Señor de Sacromonte

► **Karwoche / Ostern**
Prozessionen und Wallfahrten in ganz Mexiko. Besonders sehenswert sind am Karfreitag die Darstellung des Leidensweges Christi in Mexiko-Stadt im Stadtteil Ixtapalapa, und während der ganzen Karwoche die Passionsspiele bei der Kirche Santa Prisca in Taxco.

Parachico-Tänzer bei den Januar-Festen in Chiapa de Corzo

Für das Totenfest werden Schädel und Skelette aus Pappmachee, Ton, Blech, Holz oder Zucker gefertigt und aufgestellt.

BESUCH AUS DEM JENSEITS

Als Reisender steht man der rauschenden Fiesta, die am Tag der Toten (Día de los Muertos) begangen wird, ziemlich befremdet und manchmal auch ratlos gegenüber. Da grinsen einen bunte Totenschädel aus Zuckerguss an, man trägt kleine Särge als Krawattennadeln und beim Bäcker gibt es Brote in Knochenform zu kaufen. Warum gehen die Mexikaner nur so vollkommen anders mit dem Tod um als wir Europäer?

Der Höhepunkt des Jahres scheint unter all den Festtagen in Mexiko der Tag der Toten, der Día de los Muertos, der am **1. und 2. November** begangen wird, zu sein. Er entspricht zwar dem katholischen Feiertag Allerseelen, doch er ist ganz und gar kein stilles Gedenken an die Toten, sondern Anlass zu einer riesigen, manchmal auch schrillen Feier. Der Grund für diese Haltung ist ganz einfach – man sieht den **Tod als Teil des Lebens** an. Octavio Paz beschrieb die Unterschiede zwischen Europäern und Amerikanern auf der einen und Mexikanern auf der anderen Seite: »Für einen Pariser, New Yorker oder Londoner ist der Tod ein Wort, das man vermeidet, weil es die Lippen verbrennt. Der Mexikaner dagegen sucht, streichelt, foppt, feiert ihn, schläft mit ihm; er ist sein Lieblingsspielzeug und seine getreueste Geliebte.«

Diese Ansicht führt zurück bis in präkolumbische Zeiten. Schon damals glaubte man, dass der Tod lediglich das Erdenleben, nicht aber die Existenz der Seele beende. So sahen die Azteken den Tod sogar als notwendig an, um neues Leben zu schaffen. Sie führten Kriege mit befreundeten Staaten, allein um die Gefangenen den Göttern opfern zu können, damit diese auch weiterhin die Sonne am Himmel ließen und gute Ernten schickten.

Ende des Lebens, nicht des Seins

Heute fürchtet man zwar den Tod, fordert ihn aber auch gleichzeitig heraus und lacht ihm herausfordernd

ins Gesicht. So konnte eine ganz eigentümliche Art des Totengedenkens entstehen, denn für die Hinterbliebenen gibt es nun **keinen Grund zur Traurigkeit**, höchstens zur Freude über die Begegnung mit den verstorbenen Verwandten und Freunden.

Begegnung mit den Toten

In den Wochen vor dem großen Ereignis wird die ganze Fantasie eingesetzt, um die **Umgebung zu schmücken**. Bereits Ende Oktober kann man in den Schaufenstern der Bäckereien und Konditoreien Skelette aus Zuckerguss, Miniatursärge aus Marzipan und die traditionellen Totenbrote sehen. Die Fenster einiger Privathäuser werden mit Totenköpfen verziert, und manchmal lehnt auch am Eingang ein grinsendes Gerippe. Auf die Marktplätze werden (hauptsächlich in der Gegend um Mexiko-Stadt) Speisen und andere originelle Dinge wie verzierte Kerzen, Rauchfässer, Blumen und tönerne Schädel gebracht. Zu Hause wird geputzt, das Haus reich geschmückt, und man bereitet traditionelle üppige Speisen wie Mole, Tamales, Desserts und natürlich die Totenschädel, Calaveras, zu. Diese werden den Verstorbenen auf einem Altar dargebracht, zusammen mit weißen Blumen, manchmal auch Zigaretten und einem Glas Tequila. Dass davon tatsächlich etwas verzehrt wird, glauben die Mexikaner eigentlich nicht – aber sie sind dennoch überzeugt, dass gute Gerüche und schöne Farben **den Seelen der Toten Freude bereiten**. Damit sich nun kein Besucher aus dem Jenseits versehentlich am falschen Altar niederlässt, werden auch Bilder der Verstorbenen aufgestellt.

Picknick auf dem Friedhof

Am 1. November ziehen die Familien mittags an die **Gräber der Ahnen**, um sie mit bunten Blumen zu schmücken. Da die Toten, die erst im letzten Jahr verstorben sind, den Weg an die Grabstätte noch nicht kennen können, wird extra für sie eine Spur gelber Blüten gestreut. Abends gibt es dann ausgelassene Feiern, ganze Familien besuchen den Friedhof, lachen, trinken und picknicken, singen Lieder und führen Gespräche mit den Verstorbenen – und dann geht es ganz schön lebhaft zu inmitten der Verstorbenen.

ADRESSEN FÜR KINDER

- **Aktun Chen Natural Park**
  4 km südlich von Akumal
  (2 km westlich der MEX 307)
  www.aktunchen.com
  Abenteuerlich: kleiner Naturpark mit Tropfsteinhöhle, botanischem Garten, Schlangengehege und anderen Tieren

- **Hípico La Golondrina**
  Bordo del Río Atoyac 800
  San Jacinto Amilpas
  Tel. / Fax (01951) 512 75 70
  www.mexonline.com/hipico.htm
  Spezielles Kinderreitprogramm (Ausflüge, aber auch Dressur und Springen) mit Ponys und kleineren Pferden, ca. 10 km nördlich von Oaxaca

- **Papalote Museo del Niño**
  Mexiko-Stadt, Chapultepec-Park
  Segunda Sección
  (ggü. Museo Tecnológico)
  Kinder sollen hier die Welt der Wissenschaft, Technik und Kunst auf spielerische Art aktiv erfahren, beispielsweise die Funktion des menschlichen Körpers oder das Leben in der Tiefe der Ozeane

- **Tortugranja**
  Carretera a Garrafón
  An der Westküste der Isla Mujeres gelegene Schildkrötenstation mit diversen Becken und einer Klinik für kranke und verletzte Tiere

- **Wasserpark Wet 'n' Wild**
  Cancún, Paseo Kukulkán Km 25
  (am südlichen Ende der Hotelzone)
  Teil des riesigen Freizeit- und Vergnügungsparks Parque Nizuc mit Wasserrutschen, Pools und weiteren Angeboten

was Kinder auf der Reise benötigen, vor Ort erhält, ist es nicht nötig, zusätzlichen Ballast mitzunehmen.
Wegen der Hitze sollte man allerdings darauf achten, dass die Kleinen genug Wasser trinken und man auch Sonnenhut und -creme nicht vergisst. Besonders beliebt bei Kindern sind natürlich Strandtage, wenn man ungestört plantschen, Sandburgen bauen und spielen kann. Viele Hotels bieten zudem ein Kinderprogramm und Ausflüge an.

Knigge für Mexiko

Geschichtliche Hypothek

Mexiko ist ein faszinierendes Reiseland – eine Mischung aus Tradition, Geschichte und pulsierendem Leben. Wie z. B. Mexiko-Stadt: Hier das bunte Straßenleben, flanierende Paare, Verkehrschaos, und ein paar Kilometer weiter präkolumbische Ausgrabungen mit großartigen Zeugnissen dieser weitgehend untergegangenen Kultur. Die Geschichte hat das Land geprägt: Die altamerikanischen Kulturen wurden von den spanischen Eroberern zerstört. Auf den Ruinen bauten diese ein mächtiges Kolonialreich auf, aus der einstmaligen

Bevor man den Fotoapparat zückt, bitte erst höflich nachfragen: Indigena-Frau in San Juan Chamula

Hochkultur wurde ein unterdrücktes Volk. Erst die blutig erkämpfte nationale Befreiung beendete die Jahrhunderte währende koloniale Ausbeutung. Zur mexikanischen Identität gehören die indianischen Wurzeln ebenso, wie die spanischen Einflüsse oder die heutigen sozialen und wirtschaftlichen Bedingungen. Trotz aller historischen Hypotheken und gegenwärtigen Probleme verbindet die Mexikaner eines: **Stolz, Mexikaner zu sein!**

Indígenas

Zu den Errungenschaften der Revolution von 1910 gehört, dass die altmexikanische Geschichte als integraler Bestandteil der nationalen Identität verstanden wird. Natürlich erzählt jeder Mexikaner begeistert von den historischen Leistungen, gerne verspeist er Gerichte, die noch nach indianischer Tradition zubereitet werden und schimpft heftig über die brutalen Kolonisatoren – den Beitrag der indianischen Nachfahren zur zeitgenössischen mexikanischen Kultur bewertet er jedoch eher abfällig. Die indígenas (Ureinwohner), immerhin 14 % der Bevölkerung, die heute in meist entlegenen Gebieten leben, haben sich über die Jahrhunderte ein **erstaunlich großes Maß an kultureller Integrität** bewahrt. Grundpfeiler des indianischen Lebens sind die kleinteilige Landwirtschaft und die Dorfgemeinschaften, in denen bestimmte Aufgaben gemeinschaftlich erledigt werden. Zerstören Land- oder unbedachte Sozialreformen diese Strukturen, entstehen massive Probleme. Kein Wunder, dass alles was von außen kommt – hierzu zählen auch Besucher – eher skeptisch beäugt wird. So fühlen sich viele indígenas in ihrer Ehre verletzt, wenn sie ohne ihre Zustimmung fotografiert werden. Das negative Bild der meisten Mexikaner begründet sich in der **vermeintlichen Rückständigkeit** der indígenas. Tatsächlich scheitern viele entwurzelte Ureinwohner in der heutigen Gesellschaft. Hartnäckige Vorurteile und Diskriminierung erschweren ebenso die Integration, wie die Bedrohung durch wirtschaftliche Entwicklungen der modernen Konsumgesellschaft. Es bleibt eine große Aufgabe, den Erben der altindianischen Kultur eine tragfähige Rolle im modernen Mexiko zuzuweisen.

Machismo Männlichkeit ist oberstes Gebot – wenigstens für die mexikanischen Männer. In unseren Augen eher typisches Machogehabe, doch in Mexiko scheinen sich nur wenige daran zu stoßen. Und tatsächlich ist die gesellschaftliche Toleranz gegenüber den Widersprüchen groß, die der mexikanische Machismo täglich aufs Neue produziert: Die Mexikaner verehren ihre Mütter, ihre Ehefrauen rangieren weiter

Mariachi-Musiker singen von unerfüllter Liebe und unerschütterlichem Macho-Stolz.

hinten. Jungfräulichkeit vor der Ehe steht noch hoch im Kurs, wer sie verliert ist als Heiratskandidatin diskreditiert. Nach der Hochzeit können die Frauen oft nur hoffen, durch eigene Mutterschaft bald in die traditionell ehrwürdige Mutterrolle zu schlüpfen. Von ihrem Mann eifersüchtig »bewacht«, trägt die Frau die Hauptlast des Familienalltags und ist Mittelpunkt des häuslichen Lebens. Dieses trennen die Männer jedoch problemlos vom Leben außerhalb. Denn es gilt als besonders männlich, neben seiner Ehefrau eine Geliebte zu haben. Auch Besuche bei Prostituierten sind gesellschaftlich legitimiert. Kein Wunder also, dass man Homosexuellen oder emanzipierten Frauen oft mit Unverständnis begegnet. Frauen ohne männliche Begleitung, kurze Röcke, knappe Shorts und Oberteile wirken auf viele Mexikaner wie eine Herausforderung. Gegen Anmache und massives Anbaggern hilft u. a. freundliche, aber entschiedene Distanz und dezente Kleidung. Inzwischen hat sich aber auch in Mexiko schon einiges getan: In den Städten sind Frauen, die nicht nur zu Hause, sondern auch im Beruf zeigen, was sie können, keine Seltenheit mehr, und ihre Beiträge zum Familieneinkommen sind wesentlich. Einige Mexikaner akzeptieren, dass Frauen durch Bildung und Beruf Eigenständigkeit erlangen – tradierte Rollenklischees und der Machismo kommen ins Wanken.

Religion

Es ist schwer zu sagen, wen die Mexikaner mehr verehren – die eigene Mutter oder die Jungfrau von Guadalupe. Die Nationalheilige ist allgegenwärtig und täglich strömen Menschenmassen in ihre Kathedrale. Ausländer wundern sich vielleicht über die zum Teil kuriosen Formen der mexikanischen Frömmigkeit: Fußballer bekreuzigen sich vor dem Elfmeter und schicken Stoßgebete gen Himmel, Hausaltärchen schmücken das Wohnzimmer und Heiligenbilder die Autos, oder man geht in der Mittagspause mal eben auf einen Sprung in die nächste Kirche. Tatsächlich gehört Mexiko mit 90 % Katholiken zu den katholischsten Ländern der Erde. Doch – wieder einer der mexikanischen Widersprüche – die volkstümliche Religiosität verbindet problemlos vorkolumbische Traditionen mit katholischen Riten. Vielerorts machten die Missionare aus lokalen Indianer-Heiligen katholische Heilige, was wiederum die Akzeptanz der neuen Religion und der neuen Machthaber förderte. Dabei half auch die Tolerierung bestimmter indianischer Bräuche und heiliger Stätten. Diese Traditionen spiegeln sich heute vor allem bei den fiestas wider: Aus Anlass des Namenstages des Stadt- oder Dorfpatrons strömen sogar im Ausland lebende Mexikaner in ihre Heimatgemeinden, um an mehrtägigen rauschenden Festen teilzunehmen. Neben Messen und Prozessionen gibt es Musik, Tanz und Feuerwerk, aber auch Wettkämpfe oder Mutproben. Eine mexikanische Besonderheit ist die Totenverehrung, deren Höhepunkt alljährlich am 1. und 2. November in Volksfeststimmung begangen wird: Man schmückt den Hausaltar mit Bildern oder Andenken der Verstorbenen und macht sich mit ihrer Lieblingsspeise auf zum Friedhof. Dort veranstaltet die ganze Familie

Nur Geduld: Morgen ist auch noch ein Tag!

ein ausgiebiges Picknick am Grab. Kinder und Freunde werden mit Totenköpfen, Skeletten und Knochen aus Zucker oder süßem Gebäck beschenkt. Zahlreiche Bräuche des indianischen Totenkultes sind in diesem lockeren und fröhlichen Gedenken enthalten (Baedeker-Special S. 128 / 129) .

Arm und Reich

Zwar hat sich Mexiko in den vergangenen Jahrzehnten von einem »Dritte-Welt-Land« zu einem »Schwellenland« gemausert, doch leidet es weiterhin schwer an der Diskrepanz von Arm und Reich. Wer das Land bereist, kann vor den krassen sozialen Verhältnissen die Augen nicht verschließen: Riesige Slumgebiete umgeben nicht nur die Hauptstadt, fliegende Händler belagern an den Ampeln die Autos, Straßenkinder und Bettler suchen ein Auskommen. Einer der Hauptgründe für die gravierende Armut breiter Bevölkerungsschichten ist die ungerechte Landverteilung, die zum Teil noch aus kolonialer Zeit stammt. Hinzu kommt, dass eine elitäre wohlhabende Schicht den Reichtum des Landes unter sich aufteilt: Knapp 20 % der Bevölkerung verfügen über mehr als die Hälfte aller Einkünfte. Vetternwirtschaft, Korruption und eingefahrene politische Strukturen fundamentieren dieses System. Die Landbevölkerung flieht vor dem kargen Auskommen in die Städte und hofft dort auf Arbeit und Brot. Bei hohen Arbeitslosenzahlen suchen viele Mexikaner ihr Glück in den USA, oft als illegale Einwanderer. Tatsächlich liegt der Durchschnittsverdienst eines Mexikaners bei ca. einem Zehntel der Löhne in Deutschland oder Nordamerika. Oftmals muss das Einkommen –

bzw. was die Inflation davon übrig lässt – eine ganze Großfamilie ernähren. Dieser Tatsachen sollte man sich als Reisender bei Trinkgeldern oder eventuellen Gastgeschenken bewusst sein. Das wirtschaftliche Gefälle zwischen den USA und Mexiko sowie die sozialen Probleme, denen viele Mexikaner dort ausgesetzt sind, führen oft zu verhaltenen Reaktionen gegenüber amerikanischen Touristen, die das preisgünstige Nachbarland gerne zu feuchtfröhlichen Billigurlauben nutzen. Merken die Mexikaner jedoch, dass man sich um respektvolles Verhalten bemüht, wird man sehr gastfreundlich aufgenommen. Ein paar Brocken Spanisch, freundliches Verhalten und eine respektvolle Würdigung der Kultur des Landes öffnen Türen.

Mañana!

Zeit ist in Mexiko ein relativer Begriff, Geduld eine Nationaltugend. Zwar scheint jeder um Pünktlichkeit bemüht, doch die guten Vorsätze scheitern oft an der Realität: Man steht stundenlang im Stau der Hauptstadt, man braucht die Unterschrift ausgerechnet von dem Mitarbeiter, der gerade nicht greifbar ist, irgendeine Kleinigkeit fehlt immer... Es gibt viele Gründe für ein mañana (Morgen) – dann hilft oft auch kein Trink- oder Schmiergeld sondern eben nur Geduld. So sind z. B. Abfahrtszeiten meist verbindlich, Ankunftszeiten nicht, denn unterwegs kann Unvorhersehbares passieren. Aus diesem Grund werden Verspätungen meist nicht als unhöflich empfunden. In einem Fall ist es sogar unhöflich pünktlich zu sein: Bei privaten Abendeinladungen bringt man durch frühes Erscheinen die Gastgeber meist in Verlegenheit – denn ein Abend ist lang und für ein gemeinsames Essen hat man eben Zeit in Mexiko.

Literatur · Film

Präkolumbische Kulturen und Mythologie

Coe, Michael: Das Geheimnis der Mayaschrift. Reinbek bei Hamburg: Rowohlt 1997. Eine treffliche Darstellung der Maya-Hieroglyphen des berühmten US-Archäologen.

Coe, Michael: Die Maya. Bergisch Gladbach: Lübbe 1968. Die beste und zudem gut verständliche Geschichte der Maya.

Cordan, Wolfgang: Popol Vuh – Mythos und Geschichte der Maya. Düsseldorf: Diederichs 1995. Sehr gute Beschreibung des Buchs des Rates; enthält die Schöpfungsgeschichte, Legende und Theologie des Quiché Maya.

Cyrus, Irene Salome: Die Indianer Lateinamerikas. Wien: htp Verlagsgesellschaft 1992. Geschichte des Aufstiegs und der Zerstörung der indianischen Hochkulturen Amerikas und seiner Folgen bis zur Gegenwart.

Davies, Nigel: Die Azteken. Düsseldorf: Econ 1974. Lebendig geschriebene politische Geschichte der Azteken.

Schele, Linda / Friedel, David: Die unbekannte Welt der Maya. München: Weltbild-Verlag 1995. Die bekannten Archäologen und Hieroglyphenforscher haben die Geschichtsschreibung über die Maya revolutioniert und popularisiert.

Wilhelmy, H.: Welt und Umwelt der Maya. München: Piper 1981. Ein Standardwerk zur Geschichte, Wirtschaft und Kultur der Maya.

Eroberung Mexikos

Cortés, Hernán: Die Eroberung Mexikos. Stuttgart: Thienemann Ed. Erdmann 1996. Eine gute Quelle zur Eroberung Tenochtitláns und zum Leben der Azteken aus der Sicht des Konquistadors.

Díaz del Castillo, Bernal: Die Geschichte der Eroberung von Mexiko. Frankfurt / M.: Insel 1987. Die interessanteste und lebendig geschriebene Chronik der Eroberung, aus der Feder eines einfachen Soldaten und Mitkämpfers von Hernán Cortés.

Prescott, William: Die Eroberung Mexikos. München: C.H. Beck 1973. Immer noch das profundeste historische Werk über die Konquista.

Sahagún, Bernardino de: Aus der Welt der Azteken. Frankfurt / M.: Insel 1990. Grundsatzwerk des berühmten Paters über das Volk der Azteken nach der Eroberung.

Neuere Geschichte und Gegenwart:

Cohan; Tony: On Mexican Time. New York: Broadway Books 2000. Der bekannte kalifornische Schriftsteller schildert einfühlsam und humorvoll seine Alltagserfahrungen während seiner Übersiedlung in eine mexikanische Provinzstadt.

Kisch, Egon Erwin: Entdeckungen in Mexiko. Berlin: Aufbau 1993. Blendend geschriebene, fantasievolle Geschichten des »rasenden Reporters«, der den Krieg über im mexikanischen Exil weilte.

i Filmtipps

- Amores Perros (2002): Drei Alltagsgeschichten aus dem Moloch Mexico City.
- Bittersüße Schokolade (1992): Tragische Love Story, vermengt mit kulinarischen Verlockungen vor der Kulisse der mexikanischen Revolution.
- Frida (2003): Sie waren das wohl schillerndste Paar, das die Kunstgeschichte je gesehen hat: die Ausnahme-Malerin Frida Kahlo (dargestellt von Salma Hayek) und der berühmte Freskenmaler und Salon-Kommunist Diego Rivera.
- Irgendwann in Mexiko (2003): Antonio Banderas schießt sich wieder als El Mariachi durch das chaotische Geschehen. Dritter und aufwändigster Teil der Mexiko-Trilogie (El Mariachi, Desperado) von Robert Rodriguez.
- Los Olvidados (1950): Luis Buñuels Meisterwerk über eine Bande herumsteunender Jugendlicher in den Armenvierteln Mexiko-Stadts
- The Mexican (2001): Mix aus Road Movie, Liebesgeschichte und Actionkomödie mit Julia Roberts und Brad Pitt.
- Viva Zapata (1951): Aufstieg des Bauernsohns Emiliano Zapata zum Volkshelden, mit Marlon Brando in der Hauptrolle.

Oppenheimer, Andrés: Bordering on Chaos. Boston: Little Brown 1996. Das bestinformierte Buch über die mexikanische Innenpolitik (1993–1996) des ehemaligen Korrespondenten des »Miami Herald«.

Rätsch, Christian: Kinder des Regenwaldes. Birkenau: Verlag Die grüne Kraft 1992. Eine gute Beschreibung des Lebens der Lacandón-Indianer in Chiapas.

Riding, Alan: 18mal Mexiko. München: Piper 1986. Die beste Beschreibung der politischen Geschichte des Landes zwischen 1978 und 1984, mit ausgezeichnetem historischem Rückblick vom damaligen Korrespondenten der »New York Times«.

Romane

Esquivel, Laura: Bittersüße Schokolade. Frankfurt / M.: Suhrkamp 1994. Eine witzige und einfühlsame Geschichte rund um die mexikanische Küche, mit traditionellen Rezepten zu jedem Kapitel. Der Roman wurde verfilmt und in der ganzen Welt ein großer Erfolg.

Fuentes, Carlos: Der alte Gringo. Frankfurt / M.: Suhrkamp 1998. Der außerhalb Mexikos bekannteste mexikanische Schriftsteller beschreibt das mysteriöse Schicksal des US-amerikanischen Autors Ambrose Bierce während der mexikanischen Revolution.

Viva Zapata: Der in Chihuahua geborene Anthony Quinn erhielt 1953 für seine Darstellung als Zapatas Bruder seinen ersten Oscar. Marlon Brando wurde in Cannes als bester Hauptdarsteller ausgezeichnet.

Greene, Graham: Die Kraft und die Herrlichkeit. München: dtv 1993. Tragische Geschichte eines Priesters während der Religionsverfolgung.

Rulfo, Juan: Pedro Páramo. Frankfurt / M.: Suhrkamp 1999. Der sprachgewaltige Autor des so genannten »neuen« Romans schreibt über die Revolutionszeit. Im Januar 2000 wurde das Buch zum besten spanischsprachigen Roman des Jahrhunderts gekürt.

Kunst und Kultur

Kahlo, Frida: Das gemalte Tagebuch. München: Kindler 1995. Mit einer bemerkenswerten Einführung von Carlos Fuentes, dem weltberühmten mexikanischen Schriftsteller.

Wilder Weismann, Elizabeth: Art and Time in Mexico. New York: Harper & Row 1985. Interessante Texte und exzellente Fotos von der religiösen, öffentlichen und privaten Architektur des Landes.

Medien

Zeitungen, Zeitschriften

Die Zeitungslandschaft Mexikos ist sowohl auf regionaler wie nationaler Ebene recht aktiv. Zudem kann sie zwei englischsprachige Tageszeitungen, »Mexico City Times« und »Mexico City – The News«, aufweisen. Sie sind im gesamten Land erhältlich, berichten über regionale und internationale Themen und weisen einen Veranstaltungskalender der Hauptstadt auf. Unter den vielen Tageszeitungen seien nur einige genannt: »El Universal« und »Excelsior« (Nachrichten und Kommentare), »El Financiero« (Wirtschaftsnachrichten) und »La Jornada« (unabhängig, regierungskritisch).
In der Hauptstadt sind europäische Zeitungen und Zeitschriften erhältlich, in einigen Badeorten nicht regelmäßig. Sie sind dann allerdings einige Tage alt und verhältnismäßig teuer.

Notrufe

▶ **Touristen-Hotline**
des mexikanischen Tourismusministerims SECTUR:
Tel. 01 800 90 39 28
(landesweit, gebührenfrei, 24 Std. besetzt, englisch und spanisch)

▶ **Notruf**
Tel. 080

▶ **Polizei**
Tel. 060

▶ **Verkehrspolizei**
Tel. (5) 250 01 23 (Mexiko-Stadt)
Tel. (998) 884 07 10 (Cancún)

▶ **Auswärtiges Amt**
Tel. (0049 188) 174 44 44

Post · Telekommunikation

Post

Postkarten (tarjeta postal) und **Briefe** (carta) per Luftpost (correo aéreo, por avión) nach Europa haben verschiedene Tarife. Mit einer Laufzeit von zwei bis drei Wochen ist zu rechnen. Da die Tarife sich mehrmals im Jahr ändern, ist eine Angabe in diesem Reiseführer wenig hilfreich. Die aktuellen Tarife hängen in den Postämtern aus. Frankierte Post (Briefmarken = timbres) werfe man zur Sicherheit in einem Postamt ein und nicht in einen Briefkasten (buzón) auf der Straße. Wer ein **Paket** (paquete) aus Mexiko nach Hause schicken möchte, sollte bedenken, dass dieses auf dem Seeweg drei bis fünf Monate unterwegs ist. Als Luftfracht wiederum kommen Pakete jedoch sehr teuer. **Postlagernde Sendungen** nach Mexiko müssen an ein bestimmtes Postamt adressiert und mit dem Vermerk »lista de correos« versehen sein. Sie werden zehn Tage lang aufbewahrt. Die Postämter haben in der Regel Mo. – Fr. 9.00 – 18.00, Sa. 9.00 – 13.00 Uhr geöffnet.

Telefon

Für Orts- und auch Ferngespräche gibt es Ladatel-Telefonkarten, erhältlich in Telefonbüros und Läden in der Nähe von Telefonzellen, speziell an Busbahnhöfen und Flughäfen. Münztelefonzellen sind fast nicht mehr vorhanden. **Ferngespräche** (larga distancia) lassen sich von Telefonzellen aus führen, die mit »Ladatel« bezeichnet sind. Man kann sie auch von einer »Oficina de Larga Distancia« aus tätigen, die es in fast allen Orten gibt. Dort werden Ferngespräche sowohl für das Inland als auch für das Ausland handvermittelt. Man gibt die gewünschte Nummer an und wenn die Verbindung hergestellt ist, wird man aufgerufen und in eine Kabine gewiesen. In manchen Läden

Öffentliche Telefone gibt es reichlich in Mexiko.

VORWAHLEN

- **nach Deutschland: Tel. 00 49**
- **nach Österreich: Tel. 00 43**
- **in die Schweiz: Tel. 00 41**
- **nach Mexiko: Tel. 00 52, dann Ortsvorwahl ohne die 0**

und Drogerien finden sich »casetas de larga distancia«, gekennzeichnet mit einem blauen Telefon, die ebenfalls für Ferngespräche vorgesehen sind. Gespräche ins Ausland sind sehr teuer. Es werden immer Einheiten zu drei Minuten berechnet, auch wenn die Gesprächsdauer kürzer ist. Zur Gesprächsgebühr kommt die Mehrwertsteuer von 15 % hinzu. Hotels erheben zudem einen kräftigen Zuschlag. Man kann bei der Vermittlung die voraussichtlichen Gebühren erfragen. R-Gespräche in die Bundesrepublik Deutschland sind nicht möglich. Die in Europa verwendeten **Mobiltelefone** sind in der Regel kompatibel mit den mexikanischen Mobilfunkstandards. Probleme gibt es meist nur bei mangelnder Flächendeckung der Netze, z.B. in ländlichen Gebieten oder im Gebirge. Üblich sind das AMPS-Netz (Betreiber: IUSACELL, www.iusacell.com.mx) und das GSM-Netz (GSM 1900), das von Telcel (www.telcel.com) bereitgestellt wird.

E-Mail und Internet In allen Regionen, insbesondere in von Touristen besuchten Orten, gibt es Internet-Cafés. Bei Touristenbüros bzw. in Hotels kann man die Adressen erfragen.

Telegramme und Fax Der Telegrammdienst (telegrama) ist von der Post getrennt. Telegramme müssen in dafür zuständigen Ämtern (oficinas de telégrafos) aufgegeben werden. Faxanschlüsse stehen in vielen größeren Hotels zur Verfügung.

Preise

WAS KOSTET WIE VIEL?

Doppelzimmer
665 – 1330 mx Peso/
50 – 100 €

3-Gänge-Menü
ab 120 mx Peso/
9 €

Einfache Mahlzeit
27 – 40 mx Peso/
2 – 3 €

Getränk
20 – 27 mx Peso/
1,50 – 2 €

Benzin (1 l)
9 mx Peso/
0,70 €

Busfahrt (100 km)
ab 133 mx Peso/
10 €

Reisezeit

Man kann Mexiko zwar das ganze Jahr über bereisen, doch sind die Sommermonate oft sehr heiß, schwül und regnerisch. Von Juni bis Oktober besteht ferner die Gefahr, dass tropische Wirbelstürme mit sintflutartigen Niederschlägen über Teile des Landes hinwegfegen. So gesehen ist die Zeit von Mitte September bis Mitte Mai die beste, um Mexiko zu erkunden. Die Temperaturen sind dann erträglich, und auch die Niederschläge halten sich in Grenzen. Im Hochland von Mexiko, vor allem auch in der Hauptstadtregion, kann es im Winter nachts und in den frühen Morgenstunden empfindlich kühl werden. Mit höherer Luftfeuchtigkeit hat man in den Küstengebieten und auf der Halbinsel Yucatán zu rechnen. Hier, sowie in den anderen Dschungelgebieten Mexikos, kann es extrem schwül werden mit einer Luftfeuchtigkeit, die fast 100 % erreicht. Die Temperaturen sinken hier auch in den Wintermonaten kaum unter 27 °C. Beliebte Badestrände und Ferienorte, beispielsweise Acapulco, Cancún, Cuernavaca und San Miguel de Allende, sind in der Weihnachtszeit, in der Osterwoche sowie an den mexikanischen Feiertagen ziemlich überlaufen. Wer weitere Fragen zum Klima in Mexiko hat, erhält ab S. 23 genauere Hinweise.

Beste Reisezeit: Mitte September bis Mitte Mai

Shopping

Öffnungszeiten

Die Einzelhandelsgeschäfte haben keine allgemein gültigen Öffnungszeiten (horarios). Sie sind meist bis in die Abendstunden und teilweise auch sonntags geöffnet. In den heißen Gegenden wird zwischen 14.00 und 17.00 eine Ruhepause eingehalten.

Souvenirs

Beliebte Reiseandenken sind die vielfältigen Erzeugnisse des mexikanischen Kunsthandwerks. Man kauft sie am günstigsten am Herstellungsort oder auf dem Markt. Silber- und Goldwaren sollte man keinesfalls bei Straßenhändlern, sondern ebenfalls beim Hersteller (vor allem in Taxco) oder aber in seriösen Geschäften kaufen. Echte Silberwaren müssen einen Stempel (»Sterling« oder »925«) tragen.

Antiquitäten

Vom Erwerb von Antiquitäten ist abzuraten, da deren Ausfuhr verboten ist. Im Anthropologischen Nationalmuseum von Mexiko-Stadt werden aber hervorragende Repliken verkauft. Die an den archäologischen Stätten häufig angebotenen größeren »Ausgrabungsfunde« sind ausnahmslos Fälschungen, die kurz zuvor erst verscharrt wurden. Da die Technik der Keramikherstellung auch heute noch vollendet beherrscht wird, sind Fälschungen aber selbst für Fachleute nur schwer von Originalen zu unterscheiden.

Handwerk und Volkskunst

Hinsichtlich Qualität und Vielfalt der Volkskunst braucht Mexiko keinen Vergleich zu scheuen. Zwar ist auch hier in den letzten Jahren eine Tendenz zu industrieller Massenfertigung minderer Güte zu beobachten, aber das Angebot guter und fantasievoller Handarbeit ist noch immer sehr groß. Wie vieles andere im Land zeigt auch die Volkskunst eine reizvolle Mischung aus spanischen und mexikanischen Elementen. Viele Landschaften haben ihren eigenen Kunststil entwickelt, so dass man auf dem Land ein abwechslungsreiches Angebot für jeden Geschmack und Geldbeutel antrifft.

Keramik (cerámica) bekommt man in den vielfältigsten Formen angeboten. Sehr hübsch sind Töpferarbeiten aus dem Bundesstaat Michoacán, z. B. die grünen Keramiken der Tarasken oder die Creme-weiß-schwarz-Muster aus Tzintzuntzán. Aus der Gegend um Puebla stammen die Azulejos, gelb-blaue Kacheln mit arabesken Mustern, das Talavera-Geschirr und die Lebensbäume (s. S. 571). Schwarz, beinahe metallisch präsentieren sich die Vasen aus Oaxaca. Am bekanntesten sind die Arbeiten aus dem Töpferdorf Tonalá, wo sie sorgfältig und farbenfroh bemalt werden. Kleine Tierfiguren (animalitos) aus Ton werden in Chiapas hergestellt und von Kindern auf den Straßen verkauft.

? WUSSTEN SIE SCHON …?

- …, dass Talavera spanischen Ursprungs ist? Mit der Invasion der Spanier in Mexiko kamen auch iberische Künste ins Land, darunter jene der farbigen Tonwaren, Talavera genannt. Ursprünglich beheimatet in Talavera de la Reina (bei Toledo), fanden sie rasch Eingang in den mexikanischen Alltag. Zu den frühen Zentren der Talavera-Herstellung gehören Dolores Hidalgo und Puebla. Bis heute produzieren hier zahlreiche Betriebe die traditionsreiche Keramik – nicht nur in Gestalt von Fliesen, sondern auch als Vasen, Waschbecken usw. Vor den Toren von Puebla bietet die 1827 gegründete Manufaktur Uriarte (Av. 4 Poniente 911) die Möglichkeit, beim Herstellungsprozess zuzusehen (geführte Rundgänge: Mo. – Fr. 11.00 und 13.00 Uhr, Tel. 222 / 232 15 98).

Webarbeiten und Stickereien

Auffallen werden einem sicherlich auch die kunstvoll gewebten Textilien. Meist werden die traditionellen weiten Blusen (huipiles), Schals, Röcke, Kleider, Servietten und Tischdecken von Indiofrauen gefertigt. Es lohnt sich, direkt bei den Produzentinnen zu kaufen und nicht in den oft teuren Geschäften. Allerdings sind die Preise ohnehin recht unterschiedlich, da sie oft vom Material, Muster und von den aufwändigen Stickereien abhängen.

Silber

Bereits in vorspanischer Zeit wurde viel mit Silber gearbeitet. Berühmt als Silberstadt ist Taxco, südlich von Mexiko-Stadt. Hier wird das Edelmetall zu kostbaren Schmuckstücken (Ringe, Ohrringe, Ketten und Gürtelschnallen), häufig mit Korallen und Türkisen, verarbeitet.

← *Eine reiche und kunterbunte Auswahl an Textilien und anderen Souvenirs aus Mexiko*

Metalle und Steine Santa Clara del Cobre ist bekannt für seine Kupferarbeiten. Tarasken fertigen sehr schöne Krüge, Pfannen und Platten daraus. Votivbilder (milagros) werden häufig aus Weißblech geformt. Da das Material einfach zu bearbeiten ist, werden daraus auch Lebensbäume mit Vogel- oder Fruchtmotiven, Spiegelrahmen und Kerzenhalter gefertigt. Die meisten Onyxarbeiten werden heute für Touristen und den Export gefertigt, meist sind es Schachspiele, Buchstützen und Figuren.

Märkte Ein wesentliches Element des täglichen Lebens in Mexiko ist der Markt (mercado). Schon die spanischen Konquistadoren waren von der Größe der mexikanischen Marktplätze, der Vielfalt des Warenangebots und der perfekten Organisation überrascht. Noch heute spielt sich das Marktgeschehen in einer wesentlich ruhigeren Weise ab als in anderen südlichen Ländern. Auf dem Markt ist das Feilschen um den Preis noch allenthalben üblich, es wird sogar erwartet. Sehenswert ist die Fülle an Handwerkserzeugnissen, Volkskunst, Blumen, Obst, Gemüse und vielem anderen. Indianische Wandermärkte werden »Tianguis« genannt.

Ein Hingucker: ob als Sonnenschutz, Dekoration oder als außergewöhnliches Geschenk

Hübsche Holzschnitzereien und Lackarbeiten sind preiswertere Souvenirs. Aus der Gegend um Uruapán stammen mit Lackmalerei verzierte Holzarbeiten – das Angebot reicht von Kästchen bis zu Truhen und Schalen. Vielfach sieht man auch die aus Oaxaca stammenden bemalten Holztierchen. Typisch mexikanische Mitbringsel sind die Hängematten (hamacas, s. S. 346), die einem gleich Urlaub und süßes Nichtstun vermitteln.

Souvenirs

Sicherheit

Übliche Sicherheitsvorkehrungen beachten!

Mexiko ist kein Land, in dem man als Tourist gefährdeter ist als in vielen anderen Ländern auch. Trotzdem – vollkommen sicher ist Mexiko deswegen noch lange nicht.

Die üblichen Sicherheitsvorkehrungen sind sicherlich auch hier angebracht: Bargeld und Wertsachen im Hotelsafe lassen und nie mehr als nötig mitführen, die Brieftasche unzugänglich aufbewahren und die Kamera nicht nur locker um den Hals tragen. Eventuell Travellerschecks statt Bargeld mitnehmen oder auf eine Kreditkarte zurückgreifen, mit der man in Mexiko flächendeckend bezahlen kann; außerdem bekommt man bei Verlust innerhalb von 24 Stunden eine neue Karte ausgestellt. Reisepass und Touristenkarte sollte man lieber im Hotel lassen und stattdessen eine gute Kopie des Personalausweises mit sich führen. Geld sollte man an Geldautomaten nur in Begleitung und nicht in der Dunkelheit abheben.

In Mexiko-Stadt sollten nur Taxis von offiziellen Taxiständen (Sitios) benutzt werden. Wichtige Erkennungsmerkmale für ein seriöses Taxi sind ein funktionierendes Taxameter und ein Zulassungsschein, auf dem man den Namen des Taxifahrers findet. Bei Überlandfahrten – insbesondere auf abgelegenen Straßen – gab es vermehrt Raubüberfälle von bewaffneten Banden; besonders die südlichen Bundesstaaten Guerrero, Oaxaca und Chiapas sind berüchtigt. Fahrten mit dem Bus sollte man besser tagsüber erledigen und auf Reisen per Anhalter grundsätzlich verzichten. Dies ist in Mexiko unüblich und gefährlich.

Drogen

Mexiko ist eines der Hauptlieferländer des US-Marktes für Marihuana und Heroin und das Haupttransitland für Kokain. In den Bundesstaaten Baja California, Sonora, Chihuahua u. a., die an die USA grenzen, wird vielfach Schlafmohn angebaut, der den Grundstoff für Heroin liefert. Drogengenuss ist in Mexiko verboten. Auf Druck der USA verfolgt die Polizei unnachsichtig Anbau, Schmuggel und Besitz auch kleiner Drogenmengen.

Mit einer gründlichen Gepäckdurchsuchung – sowohl an der Grenze als auch im Landesinneren – müssen auch Urlauber, insbesondere jüngere Einzelreisende, rechnen. Es sei daher eindringlich davor gewarnt, Drogen mitzuführen.

Sprache

SPRACHFÜHRER SPANISCH

Auf einen Blick

Ja./Nein.	Sí./No.
Vielleicht.	Quizás./Tal vez.
In Ordnung!/Einverstanden!	¡De acuerdo!/¡Está bien!
Bitte./Danke.	Por favor./Gracias.
Vielen Dank.	Muchas gracias.
Gern geschehen.	No hay de qué./De nada.
Entschuldigung!	¡Perdón!
Wie bitte?	¿Cómo dice/dices?
Ich verstehe Sie/dich nicht.	No le/la/te entiendo.
Ich spreche nur wenig …	Hablo sólo un poco de …
Können Sie mir bitte helfen?	¿Puede usted ayudarme, por favor?
Ich möchte …	Quiero …/Quisiera …
Das gefällt mir (nicht).	(No) me gusta.
Haben Sie …?	¿Tiene usted …?
Wie viel kostet es?	¿Cuánto cuesta?
Wie viel Uhr ist es?	¿Qué hora es?

Kennenlernen

Guten Morgen!	¡Buenos días!
Guten Tag!	¡Buenos días!/¡Buenos tardes!
Guten Abend!	¡Buenos tardes!/¡Buenos noches!
Hallo! Grüß dich!	¡Hola!
Ich heiße …	Me llamo …
Wie ist Ihr Name, bitte?	¿Cómo se llama usted, por favor?
Wie geht es Ihnen/dir?	¿Qué tal está usted?/¿Qué tal?
Gut, danke. Und Ihnen/dir?	Bien, gracias. ¿Y usted/tú?
Auf Wiedersehen!	¡Hasta la vista!/¡Adiós!
Tschüss!	¡Adiós!/¡Hasta luego!
Bis bald!	¡Hasta pronto!
Bis morgen!	¡Hasta mañana!

Unterwegs

links/rechts	a la izquierda/a la derecha
geradeaus	todo seguido/derecho
nah/weit	cerca/lejos

Wie weit ist das?	¿A qué distancia está?
Ich möchte … mieten.	Quisiera alquilar …
… ein Auto	… un coche.
… ein Boot	… una barca/un bote/un barco.
Bitte, wo ist …	Perdón, dónde está …
… der Bahnhof?	… la estación (de trenes)?
… der Busbahnhof?	… la estación de autobuses/ la terminal?
… der Flughafen?	… el aeropuerto?

Panne

Ich habe eine Panne.	Tengo una avería.
Würden Sie mir bitte einen Abschleppwagen schicken?	¿Pueden ustedes enviarme un cochegrúa, por favor?
Gibt es hier in der Nähe eine Werkstatt?	¿Hay algún taller por aquí cerca?
Wo ist bitte die nächste Tankstelle?	¿Dónde está la estación de servicio/a gasolinera más cercana, por favor?
Ich möchte … Liter …	Quisiera … litros de …
… Normalbenzin.	… gasolina normal.
… Super./ …Diesel.	… súper./ … diesel.
… bleifrei./ …verbleit.	… sin plomo./ … con plomo.
Voll tanken, bitte.	Lleno, por favor.

Unfall

Hilfe!	¡Ayuda!, ¡Socorro!
Achtung!	¡Atención!
Vorsicht!	¡Cuidado!
Rufen Sie bitte schnell …	Llame enseguida …
… einen Krankenwagen.	… una ambulancia.
… die Polizei.	… a la policía.
… die Feuerwehr.	… a los bomberos.
Haben Sie Verbandszeug?	¿Tiene usted botiquín de urgencia?
Es war meine (Ihre) Schuld.	Ha sido por mi (su) culpa.
Geben Sie mir bitte Ihren Namen und Ihre Anschrift.	¿Puede usted darme su nombre y dirección?

Essen

Wo gibt es hier …	¿Dónde hay por aquí cerca …
… ein gutes Restaurant?	… un buen restaurante?
… ein nicht zu teures Restaurant?	… un restaurante no demasiado caro?

¿Cuánto cuestan las flores? Was kosten die Blumen?

Reservieren Sie uns bitte für heute Abend einen Tisch für 4 Personen.	¿Puede reservarnos para esta noche una mesa para cuatro personas?
Auf Ihr Wohl!	¡Salud!
Bezahlen, bitte!	¡La cuenta, por favor!
Hat es geschmeckt?	¿Le/Les ha gustado la comida?
Das Essen war ausgezeichnet.	La comida estaba écelente.

Einkaufen

Wo finde ich ...	Por favor, dónde hay …
… einen Markt?	… un mercado?

… eine Apotheke?	… una farmacia?
… ein Einkaufszentrum?	… un centro comercial?

Übernachtung

Können Sie mir bitte … empfehlen?	Perdón, señor/señora/señorita. ¿Podría usted recomendarme …
… ein Hotel	… un hotel?
… eine Pension	… una pensión?
Ich habe ein Zimmer reserviert.	He reservado una habitación.
Haben Sie noch …	¿Tienen ustedes …
… ein Einzelzimmer?	… una habitación individual?
… ein Zweibettzimmer?	… una habitación doble?
… mit Dusche/Bad?	… con ducha/baño?
… für eine Nacht?	… para una noche?
… für eine Woche?	… para una semana?

Wie viele Luftballons sind das bloß?

Was kostet das Zimmer mit …	¿Cuánto cuesta la habitación con
… Frühstück?	… desayuno?
… Halbpension?	… media pensión?

Arzt

Können Sie mir einen guten Arzt empfehlen?	¿Puede usted indicarme un buen médico?
Ich habe …	Tengo …
… Durchfall.	… diarrea.
… Fieber.	… fiebre.
… Kopfschmerzen.	… dolor de cabeza.

Bank

Wo ist hier bitte …	Por favor, dónde hay por aquí …
… eine Bank?	… un banco?
… eine Wechselstube?	… una oficina/casa de cambio?
Ich möchte Schweizer Franken in Euro wechseln.	Quisiera cambiar … francos suizos en euros.

Post

Was kostet …	¿Cuánto cuesta …
… ein Brief …	… una carta …
… eine Postkarte …	… una postal …
nach Deutschland?	para Alemania?
Briefmarken	sellos
Telefonkarten	tarjetas para el teléfono

Zahlen

0	cero	11	once
1	un, uno, una	12	doce
2	dos	13	trece
3	tres	14	catorce
4	cuatro	15	quince
5	cinco	16	dieciséis
6	seis	17	diecisiete
7	siete	18	dieciocho
8	ocho	19	diecinueve
9	nueve	20	veinte
10	diez	21	veintiuno(a)

22	veintidós	100	cien, ciento
30	treinta	200	doscientos, -as
40	cuarenta	1000	mil
50	cincuenta	2000	dos mil
60	sesenta	10 000	diez mil
70	setenta	1/2	medio
80	ochenta	1/4	un cuatro
90	noventa		

Restaurant/Restaurante

desayuno	Frühstück
almuerzo, comida	Mittagessen
cena	Abendessen
camarero	Kellner
cubierto	Gedeck, Besteck
cuchara	Löffel
cucharita	Kaffeelöffel
cuchillo	Messer
lista de comida	Speisekarte
plato	Teller
sacacorchos	Korkenzieher
tenedor	Gabel
taza	Tasse
vaso	Glas

Desayuno/Frühstück

café américano	Kaffee mit Milch
café con leche	Milchkaffee
café negro	schwarzer Kaffee
café descafeinado	koffeinfreier Kaffee
té con leche/limón	Tee mit Milch/Zitrone
chocolate	Schokolade
jugo de fruta	Fruchtsaft
huevo tibio	weiches Ei
huevos rancheros	Spiegelei auf einer Tortilla mit mexikanischer Sauce
huevos revueltos	Rühreier
pan/bolillo/pan tostado	Brot/Brötchen/Toast
bizcocho/pan de dulce	süßes Stückchen
churros	fettgebackene Hefekringel
mantequilla	Butter
queso	Käse
carnes frías	Aufschnitt
paté/jamón	Schinken

Deftiges Frühstück: Huevos rancheros

miel ... Honig
mermelada ... Marmelade

Entradas, Sopas / Vorspeisen, Suppen

botana mexicana ... eingelegtes Gemüse mit Chili
caldo de camarón ... Garnelenbrühe
camarones al ajillo ... Garnelen mit Knoblauchsauce
ceviche ... Fisch-/Meeresfrüchtecocktail
consomé de pollo/res ... Hühner-/Rinderbrühe
crema de elote ... Maiskolbencreme
crema del día ... Tagessuppe
ensalada de nopales ... Feigenkaktusblättersalat
sopa de ajo ... Knoblauchsuppe
sopa de fideos ... Nudelsuppe
sopa de pescado ... Fischsuppe
sopa de tortilla ... Tortilla-Chips-Suppe
sopa de verduras/sopa juliana ... Gemüsesuppe
tortilla ... Maisfladen

Pescados y Mariscos/Fische und Meeresfrüchte

atún ... Thunfisch
bacalao ... Kabeljau, Stockfisch
camarones ... Garnelen

So werden Tortillas gemacht ...

guacamole	pürierte Avocado
menude	pikanter Kutteleintopf
mole poblano	dicke, braune Sauce mit mehr als 20 verschiedenen Zutaten
panuchos	Maisfladen mit braunen Bohnen, gefüllt und fritiert
pozole	Eintopf aus Mais, Schweinefleisch, Chili und Zwiebel
quesadillas	gefüllte und fritierte Maismehlfladen
tacos	gefüllte und gerollte Tortilla
tamales	in Maisblätter eingewickelte gefüllte Maismehlknödel
tostadas	gebratene Tortillas, belegt mit Bohnenpüree, Fleisch/Huhn, Käse und Salat
tortas	reichlich gefüllte Brote
tortillas	dünne Maismehlfladen

Bebidas/Getränke

botella	Flasche
cerveza clara/obscura	helles/dunkles Bier
copa	Glas/Gläschen
margarita	geeister Limonensaft mit Tequila

mezcal/tequila	Agavenschnaps
pulque	Agavenmost
sidra	Apfelsekt
vaso	Glas
vino	Wein
blanco/tinto	weiß/rot
rosado	rosé
trocken/süß	seco/dulce
agua mineral	Mineralwasser
con/sin gas	mit/ohne Kohlensäure
cerveza	Bier
café de olla	starker Kaffee mit Zimt
horchata	Reismilch
leche	Milch
refresco	Erfrischungsgetränk
limonada	frische Limonade
jugo de zanahória	Karottensaft
jugo de naranja	Orangensaft
licuado de agua	gemixte Früchte und Wasser

Übernachten

Camping und Caravaning

Relativ verbreitet und fest in US-amerikanischer Hand sind die »Trailer-Parks« für Wohnmobile (campos para remolques). Zeltplätze (campamentos) dagegen sind weniger häufig. Ein Verzeichnis billiger Unterkunftsmöglichkeiten, das auch die Liste der Campingplätze enthält (Directorio de albuerges, cabañas, campamentos, campos para remolques), ist beim mexikanischen Tourismusministerium erhältlich (►Auskunft). Wer über die Vereinigten Staaten von Amerika einreist, kann sich dort beim US-amerikanischen Automobilklub AAA (American Automobile Association) erkundigen oder an der Grenze bei einer mexikanischen Versicherungsgesellschaft Unterlagen besorgen. Obwohl nicht verboten, ist von wildem Zelten abzuraten, auch wenn schöne Strände und Gegenden dazu verleiten mögen.

Hotels

Die Hotels der gehobenen Klassen haben in den Großstädten und Ferienzentren mitteleuropäischen Qualitätsstandard, entsprechen aber häufig eher US-amerikanischen Geschmacksvorstellungen (praktische Annehmlichkeiten, aber wenig Atmosphäre). Die unter

Die Küstengewässer und Schelfzonen Mexikos sind überaus fischreich und werden von Hochseeanglern geschätzt. Beliebt ist das Bootsangeln auf Großfische. Harpunen und Speere sind verboten.
Das Süßwasserangeln ist nicht sehr verbreitet, da Mexiko nur wenige Flüsse mit ganzjähriger Wasserführung hat.
In manchen Seen und Stauseen lässt sich **Angeln** hingegen gut angeln. Sportfischen unterliegt in Mexiko gesetzlichen Reglements, die bei dem jeweiligen Tourismusbüro zu erfragen sind.

i Empfehlungen

- Surfen: Beliebte Reviere an der langen Pazifikküste und vor Yucatán
- Tauchen und Schnorcheln: Reiche Unterwasserwelt, Kenner zieht es an die Ostküste Yucatáns
- Wildwasserfahren: Zahlreiche wilde Flüsse im mexikanischen Hochland
- Bergsteigen und Wandern: Besondere Erlebnisse sind die Besteigung des Pico de Orizaba und mehrtägige Wanderungen in der Barranca del Cobre.
- Naturerkundung: Das Land, vor allem Flora und Fauna, auf neue Art kennen lernen

Tennis

Früher eher ein Privileg mondäner Privatklubs, hat sich das Tennisspielen (tenis) durch den Tourismus stark ausgebreitet. Viele große Hotels unterhalten Tennisplätze; in Vereinen sind manchmal auch Gastspieler willkommen.

Golf

Golfplätze, meist von örtlichen Klubs oder von Hotels unterhalten, befinden sich in der Nähe der größeren Städte und in den Zentren des Tourismus, u. a. in Acapulco, Cancún, Chalapa, Cuernavaca, Guadalajara, Huatulco, Ixtapa de la Sal, Los Cabos, Manzanillo, Mazatlán, Mexiko-Stadt, Mérida, Monterrey, Morelia, Puebla, Puerto Vallarta, Querétaro, San Carlos, San Miguel de Allende, Taxco, Valle de Bravo und Veracruz.

Reiten

Die Mexikaner sind große Pferdeliebhaber. Etliche Hotels bieten Gelegenheit zum Reiten (equitación). Bei einem Haciendabesuch lässt sich meist ein Ausritt arrangieren.

Ökotourismus

Im ganzen Land ist der Trend erkennbar, Urlauber vermehrt mit den Naturschönheiten Mexikos vertraut zu machen. Ökogruppen, Reisebüros und -veranstalter bieten abwechslungsreiche Touren an.

Bergsteigen und Wandern

Die Möglichkeiten für das extreme Bergsteigen (alpinismo) sind in Mexiko begrenzt. Die großen Gebirgszüge, die Sierra Madre Oriental, Occidental und del Sur, bieten aber gute Bedingungen für Bergwanderungen. Weil die Baumgrenze bei etwa 4000 m Höhe liegt, hat die Berglandschaft kaum den alpinen Charakter, der von den europäischen Hochgebirgen her bekannt ist. Da Unterkunftsmöglichkeiten selten sind, sollte man sich besser auf Tagestouren beschränken.

←Die besten Surfreviere liegen zwar an der Küste Oaxacas und in Baja California, aber auch die Karibik hat einiges zu bieten.

ebenfalls nummerierten Staatsstraßen der einzelnen Bundesstaaten (z. B. GTO 49). Oftmals nicht befestigte Nebenstraßen stellen die Verbindung zu kleineren Orten und abgelegenen Gebieten her.

Warnung In der Regenzeit werden unbefestigte Straßen für normale Kraftfahrzeuge meist unpassierbar und können selbst mit Geländewagen nur unter Schwierigkeiten befahren werden. Das Tourismusministerium (►Auskunft) gibt ein monatliches Bulletin heraus, in dem über den Straßenzustand berichtet wird.

Verkehrsregeln Es gilt das Rechtsfahrgebot. An gleichberechtigten Einmündungen und Kreuzungen hat das von rechts kommende Fahrzeug Vorfahrt.

Ein kleiner Plausch am Straßenrand – dafür ist immer Zeit!

Kreisverkehr hat ebenfalls Vorfahrt. Die Verkehrszeichen entsprechen im Wesentlichen den internationalen Normen. Innerorts gilt eine Höchstgeschwindigkeit von 40 km/h, auf Fernstraßen 80 km/h, auf Autobahnen 110 km/h. Vor Ortsdurchfahrten zwingen künstliche Bodenwellen (»topes«) zur Herabsetzung der Geschwindigkeit.

Hinweis

Die Verkehrsregeln haben allenfalls theoretischen Charakter. Im Alltagsverkehr, insbesondere in den Großstädten, sollte man sich nicht unbedingt darauf verlassen, dass die einheimischen Autofahrer die Vorschriften strikt befolgen. Man fahre daher grundsätzlich defensiv; in den äußerst lebhaften Straßenverkehr von Mexiko-Stadt sollten sich nur geduldige, geübte und reaktionsschnelle Fahrer mit guten Nerven begeben. Im Übrigen verfügt die mexikanische Hauptstadt über ein gutes Nahverkehrsnetz.
Eine Vorschrift sollte man jedoch strikt beachten: das Parkverbot. Mexikanische Verkehrspolizisten haben eine sinnige Methode entwickelt, Parksünder zu stellen: Sie schrauben die Nummernschilder ab. Diese erhält man gegen einen Strafzettel oder eine »Gebühr« zum Vorteil des Polizisten zurück.
Im Unterschied zu internationalen Regeln beachte man z. B., dass mitunter der Vorausfahrende durch Betätigung des linken(!) Blinkers signalisiert, dass man überholen darf. Wenn man nach links abbiegen will, fährt man ganz auf die rechte Seite, betätigt den linken Blinker und wartet, bis der Verkehr in beiden Richtungen eine Abzweigung zulässt. Mexikaner betätigen die Lichthupe als Warnung vor Hindernissen wie Kühen und Eseln. Bei einspurigen Brücken oder sonstigen Engpässen hat grundsätzlich derjenige Vorrang, der zuerst blinkt.

Pannenhilfe: Ángeles Verdes

Das mexikanische Tourismusministerium unterhält eine Flotte von Pannenhilfsfahrzeugen, die als Grüne Engel (Ángeles Verdes) bekannt sind und auf den Straßen patroullieren. Sie führen Reparaturen durch, leisten erste Hilfe und geben Auskunft. Bezahlt werden müssen nur Ersatzteile und Benzin. Auch der mexikanische Automobilklub AMA betreibt mit gelben Fahrzeugen einen Pannenhilfsdienst.
Es gibt keine landeseinheitliche Rufnummer für die »Grünen Engel«, so dass man im Zweifel gezwungen ist, am Straßenrand zu warten und mit geöffneter Motorhaube anzuzeigen, dass man Hilfe benötigt. In abgelegenen Gegenden ist man jedoch auf sich selbst angewiesen. An Tankstellen und in Dörfern wird man aber oft jemanden finden, der Reparaturen ausführen kann. Es empfiehlt sich, bei längeren Fahrten, vor allem in entlegene Gebiete, eine Anzahl wichtiger Ersatzteile mitzunehmen.

Tankstellen

Das Tankstellennetz der staatlichen PEMEX ist nicht sehr dicht, so dass man rechtzeitig den Tank wiederauffüllen sollte. Der PEMEX-Straßenatlas verzeichnet die Tankstellen. An den meisten Tankstellen ist auch bleifreies Benzin (»magna sin« und »premium«) erhältlich.

10 % Mehrwertsteuer hinzu (in manchen Orten weniger). Der Wagen muss in Mexiko zurückgegeben werden, erfolgt die Rückgabe nicht am Ort der Anmietung, fallen Rückführgebühren an.

Fähren

Im Pazifik Zwischen dem mexikanischen Festland und der Baja California verkehren Autofähren der Reederei Grupo Sematur de California, die sich anbietet, wenn man sich die zeit- und kräfteraubende Fahrt um den Golf von Kalifornien herum ersparen will. Es empfiehlt sich die rechtzeitige Reservierung in den Büros in Mexiko-Stadt oder den Büros in den einzelnen Häfen.
Routen und Fahrtdauer: Guaymas – Santa Rosalía: 8 Stunden
Topolobampo – La Paz (Pichilingue): 10 Stunden
Mazatlán – La Paz (Pichilingue): 18 Stunden

In der Karibik Die Fähren der Reedereien Cruceros Marítimos del Caribe und Naviera Turistíca de Quintana Roo verbinden täglich mehrmals das Festland mit den Inseln Cozumel und Isla Mujeres.
Reservierungen sind nicht erforderlich, die Fahrkarten werden an der Anlegestelle verkauft.
Routen und Fahrtdauer:
Playa del Carmen – Cozumel: von Cruceros tgl. zehn Verbindungen hin (7.30–21.00 Uhr) und zurück (6.30–20.00 Uhr), von Naviera tgl. sechs Verbindungen hin (6.30–20.00 Uhr) und zurück (7.30–21.00 Uhr); Fahrtdauer ca. 1 Stunde
Puerto Aventuras – Cozumel: tgl. hin 9.30 und 17.30 Uhr, zurück 8.30 und 16.30 Uhr; Fahrtdauer ca. 2 Stunden (Naviera)
Puerto Morelos – Cozumel: regelmäßige Verbindung (Autofähre) zwischen Puerto Morelos und Cozumel
Cancún – Isla Mujeres: tgl. vier Verbindungen hin (9.00–19.00 Uhr) und zurück (10.00–20.00 Uhr); Fahrtdauer 1/2 Stunde (Cruceros)
Puerto Juárez – Isla Mujeres: regelmäßige Verbindung (Autofähre) zwischen Puerto Juárez (Punta Sam) und Isla Mujeres

Bahnverkehr

Streckennetz Das Streckennetz der mexikanischen Eisenbahnen (ferrocarriles; kurz FFCC) mit einer Gesamtlänge von ca. 31 000 km ist bis auf die Gegend zwischen Manzanillo am Pazifik und Veracruz am Golf von Mexiko relativ weitmaschig – und für Reisende uninteressant. Denn seit der Privatisierung wurde der private Schienenverkehr stark eingeschränkt, stundenlange Verspätungen bilden eher die Regel als die Ausnahme. So ist derzeit vom Bahnfahren abzuraten. Interessant sind hingegen die auf Touristen ausgelegten Strecken. Dazu zählt der **Tequila Express,** der zwischen Guadaljara und Amatitán verkehrt. Während der 1,5 Std. dauernden Fahrt können die Gäste landestypische Getränke und Speisen probieren (www.tequilaexpress.com.mx).

Überwältigende Kulisse: Fahrt mit dem Zug durch die Barranca del Cobre

Zwei Tage dauert die Fahrt mit dem **Maya-Express** (Expreso Maya). Ziel sind Ausgrabungsstätten der Maya-Kultur zwischen Mérida, Campeche und Palenque. Die Reisenden werden in komfortablen Waggons mit Panoramafenstern untergebracht (www.expresomaya.com). Legendär ist die Fahrt im **Ferrocarril Chihuahua al Pacifico** (Ferrocarril Mexicano, kurz Chepe genannt) auf der Copper Canyon Railway (►S. 216). Start ist Los Mochis, dann durchquert der historische Zug auf einer spektakulären Strecke die Sierra madre inklusive Barranca del Cobre mit Ziel Chihuahua. Höchster Punkt ist Los Ojitos auf 2420 m. Infos unter www.chepe.com.mx.

Busverkehr

Der Bus (camión, autobús) ist das beliebteste öffentliche Verkehrsmittel in Mexiko. Fast jeder Ort lässt sich mehr oder weniger komfortabel mit den Linien der verschiedenen Busgesellschaften erreichen. Mehrmals täglich, teilweise sogar stündlich, gibt es Verbindungen zwischen den wichtigsten Städten im Landesinneren, an den Grenzen und an der Küste. Neben den lokalen Bussen gibt es Busse erster und zweiter Klasse.

Erste Klasse Die Busse der ersten und der Luxusklasse (primero, de lujo, ejecutivo) sind vor allem für Überlandfahrten zu empfehlen; sie sind 10 bis 20 % teurer als die Busse der zweiten Klasse. Sie verfügen oft über Klimaanlagen und komfortable Sitze. Rechtzeitige Platzreservierung, möglichst schon am Tag vorher, ist erforderlich, da man auf den nächsten Bus vertröstet wird, wenn sämtliche Plätze besetzt sind.

Zweite Klasse Die Busse der zweiten Klasse sind oft recht betagt und daher auch langsamer. Sie halten häufig, auch zu Erfrischungspausen, ständig steigen neue Fahrgäste zu und überfüllen oft den Bus – dennoch ist es ein idealer Ort, um mit der Bevölkerung in Kontakt zu kommen.

Hinweise Generell ist es ratsam, sich rechtzeitig um Abfahrtszeiten, Fahrkarten, Anschlüsse und Platzreservierungen zu kümmern. Während der Schulferien, an Ostern, im August und um Weihnachten und Neujahr ist der Andrang auf die Busse besonders groß, so dass man in dieser Zeit das Busfahren nach Möglichkeit vermeiden oder schon Wochen im Voraus buchen sollte.

Zu den ursprünglichsten Mexiko-Erlebnissen gehört sicherlich eine Fahrt mit dem Bus.

Auskunft und Fahrkarten erhält man in den meistens an der Stadtperipherie liegenden Busterminals (»camionera«).
In manchen Orten gibt es nach Klassen und Busgesellschaften getrennte Autobusbahnhöfe.

Auskunft

In Mexiko-Stadt fahren die Busse in die verschiedenen Landesteile von fünf großen Autobushöfen in den Außenbezirken ab (s. S. 170).

Busbahnhöfe in Mexiko D.F.

Flugverkehr

Mexiko verfügt über 59 nationale und internationale Flughäfen.
Die wichtigste Drehscheibe des Landes ist der Aeropuerto Internacional Benito Juárez in Mexiko-Stadt, der von US-amerikanischen, südamerikanischen und von europäischen Flughäfen aus angeflogen wird.
Von Frankfurt am Main startet die Lufthansa täglich direkt nach Mexiko-Stadt, wobei die Flugzeit ungefähr 12 Stunden beträgt.

Flughäfen

Die der Aervías de México gehörende private Fluggesellschaft Aeroméxico besitzt auch die Kontrollmehrheit bei Mexicana. Zusammen decken sie 85 % des mexikanischen Marktes ab. Neben inländischen Zielen fliegt die Aeroméxico u. a. täglich nach New York, Miami, Houston, Los Angeles, Tucson, San Diego und New Orleans, täglich nach Madrid, Paris und Frankfurt am Main bzw. Rom.
Die Mexicana bedient neben Routen in die USA und Zentralamerika vor allem inländische Strecken.
Mehrere Regionalgesellschaften schließen die Lücken im Flugnetz.

Fluggesellschaften

Aeroméxico und Mexicana bieten aus Europa und den USA Anreisenden günstige Gutscheinpakete (»Mexi Pass«) für Weiterflüge innerhalb Mexikos an (►Anreise).

Fluggutscheine

Zeit

Mexiko ist in drei Zeitzonen eingeteilt, die um eine bzw. um zwei Stunden differieren.
Hora Oficial del Centro (MEZ – 7 Std.): im Osten und im Hochland
Hora Oficial de las Montañas (MEZ – 8 Std.): Nayarit, Sinaloa, Sonora und Chihuahua
Hora Oficial del Pacífico (MEZ – 9 Std.): Baja California Norte

Zeitzonen

Im Jahr 1996 wurde eine in ganz Mexiko gültige Sommerzeit eingeführt. Sie wird von fast allen Bundesstaaten befolgt; somit liegt der Großteil von Mexiko eine Stunde hinter der Eastern Standard Time (EST) in den USA.

Sommerzeit (hora de verano)

Touren

EINTAUCHEN IN DIE WELT DER MAYA, AUF HISTORISCHEN PFADEN DIE ALTEN KOLONIALSTÄDTE UM MEXIKO-STADT ERKUNDEN, EINEN AUSFLUG ANS MEER NACH ACAPULCO UNTERNEHMEN ODER ZU DEN INDIODÖRFERN?

Unterwegs in Mexiko

Organisierte Rundreisen

Viele Mexiko-Reisende wählen zumindest bei ihrem ersten Aufenthalt in diesem großen und vielfältigen Land eine Pauschaltour. Vor allem für die Halbinsel Yucatán (mit ihren zahlreichen Maya-Stätten) werden solche Pakete von mehreren deutschen Reiseveranstaltern angeboten. Aber auch Rundreisen von Mexiko-Stadt aus in Richtung Süden (Puebla, Oaxaca) oder zu den Kolonialstädten des Nordens haben inzwischen einige Urlaubsorganisatoren im Programm.

Mexiko auf eigene Faust

... mit dem Flugzeug

Wer das Land auf eigene Faust erkunden möchte, kann dies weitgehend problemlos tun; lediglich ein paar Dinge gilt es von vornherein in Betracht zu ziehen. So empfiehlt es sich, bei knappem Zeitvorrat große Distanzen mit dem Flugzeug zurückzulegen. Das innermexikanische Flugnetz ist recht gut ausgebaut; ein halbes Dutzend Airlines (»aerocaribe«, »mexicana« und »aerocalifornia« sind die größten) bieten tägliche Verbindungen zwischen mehr als zwei Dutzend Städ-

Kann auch ziemlich anstrengend sein: das Erkunden weitläufiger Ausgrabungsstätten bei hohen Temperaturen.

ten. Die Flüge können bereits in Deutschland in jedem JATA-Reisebüro gebucht werden oder auch über das Internet (bei Veranstaltern bzw. direkt). Es gibt preiswerte Flugpässe wie den Mexi- und den Maya-Pass sowie die günstigen Rundreise-Flugscheine »Visit Mexico Fares«. Die Flüge sind in der Regel pünktlich; auf Anschlüsse wird geachtet.

! *Baedeker* TIPP

Schutz vor Hitze und Durst

Zum Besuch der Ausgrabungsstätten empfiehlt es sich immer, einen Sonnenschutz für den Kopf (Hut, Tuch) mitzunehmen sowie ausreichend Trinkwasser. Viele Anlagen sind so großflächig, dass ihr Besuch mehrere Stunden in Anspruch nimmt und oft über die heiße Mittagszeit dauert.

... mit dem Mietwagen

Ein Mietwagen bietet das Höchstmaß an Flexibilität beim Erkunden Mexikos. Allerdings ist diese Art der Fortbewegung nicht gerade billig, mitunter recht anstrengend und manchmal auch langweilig (z. B. wenn es zwischen Cancún und Mérida gut 400 km geradeaus auf der Autobahn durch fast nichts als Dschungel geht). Empfohlen wird immer wieder, die Fahrzeuge schon von Deutschland aus bei einem internationalen Autovermieter zu buchen; es gibt aber durchaus lokale Anbieter, die faire Konditionen bieten und sogar oft mit Rabatten um Kunden buhlen. Wer spanisch spricht, hat zugegebenermaßen bei ihnen meist die besseren Chancen!

Wie dem auch sei: Das Mindestalter zum Anmieten liegt bei 25 Jahren, Kreditkarte ist Voraussetzung und in der Regel reicht der nationale Führerschein – das mexikanische Fremdenverkehrsamt in Deutschland empfiehlt jedoch den internationalen. In den heißen Zonen des Landes ist unbedingt ein Auto mit Klimaanlage zu empfehlen (auch viele kleinere Modelle sind damit ausgestattet), und bei der Routenplanung sollte immer bedacht werden, dass Mexiko keinen kostenlosen Rückführungsservice kennt. Es besteht zwar jederzeit die Möglichkeit, das Fahrzeug in A zu mieten und in B abzugeben, aber dann wird – so heißt es zumindest offiziell – ein Fahrer beauftragt, es »leer« wieder von B nach A zu bringen. Und dies wird dem Wagenmieter kräftig in Rechnung gestellt.

Die großen Überlandstraßen sind fast alle in gutem Zustand; Tankstellen gibt es in allen Städten. Abgelegenere Ziele wie Dörfer, unbekanntere Maya-Stätten oder Nationalparks sind oft nur über Pisten zu erreichen; hier ist auch das Tankstellennetz weniger dicht. Das Ab- und Einbiegen auf Schnellstraßen erfolgt nicht nach europäischem System, sondern quasi »über Kreuz«. In vielen Ortschaften lauern »topes«, Betonschwellen, die zum Langsamfahren auffordern. Oft verstecken sie sich im Schatten von Bäumen etc. und sind schwer erkennen.

Das Auswärtige Amt warnt davor, dass es mehrfach »bei Überlandfahrten – insbesondere auf abgelegenen Straßen und in den südlichen Bundesstaaten Guerrero, Oaxaca und Chiapas – in der Vergangenheit zu Raubüberfällen durch bewaffnete Banden« kam (Stand Juli 2005).

Tour 1 Auf den Spuren der Maya

Start und Ziel: Von Cancún nach Palenque
Dauer: 6 bis 7 Tage
Länge: ca. 2000 km

Ein Muss für alle, die nicht nur faul am Strand liegen, sondern die eindrucksvollen Siedlungen der verschiedenen Maya-Völker kennen lernen wollen. Bis auf Tulum liegen all die prachtvollen Tempel und Pyramiden im Herzen der Halbinsel Yucatán. Verknüpfen lässt sich ihr Besuch mit dem Erleben des kolonialen Erbes in Mérida und Campeche.

Die Rundreise beginnt in ❶ * **Cancún**, dem Anflugort der europäischen Chartermaschinen, oder im etwas weiter südlich gelegenen Playa del Carmen, dem in Konkurrenz zu Cancún getretenen Badeziel an der ❷ * **Riviera Maya**. Nach rund 60 bzw. 130 km Fahrt an der Küste entlang erhebt sich einzigartig am Saum des Meeres auf einem mauerumschlossenen Felsplateau das Maya-Zentrum ❸ * **Tulum** mit seinem majestätischen Castillo. Von dort in nordwestlicher Richtung verbergen sich im Dschungel die Ruinen der Maya-Stätte ❹ * **Cobá** mit der höchsten Pyramide der Region. Etwa die gleiche Distanz gilt es zurückzulegen bis in das etwas verschlafen wirkende Kolonialstädtchen Valladolid, das sich als Zwischenstopp anbietet auf dem Weg nach ❺ ** **Chichén Itzá**, der größten, berühmtesten und damit meistbesuchten Pyramidenanlage Yucatáns. Ein halber Tag reicht hier kaum aus, um all die Relikte einer großartigen Zivilisation zu bestaunen: die Kukulkán-Pyramide, den Kriegertempel, den Ballspielplatz, den Venustempel und den Caracol.

Mit einem kleinen Bogen nach Norden gelangen Sie in das sonnengelb leuchtende Städtchen ❻ * **Izamal**, einst ebenfalls ein bedeutendes Maya-Zentrum, in dessen Mitte seit dem 16. Jahrhundert der größte geschlossene Kirchplatz Mexikos liegt, erbaut mit den Steinen der ehemals hier stehenden Popol-Chac-Pyramide. Nächstes Etappenziel ist ❼ * **Mérida**, die »weiße Stadt« im Westen der Halbinsel. Bis heute lässt sich der Reichtum der Sisal-Barone an den Fassaden des Paseo Montejo ablesen und in den Straßen um den Zócalo paart sich koloniale Architektur mit pulsierendem Alltagsleben.

Etwa 90 km südlich wartet im Gebiet der ehemaligen Sisal-Haciendas, von denen viele inzwischen zu Luxusherbergen oder Museen umgewandelt wurden, eine weitere Perle der Maya-Zeit: ❽ ** **Uxmal**. Hauptattraktionen sind hier die

i Nicht versäumen!

- Tulum: Beeindruckende Festung am Meer
- Chichén Itzá: Meistbesuchte Maya-Stätte Yucatáns
- Mérida: Kulturelles Zentrum
- Uxmal: Ruine im klassischen Puuc-Stil
- Palenque: Beeindruckende Maya-Tempel mitten im Dschungel

Pyramide des Zauberers und der Komplex des »Nonnenklosters«. Um die recht isoliert zwischen den Orten Muna und Ticul liegende Ausgrabungsstätte haben sich schon seit längerem eine Handvoll kleinerer Hotelanlagen angesiedelt. Uxmal gilt als Highlight der ❾ ✶ **Puuc-Route**; weitere Maya-Stätten in diesem Stil liegen weiter südlich (Kabah, Labna, Sayil), unweit der Landstraße 261 in Richtung Hopelchen. Von hier lässt sich ein Abstecher machen zum ehemaligen Maya-Zentrum ❿ ✶ **Edzná**, wo die kleine und große Akropolis sowie der »Palast der fünf Stockwerke« den Besuch und Aufstieg lohnen.

Noch 65 km trennen uns nun von der Hafenstadt ⓫ **Campeche**, ebenfalls ursprünglich eine Maya-Siedlung, aber von den spanischen Eroberern zerstört und im Kolonialstil neu errichtet. Das historische Zentrum wurde restauriert und zählt heute zum Weltkulturerbe der UNESCO.

Von Campeche lohnt ein – zugegebenermaßen anstrengender – Abstecher nach ⓬ ✶ ✶ **Palenque**, doch der Anblick dieser Maya-Stätte mitten im Regenwald, wo Brüllaffen in den Ästen schaukeln, entschädigt sicher für die Strapazen der langen Fahrt.

Mérida
Gelegenheit zum Hängematten-Kauf

Chichén Itzá
Chac-mool vor dem Tempel der Krieger

Tulum
El Castillo thront über dem Meer.

Palenque
Blick auf die Ruinen

Tour 2 Ab in den Süden

Start und Ziel: Von Mexiko-Stadt nach Acapulco
Dauer: 1 bis 2 Tage
Länge: ca. 400 km

Eindrucksvolle Berglandschaften, uralte Höhlen mit prächtigen Wandmalereien und Tropfsteinformationen, die legendäre Silberstadt Taxco und der berühmte Badeort Acapulco sind die Höhepunkte dieser Tour von Mexiko-Stadt nach Süden.

i Unbedingt ansehen!

- Cuernavaca: Beliebtes Ausflugsziel mit kolonialem Charme
- Xochicalco: Festungsartige Ruinenstätte
- Taxco: Berühmte mexikanische Silberstadt
- Acapulco: Traditionsreicher Badeort an der Pazifikküste

Von ① ** **Mexiko-Stadt** über die Insurgentes Süd, vorbei am Aztekenstadion und den rechterhand in der Ferne liegenden schwimmenden Gärten von Xochimilco erreichen Sie auf der Mex 95 nach rund 80 km kurvenreichem Auf und Ab ② * **Cuernavaca** mit seinem charmanten, altkolonialen Kern. Schon die Aztekenherrscher bauten hier ihre Sommerpaläste und Kaiser Maximilian tat es ihnen gleich. Revolutionsführer Emiliano Zapata sandte von der »Stadt des ewigen Frühlings« seinen Kampfruf »¡Tierra y libertad!« durchs Land; Malcom Lowry schrieb in ihren Mauern seinen berühmten und verfilmten Roman »Unter dem Vulkan«. Statt weiter auf der Autobahn zu fahren, nehmen Sie nun die alte Landstraße Richtung Taxco. Ein kleiner Umweg führt von hier zu der eindrucksvoll auf einem Bergkegel angelegten präkolumbianischen Kultstätte ③ * **Xochicalco**. Auf dem weiteren Weg nach Taxco liegt das weitläufige Tropfsteinhöhlensystem der ④ **Grutas de Cacahuamilpa**.

Bald erreichen Sie die sich steil an zwei Bergrücken hinaufziehende Silberstadt ⑤ ** **Taxco**. Hoch über dem Netz ihrer fast senkrecht ansteigenden Gassen mit kleinen Palais, schmucken, niedrigen Häuschen und unzähligen »platerias« (Silberwerkstätten) erhebt sich am kleinen Zocaló majestätisch die üppig dekorierte Kathedrale San Sebastián y Santa Prisca. José Borda stiftete das monumentale Gotteshaus Mitte des 18. Jahrhunderts. Der französische Baske war durch die Entdeckung einer gewaltigen Silberader in den El Atache-Bergen bei Taxco quasi über Nacht zu einem der reichsten Männern Mexikos aufgestiegen. Der Anblick seines geschlossenen kolonialen Stadtbildes macht Taxco zu einem der schönsten Ziele Mexikos. In der Abenddämmerung, wenn die Lichter aus den Fenstern funkeln, wirkt das denkmalgeschützte Bergstädtchen wie ein Juwel.

Über Iguala, wo ebenfalls die Silber- (und Gold-)Schmiede-Kunst blüht und in der letzten Februarwoche das große Fahnenfest mit Parade, Hahnenkämpfen und Kunsthandwerksmarkt gefeiert wird, geht

es auf der Mex 95 (oder der parallel verlaufenden Landstraße) weiter nach Süden; eventuell mit einem Abstecher zur Lagune von Tuxpan. Nach rund 100 km erreichen Sie die in einem Tal der Sierra Madre gelegene Stadt 6 **Chilpancingo**. Das historische Rathaus ist heute Museum; weitere Sehenswürdigkeiten sind die Casa Los Bravos, das Kunsthandwerkszentrum und die Pfarrkirche. Etwa 9 km südlich von Chilpancingo zweigt östlich ein Sträßchen ab Richtung Colotilipa. Noch einmal 7 km nördlich davon liegen die Tropfsteinhöhlen von 7 **Juxtlahuaca** mit 3000 Jahre alten Wandmalereien.
Über die Ausläufer der Sierra Madre del Sur sind es von Chilpancingo dann noch etwa 130 km bis zum legendären, quirligen Badeort 8 ★★ **Acapulco**.

Mexiko-Stadt
Unvergesslich: ein Blick über das Häusermeer

Taxco
Verspielte Fassade: Santa Prisca

Xochicalco
Die Pyramide der gefiederten Schlange

Acapulco
Haben keine Höhenangst: die »Clavadistas«

Tour 3 Silber und Freiheit

Start und Ziel: Von Querétaro zum Pátzcuaro-See
Länge: ca. 400 km
Dauer: 4 bis 5 Tage

Die Hochebene mit ihren blauen Bergen und roten Felsen, schmalen Schluchten und breiten Tälern, weiten Ebenen und großflächigen Seen war für die spanischen Eroberer offenbar von besonderem Reiz: Hier errichteten sie die schönsten und bedeutendsten Kolonialstädte Mexikos.

Der historische Kern von ❶ ✶ **Querétaro** mit seiner gepflegten Kolonialarchitektur (von Mexico-Stadt aus in ca. zwei Autobahnstunden zu erreichen) wurde bereits 1996 von der UNESCO zum Weltkulturerbe erklärt. Wichtige Ereignisse in der Geschichte Mexikos sind mit dem Namen der Stadt verbunden: Sie gilt als Keimzelle des Freiheitskrieges und ist Vertragsort der bis heute gültigen Landesverfassung. Die Route führt weiter in die trotz Industriegürtel beschauliche Metropole des Bundesstaates Querétaro nach ❷ ✶✶ **San Miguel de Allende**. Das charmante mexikanische Künstlerdorado mit seiner international hoch angesehen Akademie schmiegt sich malerisch an einen Hügel. Der Reichtum einst hier ansässiger Minenbesitzer spiegelt sich noch heute in prächtigen Kolonialhäusern und Palästen wider. Mit ihrem Namen erinnert die unter Denkmal-

Guanajuato
Blick auf das historische Zentrum

Morelia
Winterquartier der Monarchfalter ist Angangueo

San Miguel
Ballonverkäufer am Zócalo

schutz stehende Stadt an den in ihren Mauern geborenen Freiheitskämpfer Ignacio de Allende, der zusammen mit Pater Miguel Hidalgo y Costilla im frühen 19. Jh. den Kampf um die Unabhängigkeit Mexikos von den Spaniern initiierte. Hildalgo wirkte im nordwestlich liegenden ❸ **Dolores Hidalgo**, einem heute eher ruhigen Städtchen, das für seine farbenfrohen Keramikarbeiten bekannt ist. Vor dem Portal der Pfarrkirche stieß der engagierte Priester 1810 den berühmten »grito de dolores« aus, die Initialzündung für den Aufstand der Mexikaner gegen die Eroberer. Das kleine Museo de la Independencia im ehemaligen Kerker von Dolores erinnert an die Taten von Pater Hidalgo, dessen Denkmal nun im tropischen Grün der Plaza Principal steht. Durch waldiges Hügelland fahren Sie nun in gut einer Stunde ins rund 50 km südwestlich gelegene ❹ ** **Guanajuato**. Auch diese, in einen engen Talkessel gezwängte, von Silber- und Goldminen umgebene Kolonialstadt mit ihren maisgelb, ockerrot oder hellblau getünchten Häusern hat sich in die Annalen der mexikanischen Geschichte eingeschrieben: Wenige Tage nach der zündenden Ansprache von Pater Hidalgo in Dolores fand in Guanajuato die erste Schlacht zwischen den Aufständischen und der royalistischen Armee statt. Die Spanier hatten sich in der Alhóndiga verschanzt, dem ehemaligen Getreidespeicher, der nun ein historisches Museum beherbergt. Heute sorgen in der zum Weltkulturerbe zählenden Stadt allenfalls noch die zahlreichen Studenten und die große Schar von internationalen Künstlern und Touristen für Unruhe, die alljährlich zum Cervantes-Festival kommt. Dicht besetzt sind dann die Straßentische der Restaurants am tortenstückförmigen kleinen Jardín de la Unión mit seinen uralten Ficus-Benjamini-Bäumen, dem Herz der Stadt. Sie ist übrigens auch der Geburtsort des Malers Diego Rivera (das Elternhaus steht noch) und birgt ein skurriles Mumienmuseum. Über Irapuato und Salamanca führt die Tour nun nach Süden, bis Sie nach ca. 180 km im Zentrum eines weiten, fruchtbaren Talkessels ❺ **Morelia** erreichen. Seine koloniale Altstadt zählt ebenfalls zum UNESCO-Weltkulturerbe und steht komplett unter Denkmalschutz. Ihre Mauern bergen das älteste Konservatorium Amerikas und eine eindrucksvolle Bibliothek in der ehemaligen Jesuitenkirche. Aus Morelia stammt der Freiheitskämpfer José María Morelos, dem die Stadt ihren heutigen Namen verdankt.

Knapp 60 km trennen Morelia vom ❻ * **Lago de Pátzcuaro**, Mexikos wohl schönstem See. Eindrucksvoll dehnt er sich auf fast 20 km Länge zwischen bewaldeten Bergen und erloschenen Vulkanen. Am Ufer liegen malerische Indiodörfer, in seiner Mitte eine Reihe von Inseln, die mit dem Boot angefahren werden können. Zurück bis nach Mexiko-Stadt sind es von Pátzcuaro ca. 350 km.

i Absolut sehenswert

- San Miguel de Allende: Stadt der Künste und der Künstler
- Guanajuato: Eine der schönsten Kolonialstädte des Landes
- Lago de Pátzcuaro: Wunderbare Lage inmitten bewaldeter Hügel

Tour 4 Quer durch die Mitte

Start und Ziel: Von Mexiko-Stadt nach San Cristóbal d.l. Casas
Länge: ca. 1000 km
Dauer: 4 Tage (ohne Weiterfahrt nach Palenque)

Faszinierende Landschaften, eindrucksvolle archäologische Stätten, koloniale Städtepracht und die Begegnung mit den Nachfahren jener prähispanischer Zivilisationen, denen Mexiko seinen kulturellen Reichtum verdankt, prägen diese eindrucksvolle Tour von der Landes- zur Indiohauptstadt.

Nach der Hälfte des Weges von ❶ ✶✶ **Mexiko-Stadt** in das südöstlich gelegene Puebla grüßt majestätisch zur Rechten der ❷ ✶✶ **Popocatépetl**. Der ursprüngliche Name von ❸ ✶ **Puebla** war »Ciudad de los Ángeles« (Stadt der Engel), da diese angeblich den spanischen Franziskanermönchen zeigten, dass sie sich an jenem Ort niederlassen sollten. Heute ist aus ihm eine Industriestadt (VW) mit charmantem historischen Kern geworden. Die UNESCO nahm die Altstadt in die Liste der Weltkulturerbestätten auf. Leuchtende Talavera-Kacheln schmücken die Fassaden, unzählige Kirchenkuppeln ragen in den Himmel, und im ehemaligen Kloster Santa Rosa erzählt ein eindrucksvolles Museum von der Kulturgeschichte, den Kunsthandwerkstraditionen und den kulinarischen Besonderheiten der Stadt.

Ein kleiner Abstecher führt von Puebla ins nahe Indio-Heiligtum ❹ ✶ **Cholula**, wo mit der Pyramide von Tepanapa das höchste Bauwerk dieser Art in ganz Mexiko steht. Es übertrifft vom Volumen her sogar die Cheops-Pyramide von Kairo.

Durch die Sierra Mixteca mit ihren einsamen Höhenzügen, farbigen Erosionsfelsen und riesigen Kandelaber-Kakteen geht es weiter nach ❺ ✶✶ **Oaxaca**. Die Region zählt zu den Schatzkammern Mexikos. Rund um die gleichnamige Hauptstadt mit ihrem hübschen, kolonialspanischen Kern, pittoresken Markt und eindrucksvollen Museum neben der Kathedrale liegen bedeutende archäologische Stätten – allen voran die wie eine Königin über dem Tal von Oaxaca thronende alte Zapoteken-Siedlung ❻ ✶✶ **Monte Albán**, ebenfalls ein UNESCO-Weltkulturerbe.

Vorbei am berühmten, angeblich 2000 Jahre alten Baum von Tule, fahren Sie gen Süden zu den Ausgrabungen von ❼ ✶ **Mitla**, wo mächtige Kakteenzäune einen grünen Schutzwall bilden für prächtige vorspanische Bauten mit kunstvollen Steinarbeiten.

Nächstes Etappenziel ist die schmalste Stelle Mexikos, der tro-

i Sollte man nicht verpassen!

- Oaxaca: Beschauliche Ruhe im historischen Zentrum
- Monte Albán: Großartige Pyramidenanlage
- San Cristóbal de las Casas: Kolonialstadt mit indianischer Prägung
- Palenque: Maya-Stätte im tropischen Dschungel

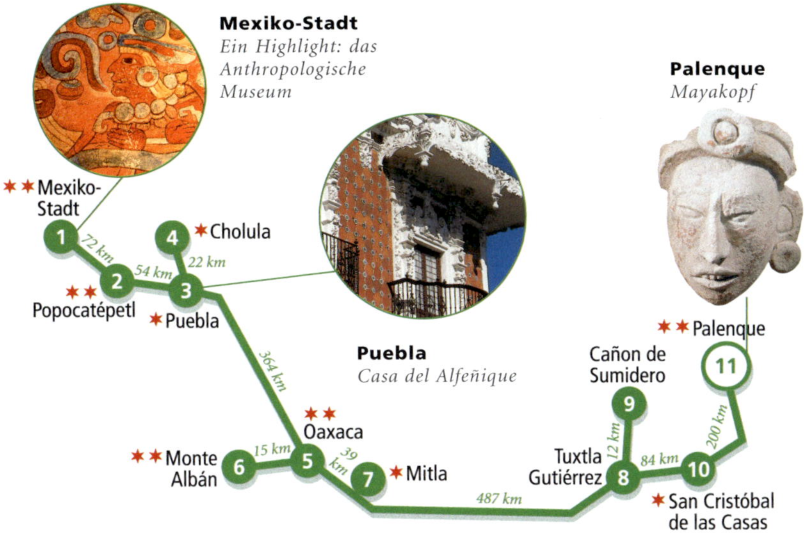

pische Istmo de Tehuantepec. Von der Golfküste geht die Fahrt dann wieder hinauf in die Berge bis nach ❽ **Tuxtla Gutièrrez** (zwischen Tuxtla und Oaxaca besteht auch eine Flugverbindung). Bei Chiapa de Corzo etwa 15 km westlich bietet sich ein atemberaubender Blick in den ❾ **Cañon del Sumidero**, eine fast 1000 m tiefe Schlucht, durch die der Rio Grijalva fließt.

Rund 50 km trennen Sie an diesem Punkt noch von ❿ ✶ **San Cristóbal de las Casas**, der vorwiegend aus einstöckigen, in kräftigen Farben leuchtenden Häuser bestehenden »Indiohauptstadt« Mexikos, die auch als Hochburg der Zapatisten-Bewegung von sich reden machte.

Das Gros der indigenen Bevölkerung Mexikos lebt in dem Gebiet um San Cristóbal; 125 Maya-Kommunen und zehn verschiedene Stammessprachen sind in den Altos de Chiapas offiziell registriert. Im kolonialen Zentrum von San Cristóbal prägen meist Tzotzil-Indígenas mit ihren farbenfrohen Trachten das Straßenbild, vor allem auf dem traditionellen Kunsthandwerksmarkt an der Santo-Domingo-Kirche. Von den Indiodörfern, die sich meist in tiefe Schluchten ducken oder sich am Ende einer Piste, eines Pfades irgendwo an die Flanken des zum Teil bis auf fast 3000 m aufragenden, üppig bewaldeten Gebirgsmassivs klammern, ist Chamula am einfachsten zu erreichen. Vor allem der Markt vor der weißen Kirche mit ihren türkisblauen Ornamenten bezaubert alle Fremden.

Von San Cristóbal erreichen Sie, falls Sie noch einen Tag länger unterwegs sein möchten, nach gut 200 km im tropischen Teil von Chiapas die versunkene Maya-Stadt ⓫ ✶✶ **Palenque**.

Reiseziele von A bis Z

TAUCHEN SIE EIN IN DIESES FACETTENREICHE LAND: RELIKTE DER PRÄHISPANISCHEN GESCHICHTE, KOLONIALE BAUTEN, WÜSTENLANDSCHAFTEN, TRAUMBUCHTEN, RIESIGE SCHLUCHTEN, REGENWALD UND BILDERBUCHSTRÄNDE ERWARTEN SIE!

★★ Acapulco

S 19

Bundesstaat: Guerrero (Gro.)
Einwohner: 700 000

Höhe: 2 m ü. d. M.
Entfernung: 420 km südlich von Mexiko-Stadt

Fast jeder kennt den Namen des weltberühmten Badeorts Acapulco und denkt dabei an Glamour, Luxus, Sand und Sonne. Acapulco ist nicht nur wegen des blauen Meeres, der weißen Strände und Felsklippen ein landschaftliches Paradies, sondern auch ein ausgezeichneter natürlicher Hafen an der Pazifikküste Mexikos.

Obwohl in den letzten Jahren von Touristen überlaufen, ist der Ort immer noch einen Besuch wert, zumal man in seiner näheren Umgebung gute Ausweichmöglichkeiten findet. Die berühmteste Sehenswürdigkeit ist sicherlich **La Quebrada**, die 42 m hohe Felsklippe, von der wagemutige Felsenspringer (clavadistas) in die anrollenden Wellen der nur 5 m breiten und nicht sehr tiefen Bucht springen.

Geschichte Obwohl die Region von Acapulco wahrscheinlich schon in archaischer Zeit besiedelt war, wurde der Ort erst nach der aztekischen Eroberung Ende des 15. Jahrhunderts namentlich erwähnt. Bereits 1521 dürfte der spanische Konquistador **Gil Gonzales Ávila** als erster Europäer die Bucht entdeckt haben. In den darauf folgenden Jahren wurde Acapulco zum Nachschubhafen für die Expeditionen entlang der Pazifikküste gen Norden sowie nach Südamerika. Ende des 16. Jahrhunderts entwickelte sich der Ort zum Heimathafen für die Schiffe, die dem Handel mit den Philippinen, China und Indien sowie mit Südamerika dienten. Der Niedergang des Hafens begann, als ab Ende des 18. Jahrhunderts ein neuer Handelsweg von den Philippinen nach Spanien durch den Indischen Ozean und um das Kap der Guten Hoffnung befahren wurde. Mit der Unabhängigkeit Mexikos verlor Acapulco seine Bedeutung. Erst durch Fertigstellung einer Autostraße zwischen Mexiko-Stadt und Acapulco (1927) konnte sich die Stadt wieder beleben. Der steile Aufstieg begann nach dem Zweiten Weltkrieg mit der Entdeckung Acapulcos durch **Prominente** (u. a. Elizabeth Taylor, Frank Sinatra) und US-Touristen. In den letzten Jahrzehnten hat das Seebad wegen Überfüllung und zunehmender Wasserverschmutzung Besucher eingebüßt.

Sehenswertes in Acapulco

Stadtbild Außer seinen landschaftlichen Schönheiten und den Hotelpalästen kann Acapulco nur wenig Bemerkenswertes vorweisen. Das Touristenleben konzentriert sich entlang der Avenida Costera Miguel Alemán, an der die meisten großen Hotels, Restaurants, Nachtlokale und Läden liegen.

Clavadistas

Mittags um 13.00 Uhr und abends (19.00, 20.00, 21.00 und 22.00 Uhr – die Zeiten sind Änderungen unterworfen) springen die berühmten Clavadistas **aus 42 m Höhe per Kopfsprung** vom Quebrada-Felsen in die zwischen den Klippen vor- und zurückbrandenden Wellen, nachdem sie zuvor vor einer Madonnenstatue gebetet haben – wie man es in dem berühmten Film »Fun in Acapulco« mit Elvis Presley sehen konnte. Am Abend werden die Springer von Flutlicht angestrahlt, einige von ihnen stürzen sich mit Fackeln in die Tiefe. Im neben dem Felsen gelegenen Hotel Plaza Las Glorias El Mirador befindet sich auch das Restaurant La Perla, das 1949 von dem nach Mexiko ausgewanderten Schweizer Swing-Musiker Teddy Stauffer (1909 – 1991) eröffnet wurde, der damit Acapulco in Europa bekannt machte.

Mágico Mundo Marino

Das Aquarium Mágico Mundo Marino liegt auf einer kleinen Landzunge zwischen den Stränden Caleta und Caletilla. Geboten werden eine Show mit Seelöwen, die Fütterung von Haien und Piranhas, Swimmingpools und Wasserrutschen. Angeschlossen ist zudem ein kleines meereskundliches Museum.

Wagemutige Clavadistas springen von dem berühmten Quebrada-Felsen.

Im Osten Acapulcos an der Küstenstraße liegt das CICI (Centro Internacional de Convivencia Infantil), ein Wassersport-Park für die ganze Familie. Zu seinen Highlights gehören neben Delphin- und Seehund-Shows auch eine 20 m hohe Rutschbahn und Schwimmbecken, in denen die Gezeiten simuliert werden.

CICI

An der Küstenstraße Costera M. Alemán 4455 findet man das Kongresszentrum (Centro de Convenciones) mit einigen Konferenzsälen, einem Theater, einer Volkskunstausstellung und einem kleinen archäologischen Museum. Regelmäßig finden hier auch Folkloreshows statt.

Centro de Convenciones

Ganz in der Nähe in der Casa de la Cultura (La Costera 4834) kann man ein archäologisches Museum, eine Kunstgalerie und einen Laden mit Kunsthandwerk besuchen. Theaterstücke und Konzerte werden hier ebenfalls von Zeit zu Zeit aufgeführt.

Casa de la Cultura

Strände bei Acapulco

Acapulco und seine nähere Umgebung haben mehr als 20 Strände zu bieten. Die beliebtesten heißen Hornos, Hornitos, Condesa und Icacos.

Hornos, Hornitos, Condesa y Icacos

Die vor allem vormittags von Mexikanern besuchten Strände Caleta und Caletilla liegen klein und windgeschützt im Süden der Halbinsel Península de Playas. Sie bieten ruhiges, klares Wasser und eine schöne Unterwasserfauna, die man durch die gläsernen Böden der ausflugsboote bewundern kann.

Caleta y Caletilla

Von Playa Caletilla fahren die Boote zur Insel La Roqueta mit dem gleichnamigen Strand. Die Insel ist in einen prächtigen Naturschutzpark umgewandelt worden. Man kann dort aber auch tauchen, schnorcheln und einen Zoo besuchen. Nordöstlich vor La Roqueta befindet sich in ca. 2 m Wassertiefe eine Bronzestatue der Jungfrau von Guadalupe (Virgen Submarina).

✶ Isla La Roqueta

Auf der westlichen Seite der Halbinsel ist zudem noch Playa La Angosta zu nennen, ebenfalls ein recht kleiner und windgeschützter Strand.

La Angosta

Alle Arten von Wassersport werden in Acapulco angeboten, z. B. Wasserski, Jetski, Banana-Bootfahren und Parasailing. An den kleineren Stränden kann man auch Segelboote, Tretboote, Kanus, Schnorchelausrüstungen etc. mieten. Zudem werden bei Tag und Nacht Kreuzfahrten angeboten.

Wassersport

← *Es heißt, die Playa Condesa – mit der kleinen vorgelagerten Insel Farallón – sei der schönste Strand Acapulcos.*

Cortés 1535 in der Gegend von La Paz. Die nachfolgenden Spanier stießen auf starken Widerstand der Indianer und konnten nicht Fuß fassen. Erbittert über ihre Misserfolge, nannten sie das Gebiet nach der unauffindbaren Königin California.
Erst nach dem Eintreffen der Jesuitenmissionare Francisco Eusebio Kino, Juan María de Salvatierra und Juan de Ugarte gelang es, Teile des Landes zu kolonisieren. Nach der Ausweisung der Jesuiten 1767 übernahmen erst Franziskaner, dann Dominikaner diese Aufgabe. 1804 wurde Niederkalifornien von Kalifornien getrennt. Während des Krieges mit den USA war die Halbinsel 1847/1848 von amerikanischen Truppen besetzt.
Die Aufteilung in ein Nord- und ein Südterritorium erfolgte 1931. 21 Jahre später wurde Baja California Norte zum Bundesstaat erklärt, Baja California Sur erhielt diesen Status erst 1974. Heute kommen **jährlich mehr als 50 Millionen Besucher** auf die Halbinsel, um zollfrei einzukaufen, Wale zu beobachten oder eines der vielfältigen Wassersportangebote wahrzunehmen.

Wirtschaft

Neben dem Tourismus spielt in Gebieten mit künstlicher Bewässerung der Anbau von Baumwolle, Mais, Weizen, Alfalfa, Gemüse und Obst eine Rolle. Die grenznahe Maquiladora-Industrie hat an Bedeutung gewonnen; zudem werden Agrar- und Fischprodukte verarbeitet und Gold, Kupfer, Eisen, Silber und Salz abgebaut.

Wichtige Reiseziele

Neben ► Tijuana, der am meisten frequentierten Grenzstadt der Welt, ist ein wichtiges Reiseziel in Baja California das Biosphärenreservat El Vizcaíno, wo **Grauwale** in der Laguna Ojo de Liebre und der Laguna San Ignacio ihre Jungen zur Welt bringen und man auf dem Vulkanplateau der Sierra de San Francisco **prähispanische Malereien** bestaunen kann.
Loreto, die erste Hauptstadt Baja Californias, ist nicht nur für ihre Mission und die nahe gelegene Mission San Francisco Javier bekannt – sondern auch für die attraktiven Sportangebote in ihrer Umgebung wie Kajakfahren im Golf von Kalifornien und Mountainbiking in der Sierra de la Giganta. Zu guter Letzt sind natürlich ► Los Cabos zu nennen, die Strände und Buchten an der Südspitze der Baja California. Hier gibt es sowohl komfortable Urlaubsressorts wie bei Cabo San Lucas, nette unprätenziöse Gegenden wie um San José del Cabo, Künstlerkolonien wie Todos Santos als auch erstaunliche Naturwunder wie die Sierra de la Laguna, wo es die meisten Wanderer und Camper hinzieht.

Entlang der Carretera Transpeninsular (MEX 1)

Baja Californias größte Stadt ► Tijuana, an der Grenze zu den USA, ist Ausgangspunkt der 1700 km langen, die gesamte Halbinsel der Länge nach durchziehenden MEX 1 (Carretera Transpeninsular) nach Cabo San Lucas.

ÜBERLEBENSKÜNSTLER

Gnadenlos brennende Sonne und Wälder aus Säulenkakteen – dieses Szenario ist keine Filmkulisse, sondern Realität. Mexiko ist das Kakteenland Nummer 1. Hier sind etwa 4000 der weltweit 6000 Arten heimisch und sogar das Staatswappen wird von einem Kaktus geschmückt. Auf der Halbinsel Baja California und im Bundesstaat Sonora werden die Kakteen zum eindrucksvollen Erlebnis.

Sukkulenten, zu denen die Kakteen gehören, sind Wasser speichernde Pflanzen und bestehen zu 70 bis 95 % aus Wasser, eine Eigenschaft, die das Leben unter widrigsten Umständen ermöglicht: Extreme Trockenheit und lange Hitzeperioden machen ihnen nichts aus. Im Gegenteil – sie treiben Blüten in den leuchtendsten Farben. Blüht eine andere Sukkulente, die **Agave**, ist ihr Ende nah. In Mexiko interessiert man sich jedoch weniger für die Blüten oder dolchartigen Blätter als für den Strunk der Agave: Aus ihm werden **Tequila und Pulque** gebrannt.

Säulenkaktus

Die Säulenkakteen – auch Orgelkakteen genannt – sind beeindruckende Erscheinungen und können eine Höhe von **bis zu 20 m** sowie ein Alter von bis zu 250 Jahren erreichen. Nach zehn Jahren sind sie jedoch erst 10 cm hoch; nach etwa 100 Jahren erreichen sie eine Höhe von 12 m und bilden ihre charakteristischen Seitenarme aus. Jetzt erst produziert dieser Kaktus über 250 000 Samen, von denen aber nur aus einem einzigen ein Nachfolger wächst. Mit seinen bis zu 50 Seitenarmen bietet ein alter Säulenkaktus zahlreichen Vögeln und Fledermäusen Nahrung und Nistmöglichkeiten. Den Menschen dient er als Baumaterial.

Greisenhaupt

Seinem Namen alle Ehre macht dieser Kaktus, der zusätzlich zu seinen Stacheln **feine weiße Haare** ausbildet, die den grünen Stamm fast völlig bedecken. So spendet er sich selber Schatten und setzt außerdem die Verdunstung herab. Bei einem biblischen **Alter von 200 Jahren** kann das Greisenhaupt einen Durchmesser von 45 cm und eine Höhe von ca. 12 m erreichen. Weiße Blüten treten erst bei fortgeschrittenem Alter und ab 6 m Höhe auf.

Feigenkaktus

Der Feigenkaktus mit seinen vielen Unterarten ist wohl die weltweit bekannteste Kakteenart. Besonders in Nord- und Zentralmexiko ist er stark verbreitet und dient auch als Nutzpflanze. Seine **leckeren und erfrischenden Früchte** lassen die Hitze erträglicher erscheinen und bilden die Grundlage für den, vor allem von Kindern geliebten, **schokoladenähnlichen »queso de tuna«**. Die noch jungen Triebe können sogar als Gemüse zubereitet werden.

Christusdorn

Der auch bei uns beliebte Christusdorn ist nicht in der Wüste, sondern in tropischen Regionen beheimatet. Er gehört zu den sukkulenten **Wolfsmilchgewächsen** und treibt am ganzen Strauch zahlreiche rote oder gelbe Blüten.

Teufelsnadelkissen und andere Raritäten

Das **Teufelsnadelkissen** bildet wie andere Arten des Ferokaktus bis zu 40 cm dicke Kugeln und trägt rundum 4 bis 5 cm lange rote Stacheln. Als sei damit dem Namen noch nicht genug Ehre gemacht, haben die längsten Stacheln an der Spitze noch Widerhaken. Trotz des Furcht einflößenden Namens kommt der **Seeigelkaktus** völlig ohne Stacheln aus. Lediglich seine Form, eine graugrüne Halbkugel mit weißen Flecken, erinnert an den Namensgeber. Betörend sind die gelbroten duftenden Blüten. Der **Prismenkaktus** ist eine wahre Rarität. Nur bei Feuchtigkeit entfaltet er seine 10 cm langen grünen Blätter, die eigentlich Teile des Stammes sind und an ihren Enden faserige, weiche Stacheln tragen. Seine ganze Pracht entfaltet er mit seinen 8 cm großen, duftenden gelben Blüten.

Eine imposante Erscheinung – so ein Säulenkaktus! →

★★ Barranca del Cobre

J 10 – F 12

Bundesstaat: Chihuahua (Chih.) **Fläche:** ca. 60 000 km²

Die Barranca del Cobre umfasst ein gutes Dutzend großer Schluchten der Sierra Madre Occidental im Nordwesten Mexikos und ist als Gebiet viermal so groß wie der Grand Canyon in Arizona.

Nach den dort lebenden Indianern wird das wild zerklüftete Felsengebirge auch Sierra Tarahumara genannt. In präkolumbischer Zeit war dieses Gebiet von halbsesshaften Indianern bewohnt, die als Vorfahren der heutigen **Tarahumara** angesehen werden können. In Höhlen fand man steinerne Gebäudereste mit riesigen Vorratsbehältern, deren Datierung bis ins Jahr 1000 zurückreicht. Anfang des 17. Jahrhunderts entdeckten Jesuitenmissionare auf der Suche nach Kupfer das Gebiet und nannten es Barranca del Cobre (Kupferschlucht). Die unwegsame Gegend wurde erst zum Wohngebiet der Tarahumara, als diese von Großgrundbesitzern aus der Hochebene verdrängt wurden. Die Spanier fanden in den Schluchten Silber, Gold, Opale und andere Bodenschätze. Bereits 1903 entwarf man den Plan einer Eisenbahn, welche die USA (Texas) und Nordmexiko mit dem Pazifik verbinden sollte. Der Bau der ungewöhnlich kühn angelegten Strecke wurde jedoch erst zwischen 1953 und 1961 verwirklicht.

Ausflugsmöglichkeiten

Die landschaftlichen Schönheiten der Tarahumara-Schluchten lassen sich durch Ausflüge per Auto, Maulesel oder Pferd und zu Fuß erschließen. Geeignete Ausgangspunkte sind die Orte Creel, Divisadero und weitere Stationen der Bahnstrecke. Ein unvergessliches Erlebnis ist die **ca. 14-stündige Bahnfahrt** mit der »Ferrocarril de Chihuahua al Pacífico« von Los Mochis nach Chihuahua (oder umgekehrt), die zu Aufenthalten und Ausflügen unterschiedlicher Länge unterbrochen werden kann.

★★ Bahnfahrt von Los Mochis nach Chihuahua und zurück

Fahrt mit der Ferrocarril de Chihuahua al Pacífico

Die Strecke von Los Mochis nach Chihuahua wird von der kürzlich privatisierten Ferrocarril-al-Pacífico-Gesellschaft derzeit mit einem Touristenzug (Primero) und einem 2.-Klasse-Zug in beide Richtungen befahren. Abfahrt des CHEPE, wie der Zug kurz genannt wird, ist in Chihuahua und Los Mochis täglich um 6.00 Uhr (1. Klasse) bzw. um 7.00 Uhr (2. Klasse). Die Fahrt dauert 14 bzw. 18 Stunden. Fahrkarten sind an den jeweiligen Bahnhöfen erhältlich. Im Juli/August/Oktober sowie um Weihnachten und Ostern ist es vor allem für

Viermal so groß wie der Gand Canyon ist → die Schluchtenlandschaft der Barranca del Cobre.

Fahrzeug zu erreichen ist. Abstecher empfehlen sich nach Basíhuare, Humira (52 km), zum Minenort La Bufa, nach Batopilas und zur Mission San Ignacio. Weitere Tarahumara-Siedlungen (s. u.) in dieser Region sind Rocheáchic, Norogáchic und Guachóchic.

✶ **Wasserfälle von Basaseáchic**

Von Creel aus lassen sich auch die herrlichen Wasserfälle von Basaseáchic besuchen (s. S. 266). Die Anfahrt erfolgt über San Juanito (31 km), von wo eine nicht asphaltierte Straße zum Parque Natural Cascadas (ca. 130 km) führt.

Divisadero

✶ ✶ Panorama ►

Bei Divisadero (2250 m), wo die Bahn gewöhnlich einen viertelstündigen Fotostopp einlegt, verläuft die Wasserscheide zwischen Atlantik und Pazifik. Von hier hat man einen besonders schönen Ausblick über das grandiose Panorama der Schluchten del Cobre, Urique und Tararécura.

Cerocahui

Die Ortschaft Cerocahui befindet sich 12 km von der Bahnstation Bahuichivo entfernt. Hier gibt es eine Missionsschule der Jesuiten (Ende 17. Jh.), an der heute noch Kinder unterrichtet werden. In der Umgebung findet man wiederum Wasserfälle. Nach Bahuichivo beginnt der Abstieg über Serpentinen hinunter zur Pazifikküste.

Tarahumara-Frauen an der Bahnstation von Divisadero Barrancas

Tarahumara-Indianer

Die Barranca del Cobre ist das Siedlungsgebiet der etwa 50 000 Tarahumara-Indianer, das sich über 60 000 km² fast ausschließlich im Bundesstaat Chihuahua erstreckt. Über die Vergangenheit der Tarahumara, die sich selbst Rarámuri (Läufer) nennen, weiß man wenig; sicher ist, dass sie vor der Conquista über weite Teile Chihuahuas verbreitet waren. Nach erbitterten Kämpfen, die sie bis ins 20. Jahrhundert gegen Weiße und Mestizen führten, wurden sie in die unwegsame Sierra Madre Occidental abgedrängt und konnten dort ihre Eigenständigkeit einigermaßen bewahren.

Außer den bereits erwähnten Ortschaften bewohnen die Tarahumara noch die Dörfer Bocoyna, Carichic, Guazápares und Guanacevi. Manche von ihnen leben im Winter in **Höhlenwohnungen** am Boden der Schluchten. Die lokale Verwaltung jedes Dorfs wird durch einen gewählten dreißigköpfigen Rat gebildet. Die langhaarigen Männer tragen ein weißes oder rotes Kopfband, einen einfachen Umhang und eine Art Lendenschurz. Eine sackähnliche Tunika und ein weiter, mit einem Gürtel zusammengehaltener Wollrock ist die Tracht der Frauen. Neben der Jagd wird etwas Ackerbau und Viehzucht betrieben. Unter den kunstgewerblichen Arbeiten des Stammes findet man Räuchergefäße aus Ton, geflochtene Korbwaren, Holzmasken, die Menschen oder Tiere darstellen, bunte handgewebte Gürtel und Wolldecken.

Die Tarahumara sind zwar pro forma zum guten Teil christianisiert, doch überwiegt bei ihnen noch die **altindianische Religion**. Die Hauptgottheiten sind Sonne und Mond. Ebenso wie bei den Huicholes ist ihnen der Peyotl-Kaktus heilig. Ein wichtiges Ereignis im Jahresablauf sind Laufwettbewerbe. Sie erstrecken sich meist über mehrere Tage und Strecken von über 200 km, wobei oft mit dem Fuß ein Holzball vorangetrieben wird.

Bonampak · Yaxchilán

S 27/28

Bundesstaat: Chiapas (Chis.)
Höhe: 360 m. ü. d. M.
Entfernung: 130 km südöstl. Palenque

Zwar ist es etwas schwierig, die wunderbaren Fresken von Bonampak, die Einblicke in das Leben und die Kultur der Maya geben, und die Reste der alten Mayastadt Yaxchilán zu besuchen, doch es lohnt sich allemal. Beide liegen nahe der Grenze zu Guatemala und können von Palenque aus im Rahmen eines (meist zweitägigen) Ausflugs besichtigt werden.

Anfangs schien die Entdeckung Bonampaks (Stadt der bemalten Mauern) 1946 von geringerer Bedeutung zu sein, doch sie stellte sich als Weltsensation heraus, da man in einem der Gebäude prachtvolle Wandmalereien aus dem 8. Jahrhundert fand, die wie kaum ein an-

BONAMPAK

VERKEHRSVERBINDUNGEN

Von Palenque aus werden Bus- und Bootstouren nach Bonampak und Yaxchilán angeboten.
Da die Wege relativ weit und die Straßen nicht immer in gutem Zustand sind, dauern diese Trips meistens zwei Tage (Camping). Alternativ kann man auch ein kleines Flugtaxi chartern. Diese Möglichkeit gibt es ebenfalls von Tuxtla Gutiérrez, San Cristóbal de las Casas oder Ocosingo und Comitán im Bundesstaat Chiapas, sowie von Villahermosa und Tenosique in Tabasco. Autofahrer nehmen von Palenque die Carretera Federal 199 in Richtung Chancalá bis zur Kreuzung »Crucero de Bonampak« (ca. 200 km); von dort sind es noch 14 km bis zur archäologischen Zone.

Wer nur nach Yaxchilán möchte, kann auch von der Grenzstadt Frontera Corozal 45 Minuten mit dem Boot fahren oder von San Cristóbal de las Casas aus fliegen.

derer Fund Aufschluss über **Leben und Mythologie der Maya** geben. Obwohl man bisher nur einen Teil des Ruinenfelds ausgegraben hat, nimmt man an, dass die Tempelstadt im Vergleich zu den großen Zentren desselben Gebiets (Palenque und Yaxchilán in Chiapas sowie Piedras Negras in Guatemala) wohl von geringerer religiöser und politischer Bedeutung war.
Warum gerade an einem relativ unbedeutenden Ort wie Bonampak die künstlerisch wertvollsten und in der Fläche größten Wandmalereien Mesoamerikas geschaffen wurden, wird wohl nie geklärt werden. Die meisten von ihnen wurden restauriert und sind in begrenzter Besucherzahl zu besichtigen. Sehr gute Repliken sind zudem im Anthropologischen Museum in Mexiko-Stadt oder in Villahermosa zu sehen.

Die wesentlichen Gebäude der **Anlage** sind um einen rechteckigen Platz gruppiert, doch nur die südlichen sind einigermaßen erhalten. Hauptattraktion ist zweifellos der Tempel der Wandmalereien (Templo de las Pinturas, Edificio I) mit seinen Fresken, die die Maya bei ihren Zeremonien und Riten zeigen.

Öffnungszeiten: tgl. 8.00 – 16.00

Templo de las Pinturas

Der obere Teil des Gebäudes war ursprünglich mit Stuckreliefs verziert, von denen heute nur noch wenig zu sehen ist. Alle drei Räume des Gebäudes haben die gleichen Maße, ihre Wände sind ganz mit den weltberühmten Wandmalereien (entst. 790 – 792) bedeckt. Man hat dabei die **klassische Freskentechnik** benutzt. Bevorzugt wurden tiefes Blau als Farbe für den Untergrund, Ockerrot für die Figuren sowie Schwarz, Gelb, Grün und Rosa. Überwiegend werden Bilder vom Leben im Palast gezeigt, v. a. Feiern und Kämpfe, aber auch religiöse Zeremonien und Empfänge.

Raum 1 ► Links sieht man Würdenträger bei einer Zeremonie; sie sind mit Umhängen und Muscheln geschmückt (Symbole der Erde und der Unterwelt). Auf einer Plattform sitzt der Herrscher des Stadtstaates, flankiert von zwei Frauen, während am Rand ein Diener steht, mit dem Kind des Herrschers auf dem Arm. Drei Häuptlinge niederen

Im Templo de las Pinturas von Bonampak

Ranges sind von zahlreichen Dienern umgeben; in der Mitte des unteren Teils stehen ebenfalls drei Häuptlinge mit großem Quetzalfederschmuck. Links davon stehen Musikanten mit Instrumenten sowie zwei Personen mit Sonnenschirmen. Unter den Musikanten bewegen sich maskierte Gottheiten, rechts sieht man Zuschauer, ebenfalls mit Sonnenschirmen.

◀ Raum 2

Die Kampfszenen zwischen geschmückten und mit Lanzen bewaffneten Kriegern, die unbekleidete, waffenlose Männer angreifen, sind mit 2. August 792 datiert. Es scheint sich um einen Überraschungsangriff der Krieger von Bonampak zu handeln, um Gefangene für Opferungen zu machen. Eine weitere Darstellung zeigt die Vorführung der Gefangenen: Auf einer Plattform steht der mit Jaguarweste und -gamaschen, Jade und Quetzalfedern geschmückte Herrscher, umgeben von seinen Häuptlingen und Würdenträgern. Vor ihnen sitzen und liegen die fast nackten Gefangenen.

◀ Raum 3

Hier handelt es sich um die Vorbereitungen für ein Fest. Man sieht den Häuptling, der ein Blutopfer bringt, indem er seine Zunge durchbohrt. Zu der Szene scheinen auch zehn Würdenträger zu gehören sowie neun sitzende Personen. Weiter oben sieht man 12

Casa del Teniente del Rey In der Casa del Teniente del Rey, Calle 59 Nr. 40 (nahe der Puerta de Tierra), wurde das neue Regionalmuseum eingerichtet. Es zeigt archäologische Funde zur Geschichte Campeches, u. a. Grabbeigaben aus Calakmul, darunter eine kostbare Mosaikmaske.

Iglesia San Francisco An der Kreuzung der Calle 59 und Calle 18 erhebt sich die aus dem 16. Jahrhundert stammende Kirche San Francisco. Sie enthält fünf holzgeschnitzte Altäre, die in Zinnoberrot und Weiß bemalt sind. Am Kai Miguel Alemán (Malecón) in nördlicher Richtung steht das Kloster San Francisco. An dieser Stelle soll 1517 die erste christliche Messe auf mexikanischem Boden abgehalten und der 1562 geborene Enkel von Hernán Cortés, Jerónimo, getauft worden sein. Das Taufbecken wird noch heute benutzt.

Mercado Der Markt lohnt besonders während der Fiesta einen Besuch. Als Andenken werden Jipis, eine Art Panamahut, und kunstgewerbliche Gegenstände aus Schildpatt, Muscheln und Harthölzern angeboten.

Fuerte San Miguel Am südlichen Stadtrand führt eine Abzweigung von der Küstenstraße zu der hübsch oberhalb der Stadt gelegenen Festung Fuerte de San Miguel. Sie ist über eine Zugbrücke zu erreichen und mit Kano-

Von der Festung San Miguel hat man einen herrlichen Ausblick.

nen bestückt. Im Innern findet man das kleine, aber sehr sehenswerte Archäologische Museum mit Funden aus den Maya-Kulturen. Besondere Beachtung verdienen die **Terrakottafiguren aus Jaína** sowie die gelungenen Übersichtstafeln aller präkolumbischen Kulturen.

★ ◄ Museo de Arqueología

Fuerte San José

Für Freunde maritimer Fundstücke zeigt das Museo de Marinería y Armas u. a. Schiffsmodelle aus der Kolonial- und Piratenzeit. Von der Festung hat man zudem einen schönen Blick auf die Stadt.

Küstenfahrt nach Villahermosa

Auf der nach Süden führenden MEX 180 erreicht man über die Hafen- und Fischerorte Lerma (8 km) und Seybaplaya (33 km) nach insgesamt etwa 65 km Champotón (41 000 Einw.).

Champotón

Die Hafenstadt Champotón war in der vorspanischen Zeit Mittelpunkt eines größeren indianischen Siedlungsgebiets, das eine Art Drehscheibe für den Kulturaustausch zwischen Guatemala, Yucatán und Zentralmexiko bildete. Wahrscheinlich überschnitten sich hier die Kulturkreise der Tolteken mit denen der von ihnen beherrschten Maya-Stämme, die nach dem 10. Jahrhundert nach Osten wanderten und mit den dort ansässigen Maya verschmolzen. Heute ist der Ort vornehmlich ein Fischerhafen und ein günstiger Ausgangspunkt für **Hochseefischerei** und Ausflüge in das Innere des Bundesstaats Campeche. Der einzige oberirdische Fluss der Halbinsel, der ca. 40 km lange Río Champotón, mündet hier. Seine beiden ersten Drittel können von Champotón aus per Boot erkundet werden.

Isla del Carmen

Etwa 100 km nach Campotón erreicht man den Ort Isla Aguada, von wo die 3400 m lange Straßenbrücke Puente de Unidad zur Isla del Carmen führt. Vor der Nordküste dieser Insel liegt die Bucht von Campeche, während die Südküste die Laguna de Términos abschließt, einen großen Süßwassersee, der von verschiedenen Flüssen gespeist wird. Die Insel, die einer riesigen Sandbank gleicht, hieß früher Isla de Tris und war von 1558 bis 1717 ein Schlupfwinkel für Piraten, die von dort ihre Überfälle auf die spanischen Hafenorte entlang des Golfs von Mexiko unternahmen.
Am Südwestende der 40 km langen Insel liegt **Ciudad del Carmen** (100 000 Einw.), benannt nach der Jungfrau vom Berg Carmel. Ihren Namen erhielt die Stadt von Alfonso Felipe de Andrade, der damals die Piraten vertrieb. Noch immer wird jedes Jahr vom 15. bis 31. Juli der Sieg von 1717 über die Piraten gefeiert. Heute ist der Hafen ein wichtiges Zentrum des Garnelenfangs und seit einigen Jahren der bedeutendste Umschlagplatz für das im Golf von Mexiko geförderte Erdöl. Bemerkenswert ist die Kathedrale La Virgen del Carmen wegen ihrer bunten Glasfenster. Ein kleines archäologisches Museum, das v. a. Maya-Keramik zeigt, ist im Liceo Carmelita untergebracht.

Cancún *Orientierung*

Übernachten
1. Aristos Cancún
2. Baccara
3. Fiesta Americana Condesa

Essen
1. La Dolce Vita
2. Rosa Mexicana

die sich mit Fischfang und Chicle-Suche ihren Unterhalt verdienten. Die mexikanische Regierung und Privatunternehmer wählten die Gegend als günstigsten Standort für ein internationales Ferienzentrum aus; die Bebauung wurde planmäßig entworfen.

Touristische Attraktionen

Zona Comercial

Cancún ist in zwei recht unterschiedliche Hälften geteilt. In der Innenstadt, der Zona Comercial, gibt es im Wesentlichen öffentliche Einrichtungen, Geschäfte und Wohnhäuser, einige kleinere Hotels sowie die Stierkampfarena und den großen Markt.

Zona Hotelera

Der eigentliche Badeort, auch Zona Hotelera genannt, liegt auf der vorgelagerten Insel, die mit dem Festland durch Brücken verbunden ist. Sie formt einen reizvollen Küstengürtel, auf dem sich die großen Hotels aneinanderreihen. Eine Menge Freizeitaktivitäten werden hier angeboten – vom Tauchen, über das Hochseeangeln und Parasailing bis hin zum Golfen.

Museo de Antropología y Historia

Im Kongresszentrum (**Centro de Convenciones**) versammelt das Museo de Antropología y Historia Objekte zur Maya-Kultur und Exponate zur Geschichte des Bundesstaats Quintana Roo. In unmittelbarer Nähe liegen zwei der vielen Einkaufszentren des Blvd. Kukulkán.

Erfrischendes Nass an einem der makellosen Traumstrände der Karibik

mexikanischer Touristen; aber auch ausländische Reisende suchen mitunter den Ort auf, um sich spirituellen Riten zu unterziehen oder den Drehort des Films »Medicine Man« (1992) mit Sean Connery zu sehen.

Man befindet sich hier nur 35 km von der Küste des Golfs von Mexiko entfernt. Die Laguna de Catemaco, in der die Inseln Ténapi und Agaltepec liegen, ist eines der schönsten Binnengewässer Mexikos. Sie ist 16 km lang und hat eine Fläche von ungefähr 130 km². Die höchste Erhebung in der Umgebung ist der erloschene Vulkan San Martín (1850 m). Der für mexikanische Verhältnisse ungewöhnliche Wasserreichtum zeigt sich an den Fluten des Río Cuetzalapa und am romantischen, 41 m hohen Wasserfall Eyipantla, 8 km südlich von San Andrés Tuxtla.

An den Hängen des San Martín, östlich von Acayucan, finden sich noch Dörfer der nicht zur Sprachgruppe der Nahua gehörenden Popoluca-Indianer, wie Mecayapan und Soteapan.

Catemaco

Der wichtigste Ort am See ist die am Nordwestufer gelegene kleine Stadt Catemaco (30 000 Einw.), deren Bevölkerung neben dem Fischfang hauptsächlich vom Tourismus lebt. Die an der Plaza gelegene Kirche Virgen del Carmen ist ein **beliebtes Wallfahrtsziel**, wie man an den am Portal angebrachten Votivgaben sieht. Ihr Festtag ist immer der 16. Juli. Catemaco ist auch Heimat zahlreicher **Curanderos** (Heiler) und **Brujos** (Zauberer), die auf Teile der Bevölkerung eine große Anziehungskraft ausüben. Viele Menschen aus ganz Mexiko

CATEMACO-SEE ERLEBEN

AUSKUNFT

in der Municipalidad Catemaco
am Zócalo
Tel. (294) 943 00 16

VERKEHRSVERBINDUNGEN

Mit dem Bus gelangt man von Veracruz nach Catemaco in drei Stunden, umsteigen muss man in San Andrés Tuxtla. Wer mit dem Auto unterwegs ist, fährt die ca. 155 km von Veracruz nach Catemaco auf der MEX 180 nach Süden, von Minatitlán auf der MEX 180 nach Norden (ca. 120 km).

ESSEN

► Preiswert

Sowohl am See wie auch am Zócalo gibt es viele Restaurants, die Fisch und Meerestiere anbieten. Hier sollte man auf jeden Fall die Spezialitäten der Gegend, beispielsweise Mojarra (Seefisch) oder Carne de Chango (geräuchertes Schweinefleisch mit Chili), probieren.

ÜBERNACHTEN

► Komfortabel bis günstig

Hotel La Finca
Carretera 180 Costera del Golfo
Km 147
Tel. (294) 947 97 10
www.lafinca.com.mx
Am Ufer des Sees in einem 7000 m² großen Park gelegenes Hotel. Alle 57 Zimmer haben Seeblick.

Jeder Behandlung durch einen Brujo geht eine Reinigung voraus. Dabei verbrennt man wohl riechende Kräuter, rezitiert Gebete und reibt den Patienten mit Zweigen ab.

kommen hierher, um sich Hilfe bei Krankheiten und Rat in Lebensfragen zu holen. Die tropischen Wälder um Catemaco sind bekannt für ihre verschiedenartigen Heilpflanzen.

Isla Tanaxpilo

Ein beliebtes Ausflugsziel ist die Isla Tanaxpilo oder Isla de Changos (Affeninsel). Auf ihr leben unter Obhut der Universität von Veracruz eine Anzahl ursprünglich aus Thailand importierter Makaken.

Parque Ecológico

Am nördlichen Ufer des Sees erstreckt sich der Parque Ecológico, ein kleines Stück Regenwald. Bei Führungen kann man das Areal kennen lernen, das Mineralwasser der Gegend probieren und die Gehege mit Tukanen, Schildkröten oder Affen betrachten.

Montepío

Von Catemaco führt eine Straße nach Norden zu dem ca. 40 km entfernten Fischerort Montepío entlang an steilen Berghängen mit üppiger Vegetation, malerischen Lagunen und attraktiven Stränden, von denen Jicacal und Escondida die sehenswertesten sind.

Von Catemaco nach Veracruz

San Andrés Tuxtla

Nach etwa 15 km auf der MEX 180 in westlicher Richtung erreicht man San Andrés Tuxtla (60 000 Einw.). Die in einem kesselförmigen Tal gelegene Kolonialstadt ist von vulkanischen Hügeln umgeben. In vorspanischer Zeit hieß der Ort Zacoalcos. Erwähnenswert sind die beiden Kirchen San José und Santa Rosa. In der Nähe wurde 1902 die 20 cm hohe olmekische Jadefigur eines Priesters gefunden, welche die Jahreszahl 162 trägt. Die sog. Tuxtla-Statuette befindet sich heute in Washington. San Andrés ist Zentrum der Zigarrenfabrikation; es empfiehlt sich ein Besuch der Puro-Fabrik »Te amo«.

Laguna Encantada

Unweit der Stadt nach ca. 5 km auf schlechtem Feldweg liegt der legendenumwobene Kratersee Laguna Encantada. Der Wasserspiegel des Sees fällt paradoxerweise in der Regenzeit, während er in der Trockenperiode steigt. Manchmal erwärmt sich das Wasser durch vulkanische Einflüsse so stark, dass die Fische sterben. Sobald die Wassertemperatur fällt, erneuert sich der Fischbestand von selbst.

Santiago Tuxtla

Folgt man der MEX 180 weiter nordwestlich, so erreicht man nach etwa 10 km Santiago Tuxtla (51 000 Einw.). Der Ort liegt zu beiden Seiten des Río Tuxtla am Rand des Tropenwaldes. Auf der Plaza steht einer der typischen olmekischen Kolossalköpfe. In dem kleinen Tuxteco-Museum befinden sich weitere olmekische Funde, vor allem Steinplastiken, die man in dem olmekischen Kulturzentrum Tres Zapotes sowie in Nestepe fand. Am 24. Juni wird hier San Juan und vom 23. bis 25. Juli Santiago Apóstol gefeiert. Dabei gibt es Prozessionen und der Tanz Liseres wird aufgeführt, bei dem die Teilnehmer Jaguarkostüme tragen.

Direkt von der Staude: Frische Ananas bietet dieser Stand in Santiago Tuxtla.

Tres Zapotes

In Tres Zapotes wurden zwei der riesigen Basaltköpfe und die Stele C ausgegraben, die die bisher zweitälteste, schriftlich fixierte Jahreszahl Amerikas trägt (32 v. Chr). Die meisten Funde wurden auf mehrere Museen verteilt, doch gibt es seit einiger Zeit in Tres Zapotes ein hübsches Museum, das man von Santiago Tuxtla über Villa Isla (24 km) erreicht.

Alvarado

Etwa 70 km nordwestlich von Santiago Tuxtla erreicht man bei Alvarado (50 000 Einw.) die Golfküste. Der Ort liegt auf einer Nehrung, welche die Laguna de Alvarado vom Golf von Mexiko trennt. Von Alvarado sind es noch gut 70 km bis ►Veracruz.

Von Catemaco nach Villahermosa

Nach rund 80 km auf der MEX 180 in südöstlicher Richtung gelangt man zu dem wichtigen Verkehrsknotenpunkt Acayucan (37 000 Einw.). Hier zweigt die MEX 185 ab, die über den Isthmus von Tehuantepec nach Juchitán (195 km), ►Tehuantepec (220 km) und Salina Cruz (235 km) am Golf von Tehuantepec führt.

Minatitlán

Etwa 40 km nordöstlich von Acayucan, abseits der MEX 180, gelangt man nach Minatitlán (180 000 Einw.). Diese Stadt hat sich in den letzten Jahren dank des Erdölbooms und der Schwefelgewinnung zu einem Industriezentrum entwickelt.

San Lorenzo Tenochtitlán

Etwa 45 km südwestlich von Minatitlán liegt am Río Chiquito die schwer zugängliche Ausgrabungsstätte San Lorenzo Tenochtitlán (1200 – 900 v. Chr.), wo außer Statuen auch neun steinerne Olmekenköpfe entdeckt wurden. Zudem fand man zahlreiche rituell verstümmelte Steinbilder, die mit dem Ableben des jeweiligen Herrschers in Zusammenhang stehen und offenbar beim Untergang der Stätte begraben wurden. Neben dem Museum kann man einen kürzlich entdeckten Monumentalkopf bewundern.

Coatzacoalcos

Von Minatitlán führt eine Autobahn über den Río Coatzocoalcos zu der 25 km nordöstlich gelegenen wichtigen Hafen- und Industriestadt Coatzacoalcos (400 000 Einw.). In den Jahren des Ölbooms ist die Stadt, die auch ein petrochemisches Zentrum geworden ist, enorm gewachsen. Der Aufschwung ist jedoch teuer bezahlt worden. Die Verschmutzung von Luft, Erde und Wasser hat in dieser Region ein starkes Ausmaß erreicht.

La Venta

Etwa 40 km südöstlich von Coatzacoalcos überquert man die Grenze zum Bundesstaat Tabasco, die vom Río Tonalá gebildet wird. Nach 4,5 km führt eine Abzweigung zu der 5 km nordwestlich an einem sumpfigen Erdölfeld liegenden Ortschaft La Venta.
Am Rand des Städtchens liegt die gleichnamige Ausgrabungsstätte, einst das bedeutendste **politische und religiöse Zentrum der Olme-**

Xpuhil

Öffnungszeiten: tgl. 8.00 – 17.00

Etwa 60 km westlich von Francisco Villa, bereits im Bundesstaat Campeche, liegt rechts unweit der Straße die archäologische Stätte Xpuhil (Xpujil). Man rechnet diese Ausgrabung der späten Maya-Klassik (800 – 900) zu, obwohl Xpuhil und die benachbarten Orte auch früher besiedelt waren. Das Hauptgebäude ist ein Palast, der zwei seitliche und einen mittleren, etwas zurückgesetzten Turm aufweist. Diese Türme sind reines Schmuckwerk, das die Front von Tempelpyramiden, wie sie in Petén (Guatemala) üblich waren, nachahmt. Die Fassade über den Türen war einst mit riesigen, wahrscheinlich stilisierte Katzen darstellenden Masken verziert. Diese Kombination der falschen Türme mit der Dekoration der Fassade, die an Werke der Chenes-Kultur erinnert, wird als Río-Bec-Stil bezeichnet. 10 km östlich von Xpuhil liegt der Ausgrabungsort **Río Bec**, der dem Stil seinen Namen gab. Momentan ist er geschlossen; im Touristenbüro von Xpuhil kann man Genaueres erfahren.

Hormiguero

Archäologisch Interessierte können von Xpuhil aus per Auto und zu Fuß die ca. 15 km entfernte große Maya-Stätte Hormiguero erreichen.

Becán

Nur 4 km weiter, rechts unweit der Straße, liegt Becán, dessen Bauten ebenfalls dem Río-Bec-Stil zuzurechnen sind. Man sieht u. a. Pa-

Chicana: Haus des Priesters

läste mit den zwei typischen falschen Türmen, eine Pyramide mit Tempel, Altäre und einen Ballspielplatz. Die erste Plaza wird von den Strukturen I bis IV gesäumt, die vorwiegend in der letzten Bauperiode (550 – 830) errichtet wurden. Der interessanteste Bau der gesamten Stätte ist die im Norden der Plaza gelegene Struktur IV mit ihrer monumentalen Freitreppe. Im Oberbau, auf der südlichen Fassade, sind noch intakte Reliefskulpturen erhalten. Die nördliche Fassade besteht aus mehreren Terrassen und zahlreichen Türeingängen, umrahmt von Steinornamentik. Auf der sich anschließenden Plaza Central erstreckt sich auf der Südseite die doppeltürmige Struktur VIII mit einem Eingang, der zu mehreren Räumen führt. Die noch nicht ausgegrabene Struktur IX auf der Nordseite ist mit über 32 m das höchste Gebäude von Becán.

Öffnungszeiten:
tgl. 8.00 – 17.00

Chicaná

Öffnungszeiten:
tgl. 8.00 – 17.00

Nach 2 km auf der Hauptstraße zweigt man links ab und erreicht nach fünf Minuten Fahrt den Ausgrabungsort Chicaná. Manche der dekorierten Fassaden sind gut erhalten bzw. restauriert, so dass man hier den Río-Bec-Stil gut studieren kann. Auf der Ostseite des Hauptplatzes erhebt sich die Struktur II, die zwischen 750 und 770 entstanden ist. Hauptmerkmal der Fassade ist eine Riesenmaske, deren geöffneter Rachen das Tor bildet. Wiederum typisch ist die Verkleidung der gesamten mittleren Fassade mit stilisierten Motiven. Andere Gebäude sind mit seitlichen Türmen ausgestattet. Bemerkenswert sind auch die Ecken der Tempel, die aus übereinander gesetzten Masken des Regengottes Chac mit rüsselförmigen Nasen gebildet sind.

Calakmul, Balamkú und weitere Maya-Stätten

Öffnungszeiten:
tgl. 8.00 – 17.00

Zwischen diesen drei Stätten und der guatemaltekischen Grenze im Süden gibt es noch etwa 20 weitere Maya-Orte, die vorwiegend über schlechte Wege oder ausschließlich in der Trockenzeit erreichbar sind. Die bedeutendste Stadt, vielleicht die größte Maya-Stadt überhaupt, war mit über 6000 Gebäuden Calakmul. Kürzlich entdeckte man sieben Fernstraßen (sacbeob) und reich geschmückte Grabstätten, darunter das Grab eines bedeutenden Herrschers von Calakmul. Man nimmt an, dass die Maya-Metropole schon in der vorklassischen Zeit zusammen mit Nakbé und El Mirador (beide Guatemala) eine dominierende Rolle in der Region gespielt hat. Man fand bisher ca. 120 Stelen mit Datierungen von 435 bis 810. Das 7500 km² große Biosphärenreservat der Region ist nach Calakmul benannt.
Etwa 60 km westlich von Xpujil, bei der Abzweigung an der Ortschaft Conhuas, erreicht man **Balamkú** (Tempel des Jaguar). Diese gut erhaltene, prächtige Ruinenstätte gleicht überraschenderweise weder dem benachbarten Río-Bec- noch dem Chenes-Stil im Norden. Das Auffälligste ist die Struktur La Casa de los Cuatro Reyes (Haus der vier Könige) mit einem originellen Figurenfries (17 m lang und 1,5 m breit) am oberen Teil der Fassade, z. B. mit Szenen von vier Königen, Jaguaren mit grotesken Masken, aus deren Fängen Schlangen heraushängen.

Ungefähr 15 km nordöstlich von Balamkú liegt die wieder entdeckte Ruinenstätte **Nadzcaan**, die aus drei Gruppen mit mindestens 40 Strukturen (u. a. zwei Pyramiden, ein Tempel, ein Ballspielplatz und 13 Stelen) besteht. Zusammen mit Balamkú hatte Nadzcaan in der frühen Klassik (300 – 600) eine wichtige kulturelle, kommerzielle und soziale Stellung zwischen dem guatemaltekischen Petén und Edzná. **Dzibanché und Kinichná** sind andere wichtige Maya-Stätten dieser Region.

Verbindung nach Palenque und Villahermosa

Von Chetumal bis zum Verkehrsknotenpunkt Francisco Escárcega sind es 273 km. Hier mündet die MEX 261 aus Campeche und Champotón in die MEX 186. Nach 150 km überquert man den Río Usumacinta und nach 182 km erreicht man bei Catazajá eine Abzweigung nach ► Palenque. Von Catazajá sind es noch 116 km bis nach ► Villahermosa; kurz vor der Stadt überquert man den Río Grijalva.

★★ Chichén Itzá

O 30

Bundesstaat: Yucatán (Yuc.) **Höhe:** 10 m ü. d. M.
Entfernung: 120 km östlich von Mérida

Fünf Quadratkilometer Urwald mussten gerodet werden, um nur einen Teil der Maya-Ruinen von Chichén Itzá wieder sichtbar zu machen. Von kurzen Unterbrechungen abgesehen war der Ort über 700 Jahre lang eine heilige Stätte der Maya und danach im 11. und 12. Jahrhundert politisches und religiöses Zentrum einer Renaissance des Maya-Reiches unter toltekischer Vorherrschaft. Chichén Itzá, eine der größten und bestrestaurierten archäologischen Stätten Mexikos, wurde von der UNESCO zum Weltkulturerbe der Menschheit erklärt.

Geschichte

Chichén Itzá wurde vermutlich um 450 von aus dem Süden zugewanderten Maya-Stämmen gegründet. Man nimmt heute an, dass die Stätte am Ende der klassischen Maya-Epoche (um 900) nicht wie die damals weit bedeutenderen Orte im Zentrum und im Süden der Maya-Region verlassen wurde. Nach neuesten Forschungen glaubt man sogar, dass bereits im 7. und 8. Jahrhundert Stämme aus dem zentralmexikanischen Hochland in diese Region vordrangen und mit den Maya verschmolzen. Es könnte dann im 9. oder 10. Jahrhundert eine Rückwanderung stattgefunden haben, was die starken Maya-Elemente in Tula erklären würde. Bisher herrschte die Meinung vor, dass die Tolteken um 1000 aus dem 1200 km entfernten Tollán (Tula) einwanderten und sich an dem Ort, der damals wahrscheinlich noch Uucil-abnal hieß, niederließen. Nach alten Náhua-Chroniken führte der wegen seiner Friedfertigkeit aus Tula vertriebene legendäre Fürst Ce Ácatl Topiltzín die Auswanderer an. Er nannte sich – wie andere Toltekenherrscher auch – Quetzalcóatl oder Kukulkán (gefiederte Schlange).

Durch die **Verschmelzung der beiden Hochkulturen der Tolteken und Maya** kam es in den folgenden zwei Jahrhunderten auf dem Gebiet der Architektur zur nachklassischen Renaissance der Maya-Baukunst. Die den Náhua-Chroniken in vielem widersprechenden Aufzeichnungen der Maya, wie die Bücher des Chilam Balam, besagen, dass Chichén Itzá zusammen mit Uxmal und Mayapán zwischen 1007 und 1194 eine Dreierallianz bildete, die so genannte Liga von Mayapán. Dies wird von der modernen Forschung als zweifelhaft angesehen, da Uxmal schon im 11. Jahrhundert verlassen war und Mayapán vermutlich erst im frühen 13. Jahrhundert gegründet wurde.

In der Glanzzeit Chichén Itzás waren die toltekischen Stilelemente vorherrschend, so dass die Bauwerke trotz vieler Maya-Merkmale erstaunliche Ähnlichkeiten mit denen der alten Toltekenhauptstadt Tollán aufweisen. Auch die Aufzeichnungen über das Ende Chichén Itzás sind recht widersprüchlich; wahrscheinlich wurde es um 1250 verlassen. Als Ursache wird eine zweite Einwanderung der vom Hochland beeinflussten Maya angesehen, die Chichén Itzá seinen

Die Chac-Mool sind auf dem Rücken liegende toltekische Steinstatuen, die als Opfertisch verwendet wurden. Eine dieser Figuren kann man in Chichén Itzá im Tempel der Krieger bewundern.

Chichén Itzá Orientierung

1 Juego de Pelota (Ballspielplatz)
2 Temazcalli (Dampfbad)
3 Juego de Pelota (Ballspielplatz)
4 Columnata del Noreste (Nordostkolonnade)
5 Templo de las Mesas (Tempel der Tische)
6 Tzompantli (Schädelplattform)
7 Casa de las Águilas (Haus der Adler)
8 Templo de los Tigres (Tempel der Jaguare)
9 Casa de los Metates (Tempel der Mahlsteine)
10 Templo del Venado (Tempel der Jagd)
11 Casa Colorada (Rotes Haus) oder Chichanchob
12 Iglesia (sog. Kirche)
13 Templo de los Tableros (Tempel der Wandmalereien)
14 Akab-D'zib (Haus der unbekannten Schrift)

heutigen Namen gaben. Bald darauf kam es zu einer Aufsplitterung der Itzá. Ein Teil des Stammes gründete unter dem Geschlecht der Cocom die Stadt Mayapán, von wo aus er bis ca. 1450 den Norden der Halbinsel beherrschte. Zu dieser Zeit spielte Chichén Itzá offenbar keine große Rolle mehr, da die Bautätigkeit fast eingestellt war und die Stadt mehrheitlich verlassen lag.

Zur Zeit der Eroberung durch die Spanier im Jahr 1533 war sie kaum noch besiedelt, aber weiterhin ein viel besuchter Wallfahrtsort. Bi-

CHICHÉN ITZÁ ERLEBEN

VERKEHRSVERBINDUNGEN

Mit dem Bus oder mit dem Auto auf der MEX 180 benötigt man von ►Mérida 1,5 bis 2,5 Stunden, von Valladolid 1 Stunde. Zudem kann man von Cancún mit dem Flugtaxi hierher gelangen.

FESTE

Zweimal im Jahr, am 21. März und am 23. September, erweckt der Schattenwurf der Sonne den Eindruck, als ob sich Schlangen von der Pyramide des Kukulcán langsam vom Tempel herabwinden – ein ganz und gar außergewöhnliches Schauspiel, das Tausende von Besuchern anzieht.

ESSEN

Generell kann man die Hotel-Restaurants empfehlen, vor allem das im nebenan aufgeführten Dolores Alba Chichén.

ÜBERNACHTEN

► **Komfortabel**

Dolores Alba Chichén
Carretera Mérida-Valladolid
Km 122
Tel. (985) 858 15 55
www.doloresalba.com
Saubere Unterkunft (40 Bungalows), 3 km von den Ruinen entfernt. Der Transport zu der Ausgrabungsstätte ist gratis.

Hacienda Chichén
Carretera Merida – Puerto Juárez
Km 120,5
Tel. (999) 924 21 50
Fax (999) 924 50 11
www.haciendachichen.com
Das kleine, ruhige Hotel (21 Z.) ist eine schöne umgebaute Hacienda aus dem 16. Jahrhundert. Einige der Zimmer liegen in Bungalows mit Veranda.

schof Diego de Landa besuchte ihn und beschrieb 1566 einen Teil der Gebäude. In den Jahren 1841 / 1842 durchforschte John Stephens die Stätte und 1876 arbeitete der französische Amateurarchäologe Le Plongeon in Chichén Itzá. Edward Thompson, US-Konsul in Mérida, erwarb 1885 das gesamte Gelände. In den 1920er-Jahren machte sich der Amerikaner Sylvanus Morley im Besonderen um die Ausgrabung und Restaurierung Chichén Itzás verdient. Seit den 1960er-Jahren bemühen sich vor allem die US-amerikanische National Geographic Society und das mexikanische Institut für Anthropologie und Geschichte I.N.A.H. um neue Erkenntnisse.

Anlage

Öffnungszeiten:
tgl. 8.00 – 17.00

Die archäologische Zone erstreckt sich über ein Gebiet von ca. 8 km². Wie bei fast allen präkolumbischen Stätten ist auch in Chichén Itzá nur ein Teil der Gebäude ausgegraben. Ihre oft irreführenden Bezeichnungen stammen entweder aus frühen spanischen Quellen oder von Archäologen; die historischen Maya-Namen sind nahezu alle in Vergessenheit geraten. Am Haupteingang befindet sich ein großes Besucherzentrum mit interessantem Museum, Auditorium, Restaurant und Buchladen.

Chichén Nuevo (Nordgruppe)

In der Nordgruppe findet man in erster Linie Merkmale des toltekischen Stils. Charakteristisch ist die Figur des **Chac-mool** (roter Jaguar), eine unzutreffend benannte zurückgelehnte Steinfigur mit abgewandtem Gesicht, die eine Opferschale hält und wahrscheinlich als Tempelwächter diente. Typische toltekische Elemente sind auch die sog. **Atlanten**, Steinbilder aufrecht stehender Krieger, die Tempeldächer oder Altäre trugen. Das immer wieder auftauchende Symbol der gefiederten Schlange verdrängte Darstellungen des Maya-Regengottes Chac. Auch Kampf- und Opferszenen sind weitaus häufiger als in der klassischen Maya-Kunst.

El Castillo **(3D-Abb. S. 254)**

Das dominierende Gebäude ist El Castillo, auch **Pyramide des Kukulkán** genannt. Wie bei den meisten präkolumbischen Bauten wurde auch dieses Gebäude streng nach astronomisch-astrologischen Vorschriften errichtet. Die in ihrer klassischen Einfachheit überaus eindrucksvolle und hervorragend restaurierte, insgesamt 24 m hohe, vierseitige Pyramide weist neun Terrassen und vier Treppen auf, welche die neun Himmel und die vier Himmelsrichtungen symbolisieren. Jede der vier Treppen hat 91 Stufen, zusammen 364, und mit der Plattform als letzter Stufe 365, entsprechend der Zahl der Tage eines Jahrs. An den Aufgängen ist jeweils ein großer Schlangenkopf postiert. Wenn man die 45° steile Treppe erklommen hat, befindet man sich auf der oberen Plattform, auf welcher der eigentliche Tempel des Kukulkán steht. (2006 wurde der Aufstieg untersagt, weil es zu Unfällen gekommen war. Ob dieses Verbot dauerhaft aufrecht erhalten wird, ist noch unklar.) Der Haupteingang wird von zwei typisch toltekischen Schlangensäulen flankiert. Während der Restaurierung des Castillo entdeckte man im Innern einen auf einer früheren, später überbauten Pyramide stehenden, vollständig im Maya-Stil gehaltenen Tempel. Am Eingang fand man einen steinernen Chacmool und einen Thron in Form eines rot bemalten, steinernen Jaguars, dessen Fell mit Jadestücken eingelegt war. Durch einen zur inneren Pyramide führenden Gang kommt man in diese Räume.

✶ Schlangenerscheinung ►

Zu den Tag- und Nachtgleichen (21. März und 21./22. September) ist die Kukulkán-Pyramide Schauplatz einer spektakulären Erscheinung: Der Sonneneinfall an diesen beiden Nachmittagen bis zum Sonnenuntergang wirft die Schattenlinien der Ecken der neun Pyramidenterrassen an die Nordwestmauer des Treppenaufgangs und erzeugt eine zu den Schlangenköpfen gleitende Linie, so dass der Eindruck entsteht, als krieche die große Schlange von der Spitze der Pyramide – Sinnbild des herabsteigenden Kukulkán, der die Saatzeit ankündigt bzw. die Regenzeit beendet.

Templo de los Guerreros

Östlich vom Castillo liegt der Kriegertempel (Templo de los Guerreros), ein prachtvoller Bau auf einer Stufenplattform, umgeben von weiten Säulenhallen. Er ist zweifellos eine vergrößerte Nachahmung des Tempels des Morgensterns von Tula. Mehrere Reihen viereckiger Pfeiler führen zur Treppe, an deren Ende ein Chac-mool liegt. Den Eingang zum Haupttempel bilden zwei große Schlangensäulen. Dahinter tragen vier Atlanten den großen steinernen Altar. Im Innern der Pyramide haben Archäologen Überreste eines früheren, kleineren Kriegertempels gefunden.

Grupo de las Mil Columnas

Unterhalb des Kriegertempels liegt die Gruppe der Tausend Säulen (Grupo de las Mil Columnas). Der ursprüngliche Verwendungszweck dieser Anlage ist ungeklärt. Sie könnte als Markthalle oder als Versammlungsort gedient haben. Daneben befinden sich ein kleiner Ballspielplatz (Juego de Pelota), der Markt (Mercado) und ein Dampfbad (Temazcalli), von dem noch der Vorraum, das eigentliche Bad und der Heizraum zu erkennen sind.

Tumba de Chac-mool (Venus-Plattform)

Geht man vom Castillo in Richtung Norden, kommt man am Chac-mool-Grab (Tumba del Chac-mool, auch Venusplattform genannt) vorbei. Hier fand vor mehr als 130 Jahren Augustus Le Plongeon eine Steinfigur, die er Chac-mool nannte. Interessant sind die Reliefdarstellungen an dieser Plattform, welche das Symbol des Kukulkán mit dem der Venus verbinden.

Cenote Sagrado

Weiter nördlich, auf einem 6 m breiten Dammweg, gelangt man nach 300 m zu dem großen Heiligen Cenote (Cenote Sagrado), des-

In Stein gehauenes Symbol der 365 Tage eines Jahres: die Pyramide des Kukulkán von der Plattform der Jaguare aus gesehen

sen Existenz die Maya wohl veranlasste, sich hier niederzulassen. Das kreisrunde natürliche Wasserloch hat einen Durchmesser von 60 m und seine Wände ragen bis zu 24 m über den Wasserspiegel empor. Als größte Tiefe wurden bisher 82 m gemessen.
Der Cenote wurde wohl vom 7. Jahrhundert bis nach der Eroberung durch die Spanier als Opferort und Wallfahrtsziel benutzt. Ein Schwitzbad am Rande des Gewässers dürfte zur rituellen Reinigung gedient haben. In Zeiten der Trockenheit warf man lebende Menschen und wertvolle Gegenstände in den Brunnen als Opfer für die Götter, vor allem für den Regengott Chac. US-Konsul Edward Thompson ließ 1904 bis 1907 für das Peabody-Museum nach Opfergaben tauchen. Gefunden wurden die Skelette von 50 Menschen sowie zahlreiche Gegenstände aus Keramik, Stein, Gold, Kupfer, Jade und Obsidian. Forschungen in den 1960er-Jahren, die neue Tiefen erschlossen, brachten weitere 4000 Objekte ähnlicher Art, aber auch Kopalharzstücke, Kautschuk- und Holzpuppen sowie Menschen- und Tierknochen zutage.

Tzompantli

Auf dem Rückweg vom Heiligen Cenote stößt man rechts an der Plaza auf eine große, rechteckige Plattform, Tzompantli genannt, was auf Náhuatl Schädelmauer bedeutet. Das Bauwerk diente als Unterbau für eine Palisade, auf der die Schädel der den Göttern dargebrachten Menschenopfer aufgereiht wurden. Reliefdarstellungen von Totenköpfen schmücken das Gemäuer.

Casa de los Águilas

Daneben steht eine kleinere Plattform, die als Haus der Adler (Casa de los Águilas) bezeichnet wird. Die Treppen zieren Steindarstellungen von Schlangen, die Wände weisen Reliefs von Adlern und Jaguaren auf, welche menschliche Herzen in ihren Klauen halten. Es handelt sich um Symbole der beiden toltekischen Kriegerorden.

Juego de Pelota

Wie fast alle Maya-Städte besitzt auch Chichén Itzá mehrere Anlagen für das rituelle Ballspiel. Insgesamt wurden sieben Plätze gefunden. Der am Nordwestende der Plaza gelegene Ballspielplatz (Juego de Pelota) ist der imposanteste, der bisher in Mesoamerika entdeckt wurde. Das eigentliche Spielfeld ist fast 146 m lang und rund 37 m breit, längsseitig eingerahmt von senkrechten 8,5 m hohen Mauern. In der Mitte der beiden Seitenmauern ist jeweils in einer Höhe von 7,25 m ein schwerer Steinring angebracht, der mit Schlangenornamenten verziert ist.
Zwei kleine Tempel an den beiden Schmalseiten – **Edificio Sur** und **Templo Norte** – waren, wie manche Forscher behaupten, den Göttern der Sonne und des Mondes geweiht.

Templo de los Jaguares

Der Tempel der Jaguare (Templo de los Jaguares) lehnt sich an die südöstliche Mauer des Ballspielplatzes. Auf der zur großen Plaza hin geöffneten Seite steht als Altar eine steinerne Jaguarplastik. Das über eine steile Treppe zugängliche Obergeschoss des Baus öffnet

Der Cenote war einst vermutlich eine Opferstätte.

sich nach Westen auf den Ballspielplatz. Den Eingang flankieren, wie beim Tempel der Krieger, Schlangensäulen. Die Fassade ist mit mehreren Friesen, die meist Jaguare zeigen, dekoriert. Innen sind noch Wandmalereien zu sehen, die offenbar eine Schlacht zwischen Maya und Tolteken darstellen.

Chichén Viejo (Südgruppe)

Die Südgruppe von Chichén Itzá, deren außen liegende Ruinen Chichén Viejo bzw. das alte Chichén genannt werden, erreicht man nach Überquerung der ehemaligen Trasse der Straße Mérida / Pto. Juárez.

Tumba del Gran Sacerdote

Rechts erhebt sich das Grab des Hohepriesters (Tumba del Gran Sacerdote), eine 10 m hohe beschädigte Pyramide. Das Gebäude enthielt sieben Gräber mit Skeletten und wertvollen Gegenständen.

Caracol (Observatorium)

In der Nähe liegt das Schneckenhaus (Caracol), eines der interessantesten Gebäude dieser Stadt, das aller Wahrscheinlickeit nach als Observatorium diente. Spiralförmig und leicht ansteigend windet sich ein Gang in das Innere des Rundbaus, der auf einer zweistufigen Plattform errichtet ist. Durch schmale Fensterschlitze dringen nur zweimal im Jahr die Sonnenstrahlen für Sekunden bis in das Zentrum des Baus. Auf diese ebenso einfache wie zuverlässige Weise bestimmten die Maya-Priester in Chichén Itzá die Zeit. Das Observatorium weist Stilformen des zentralen Hochlands sowie klassische Maya-Elemente auf.

Edificio de las Monjas Weiter südlich gelangt man zum Gebäude der Nonnen (Edificio de las Monjas), das irrigerweise von den Spaniern so genannt wurde. Der reich verzierte Bau und seine Nebengebäude sind im klassischen Chenes-Stil der Maya errichtet. Die Steindekorationen, welche die Fassaden fast bedecken, symbolisieren den Maya-Gott Chac. Die anschließende Kirche zeigt Merkmale der Puuc-Bauweise, eines frühen Stils, dessen Fassaden neben den klassischen Chac-Masken geometrische Ornamente und Tierdarstellungen aufweisen. Zwischen den Chac-Masken sieht man die als Tiere auftretenden Träger des Himmels aus der Maya-Mythologie: eine Krabbe und ein Gürteltier sowie eine Schnecke und eine Schildkröte.

Weitere Gebäude Zu erwähnen in diesem Teil von Chichén Itzá sind noch der Tempel der Wandmalereien (Templo de los Tableros) mit seinen Reliefs, die toltekische Krieger und Jaguare darstellen; das Gebäude der unbekannten Schrift (Akab D'zib), so benannt nach bislang nicht entzifferten Schriftzeichen über der Tür des zweiten Raums; der Tempel der Fensterstürze (Templo de los Dinteles); das Rote Haus (Casa Colorada oder Chichan-chob) überwiegend im Puuc-Stil errichtet; die Datumsgruppe (Grupo de las Fechas) mit einem Phallustempel, hauptsächlich im toltekischen Stil; sowie ein weiterer Ballspielplatz (Juego de Pelota) und der Cenote Xtoloc, der wohl als Wasserreservoir diente.

Ton- und Lichtschau Die sehenswerten Ton- und Lichtvorstellungen (Luz y Sonido) finden jeden Abend um 20.00 Uhr in spanischer Sprache statt. Kopfhörer mit Übersetzungen in andere Sprachen kann man mieten.

Yaxuná Südwestlich von Chichén Itzá liegt die frühe Maya-Stätte Yaxuná. Bekannt ist sie als Endpunkt der 100 km langen, wichtigen Chaussee (sacbe) von Cobá. Man fand dort Anfang der 1990er-Jahre zwei Gräber mit der Datierung 300 bis 315 n. Chr., die erstaunlicherweise einen Einfluss aus Teotihuacán aufweisen. Auch eine Ähnlichkeit mit dem seinerzeit verbündeten Calakmul ist zu erkennen. Das Ende von Yaxuná dürfte im 7. Jahrhundert eingetreten sein.

Umgebung von Chichén Itzá

★ Grutas de Balankanché Lediglich 5 km östlich des Grabungsfelds, auf der MEX 180 in Richtung Valladolid und Puerto Juárez, erreicht man die Grotte Balankanché (Thron des Jaguarpriesters), eine 1959 durch Zufall entdeckte Tropfsteinhöhle. Der Zugang zu dem offenbar seit vielen Jahrhunderten unberührten **unterirdischen Kult- und Bestattungsort** war mit groben Bruchsteinen versperrt. Wahrscheinlich ist die Grotte Teil eines ausgedehnten Labyrinths von Höhlen und Gewässern, das noch nicht erforscht wurde.

Der Besucher sieht in den künstlich beleuchteten Höhlen die seinerzeit von den Priestern aufgestellten zahlreichen Schalen und Schüs-

Man durfte den Ball nicht werfen. Er musste mit den Ellenbogen, den Knien, der Hüfte oder dem Gesäß durch den steinernen Ring gespielt werden.

TÖDLICHES SPIEL

Fast alle präkolumbischen Kulturen Mexikos haben das Ballspiel – Pelota – gekannt, oder besser gesagt zelebriert, da es sich weniger um ein sportliches als um ein rituelles Ereignis handelte. Es gab zwar regionale Varianten, und der Ritus erfuhr Abwandlungen im Laufe der Jahrhunderte, doch einige feststehende Regeln blieben erhalten.

Man nimmt an, dass das **Pelotaspiel** um 1300 v. Chr. von den Olmeken an der Golfküste erfunden wurde. Mit ihrer Ausbreitung wurde es dann auch anderen Völkern bekannt, so dass man in ganz Mexiko an archäologischen Stätten die typischen I-förmigen Spielfelder fand.

Flug steht für den Sonnenlauf

Pelota wurde zwischen zwei Teams von drei bis fünf Spielern gespielt. Dabei musste ein Hartgummiball durch die Steinringe geschlagen werden, wobei man lediglich Ellbogen, Knie, Gesäß und Hüfte benutzen durfte. Feste Handschuhe schützten die Hände, mit denen sich die Spieler am Boden abstützten. Man fand Spielfelder der Maya und Zapoteken mit schrägen Seitenwänden und solche mit senkrechter Begrenzung, wie sie von den Tolteken und Azteken gebaut wurden. Der Ball, als **Sinnbild der Sonne**, durfte den Boden nicht berühren, da sonst ihr symbolischer Lauf unterbrochen worden wäre.

Opferung der Sieger oder der Verlierer?

Es bleibt unklar, ob die Verlierer oder die Sieger geopfert wurden. Es scheint glaubwürdig zu sein, dass die Verlierer, die den Sonnenlauf unterbrochen hatten, für ihre Tat büßen und mit ihrem Blut sühnen mussten. Doch es gibt auch die Theorie, dass sich die Götter nur mit dem Besten zufrieden gaben und dieser Tod eine ehrenvolle Auszeichnung für die Sieger gewesen sei. Fest steht nur, dass das Opferritual die Sonne stärken und ihren Lauf am Firmament sichern sollte.

seln aus Ton, Metates (Mahlsteine für Mais), Kopal-Rauchgefäße u. v. m. Viele der Kultgegenstände sind mit dem Antlitz des toltekisch-aztekischen Regengottes Tláloc verziert, woraus man schließt, dass die Grotte eine rein toltekische Grabanlage war. Mittelpunkt der Höhle ist ein Altarraum, in welchem ein Tropfsteingebilde zu sehen ist, das an eine Ceiba, den heiligen Baum der Maya, erinnert. Ein schmaler Durchgang führt in eine tiefer liegende Stalaktitenkammer, an deren Ende ein glasklares Gewässer einen ebenfalls dem Regengott Tláloc geweihten Altar umschließt.

Valladolid Ungefähr 40 km östlich von Chichén Itzá liegt Valladolid (60 000 Einw.), die zweitgrößte Stadt Yucatáns. Die 1706 erbaute Kathedrale San Servacio am Hauptplatz gehört mit der restaurierten Klosteranlage San Bernardino im Stadtteil Sisal zu den wenigen Kolonialgebäuden, die den Bürgerkrieg in der zweiten Hälfte des 19. Jahrhunderts überstanden. San Bernardino ist eine Franziskanergründung aus dem Jahr 1552. Das Innere des Gotteshauses birgt interessante religiöse Kunstwerke aus der Entstehungszeit. Bemerkenswert sind die beiden Cenotes Cis-ha und Zac-hi; an letzterem eifern junge Männer den berühmten Clavadistas von Acapulco nach und springen für ein paar Pesos in das rund 80 m tiefe Nass. Schon 5 km vor Valladolid befindet sich der etwa 20 m tiefe, durch sein kobaltblaues Wasser sehr reizvolle Cenote Dzitnup. Nur ein paar hundert Meter entfernt kann man in den Cenote Samula hinabschauen.

Viel zu entdecken gibt es bei einem Bummel durch Valladolid.

Berühmt sind die Flamingos, die im Frühjahr nach ihrer Rückkehr aus Celestún am Rio Lagartos nisten.

Fährt man auf der Carretera 295 in Richtung Tizimín, nimmt die Abzweigung nach Hunuku, und dann rechts nach Santa Rita, kommt man in das Dorf Ekbalam (schwarzer Jaguar), wo sich die gleichnamige Ruinenstätte befindet (von Valladolid insg. 27 km). Diese Maya-Stätte zeigt 16 restaurierte Strukturen aus der späten Klassik (600 – 900 n. Chr.), darunter eine große Plattform mit zwei identischen Aufbauten – Las Gemelas (Zwillinge) genannt. Auf der Nordseite der Plaza liegt die Akropolis oder Struktur I, die mit fast 30 m die weitaus höchste am Platz darstellt.

Die MEX 295 führt nach Norden zu dem 52 km entfernten Ort **Tizimín**. Hier werden vom 30. Dezember bis zum 6. Januar große Festlichkeiten zu Ehren der Heiligen Drei Könige abgehalten.

An der Küste folgt 52 km weiter nördlich die kleine Stadt **Río Lagartos** (Nefertiti) inmitten einer reizvollen Landschaft. Bemerkenswert sind bei Las Coloradas (16 km) im Mündungsgebiet des Río Lagartos die Brutkolonien zahlreicher rosafarbener und roter Flamingos und anderer Vögel, die unter Naturschutz stehen. In dem 36 000 ha großen Lagunengebiet leben zudem Klammeraffen, Alligatoren und Schildkröten. Vielerlei Bootsausflüge werden hier angeboten.

✶ ◄ Flamingo-Brutkolonien

Chihuahua

F 12

Bundesstaat: Chihuahua (Chih.)
Einwohner: 670 000
Höhe: 1330 m ü. d. M.
Entfernung: ca. 1500 km nordwestlich von Mexiko-Stadt

Chihuahua ist eine moderne, teilweise auch ein wenig heruntergekommene Industrie- und Handelsstadt, die sehr eng mit der mexikanischen Revolution verbunden ist. Pancho Villa war in dieser Gegend aktiv und nahm die Stadt 1913 ein, indem er seine Männer, als Landarbeiter und Besucher verkleidet, auf den Markt von Chi-

residierte auch Benito Juárez in Chihuahua. Die Ende 1910 von hier ausgehende Revolte führte zum Rücktritt des Präsidenten Porfirio Díaz und zum Revolutionskrieg. Hauptbeteiligte waren im Norden Abraham Gonzales und der Bandenführer Pancho Villa, der dann 1913 die Stadt mit seiner División del Norte einnahm und sie zu seinem Hauptquartier machte.

Sehenswertes in Chihuahua

Catedral

Die auf der Plaza de la Constitución stehende, dem hl. Franz von Assisi geweihte Kathedrale wurde zwischen 1717 und 1826 erbaut. Mit ihrer von Statuen der zwölf Apostel geschmückten barocken Fassade ist sie der eindrucksvollste Sakralbau in Nordmexiko. Hinter dem Gotteshaus befindet sich in einer kleinen Höhle das **Museo de Arte Sancto**, in dem v. a. religiöse Kunstwerke ausgestellt sind.

✶ **Palacio de Gobierno**

Nicht weit davon, an der Plaza Hidalgo, findet man den Regierungspalast (Palacio del Gobierno), ein im 19. Jahrhundert umgebautes früheres Jesuitenkolleg. Hier wurden 1811 Pater Hidalgo und seine Offiziere gefangen gehalten und hingerichtet. Ihre aufgespießten Köpfe wurden später in Guanajuato ausgestellt. Ebenfalls an der Plaza Hidalgo erhebt sich der Bundespalast (Palacio Federal), in welchem Miguel Hidalgo während seines Prozesses inhaftiert war. An der Calle Libertad steht die Kirche **San Francisco**, die zwischen 1721 und 1741 erbaut wurde. Hier lagen Hidalgos sterbliche Überreste begraben, bis sie 1823 nach Mexiko-Stadt überführt wurden.

Museo Regional

✶

Quinta Gomeros ►

Am Paseo Bolívar 401 (Ecke Calle 4 a) befindet sich im ehemaligen Justizpalast das Regionalmuseum des Bundesstaates Chihuahua (Museo Regional del Estado). Dieses Quinta Gomeros genannte Gebäude wurde 1907 bis 1910 errichtet und stellt eines der besten Beispiele für den Jugendstil in Mexiko dar. Es enthält u. a. Räume mit Jugendstilmöbeln, archäologische Stücke vornehmlich aus Casas Grandes (Paquimé) sowie Fotografien und Dokumente aus der Geschichte Chihuahuas.

✶ **Museo Histórico de la Revolución**

An der Calle 10 Norte Nr. 3014 steht das Palais Quinta Luz, in dem einst Pancho Villa residierte. War es früher ein von seiner Familie betriebenes Museum, untersteht es jetzt als Historisches Museum der Revolution (Museo Histórico de la Revolución) der mexikanischen Armee und wird auch **Pancho-Villa-Museum** genannt. Es enthält neben seiner Totenmaske viele Erinnerungsstücke aus dem Leben des berühmt-berüchtigten Banditen und Revolutionshelden, darunter das Auto, in dem er erschossen wurde.

Museo Casa de Juárez

Das Museo Casa de Juárez (Avenida Juárez 321) zeigt Dokumente, Fotos und Zeitungen über den Aufenthalt von Benito Juárez in der Stadt, über die Verfassung von 1857 sowie Mobiliar aus dieser Zeit.

In einem schönen spanischen Gebäude aus dem 19. Jahrhundert in der Aldama 430 ist das Centro Cultural de Chihuahua untergebracht, in dem Keramik aus der Casas-Grandes-Kultur zu sehen ist.

Centro Cultural de Chihuahua

Nähere Umgebung von Chihuahua

In der Nähe der Stadt gibt es eine Anzahl von Stauseen (Presa Francisco Madero, Las Vírgenes, Chuviscar), die Bade- und Angelmöglichkeiten bieten. Auch einige der alten Silberminen (Santa Eulalia oder Aquiles Serdán) sind einen Besuch wert.

Cuauhtémoc

Etwa 100 km westlich von Chihuahua liegt auf einer Höhe von 211 m die Stadt Cuauhtémoc (42 000 Einw.). In ihrer Umgebung leben ungefähr 50 000 Angehörige einer mennonitischen Gemeinde, die Ackerbau und Viehzucht betreiben. Sie sprechen überwiegend noch Plautdietsch, eine niederdeutsche Mundart, denn ihre Ahnen stammen aus Friesland.

La Junta

Von Cuauhtémoc erreicht man nach 47 km in westlicher Richtung auf der MEX 16 La Junta, von wo man mit der Bahn oder auf der jetzt gut ausgebauten Straße in die ►Barranca del Cobre gelangt.

Revolutionäre Vergangenheit: Chihuahua war einst eine Hochburg der Aufständischen.

In Cholula überbauten die Spanier viele alte Heiligtümer mit Kirchen. Der Templo de Nuestra Senora de los Remedios steht auf der ehemaligen Großen Pyramide.

Spanier ihre Kirchen auf die alten Heiligtümer oder an deren Stelle. So errichteten sie auf der zerstörten Spitze der Hauptpyramide die Kirche Nuestra Señora de los Remedios (Jungfrau der Immerwährenden Hilfe), die nach einem Einsturz 1666 neu begonnen, im 18. Jahrhundert fortgesetzt, 1884 durch ein Erdbeben weitgehend zerstört und anschließend in neoklassizistischem Stil wieder aufgebaut wurde. In einer Vitrine über dem Altar wird eine Madonnenstatue aufbewahrt, die angeblich Cortés den Franziskanermönchen zum Geschenk gemacht hatte. Von der Kirche hat man eine großartige Aussicht über die Stadt.

Convento San Gabriel

Auf den Resten einer alten Kultstätte erhebt sich auch das gewaltige Kloster San Gabriel auf dem Zócalo, das 1549 von Franziskanern errichtet wurde. Bemerkenswert sind das große Atrium, das platereske Portal, die massiven Türen und die beeindruckenden gotischen Bogen. Die architektonisch der großen Moschee in Córdoba nachempfundene **Capilla Real** (Königliche Kapelle) stammt aus der Mitte des 16. Jahrhunderts und wurde etwa 100 Jahre danach erneuert. Der wuchtige Bau besteht aus sieben mit 49 kleinen Kuppeln gedeckten Schiffen und öffnet sich in ein weitläufiges Atrium mit drei hübsch verzierten Posas (Prozessionskapellen).

Umgebung von Cholula

✶ San Franciscso de Acatepec

Auch in den kleinen Ortschaften dieser Gegend gibt es prächtige Kirchen, da sich die Spanier die künstlerischen und handwerklichen Fertigkeiten der hier lebenden Indios zunutze machten. Ein Beispiel

dafür ist die Kirche San Francisco de Acatepec, nur wenige Kilometer südlich von Cholula und 16 km westlich von Puebla, eines der besten Beispiele **regionalen Hochbarocks** in Mexiko.
Durch einen eindrucksvollen Torbogen im Neo-Mudéjar-Stil gelangt man zur Kirche. Deren gesamte Fassade ist mit Azulejos und Ziegeln bedeckt und gliedert sich in drei Teile. Das Portal, von einem unregelmäßigen Bogen eingerahmt, wird auf jeder Seite von drei getrennten korinthischen Säulen flankiert. Zwischen den Säulengruppen steht in Nischen je eine Skulptur. Im mittleren Teil sind die Säulen durch Wandpfeiler in Form umgekehrter Pyramidenstümpfe, eines der Hauptmerkmale des churrigueresken Stils, ersetzt. Das große Fenster in der Mitte ist mit dem Symbol des hl. Franziskus geschmückt. Im oberen Teil werden die am äußeren Rand des mittleren Teils befindlichen Wandpfeiler durch Schneckenmuster fortgeführt, um einen Giebel anzudeuten. In der sternförmigen Nische sieht man die Skulptur des Heiligen, darüber als Abschluss die Darstellung der Dreifaltigkeit.
Das Innere der Kirche besteht aus einer Fülle von Stuck und Holzskulpturen, vielfarbig bemalt und vergoldet, im typischen Poblanostil des 18. Jahrhunderts. Interessant ist ein früherer Altaraufsatz, in dem vergoldete und dann bemalte Skulpturen inmitten goldener salomonischer Säulen und anderer Ornamente fast verschwinden. Beachtenswert ist auch die überaus komplizierte und üppige Gestaltung der Eingangstür zur Taufkapelle.

✶ Santa María de Tonantzintla

Bildet die Fassade von San Francisco de Acatepec einen **Höhepunkt des Poblanostils**, so kann man das Innere der Kirche Santa María de Tonantzintla (1 km westlich von Acatepec) als Meisterwerk eines Interieurs dieser Barockvariante ansehen. Hier zeigt sich die in präkolumbischer Zeit so ausgeprägte totale Dekoration des Raums mit der mystischen Vorliebe für Früchte, Blumen und Vögel, die sich mit christlichen Darstellungen vermischt.
Weitere Motive sind u. a. beim Chor ein Orchester mit indianischen Musikanten sowie Stuckrahmen mit Reliefs von Jesus, der Jungfrau Maria und dem heiligen Christophorus. Aus der Kuppel scheinen wie aus einer Blüte eine Schar von Engelsköpfen inmitten eines Meers von Blattwerk herabzuschweben. Der Kanzelbogen birgt bemerkenswerte Stuckarbeiten, die Früchte speiende, gekrönte Teufel mit geschmückten Atlanten zeigen.

San Bernardino de Tlaxcalancingo

Kehrt man nach Acatepec zurück und fährt von dort auf der MEX 190 in Richtung Puebla, erreicht man nach ca. 4 km die Ortschaft Tlaxcalancingo (6000 Einw.).
Zur Rechten liegt die Kirche San Bernardino (18. Jh.), ebenfalls ein gutes Beispiel des Poblano-Barocks. Die prächtige Fassade mit dem geschwungenen Giebel ist ganz mit roten Ziegeln und Azulejos bedeckt. Den linken Abschluss bildet ein eleganter Turm mit Kuppel und Helm aus Kacheln.

Blühende Schönheiten am Wegesrand

San Francisco de Huejotzingo

Am Fuß des 5286 m hohen, schneebedeckten Vulkans Iztaccíhuatl, inmitten von Obstplantagen, findet man nur 14 km nordwestlich von Cholula und 26 km von Puebla entfernt die Ortschaft Huejotzingo. Sie ist für ihren Apfelmost und ihre Sarapes (Ponchos) bekannt, doch das Kloster San Francisco de Huejotzingo, eine der ältesten und schönsten Gründungen seiner Art in Neuspanien, ist meist der eigentliche Grund für einen Besuch.

Auf dem Weg zum Kloster betritt man zunächst das Atrium, das man über eine breite Treppe und durch ein Tor aus drei plateresken Bogen erreicht. In der Mitte des Hofs steht ein gemeißeltes Steinkreuz. In den vier Ecken findet man **Prozessionskapellen** (Posas), die zu den schönsten ihrer Art in Mexiko zählen. Die Fassade der typischen Wehrkirche ist mit Säulen und Ordenssymbolen geschmückt. Ihre Umrahmung an dem zugemauerten Nordportal ist ein hervorragendes Beispiel für den **kolonial-plateresken Stil**. Ein Alfiz rahmt den Torbogen ein, und die Wappen des Ordens schmücken die harmonisch und phantasievoll dekorierte Fassade. Die dreieckigen Zinnen mit Öffnungen findet man nur in Huejotzingo. Im geräumigen Kirchenschiff mit dem prächtigen, gotisch gerippten Gewölbe sieht man den großen, vierteiligen, mit 14 Statuen dekorierten Altaraufsatz (1586), ebenfalls ein Beispiel platereske Tradition. Seine sieben erhaltenen Ölgemälde stammen von dem Flamen Simon Pereyns, der im Jahr 1566 nach Neuspanien kam. Von den einst die Wände bedeckenden Fresken sind nur noch Reste erhalten. Man betritt das Kloster durch ein Tor an der rechten Seite der Kirche. In der Vorhalle befindet sich die Dreifaltigkeitskapelle, an die sich der Kreuzgang anschließt.

★ Cobá

O 31

Bundesstaat: Quintana Roo (Q.R.) **Höhe:** 8 m ü. d. M.
Entfernung: 43 km nordwestl. v. Tulum

Im dichten Busch von Quintana Roo, zwischen mehreren kleinen Seen, kann man in Cobá, einer der größten Maya-Stätten Mexikos, beinahe unrestaurierte Altertümer entdecken.

Dieses noch fast vollständig überwachsene Kult- und Siedlungszentrum blieb dank des für die Halbinsel Yucatán ungewöhnlichen Wasserreichtums sehr lange bewohnt – von der Frühklassik bis ins späte 15. Jahrhundert. Nach bisherigen Forschungen scheint Cobá seine Blütezeit in der Epoche der Maya-Klassik (600 – 900) erlebt zu haben. Man kann jedoch feststellen, dass ein Teil der Bauwerke aus der Nachklassik (900 –1450) stammt. Offenbar war Cobá noch zur Zeit des Eintreffens der Spanier bewohnt, wurde aber von diesen nie entdeckt.

Besichtigung der Ruinenstätte

Hinweis

Aufgrund der großen räumlichen Ausdehnung (ca. 80 km²) und der landschaftlichen Schönheit sollte man sich genügend Zeit zur Besichtigung nehmen. Die Hauptsehenswürdigkeiten sind ausgeschildert. Man muss sich auf Hitze, Feuchtigkeit sowie auf Insekten einstellen und einen ausreichenden Wasservorrat mitbringen!

COBÁ ERLEBEN

VERKEHRSVERBINDUNGEN

Von Tulum führt eine Straße 43 km nach Nordwesten durch dichten Dschungel zu den Maya-Ruinen von Cobá. Man kann sie von Norden auch über eine Straße von Nuevo X-Can (42 km) bzw. über einen unbefestigten Weg von Chemax (31 km) erreichen.
Von Cancún, Playa del Carmen und Valladolid bestehen regelmäßige Busverbindungen.

ESSEN

► Preiswert

La Pirámide
Am Ende des Dorfes gelegen. Das Lokal ist sehr idyllisch an einem See gelegen. Hier werden yukatekische Spezialitäten, aber auch sehr gute Gerichte aus anderen Teilen Mexikos serviert.

ÜBERNACHTEN

► Komfortabel bis günstig

Villa Arqueológica Cobá Club Med
Zona Arqueológica
Tel. (985) 858 15 27
Das Hotel (40 Z.) befindet sich in unmittelbarer Nähe der Ausgrabungsstätte von Cobá. Für Interessierte hat es eine umfangreiche Bibliothek und interessante Maya-Exponate zu bieten.

stammt, wahrscheinlich aus dem 14. oder 15. Jahrhundert. Vor dem Tempel erhebt sich ein kleiner Altar. Im oberen Fries des Tempels finden sich drei rechteckige Vertiefungen, die ursprünglich Skulpturen des herabstürzenden Gottes enthielten. Zwei von ihnen sind heute noch zu sehen. Der einzige Eingang führt in einen Raum mit einem Kraggewölbe. Auch von hier genießt man einen großartigen Ausblick.

Costa Alegre

O/P 13/14

Bundesstaaten: Jalisco (Jal.) und Colima (Col.)

Länge: 250 km zwischen Puerto Vallarta und Manzanillo

Mit der Namensneuschöpfung »Costa Alegre« wurde vor wenigen Jahren der 250 km lange Küstenabschnitt zwischen ►Puerto Vallarta und Manzanillo benannt und somit eine neue und exklusive Urlaubsregion an der Westküste Mexikos aus der Taufe gehoben.

Viele Strände der Costa Alegre sind nur Hotelgästen oder vom Meer aus zugänglich.

COSTA ALEGRE ERLEBEN

AUSKUNFT

Touristeninformation
Jalisco 67
Barra de Navidad
Tel. (315) 355 51 00

VERKEHRSVERBINDUNGEN

Regelmäßiger Busverkehr von Puerto Vallarta.

ESSEN

► Preiswert

Yacatecuhtli
Avenida México 249
Manzanillo
Tel. (314) 332 56 70
Leckere vegetarische Gerichte, u.a. wunderbare Obstsalate, einfallsreiche Saftcocktails und Sojaburger.

ÜBERNACHTEN

► Luxus

Las Hadas Resort Hotel
Avenida de los Riscos y Vista Hermosa
Península de Santiago
Manzanillo
Tel. (314) 331 01 01
Fax (314) 331 01 21
www.brisas.com.mx
Das exklusivste und bekannteste Hotel (233 Z.) dieser Gegend hat sechs verschiedene Kategorien von Zimmern, je nach Größe, Ausblick und Ausstattung. Restaurants, Bars, zwei Schwimmbäder, ein 18-Loch-Golfplatz und u. a. eine Diskothek sind vorhanden.

► Komfortabel bis günstig

Cabo Blanco
Calle Armada y Bahía de la Navidad
Barra de Navidad
Tel. (315) 355 51 70
Fax (315) 355 51 36
83 saubere, freundliche Zimmer mit Klimaanlage. Je zwei Schwimmbäder und Tennisplätze.

Die Küstenstraße MEX 200 führt durch Palmenhaine, Obstplantagen und kleine Fischerdörfer, vorbei an großen Ferienklubs und kleinen, idyllisch gelegenen Hotels. Mehrere Badeorte mit schönen, sanften Stränden wechseln sich mit zerklüfteten Felsabschnitten ab. Wer möchte, kann entlang der Küste, die früher oftmals von Piraten heimgesucht wurde, wunderbar segeln und angeln.

Careyes

Seit Jahren ziehen sich vornehmlich Mitglieder des internationalen Jetsets in die Villen und Luxusressorts an der Bahía de Careyes (ca. 100 km südlich von Puerto Vallarta) zurück. Die Gegend an der Küste von Jalisco ist aber auch besonders schön: Palmenhaine reichen fast bis ans Meer, kleine Buchten laden zum Entspannen ein.

*** Chamela**

Der Küstenort Chamela bietet einen 11 km langen, nahezu unberührten Strand (160 km südöstlich von Puerto Vallarta). Der Abschnitt zwischen Chamela und Barra de Navidad wurde von der Regierung zur »ökologischen Tourismusregion« erklärt und sichert so den Lebensraum für Wasserschildkröten und andere Tiere.

✶ Nevado de Colima

✶ Volcán de Colima ►

Rund 40 km nördlich von Colima, schon im Bundesstaat Jalisco, ragen die Gipfel des Nevado de Colima (4339 m) und des Volcán de Colima (3838 m) empor. Der erstere, auch Zapotépetl (Berg der Zapotebäume) genannt, ist Mexikos siebthöchster Berg. Der Volcán de Colima – er heißt auch Feuriger Vulkan (Volcán de Fuego) –, wurde zwischen 1957 und 1975 und seit 1994 mehrmals aktiv und richtete erhebliche Schäden an.

Die Behörden haben eine Sperrzone von 8,5 km um den Vulkan angeordnet. Vor dem Ort Atenquique führt ein nach links abgehender, sehr schlechter Weg in den noch 27 km entfernten Parque Nacional Volcán de Colima. Kurz nach Atenquique zweigt ebenfalls nach links eine schlechte Landstraße bzw. ein Feldweg zum Parque Nacional de Nevado de Colima (37 km) ab. Eine weitere Zufahrt zu diesem Nationalpark beginnt 2 km vor Ciudad Guzmán und führt zur Albergue La Joya und zur Radiostation Canal 13.

Suchitlán

Das Dorf Suchitlán, 8 km nordöstlich von Colima, ist für seine geschnitzten Tiermasken berühmt. Sie werden von den Tänzern während der Semana Santa getragen und sonntags auf dem Indiomarkt auch verkauft.

Das Hotel von **Tampuchamay**, zu dem man über die Abzweigung nach Los Azmoles (12 km südlich von Colima) und dann nach 5 km Richtung Los Ortices gelangt, besitzt ein Freilichtmuseum mit zahlreichen Skulpturen. Auf Gräberfeldern sieht man ab und an Knochen und Keramikreste. Die Gruta de Tampuchamay bewohnen noch verschiedene Fledermausarten und andere Höhlentiere.

✶ Cozumel (Isla Cozumel)

O 31 / 32

Bundesstaat: Quintana Roo (Q.R.)
Einwohner: 70 000
Fläche: ca. 500 km²
Entfernung: 20 km vor der Nordostküste Yucatáns

Cozumel gehört mit einer Länge von 45 km und einer Breite von bis zu 18 km zu den größten mexikanischen Inseln. Dieses flache Eiland, 20 km vor der Nordostküste der Halbinsel Yucatán, ist vorwiegend von dichtem grünem Buschwald bedeckt.

Die prachtvollen weißen Sandstrände bilden einen lebhaften Kontrast zu den blaugrünen Schattierungen des Meeres. Da der Meeresgrund aus sehr feinem weißem Korallensand besteht, ist das Wasser kristallklar. Erst Mitte des 20. Jahrhunderts wurde die Insel als ideales Tauchrevier touristisch erschlossen.

Geschichte

Cozumel scheint in der Maya-Nachklassik, vor allem zwischen 1000 und 1200, eine große Rolle gespielt zu haben. Als östlichste der

Maya-Stätten war Cozumel wohl ein **Heiligtum der aufgehenden Sonne**. Nach alten Aufzeichnungen sollen einige Maya-Stämme von hier aus auf das Festland eingewandert sein. Jedenfalls war Cozumel ein bedeutender Wallfahrtsort zu Ehren der Göttin Ix-chel, der Fruchtbarkeitsgottheit und Schutzherrin der Geburt. Als Mondgöttin und Frau des Itzamná, des obersten Herrschers und Sonnengottes, nahm sie eine wichtige Stellung in der yukatekischen Maya-Mythologie ein. Die Ix-chel geweihten Stätten genossen besonders bei den Maya-Frauen große Verehrung.
Als erster Spanier entdeckte 1518 Juan de Grijalva die Insel, gefolgt 1519 von Hernán Cortés und 1527 von Francisco de Montejo bei seinem Versuch, von hier aus Yucatán zu erobern. Als Cortés landete, soll die Insel 40 000 Einwohner gehabt haben. Vom 17. bis 19. Jahrhundert diente Cozumel vor allem als Unterschlupf für Piraten und Schmuggler. Während des Kriegs der Kasten kamen viele Flüchtlinge vom Festland nach Cozumel. Bei der Errichtung eines US-Luftstützpunkts im Zweiten Weltkrieg wurde die alte Stadt San Miguel abgerissen. Auch über Cozumel zog im September 1988 der Hurrikan Gilbert mit Sturmböen hinweg, die bis zu 330 Stundenkilometern erreichten. Diese richteten schwere Verwüstungen an. Trotz heftiger Proteste von Umweltschützern wurde Ende der 1990er-Jahre im Rahmen des Puerta-Maya-Projekts mit dem Bau eines großen Piers in der Nähe des Paradies-Riffs begonnen.

Ideal zum Schnorcheln:
das Meer vor der Laguna Chankanab auf der Isla Cozumel

Umgebung von Cuernavaca

★ **Tepoztlán** Etwa 26 km östlich von Cuernavaca liegt das malerische Städtchen Tepoztlán. Mexikanische Touristen besuchen den von bizarren, klippenartigen Bergwänden überragten Ort gern über das Wochenende. Seine größte architektonische Attraktion ist das ehemalige Dominikanerkloster.

Der festungsartige Sakralbau **Ex-Convento Dominico de la Natividad** (1559 – 1588) soll von dem Spanier Francisco Becerra entworfen worden sein. In den Ecken des Atriums stehen interessante Capillas Posas (Prozessionskapellen) mit Giebeln und gotisch gerippten Gewölben. Zur Rechten, vor den Resten einer Offenen Kapelle, sieht man ein Steinkreuz aus dem 16. Jahrhundert. Das herrliche Portal der Klosterkirche Nuestra Señora de la Asunción im plateresken Stil zeigt dominikanische Zeichen und indigene Motive – neben der Jungfrau und dem Dominikanerkreuz sieht man auch Sonne, Mond und Planeten sowie florale Muster und skurrile Figuren. Sowohl in den Kapellen als auch in den Posas sind noch Reste von Fresken erhalten. Durch die einschiffige Kirche gelangt man in den rustikalen Kreuzgang. Vom ersten Stock der Loggia an der Nordwestecke des Klosters bietet sich ein schöner Ausblick auf die den Ort umgebenden Berge. An der Rückseite des Klosterkomplexes zeigt das kleine archäologische Museum prähispanische Fundstücke aus der Gegend.

Die Attraktion Tepotzláns ist das ehemalige Dominikanerkloster.

Auf einer steilen Felshöhe, 500 m über dem Ort, befindet sich die Ruinenstätte Tepozteco, wo die Tlahuicas zu Ehren ihres Ernte- und Pulque-Gottes Tepoztécatl eine 20 m hohe, **dreistöckige Tempelpyramide** errichtet haben. Diese ist über einen steilen Fußweg in etwa einer Stunde zu erreichen; die Aussicht von oben ist bemerkenswert. Im Innern der Pyramide finden sich Säulen mit Figuren und abstrakten Zeichnungen. Die Wände und der Steinboden zeigen Kalenderzeichen sowie Symbole für Pulque, Wasser, Krieg und Blut. In der Nähe liegen weitere altindianische Ruinen.

Tepozteco

Cuautla, 42 km südöstlich von Cuernavaca, ist seit dem 17. Jahrhundert für seine **Thermalbäder** bekannt und viel besucht. Er liegt in einer Landschaft mit subtropischem Klima und entsprechend üppiger Vegetation. Am Schnittpunkt von Überlandstraßen ist Cuautla ein guter Ausgangspunkt für Ausflüge zu den Sehenswürdigkeiten der Umgebung, insbesondere zu den zahlreichen Klöstern (► Morelos). Schon in vorkolumbischer Zeit waren die Quellen bekannt – wie auch jene von Las Estacas in Tlaltizapán und El Roll in Tlaquiltenango –, später jedoch entwickelte sich der Ort zu einem Modebad für wohlhabende Spanier. Im mexikanischen Unabhängigkeitskrieg kam es 1812 hier zu einer Schlacht zwischen den Freiheitskämpfern unter Führung von José María Morelos und den königlich spanischen Truppen. Emiliano Zapata, der Anführer der großen Bauernrevolte im mexikanischen Revolutionskrieg (1910 – 1920), stammt aus dem 6 km südlich gelegenen **Anenecuilco**.

Cuautla

Die Stadt bietet wenig an Kolonialkunst. Die bekanntesten Kirchen sind San Diego und Santiago, beide aus dem 17. Jahrhundert. In der Casa de Morelos sind Erinnerungsstücke aus der Zeit des Unabhängigkeitskriegs ausgestellt. Die bedeutendsten Heilbäder in und um Cuautla, vorwiegend heiße Schwefelquellen, sind Agua Hedionda (stinkendes Wasser) am östlichen Stadtrand, Agua Linda, Casasano und El Almeal.

Rund 50 km südlich der Stadt liegt inmitten subtropischer Vegetation der Kratersee Tequesquitengo, an dessen Ostufer sich die gleichnamige Ortschaft befindet. Am See werden vielfältige Wassersportmöglichkeiten, wie z. B. Wasserski, angeboten. Auch Hotels und Restaurants findet man dort.

Kratersee Tequesquitengo

Wer einmal viele wilde Tiere sehen möchte, sollte zur Zoofari (55 km südlich von Cuernavaca) fahren. Hier spazieren Zebras und Giraffen frei umher und auch Emus und Affen sehen sich neugierig die Besucher an.

Zoofari

Die 1999 zum UNESCO-Weltkulturerbe erklärte, festungsartige Ruinenstätte von Xochicalco (38 km südwestlich von Cuernavaca) liegt 130 m über einer weiten Ebene auf einem Bergkegel, an dem durch Aufschüttung und Abtragung Plattformen geschaffen wurden. Ihre

✶ Xochicalco

betteten Mine Puente Ojuela (7 km) ab. Eine frei schwingende, filigrane Holzbrücke über eine Schlucht ist ein ungewöhnlicher Blickfang in diesem teilweise aktiven Bergwerk, wo nach Silber, Blei und Mangan geschürft wird.

Mapimí In der Umgebung der von Bermejillo noch 3 km entfernten alten Minenstadt Mapimí in der Sierra del Rosario finden sich eigenartige Gesteinsformationen und die sog. Roten Grotten, deren Farbe durch Eisenoxidation entstand.

»Zone des Schweigens« 145 km nach Bermejillo erreicht man auf der MEX 49 Richtung Norden über Ceballos die Dörfer San José del Centro und Mohóvano. Zwischen ihnen erstreckt sich eine als »Zone des Schweigens« (Zona del Silencio) bezeichnete Region, in der auf Grund von starken elektromagnetischen Kräften, die von Eisenoxidfeldern ausgehen, jeglicher Empfang von Radio-, Fernseh- und Funkwellen unmöglich ist.
Ein weiteres Charakteristikum dieser überaus trockenen Gegend ist die im Vergleich zu ähnlichen Orten um 35 % höher liegende Absorption der Sonneneinstrahlung. Darüber hinaus hat man ungewöhnliche Mutationen bei Pflanzen und Tieren festgestellt.

Die Kulissen einiger Westernfilme haben der Gegend um Durango einen hohen Bekanntheitsgrad verschafft.

★ El Tajín

O 21

Bundesstaat: Veracruz (Ver.) **Höhe:** 298 m ü. d. M.
Entfernung: 12 km westl.v. Papantla

El Tajín gehört zu den wichtigsten präkolumbischen Ausgrabungsorten Mexikos. Von Vanilleplantagen umgeben liegt die Ruinenstadt der Totonaken in einer tropischgrünen, hügeligen Landschaft mit feuchtwarmem Klima.

Das ausgedehnte archäologische Gebiet mit einer Fläche von etwa 11 km², das in seiner Blütezeit von 50 000 Menschen bewohnt wurde, ist in den letzten Jahren zu ca. 40 % erforscht worden. Im Jahr 1992 wurde El Tajín von der UNESCO zum Weltkulturerbe der Menschheit erklärt.

Geschichte

Da das Gebiet um El Tajín (Blitz) zur Zeit der spanischen Eroberung von Totonaken bewohnt war, wurde die große Stadt bisher diesem Volksstamm zugesprochen. Doch die eigentliche Gründung um 200 wurde stark von Teotihuacán beeinflusst. Erst um 600 entwickelte sich eine eigenständige Kultur; die Stadt erreichte ihre höchste Blüte zwischen 700 und 900. Die ersten wichtigen Gebäude stammen aus dem 4. und 5. Jahrhundert, darunter auch der Grundbau der Pyramide der Nischen. In El Tajín erfolgte die nächste Bauphase zwischen dem 6. und 8. Jahrhundert, in El Tajín Chico zwischen dem 9. und 12. Jahrhundert.
Ab dem 12. Jahrhundert zeigen sich toltekische Stileinflüsse. Um das Jahr 1200 verschwand El Tajín als Stadt und Kultstätte von der Landkarte. Spuren von Zerstörungen und Bränden lassen auf eine **Eroberung durch die Tolteken** schließen. Die danach in diesem Teil von Veracruz ansässigen Totonaken wurden im 15. Jahrhundert von den Azteken tributpflichtig gemacht. El Tajín fand nach der Eroberung Mexikos durch die Spanier (1519 – 1521) zunächst keine Beachtung.

EL TAJÍN ERLEBEN

AUSKUNFT

www.mexconnect.com/mex_/veracruz/tajin.html

VERKEHRSVERBINDUNGEN

Mit dem Flugzeug reist man am besten nach Poza Rica und von dort fährt man mit dem Auto ca. 15 km nach El Tajín. Wer mit dem Wagen unterwegs ist, nimmt von Mexiko-Stadt zunächst die MEX 85 Richtung Teotihuacán, dann die MEX 130 und 132 (Vanillestraße) über Tulancingo und Poza Rica (insg. ca. 300 km). Von Veracruz beträgt die Strecke auf der MEX 180 über Nautla und Papantla etwa 240 km. Die Busfahrt von Veracruz nach Papantla dauert ca. 4 Stunden; von dort kommt man mit den lokalen Bussen nach El Tajín.

Dieser Ritus wird vor allem von den Totonaken, aber auch von den Huasteken und Otomí vorgeführt. Ähnliche Fliegerspiele kennen die Chorti in Honduras und die Quiché in Guatemala.

TANZ DER VOLADORES

Berühmt geworden ist Papantla durch das Fliegerspiel der Voladores, das an hohen Feiertagen, vor allem während des acht Tage dauernden Fronleichnamsfestes zelebriert wird. Auch in El Tajín wird es am Eingang der Ausgrabungsstätte von fünf Männern in traditionellen Kostümen vorgeführt.

Diese Zeremonie ist ursprünglich Teil eines Kultdramas, das um den Mythos des jungen Maises kreist und von dem vorspanische Darstellungen in Bilderschriften überliefert sind.

Teil eines Fruchtbarkeitsritus

Nach einigen Vorbereitungszeremonien klettern die fünf Männer auf die etwa 30 m über dem Boden gelegene Plattform eines Mastes. Der Anführer fängt damit an, Flöte zu spielen und Gebete für die Fruchtbarkeit des Landes in alle Richtungen zu senden. Nun beginnen vier Männer (Tocotines), die kopfüber an einem Seil hängen, das mit der Mastspitze verbunden ist, in immer größer werdenden Bahnen um den Mast zu kreisen, bis sich das Seil abgewickelt hat und sie wieder auf den Boden kommen. Jeder vollführt dabei 13 Umdrehungen, alle zusammen ziehen also 52 Kreise, entsprechend dem **52-Jahre-Zyklus** des präkolumbischen Kalenders.

Mittlerweile ist die tiefere Bedeutung des »Tanzes« verloren gegangen, auch wenn sich die heutigen Voladores genau an die Schilderung alter spanischer Chroniken halten, in denen der Ritus für eine fremde Sportart oder Körperübung gehalten wurde. Lediglich um ein Element wurde er erweitert: die Bitte um ein kleines Trinkgeld.

Am Eingang werden in einem neuen Museum ein Modell der Anlage in Miniaturform und Fundstücke aus den Ausgrabungen gezeigt, u. a. auch die anderswo so seltenen Säulentrommeln. **Museum**

Umgebung von El Tajín

Papantla

Von der Ruinenstätte sind es noch 15 km in südöstlicher Richtung nach Papantla (120 000 Einw.), einem hübschen Ort in einer hügeligen, von dichtem Tropenwald bewachsenen Landschaft, der auch als Zentrum der ausgedehntesten Vanillepflanzungen Amerikas gilt. Berühmt geworden ist Papantla durch das Fliegerspiel der **Voladores**. Hinter der Kirche am Parque Téllez kann man auf dem Hügel die Statue eines Flöte spielenden Voladors sehen, der als Inbegriff der Totonaken-Tradition angesehen wird.

Poza Rica

Nur 19 km nordwestlich von El Tajín liegt die Industriestadt Poza Rica (180 000 Einw.). Fährt man von dort weiter nach Norden Richtung Tihuatlán, zweigt nach 15 km eine Straße zum 22 km entfernten Ort Teayo ab. Auf dem Hauptplatz des Dorfs steht die gut restaurierte Pyramide **Castillo de Teayo**.
Die obere Plattform des fast 13 m hohen, dreistufigen Gebäudes zeigt noch Reste eines rechteckigen Tempels. Die bisher an der Pyramide aufgestellten, meist aztekischen Skulpturen, werden nun in einem kleinen Museum gezeigt. Andere ähnliche Plastiken findet man in den Ortsteilen Zapotitlán und La Cruz. Zunächst nahm man an, dass die Azteken die Pyramide im 15. Jahrhundert an ihrem Stützpunkt im Totonakengebiet errichtet hatten; heute glaubt man, dass sie schon mindestens 400 Jahre früher von aus Tula gekommenen Tolteken erbaut wurde.
Von einem geplanten Tunnelbau verspricht man sich, auf einen huastekischen Gebäudekern zu stoßen. Erst um 1870 wurde die Umgebung der Pyramide besiedelt. Die Dorfbewohner benutzten Teile des altindianischen Baus zur Errichtung ihrer Häuser.

Tuxpan

Etwa 55 km nördlich von Poza Rica liegt 10 km landeinwärts der Flughafen Tuxpan. Die Stadt (135 000 Einw.) ist bekannt für ihre erstklassigen Angelmöglichkeiten in Fluss und Meer. In den Sommermonaten, hauptsächlich Ende Juni / Anfang Juli, finden hier beliebte Angelwettbewerbe statt. Westlich des Parque Reforma kann man sich im archäologischen Museum totonakische und huastekische Funde ansehen.
Fidel Castro und einige seiner Mitkämpfer hielten sich 1956 in Tuxpan auf, als sie Pläne für die Kubanische Revolution schmiedeten. Mit diesem Teil der Stadtgeschichte befasst sich das Museum der mexikanisch-kubanischen Freundschaft (Museo Histórico de la Amistad México-Cuba). Gleich daneben steht eine **Nachbildung der »Granma«**, mit der Fidel Castro und 82 seiner Kameraden nach Kuba aufbrachen.

Pater Hidalgo im Fresko Orozcos

cken Stil mit Säulen mit Zickzackmuster, großen Voluten und churrigueresken, Estípites genannten Wandpfeilern. Er wurde 1774 vollendet. Das Treppenhaus und einer der Sitzungssäle wurden von dem aus Jalisco stammenden berühmten Freskenmaler **José Clemente Orozco** mit Wandmalereien ausgeschmückt. Dargestellt sind Hidalgo im Unabhängigkeitskrieg und Helden der drei großen mexikanischen Kriege. An Donnerstag- und Sonntagabenden finden hier meist Konzerte mit typischer Jalisco-Musik statt.

Die **Plaza de la Rotonda**, nördlich der Kathedrale, ist umringt von 12 Bronzeskulpturen, die Berühmtheiten aus Jalisco darstellen. Sechs von ihnen sind bei der Rotonda de los Hombres Illustres, einer Säulenrotunde in der Mitte des Platzes, beigesetzt. Im ehemaligen Jesuitenseminar (San José Liceo 60), einem spätbarocken, zweistöckigen Gebäude an der Ostseite des Platzes, befindet sich das Museo Regional de Guadalajara. Dieses vielseitige Museum informiert über die Archäologie der westlichen Bundesstaaten und der Westküste, Ethnologie (Huicholes, Cora, Leben der Charros), und besitzt religiöse Gegenstände sowie historische und paläontologische Sammlungen. Die Gemäldesammlung zeigt Kolonialkunst des 17. bis 19. Jahrhunderts, europäische Maler des 18. und 19. Jahrhunderts sowie moderne mexikanische Gemälde und Fresken.

✶ ✶ Museo Regional ▶

Plaza de la Liberación

✶ Teatro Degollado ▶

An der östlichen Seite der Kathedrale schließt schließlich die riesige Plaza de la Liberación an, an deren entgegengesetzter Seite das eindrucksvolle Teatro Degollado aufragt. Das neoklassizistische Theater wurde Ende des 19. Jahrhunderts eröffnet. In seiner Kuppel beeindrucken **Fresken** mit Szenen aus Dantes »Göttlicher Komödie« von Gerardo Suárez. Den Palacio Legislativo mit seinen massiven Steinsäulen kann man an der Nordseite des Platzes erkennen.

Palacio de Justicia

Auf der anderen Straßenseite (Hidalgo) steht der Justizpalast (Palacio de Justicia), in dem sich einst das erste Nonnenkloster der Stadt befand. Ein Wandgemälde von Guillermo Chávez, das u. a. Benito Juárez zeigt, kann man im Treppenhaus bewundern.
Ganz in der Nähe, wo sich die Straßen Hidalgo und Carranza kreuzen, steht der **Templo de Santa María de Gracia.** Er diente der Stadt in den Jahren 1549 bis 1618 als erste Kathedrale.

Plaza Tapatía

Hinter dem Theater befindet sich die Plaza Tapatía, ein moderner Platz mit Einkaufszentrum. Sie dehnt sich etwa einen halben Kilometer nach Osten zum Instituto Cultura de Cabañas aus.

Instituto Cultura de Cabañas

Vom Theater sind es vier Häuserblocks nach Osten über die neu geschaffene Fußgängerzone Plaza Tapatía zum ehemaligen Hospicio Cabañas, einem Anfang des 19. Jahrhunderts von Manuel Tolsá errichteten neoklassizistischen Waisenhaus. Es diente schon als Heim für geistig Behinderte, Militärbaracke und als Gefängnis. 1811 soll Miguel Hidalgo hier sogar eine Proklamation gegen die Sklaverei unterschrieben haben. Heute beherbergt es als Kulturinstitut ein Museum, ein Theater und eine Schule. Über 100 Werke Orozcos werden hier ständig gezeigt, daneben gibt es noch wechselnde Ausstellungen, Tanz- und Theatervorführungen sowie Konzerte.

✶✶ **Orozco-Fresken**

In einer ehemaligen Kapelle des Gebäudes, das 23 Patios umschließt, befinden sich die wahrscheinlich schönsten Fresken von José Clemente Orozco, der sich hier in den Jahren 1938/1939 mit den vier Elementen, der Kunst und der Wissenschaft, der Conquista und den vier Reitern der Apokalypse beschäftigte. Die Krönung seines Werkes ist der **»Mensch in Flammen«** (»Hombre del Fuego«) in der Kuppel. ◄ Abb. S. 79 In verschiedenen Räumen um die Patios widmet sich eine Ausstellung dem Werk Orozcos. Ende 1997 wurde das Gebäude Hospicios Cabañas samt den Orozco-Fresken von der UNESCO in die Liste des Weltkulturerbes aufgenommen.

✶ **Plaza de los Mariachis**

In ganz Mexiko und über die Landesgrenzen hinaus ist die Plaza de los Mariachis zwischen der Calle Mina und der Calzada Independencia Sur ein Begriff. In der kleinen Gasse, in der sich Restaurants und Straßencafés aneinanderreihen, spielen die Mariachis bis spät in die Nacht (►Baedeker Special S. 311).

Weitere Kirchen

Neben der Kathedrale und dem Templo de Santa María de Gracia gibt es im Zentrum Guadalajaras noch 13 weitere Kirchen. Hier soll nur auf einige speziell hingewiesen werden:

✶ ◄ Santa Mónica

Nahe der Kreuzung Santa Mónica und San Felipe erhebt sich die aus der zweiten Hälfte des 17. Jahrhunderts stammende Kirche Santa Mónica. Die barocke Portalfassade zeigt reiche und feingearbeitete Ornamente (Weintrauben, Maiskolben, Engel, Doppeladler und Ordenssymbole). An der Ecke über dem Straßenverkehr ist die sehr früh entstandene St.-Christophorus-Statue angebracht. Der barocke **Templo de La Merced** in der Nähe der Kathedrale (Ecke Hidalgo / Loza) wurde 1650 erbaut. Sein Innenraum bietet eine Fülle an Goldverzierungen, schönen Gemälden und Kristallleuchtern.

Das Santuario de **Nuestra Señora del Carmen** an dem kleinen Platz an der Ecke Calle Juárez und 8 de Julio ist ebenfalls eine sehr hübsche Kirche mit viel Gold und Wandmalereien. Eher streng wirkt der Templo de Aranzazú (Ecke Calle 16 de Septiembre / Blanco) aus

✶ ◄ Templo de Aranzazú

★ **Tlaquepaque**

Die Vorstadt San Pedro Tlaquepaque mit ihren Läden für Keramik, Glas, Tieren aus Pappmachee und anderem Kunsthandwerk (7 km südöstlich der Stadtmitte gelegen) zieht viele Touristen an. Schon seit jeher war der Ort ein Zentrum des Töpferhandwerks. Einige der schönsten Arbeiten sind im **Museo Regional de la Cerámica** y los Artes Populares de Jalisco zu bewundern. Gegenüber kann man in einer Glasfabrik den Arbeitern zusehen.

Tonalá

Nach weiteren 7 km gelangt man nach Tonalá, ebenfalls bekannt wegen seiner Keramikarbeiten und weniger touristisch als Tlaquepaque. Verschiedene Formen und Muster aus Guadalajara kann man im **Keramikmuseum** (Constitución 110) sehen. Vor wenigen Jahren wurde hier auch ein Museum für Archäologie und Volkskunst (Tonalán, Calle Ramón Corona 73) eröffnet. Es enthält v. a. moderne Keramik, präkolumbische Funde aus Jalisco und Masken. In altindianischer Zeit war Tonalá die Hauptstadt des Staates Tonalán.

Verdiente Pause vor einem Agavenfeld: Esel werden auch heute noch bei der landwirtschaftlichen Arbeit eingesetzt.

Umgebung von Guadalajara

★ **Laguna de Chapala**

Rund 55 km südöstlich von Guadalajara stößt man auf Mexikos größten natürlichen See, die Laguna de Chapala. Der 82 km lange und durchschnittlich 28 km breite See gehört überwiegend zu Jalisco und nur in seinem südöstlichen Teil zu Michoacán. Mitten im See liegen die drei Inseln Chapala (Alacranes), Mezcala (Presidio) und Maltarana.
Obwohl er zeitweise stark verschmutzt und das Schwimmen beeinträchtigt ist, bietet der von niedrigen, meist kahlen Bergen umgebene See doch vielfältige Wassersportmöglichkeiten. Unter den Speisefischen, die im See gefangen werden, findet man Karpfen (carpa), Mojarra, Katzenwels (bagre) und Weißfisch (pescado blanco). Die hübsche Lage und das angenehme Klima hat viele US-Amerikaner und Kanadier angezogen, die sich am Nordwestufer des Sees niedergelassen haben.

Chapala

Zu den wichtigsten Orten am See gehört Chapala (60 000 Einw.), das zusammen mit der Nebengemeinde Chula Vista die größte Ausländerkolonie hat. Bereits in den Jahren 1904 bis 1907 entwickelte es sich zu einem Badeort, als der Präsident Porfirio Díaz es zu seinem Feriendomizil erkor.
Am Ufer, nahe der Avenida Madero, gibt es einen hübschen Park und einige Verkaufsstände, die kunstvolle Webarbeiten anbieten. Kunsthandwerk kann man auch im Mercado de Artesanías bekommen. Der große Parque La Cristiana lädt zum Schwimmen und Picknicken ein.
Ajijic ist ein Fischerdorf mit Künstlerkolonie, einem kleinen archäologischen Museum und mehreren Läden, in denen man handgewebte Stoffe und Stickereien kaufen kann. Bekannt wurde Ajijic auch durch seine Thermalbäder, die jedoch von US-amerikanischen Touristen überlaufen sind.
In **San Juan Cosalá**, 10 km westlich von Ajijic auf dem Weg nach Jocotepec, gibt es ein sehr schön gelegenes Thermalbad mit einem eigenen natürlichen Geysir und mehreren Pools.
Weithin bekannt ist **Jocotepec**, etwa 20 km westlich von Chapala, für seine weißen Sarapes (Ponchos). Obwohl es ebenfalls ein hübsches Fischerdorf mit kleiner Künstlerkolonie ist, spielt der Tourismus hier eine weniger große Rolle wie in Chapala und Ajijic. Am 14./15. Januar wird hier die Fiesta de los Dulces Nombres begangen.

★ **Tequila**

Tequila (50 km nordwestlich von Guadalajara) mit seiner hübschen Kirche San Francisco, ist seit dem 18. Jahrhundert ein Zentrum der Tequila- und Mezcalherstellung (► Baedeker Special S. 314). Diese hochprozentigen Getränke werden aus dem gegorenen Saft der Maguey-Agave gebrannt. Die in der Stadt angesiedelten Brennereien, die Führungen und Verkostungen durchführen, werden von den großen Agavenplantagen der Umgebung beliefert.

Tequila-Probe nach Geruch, Farbe und Geschmack

BRENNENDER AGAVENSAFT

»Wie ein Feld aufrechter Schwerter« – so beschrieb schon Paul Theroux in seinem »Patagonienexpress« die Felder blauer Maguey-Agaven, die im trockenen Hochland des Bundesstaates Jalisco und in ein paar benachbarten Gebieten (Nayarit, Michoacán, Guanajato und Tamaulipas) wachsen. Vor mehr als 100 Jahren wurde entdeckt, dass man aus ihrem Saft Tequila herstellen kann. Brennereien für diesen wohlschmeckenden Branntwein kann man in Guadalajara und in Tequila besichtigen.

In präkolumbischer Zeit nutzten die Indianer die Agave als Nahrungsmittel, Rohstoff für Kleidung, Papier und – wegen ihrer Stacheln – als Folterinstrument. Aus Agavensaft soll von den Indios am Tiquila-Vulkan auch eine Art Schnaps gebraut worden sein, der bei religiösen Ritualen und zur Opferung von Gefangenen getrunken wurde. **Destillen**, in denen Tequila hergestellt wurde, entstanden aber erst nach Ankunft der spanischen Soldaten. Die erste wurde 1795 durch Dekret König Karls IV. von Spanien gegründet und besteht heute noch. **La Rojena**, die Destillerie José Cuervo – bekannt durch ihr Logo mit der schwarzen Krähe – ist mittlerweile die größte des Landes.

Rund 70 Millionen Liter werden in Jalisco jährlich gebrannt, die bekanntesten Hersteller sind **Sauza und Cuervo**.

Wie entsteht Tequila?

Obwohl es mehr als 400 Arten von Agaven gibt, kann man nur aus einer, der **blauen Maguey-Agave**, Tequila gewinnen. Auch heute noch werden die Pflanzen von Hand gesetzt und

geerntet. Aufgrund ihrer blau schimmernden, an aufrechte Schwerter erinnernden Blätter hält man sie für eine Art Kaktus, doch in botanischer Hinsicht hat sie mehr mit einer Lilie gemein.

Nach etwa 12 Jahren, wenn die Agave geerntet werden kann, hat ihr Herz (**piña**) die Größe eines Wasserballs erreicht und wiegt etwa 50 kg. Dann werden die stacheligen Blätter abgehackt, das Herz zerkleinert und geröstet, damit das Getränk später den charakteristischen Geruch und Geschmack erhält. Etwa drei Tage lang kocht man das Herz, bis es weich ist, dann schnetzelt man es klein und entsaftet es.

Der so gewonnene Saft, Honigwasser (**aguamiel**) genannt, ist golden und hat eine sirupartige Konsistenz. In Fässer gepumpt, mit Zuckerwasser und Hefe vermischt, muss er dann 30 bis 32 Stunden vor sich hin gären, bevor er zweimal destilliert wird.

Übrigens wird nur der aus der oben genannten Region stammende Agavenschnaps heute als Tequila bezeichnet – nicht die Branntweinart an sich, sondern allein die Marke der dortigen Hersteller trägt diese spezielle Bezeichnung.

Wie trinkt man Tequila?

Man unterscheidet vier Arten von Tequila. Welche die beste ist, und welchen man am liebsten trinkt, ist allein Geschmackssache. Die Mexikaner genießen ihn gern **mit Salz und Limone**, edle Abfüllungen aber auch pur.

In der Regel wird zuerst etwas Limonensaft auf den Handrücken zwischen Daumen und Zeigefinger geträufelt und darauf eine Prise Salz gestreut. Nun leckt man das Salz auf, leert den Tequila **in einem Zug** und beißt anschließend in die Limone. Bei mehr als einem Glas zeigt er schon bald seine brennende Wirkung.

Welche Sorten gibt es?

Weißer und brauner Tequila unterscheiden sich erheblich:

Tequila blanco wird direkt nach der Destillation abgefüllt, ist klar und schmeckt frisch, zuweilen auch ein wenig scharf.

Beim **Gold Tequila** handelt es sich entweder um eine ebenfalls junge Sorte, der Färbemittel und Geschmacksverstärker (meist Karamel) zugesetzt wurden, oder um einen Verschnitt aus weißem und einem älteren Tequila, der einige Zeit in einem Holzfass gereift ist.

Der **Tequila reposado** hat dagegen etwa acht Monate in Eichenfässern zugebracht. Ihm wurden außerdem Färbe- und Geschmacksmittel zugesetzt, so dass er eine hellbraune Färbung hat und auch um einiges milder schmeckt.

Ein **Añejo** ist etwa ein bis zwei Jahre im Eichenfass gereift. Auch er erhält Farbstoffe und Geschmacksverstärker. Aufgrund seiner goldbraunen Farbe, seinem runden Aroma und dem milderen Geschmack ist er sehr beliebt. Mit zunehmendem Alter wird er immer weicher und man trinkt ihn wie einen guten Brandy oder einen älteren Rum.

Ausflugsfahrten zu Tequila-Brennereien

Ausflugsfahrten in die Tequila-Region nordwestlich von Guadalajara, verbunden mit der Besichtigung einer Brennerei, starten täglich vom San-Francisco-Park in Guadalajara und in Tequila.

Neben der bereits erwähnten Destille **Cuervo** gehört **Tequila Sauza** zu den größten Brennereien. Hier kann man die bekannten Fresken sehen, die die frühen Produktionsmethoden und die Freuden des Tequilatrinkens zeigen.

Auch **Herradura**, eine alte Hacienda in Amatitlán (8 km von Tequila entfernt) ist einen Besuch wert.

1795
1995
Jose Cuervo
DOS SIGLOS

GUANAJUATO ERLEBEN

AUSKUNFT

Información Turística
Plaza de la Paz 14 (rechts der Basilika)
Tel. (473) 732 15 74. Weitere Infostelle an der Calle 5 de Mayo/Juárez.
www.guanajuato.com

VERKEHRSVERBINDUNGEN

Mit dem Auto legt man die 370 km zwischen Mexiko-Stadt und Guanajuato am besten auf der MEX 57 und MEX 45 zurück. Der Bus benötigt für die Strecke etwa 5,5 Stunden.

VERANSTALTUNGEN

Alljährlich findet im Oktober das Festival Internacional Cervantino statt, ein mehrere Wochen dauerndes Musik-, Theater- und Tanzfestival von internationalem Rang.

EINKAUFEN

Im Mercado Hidalgo werden vornehmlich Kunsthandwerk (Ton- und Keramikwaren) verkauft. Besuchen sollte man auch die staatliche Casa de Artesanías am Jardín de la Union.

ESSEN

► Erschwinglich

② ***La Casona del Cielo***
Calle Pastita 76
Tel. (473) 731 20 00
Im zweiten Stock eines Hauses gegenüber der Werkstatt des bekannten Keramikkünstlers Gorky González befindet sich das mit seinen Werken und Bildern von Chávez Morado dekorierte Restaurant. Ausgefallene mexikanische Speisen zu mittleren Preisen.

► Preiswert

① ***El Retiro***
Calle Sopena 12
Tel. (473) 732 06 22
Das traditionelle, sehr gut besuchte Restaurant liegt gegenüber dem Teatro Juárez.

ÜBERNACHTEN

► Luxus

① ***Parador San Javier***
Plaza Aldama 92
Tel. (014) 732 06 26
Fax (014) 732 31 14
Die etwa 15 Minuten vom Zentrum gelegene, restaurierte Hacienda San Javier (113 Z.) wurde 1971 zu einem Hotel umgebaut. Ältere Zimmer haben offene Kamine, neuere TV-Satellit-Antennen.

► Preiswert

② ***Hostal Cantarranas***
Calle Cantarranas 50 (beim Teatro Principal)
Tel. (473) 732 52 41
Fax (473) 732 17 08
Freundliche, kleine Pension mit wundervollem Dachgarten und traumhaftem Ausblick auf die Stadt.

Rul errichtet wurde. In diesem Palais hielt sich 1803 für gut einen Monat der deutsche Naturforscher und Geograf **Alexander von Humboldt** auf.

✶ Plazuelas

Zu beiden Seiten der Avenida Juárez befinden sich mehrere malerische Plazuelas (kleine Plätze). Von der links gelegenen Plazuela de los Ángeles zweigt der Callejón del Beso (Kussgässchen) ab; der Name kommt von der geringen Breite (68 cm) dieses steilen Durchgangs, die es Liebespaaren erlaubt, sich aus gegenüberliegenden Fenstern zu küssen. Etwas weiter liegt auf der linken Seite der Markt Mercado Hidalgo, der 1910 eröffnet wurde. Gegenüber führt eine Straße zur Klosterkirche Templo de Belén (Kirche von Bethlehem), einem 1773 begonnenen Bau mit churrigueresker Fassade.

✶ ◄ Callejón del Beso

✶ **Alhóndiga de Granaditas**

Nördlich dieser Kirche liegt die Alhóndiga de Granaditas, ein ehemaliger Getreidespeicher. Das 1799 fertig gestellte Gebäude diente später abwechselnd als Gefängnis und Festung, deren Tor der Minenarbeiter Juan José de los Reyes Martínez, genannt El Pípila, sprengte, wodurch er zum Volkshelden Guanajuatos wurde.
Heute beherbergt der Bau das Museo del Alhóndiga Granaditas, in dem archäologische und ethnologische Funde der Region sowie historische Erinnerungsstücke gezeigt werden, darunter Exemplare zur Geschichte des Silberbergbaus. Das Treppenhaus ist mit **Wandmalereien** von José Chávez Morado (entstanden um 1955 – 1966) zu Themen der Unabhängigkeits- und Revolutionsgeschichte der Alhóndiga de Granaditas sowie der folkloristischen Tradition ausgestaltet. An den Ecken der Alhóndiga hängen noch die Haken für die eisernen Käfige, in denen die Köpfe der von den Spaniern 1811 in Chihuahua hingerichteten Freiheitshelden Hidalgo, Allende, Jiménez und Aldama bis zur Unabhängigkeit Mexikos 1821 zur Schau gestellt wurden.

Mural von Chavez Morado

Mercado Hidalgo

Die Eisen-Stahl-Konstruktion der Markthalle auf dem Gelände der ehemaligen Stierkampfarena Plaza de Toros de Gavira wurde von **Gustave Eiffel** in Frankreich entworfen und war dort eigentlich für einen Bahnhof bestimmt. In den Jahren 1905 bis 1910 wurde sie dann in Mexiko als Markthalle errichtet. Der damalige Präsident Mexikos, Porfirio Díaz, weihte sie im Rahmen der Festlichkeiten zur 100-jährigen Unabhängigkeit Mexikos ein.

Museo Diego Rivera

An der Calle de los Pósitos, Ecke Calle Mollas, liegt das **Geburtshaus des berühmten Freskenmalers Diego Rivera** (► Baedeker Specials S. 79, 405). Es beherbergt heute ein Museum zum Künstler und seinem Werk. Rivera und sein Zwillingsbruder, der schon im Alter von zwei Jahren starb, wurden hier 1886 geboren, allerdings zog die Familie sechs Jahre später nach Mexiko-Stadt. Lange Jahre war der

Marxist Rivera im katholischen Guanajuato nicht gerade beliebt, doch heute ehrt ihn die Stadt mit einer kleinen Ausstellung. Im Erdgeschoss sind hauptsächlich Möbel zu sehen, im ersten und zweiten Stock an die 70 Bilder und Skizzen des Malers (Öffnungszeiten: Di. – Sa. 10.00 – 18.30, So. 10.00 – 14.30 Uhr).

Plaza San Roque

Südwestlich öffnet sich die Plaza San Roque mit der gleichnamigen Barockkirche. Dieser Platz bildet die stimmungsvolle Kulisse für die Entremeses Cervantinos (Cervantinische Zwischenakte), Einakter des spanischen Dichters Miguel de Cervantes Saavedra (1547 – 1616), des berühmten Verfassers des »Don Quijote«. Die Aufführungen werden von der Universität alljährlich zu gegebenen Anlässen inszeniert, vornehmlich zu den meist im Oktober stattfindenden Cervantes-Festspielen.

★ Cervantes-Festspiele ►

★ **Museo del Pueblo de Guanajuato**

Am Ende der Calle de los Pósitos hat in der ehemaligen Residenz des Marqués de Rayas das Stadtmuseum (Museo del Pueblo de Guanajuato) seinen Sitz. In diesem Museum werden in Wechselausstellungen u. a. Werke des Malers José Chávez Morado sowie Volkskunstsammlungen gezeigt (Öffnungszeiten: Di – Sa. 10.00 – 18.30 Uhr).

Universidad

Nördlich davon erhebt sich das 1955 umgebaute Hauptgebäude der Universität. Eine eindrucksvolle Freitreppe führt zu dem aus weißem Stein errichteten Bauwerk, das sich mit seinem maurisch beeinflussten Kolonialstil harmonisch in das Gesamtbild Guanajuatos einfügt. Das **Mineralogische Museum** auf dem Campus gehört zu den besten seiner Art weltweit. Zu seinen mehr als 20 000 Stücken zählen einige äußerst seltene Exemplare, die nur in der Region Guanajuatos gefunden wurden.

Guanajuato Orientierung

Übernachten
① Parador San Javier ② Hostal Cantarranas

Essen
① El Retiro ② La Casona del Cielo

Der wuchtige Bau der Kirche La Compañía östlich der Universität ist eine Jesuitengründung aus dem Jahr 1747. Die Fassade ist in churrigueresker, die gewaltige Kuppel in neoklassizistischem Stil gehalten. In der Kirche sind zwei Gemälde des großen mexikanischen Malers Miguel Cabrera beachtenswert. Der Weg zum Hauptplatz zurück führt über die Plazuela del Barratillo, deren hübscher Brunnen ein Geschenk Kaiser Maximilians von Mexiko an die Stadt war.

★★ La Compañía

Es empfiehlt sich, eine Fahrt durch die Avenida Miguel Hidalgo zu unternehmen. Sie verläuft streckenweise unterirdisch über einem früheren Flussbett und mündet in die Carretera Panorámica, von der man eine großartige Aussicht hat. An dieser Straße liegt südwestlich auch das Denkmal des Pípila (**Monumento al Pípila**).

Avenida Miguel Hidalgo

Die Carretera Panorámica führt in nördlicher Richtung zu der Iglesia de Cata (Iglesia del Señor de Villaseca) an der Calle Mineral de Cata, die im ersten Viertel des 18. Jahrhunderts erbaut wurde und eine bemerkenswerte churrigueresker Fassade aufweist.
Weitere Kirchen sind San Francisco, Guadalupe und Pardo mit der hierher verlagerten Fassade der Kirche San Juan Rayas.

Iglesia de Cata

Die Calzada de Tepetapa führt am Bahnhof in Richtung Guadalajara vorbei zum Friedhof (Penteón Municipal), dem ein makabres Mumienmuseum (Museo de las Momias) angeschlossen ist. Hier sind in einer Krypta in Vitrinen mehr als 100 mumifizierte Leichname von Männern, Frauen und Kindern aus den letzten 120 Jahren ausgestellt, deren hervorragender Erhaltungszustand auf die in der Friedhofserde enthaltenen Mineralsalze zurückzuführen sein soll.

★ Museo de las Momias

Öffnungszeiten: tgl. 9.00 – 18.00

Umgebung von Guanajuato

Auf der Straße Richtung Silao führt nach etwa 16 km eine Straße rechts ab zum noch 14 km entfernten Cerro del Cubilete (2700 m), den die weithin sichtbare, fast 23 m hohe Christkönigsstatue (**El Cristo Rey**) krönt. Sie wurde in den 1920er-Jahren errichtet und ist ein beliebtes Ziel für Ausflügler und Pilger (speziell am Karfreitag), besonders wegen des herrlichen Rundblicks über das Bajío und die Berge des Taraskenlands.

Cerro del Cubilete

Etwa 5 km außerhalb von Guanajuato liegt an der Straße nach Dolores Hidalgo die Kirche La Valenciana oder San Cayetano. Sie wurde auf Veranlassung des Conde de Valenciana, Antonio Obregón y Alcocer, Besitzer der berühmten Silbermine, gebaut. Diese Kirche, die die höchste und letzte **Blüte des mexikanischen »Ultrabarock«** repräsentiert, wurde 1788 eingeweiht. Die Fassade ist im späten churrigueresken Stil gehalten, während die Fenster an den Seiten Neo-Mudéjar-Bogen aufweisen. Vom Garten führt eine Seitentür in die Kirche; sie ist mit einer kunstvoll aus Stuck geformten, verzierten Muschel und

★ Iglesia La Valenciana

sehenswerte Bauten, wenn man von der Kirche San Fernando, dem Gebäude der Banco de Sonora und dem Rathaus (Palacio Municipal) einmal absieht.

Wassersport Guaymas ist aber bei Touristen wegen seiner Wassersportmöglichkeiten, insbesondere als Stützpunkt für das Hochseefischen, sehr beliebt. Zu den populären Stränden gehören Miramar, San Francisco, San Carlos Lalo und Catch 22. Die Inseln San Nicolás, Santa Catalina und San Pedro bieten sehr gute Tauchsportbedingungen und Möglichkeiten zur Beobachtung der Vogelwelt und der Seelöwen.

Fähre nach Baja California Guaymas ist Ablegehafen für die Fähre nach Santa Rosalía, das ungefähr in der Mitte der Halbinsel Baja California liegt (►Praktische Informationen, Verkehr). Guaymas wird direkt von La Paz, Tijuana, Guadalajara und Tucson (Arizona) angeflogen.

San Carlos Um das von Guaymas 20 km nordwestlich gelegene Dorf San Carlos (5000 Einw.) hat sich ein für Sportfischer und Taucher attraktives Touristenzentrum entwickelt.

San José de Guaymas Etwa 10 km nördlich von Guaymas gelangt man in das Dorf San José de Guaymas, das eine Wallfahrtskirche der Jesuiten aus dem 18. Jahrhundert besitzt.

✶ Felsmalereien bei La Pintada La Pintada ist zu erreichen über die MEX 15 Richtung Hermosillo. Nach ca. 80 km zweigt ein Feldweg nach rechts zur dann noch 6 km entfernten Ortschaft ab. Von hier führt ein 20-minütiger Aufstieg zu interessanten Felsmalereien, die an den Wänden einer Schlucht angebracht sind. Zu sehen sind – vorwiegend in **Schwarz-, Ocker- und Rottönen** – Reit-, Tanz-, Jagd- und Bootsszenen sowie Tier- und Wappenzeichen, die vermutlich von Seri-Indianern stammen.

In der Cueva La Pintada

Etwa 130 km südöstlich von Guaymas liegt die moderne Stadt **Ciudad Obregón** (380 000 Einw.). Die Stadt, die bis 1924 nach einem Yaqui-Häuptling Cajeme hieß, ist ein wichtiges Verarbeitungszentrum für die landwirtschaftlichen Produkte der Umgebung. Der Anbau von Getreide, Baumwolle, Alfalfa, Reis u. a. wird durch den Álvaro-Obregón-Stausee ermöglicht.

Nach weiteren 68 km in südöstlicher Richtung erreicht man **Navojoa** (145 000 Einw.), eine rasch wachsende, moderne Stadt – Zentrum der durch künstliche Bewässerung ertragreich gemachten Landwirtschaft (Baumwolle, Obst und Gemüse).

Álamos

Landeinwärts, 53 km östlich von Navojoa, liegt die unter Denkmalschutz stehende ehemalige Bergwerksstadt Álamos (10 000 Einw.). Nachdem die ersten Gold- und Silberlagerstätten entdeckt worden waren, wuchs der Ort rasch und zählte nach knapp 100 Jahren bereits mehr als 30 000 Einwohner. Der Niedergang der Stadt begann mit den fallenden Silberpreisen; Angriffe der kriegerischen Mayo-Indianer und die Revolutionswirren ließen den Ort veröden und machten ihn schließlich zu einer Geisterstadt. Nach dem Zweiten Weltkrieg ließ sich eine Gruppe US-amerikanischer Künstler in Álamos nieder und begann mit der Restaurierung einiger Gebäude.
Sehenswert sind ferner die Pfarrkirche, das Haus für mexikanische Volkskunst und das Keramikzentrum 3 km außerhalb der Stadt. In den letzten Jahren sind zahlreiche Pensionäre aus den USA zugezogen, die für ihre Häuser eine amerikanisierte Version des Kolonialstils bevorzugen.

Hermosillo und Umgebung

Durchgangsstation nach Norden oder Süden

Hermosillo, am Zusammenfluss von Río Sonora und Río Zanjón gelegen (140 km nordöstlich von Guaymas), ist von Obst-, Gemüse- und Ackerland umgeben. Zudem versorgen die Bauern der Umgebung die ganze Region mit Fleisch, v. a. Truthahn und Rind. In jüngerer Zeit hat sich auch hier die **Veredelungsindustrie** (maquiladoras, s. S. 39) angesiedelt. Von den Bauten der Kolonialzeit ist wenig übrig geblieben, da die Stadt wegen des starken Wachstums der letzten Jahre weitgehend modernisiert wurde. Der Küstenabschnitt gegenüber der Isla Tiburón ist wegen des angenehmen Winterklimas ein beliebtes Ziel für Touristen. Die meisten Reisenden nutzen den Ort allerdings eher als Durchgangsstation auf dem Weg nach Norden oder Süden.
Im Jahr 1531 drangen die ersten Spanier in das Gebiet vor und stießen auf kriegerische Indianerstämme. Erst 1742 errichtete Agustín de Vildósola eine befestigte Siedlung, die El Real Presidio de la Santísima Trinidad de Pític genannt wurde. Der Ort wurde 1828 zu Ehren des Freiheitskämpfers General José María Gonzáles Hermosillo umgetauft – seit 1879 ist sie Hauptstadt des Bundesstaats Sonora.

Ortsbild

Die Stadt bietet kaum bauliche Sehenswürdigkeiten. Zu erwähnen sind die neoklassizistische Kathedrale aus dem 19. Jahrhundert, der Regierungspalast (Palacio del Gobierno), der Madero-Park und der Aussichtspunkt Mirador auf dem Cerro de la Campana. An der Nordausfahrt auf die MEX 15 nach Nogales steht die Reiterstatue des Jesuitenmissionars Eusebio Francisco Kino.

Museo Regional de la Universidad de Sonora

Auf dem Gelände der modernen Universität befindet sich das Museo Regional de la Universidad de Sonora. Es enthält archäologische Funde aus Sonora und ethnologische Sammlungen zu den Indianerkulturen der **Seri, Pima, Ópata und Yaqui**. Bemerkenswert ist der wahrscheinlich mindestens 10 000 Jahre alte mumifizierte Yécora-Mensch, der in einer Höhle bei dem gleichnamigen Dorf gefunden wurde.

Centro Ecológico de Sonora

Zum Centro Ecológico de Sonora, 5 km außerhalb des Zentrums, gelangt man über den Zubringer Periférico Sur und die MEX 15. Im Zoo und im Botanischen Garten gibt es hauptsächlich Tiere und Pflanzen aus der Sonora-Wüste und anderen Teilen Nordwest-Mexikos zu sehen.

Bahía Kino

Etwa 115 km westlich von Hermosillo – zu erreichen durch ein Bewässerungsgebiet – liegt die hübsche Bucht Bahía Kino mit dem Fischerdorf Viejo Kino und dem Touristenort Nuevo Kino, der vielfältige Wassersportmöglichkeiten bietet. Die Orte sind nach dem berühmten Jesuitenpater und Forschungsreisenden **Eusebio Francisco Kino** (1644 – 1711) benannt, der Ende des 17. und Anfang des 18. Jahrhunderts mehr als 25 Missionen in Sonora gründete. Der aus Südtirol stammende Kino bewies u. a., dass Niederkalifornien keine Insel, sondern eine Halbinsel ist.

Paradiesische Farben im Nationalpark El Garrafón im Süden der Isla Mujeres

In Nuevo Kino lohnt ein Besuch des neuen Museo Regional (Calle Puerto Peñasco), in dem Kunsthandwerk der Seri gezeigt wird. Schnitzarbeiten dieses Stammes kann man in beiden Ortsteilen kaufen.

Punta Chueca

Nur 15 km nördlich von Kino liegt die kleine Siedlung Punta Chueca, die einen besonders schönen Strand hat und ein wichtiger Treffpunkt der Seri-Indianer ist.

Isla Tiburón

Die Isla Tiburón (Haifischinsel), mit einer Länge von über 50 km und einer Breite von bis zu 30 km die größte Insel Mexikos, liegt nur wenige Kilometer vor der Küste Sonoras im Golf von Kalifornien. Sie wurde 1540 von Fernando de Alarcón entdeckt und war lange Zeit Siedlungsgebiet der Seri-Indianer. Seit deren Umsiedlung 1976 ist die Insel ein unbewohntes Naturschutzgebiet mit einer reichen Fauna und Flora, das nur mit Genehmigung besucht werden kann.

★ Isla Mujeres

N 32

Bundesstaat: Quintana Roo (Q. R.) **Bewohner:** 40 000
Entfernung: 10 km nordöstl. v. Cancún

Die der Halbinsel Yucatán im Karibischen Meer vorgelagerte Isla Mujeres (Fraueninsel), die sich ungefähr auf der Höhe Cancúns befindet, ist etwa 8 km lang und bis zu 2 km breit. Es gibt weite Haine von Kokospalmen, zudem bietet sie schöne weiße Sandstrände, glasklare Lagunen und fischreiche Korallenriffe.

Geschichte

Über die vorspanische Geschichte der Isla Mujeres ist nur wenig bekannt. Die Maya haben allerdings eine Anzahl von Gebäuden hinterlassen, die zum Teil aus dem 8. und 9. Jahrhundert stammen. Die meisten vorgefundenen Tempel waren vermutlich der Mond- und Fruchtbarkeitsgöttin Ix-chel geweiht. Die Insel wurde 1517, also bereits zwei Jahre vor Cortés' Landung in Mexiko, von einer spanischen Expedition unter **Francisco Hernández de Córdoba** entdeckt. Dieser gab ihr auch ihren Namen, da er und seine Leute in den Maya-Ruinen auffallend viele weibliche Tonfiguren fanden. Wie die meisten karibischen Inseln war auch Isla Mujeres in der Folge ein Schlupfwinkel von Piraten und Schmugglern.
Vom Tourismus wurde die verschlafene und etwas heruntergekommene Insel erst spät entdeckt. Inzwischen ist sie nicht nur bei Rucksacktouristen ein **beliebtes Badeziel**. Verglichen mit Cancún, Playa del Carmen oder der Isla de Cozumel hält sich der Rummel jedoch in Grenzen und noch sind die einfachen Unterkünfte in der Überzahl. Zur Belebung des Handels wurde die Isla Mujeres zum Freihafen erklärt.

in der Mitte der Insel gelegenen Meeresbiologie-Station, in der Fische und Amphibien gezeigt werden und Vorführungen – unter anderem mit Delphinen – stattfinden.

Hacienda Mundaca Eine eigenartige Atmosphäre verbreitet die Hacienda Mundaca oberhalb der Playa Lancheros, welche die Überreste des Hauses und Gartens des baskischen Piraten und Sklavenhändlers Antonio de Mundaca aus dem vorigen Jahrhundert zeigt. Angeblich hat er sich in ein Inselmädchen verliebt und wollte dann ein ehrbares Leben führen. Als sie ihn jedoch verließ, starb er bald darauf vor Kummer.

Maya-Ruine Die interessanteste, vom Hurrikan Gilbert 1988 allerdings beschädigte Maya-Ruine auf Isla Mujeres liegt hinter dem Leuchtturm an der Südspitze. Sie soll als Observatorium, das der Göttin Ix-chel geweiht war, gedient haben. Von hier aus hat man einen prächtigen Blick auf die Karibische See und auf ►Cancún.

Umgebung der Isla Mujeres

Isla Contoy Ein interessanter Tagesausflug führt per Boot zu der ca. 20 km nördlich gelegenen Isla Contoy (Maya: conto = Pelikan). Als Vogelparadies mit mehr als 70 Vogelarten steht sie seit 1961 unter Naturschutz. Hier können Flamingos, Fregattvögel, Pelikane, Enten, Löffler, Kormorane und andere Vogelarten beobachtet werden.

Isla Holbox In den Gewässern zwischen Cabo Catoche und der Isla Holbox leben unter anderem Marline, Haie, Segelfische, Barrakudas, Zackenbarsche und Makrelen. Die Insel hat bislang ihren ursprünglichen Charakter erhalten; die endlosen Strände sind voller Muscheln und das Wasser ist klar und ruhig. Die Isla Holbox erreicht man, wenn man auf der MEX 180D Valladolid–Puerto Juárez eine Abzweigung nach Chiquilá nimmt (ca. 90 km). Von dort gibt es Bootsverbindungen zur Insel.

✶✶ Jalapa (Xalapa)

P 22

Bundesstaat: Veracruz (Ver.)
Einwohner: 650 000
Höhe: 1420 m ü. d. M.
Entfernung: 315 km östlich von Mexiko-Stadt

Jalapa, Hauptstadt des Bundesstaats Veracruz und Sitz einer Universität, ist auf mehreren Hügeln erbaut und liegt inmitten einer Gartenlandschaft am Fuße des Cerro de Macuiltepec.

Die Stadt ist von hohen Berggipfeln umgeben, unter denen der Cofre de Perote (Nauhcampatépetl) herausragt; im Süden kann man den

Pico de Orizaba (Citlaltépetl) sehen, den mit 5700 m höchsten Berg Mexikos. Die spezielle Lage bringt reiche Niederschläge und zeitweise eine feuchte Nebeldecke mit sich, die eine **üppige Vegetation** hervorrufen.

Geschichte

Als Cortés 1519 auf seinem Weg nach Mexiko-Stadt durch Jalapa kam, war es ein unter dem Einfluss der Azteken stehender, blühender Indianerort. Nach der Eroberung Mexikos wurde Jalapa in der Kolonialzeit berühmt durch die bedeutende jährliche Messe, auf der die mit den zurückkehrenden Silberschiffen aus Spanien kommenden Waren verkauft wurden. Lediglich 120 km von Veracruz und ca. 300 km von Mexiko-Stadt entfernt, war Jalapa auch eine wichtige Postkutschenstation.

Sehenswertes in Jalapa

Ortsbild

Aus spanischer Zeit stammen die engen Gassen und Straßen mit ihren farbenfrohen Häusern und üppigen Gärten, die einen starken Kontrast zu den breiten Avenidas der neueren Stadtteile bilden. Bedeutende Kolonialbauten gibt es wenige; erwähnenswert ist die Ende des 18. Jahrhunderts erbaute, mächtige Kathedrale schräg gegenüber vom Parque Juárez. Auf dessen anderer Seite steht der helle Regierungspalast (Palacio del Gobierno), der in seinem Inneren interessante Fresken zeigt. Anziehend ist auch der Parque Hidalgo (Paseo de los Berros). Einige Häuserblocks östlich davon liegen das neue Stadion (Estadio Jalapeño) und die Universität (Universidad de Jalapa), die für ausländische Studenten Sommerkurse anbietet. Beim Parque Juárez wurde Ende 1999 die Galerie Pinacoteca Diego Rivera eröffnet. Sie enthält drei Dutzend Werke des Künstlers aus dem Besitz des Bundesstaats Veracruz.

**** Museo de Antropología**

Im Nordwesten der Stadt, an der Ausfallstraße nach Mexiko-Stadt, liegt das Anthropologische Museum (Museo de Antropología de la Universidad Veracruzana). Zusammen mit dem Anthropologischen Museum von Mexiko-Stadt gilt es als das bedeutendste und attraktivste des Landes. Die drei Atrien und sechs Säle des Museums werden durch eine ausgedehnte Orientierungshalle mit Schautafeln, Modellen und Vergleichsstücken verbunden. Die meisten der 3000 Exponate entstammen den vorspanischen Golfkulturen der Olmeken, Huasteken, Remojadas und Totonaken.

Terrakottafigur eines Tlaloc-Priesters aus El Zapotal (um 700 v.Chr.)

Im Park stehen aus Basalt gehauene **olmekische Kolossalköpfe**,

JALAPA ERLEBEN

AUSKUNFT

Touristeninformation
Parque Juárez (unter den Arkaden des Palacio Municipal)
Tel. (228) 842 12 00
www.xalapa.gob.mx

VERKEHRSVERBINDUNGEN

Wer mit dem Auto von Mexiko-Stadt die 315 km nach Jalapa fährt, nimmt die MEX 140, von Veracruz aus die MEX 180 bzw. MEX 140 (120 km). Busse fahren sowohl von Mexiko-Stadt als auch von Veracruz.

ÜBERNACHTEN

► Luxus

Posada Coatepec
Calle Hidalgo 9/Ecke Aldama, Coatepec (10 Min. von Jalapa)
Tel. (228) 816 05 44
www.posadacoatepec.com.mx
Ein geschmackvoll eingerichtetes Hotel in dem früheren Haus der Familie Fernández aus dem 19. Jahrhundert. Alle 24 Zimmer sind Suiten und umrahmen den Patio. Die Posada liegt im Kaffee-Anbaugebiet von Veracruz und kann als Basis für Ausflüge in die Umgebung (z. B. zu den Ruinen von Zempoala und Quiahuitzlán, zum Pico de Orizaba, zum Cofre de Perote) dienen.

► Komfortabel

Mesón de Alferes
Calle Sebastián Camacho 2
Tel. (228) 818 63 51
Die 20 Zimmer in dem früheren Wohnhaus aus dem Jahr 1808 sind nach historischen Straßen in Jalapa benannt. In der ehemaligen Kapelle ist heute das Speisezimmer untergebracht. Der Eingang zum Hotel liegt auf der Calle Zaragoza.

ESSEN

► Erschwinglich bis preiswert

La Casona del Beaterio
Calle Zaragoza 20
Tel. (228) 818 21 19
Man kann im Patio oder in den Räumen das koloniale Ambiente genießen. Die Küche ist traditionell-regional. An manchen Tagen Livemusik am Abend.

die von ihrem Fundort San Lorenzo hierher gebracht wurden. Unter ihnen sticht besonders der Kopf Nr. 8 hervor. Im Unterschied zu den anderen weist er leicht geöffnete Lippen auf und ist nicht rituell verstümmelt. Zu weiteren eindrucksvollen Steinplastiken der Olmeken wie Altären und Stelen gesellen sich lebensgroße Tonfiguren (600 – 900 n. Chr.), die erst 1986 in El Zapotal westlich von Alvarado gefunden wurden. Das Museum beherbergt auch die **größte Sammlung der mit dem Ballspiel verbundenen steinernen Kultgegenstände** (Joche, Äxte und Palmen) sowie der **»lachenden Gesichter«**, das sind Terrakottaskulpturen der Remojadas-Kultur vom Mittleren Golf. Neu hinzugekommen sind Teile einer vielfarbigen Wandmalerei aus Las Higueras (600 – 900 n. Chr.), wahrscheinlich einst eine Satellitenstadt des großen El Tajín. Ethnologische Sammlungen zu den Stämmen der Umgebung runden das Gesamtbild ab.

Ein Blumenverkäufer arrangiert Weihnachtssterne vor einem Haus in Coatepec.

Galeria de Estado

Fast 1 km östlich des Ortszentrums befindet sich auf der Xalapeños Ilustres die interessante Galería de Estado in einem renovierten kolonialen Gebäude. In dieser Kunstgalerie des Bundesstaats Veracruz wird hauptsächlich zeitgenössische Malerei ausgestellt.

Parks

Südlich des Parque Juárez dehnt sich der Parque Paseo de los Lagos um einen See herum aus. In seinem nördlichen Teil kann man in der Casa de Artesanías Kunsthandwerk der Gegend sehen und kaufen. Nördlich der Stadt erstreckt sich der Parque Ecológico Macuiltépetl auf der höchstgelegenen Stelle Jalapas, einem alten, mittlerweile bewaldeten Vulkan. Einige Pfade winden sich bis zu seinem Gipfel, von dem man eine wunderbare Aussicht hat. Sehr schön ist außerdem noch der Jardín Botánico Clavijero im Südwesten der Stadt.

Umgebung von Jalapa

El Lencero

Ein Mitstreiter von Cortés gründete die 12 km von Jalapa in Richtung Veracruz gelegene Großhacienda El Lencero. Die Zufahrtsallee ist von großen Bäumen gesäumt. Teile der Gebäude und Gärten der Hacienda wurden in den letzten Jahren restauriert und stilgerecht eingerichtet, so dass die Anlage aufschlussreich die fast 450-jährige **Geschichte der Haciendas** in Mexiko darstellt.
Auf dieser Strecke befindet sich auch La Antigua (Umgebung von ► Veracruz), etwa 75 km von Jalapa entfernt.

Jardín Lecuona Etwa 7 km nordwestlich an der MEX 140 in Richtung Puebla liegt in der Gartenstadt Banderilla der prachtvolle botanische Garten Jardín Lecuona, in dem allein an die 200 Orchideenarten wachsen.

Perote Nach weiteren 53 km erreicht man die Stadt Perote (40 000 Einw.), die sich zu Füßen des kofferförmigen Vulkans Cofre de Perote (4282 m) ausbreitet. Am Stadtrand liegt das wuchtige Fort San Carlos de Perote (18. Jh.). Seinerzeit zur Bekämpfung von Banditen und Aufständischen erbaut, diente es später als Gefängnis.

Teziutlán Über Perote und Altotonga fährt man ca. 110 km nördlich in die freundliche Kolonialstadt Teziutlán. Nach weiteren 15 km in westlicher Richtung kommt man an den Quellen von Chignautla vorbei.

Zacapoaxtla 46 km von Teziutlán in derselben Richtung zweigt hinter Zaragoza eine Straße zu dem 17 km nördlich gelegenen Ort Zacapoaxtla (31 000 Einw.) ab. Er liegt mitten in einer prächtigen, oft nebligen Bergwelt, die sich durch eine unberührte, abwechslungsreiche Landschaft und das lebendige Brauchtum verschiedener Indianerstämme auszeichnet. Die traditionellen **Feste der Náhua, Otomí und Totonaken** gehören zu den buntesten und interessantesten des Landes. In dem Städtchen findet man die Kirchen Guadalupe de Libres und die Pfarrkirche San Pedro.

✶ Cuetzalán Von Zacapoaxtla führt eine herrliche Bergfahrt über 95 km in nördlicher Richtung nach Cuetzalán (1200 m). Der malerische Ort, inmitten der Sierra Norte im Bundesstaat Puebla gelegen, ist ein Zentrum verschiedener Indianergruppen, die in ihren hübschen Trachten vor allem an Markt- und Festtagen das Bild des Orts beleben. Berühmt sind die jährlichen Feste, an denen ausgewählte **Folkloregruppen** des Gebiets (Quetzales, Negritos, Santiagos und Voladores) ihre typischen Tänze vorführen. An Sehenswürdigkeiten kann Cuetzalán das Rathaus (Palacio Municipal) mit europäisch anmutender Architektur, die Pfarrkirche mit dem ungewöhnlichen Torre de los Jarritos und etwas außerhalb die Kirche Guadalupe mit davor liegenden, kunstvoll geschmückten Gräbern vorweisen. Der wichtigste Erwerbszweig in Cuetzalán und Umgebung ist der Anbau und die Verarbeitung von Kaffee.

! *Baedeker* TIPP

Kaffeegenuss

Inmitten von Kaffeeplantagen und Orchideengärten, etwa 15 km südlich von Jalapa, liegt der reizvolle Ort Coatepec. Die Plaza ist umrahmt von gemütlichen Kaffeehäusern, aus denen es köstlich duftet, und Ständen, an denen man Kaffeelikör kaufen kann. Eine geschmackvoll eingerichtete Posada mit Restaurant lädt zum Essen und Übernachten ein.

✶ Yohualichán Für den archäologisch Interessierten empfiehlt sich ein Besuch der mit geländegängigem Fahrzeug von Cuetzalán in etwa 50 Minuten erreichbaren Ausgrabungsstätte Yohualichán. Dieses auf vier verschiedenen Terrassen erbaute **Kultzentrum** ist der bisher einzige bekannte Ort außerhalb von ► El Tajín, der im gleichen Stil errichtet wurde. Am sehenswertesten sind die mit Nischenfriesen verzierten Pyramiden, darunter eine siebenstöckige, und der Ballspielplatz, mit einer Länge von 90 m einer der größten in Mesoamerika.

Los Cabos

L/M 9

Bundesstaat: Baja California Sur

Entfernung: ca. 200 km südlich von La Paz

Das ehemalige Fischerdorf Cabo San Lucas bildet zusammen mit der Kleinstadt San José del Cabo an der vegetationslosen Südspitze der niederkalifornischen Halbinsel die Ferienregion Los Cabos. Spektakuläre Felsformationen, verschiedenartige Strände und eine ausgezeichnete Infrastruktur locken v. a. Reisende aus den USA an, insbesondere die Hochseeangler, die reiche Beute in den Fischgründen finden.

Der Arco ist das Wahrzeichen der Baja California: Hier treffen sich der Golf von Kalifornien und der Pazifik.

San José del Cabo San José del Cabo (35 km nordöstlich von Cabo San Lucas) ist eine gepflegte Kleinstadt, deren Bucht schon 1535 von Cortés besucht wurde und deren Geschichte bis in das 18. Jahrhundert zurückreicht. Heute ist sie ein für die Region wichtiges landwirtschaftliches Zentrum, zudem Mittelpunkt der bedeutenden Ferienregion zwischen ihr und Buenavista. Am 19. März wird hier jedes Jahr der Día de San José gefeiert. Dieser Küstenabschnitt bietet mehrere Strände mit z. T. starkem Wellengang sowie gute Angel- und Surfmöglichkeiten. An der Hauptstraße, dem Boulevard Mijares, liegen einige gute Restaurants und Cafés. In der Casa de la Cultura gibt es ein kleines Museum. Verglichen mit Cabo San Lucas ist es hier wesentlich beschaulicher.

Abstecher nach La Paz

La Paz La Paz (190 000 Einw.), die Hauptstadt des Bundesstaats Baja California Sur, liegt an der gleichnamigen Bucht am Meer des Cortés (Golf von Kalifornien). Auf der MEX 1 über San José del Cabo beträgt die Strecke 215 km und über Todos Santos (MEX 9) 150 km bis Cabo San Lucas. Trotz seiner rasanten Entwicklung hat der Hafen ein wenig von seiner beschaulichen Atmosphäre bewahren können. Er gilt noch immer als mexikanischste Siedlung der Baja. Hier legt das Fährschiff an, mit dem viele Reisende die Baja California betreten bzw. verlassen. Vor der Conquista war der Südteil Niederkaliforniens von Indianerstämmen wie den Pericúe, Cochimí und Guaicura bewohnt, die anfänglich den Spaniern friedfertig entgegentraten, sich später jedoch bemühten, die ersten Siedlungsversuche zu verhindern. Ende des 16. Jahrhunderts diente die Gegend um La Paz als Versteck für Piraten, die es auf die von den Philippinen kommenden spanischen Schiffe abgesehen hatten. Die 1720 hier gegründete Missionsstation der Jesuiten musste wegen Wassermangels und Krankheit 1745 wieder aufgegeben werden. Erst 1800 entstand eine dauerhafte Siedlung. 30 Jahre später wurde La Paz Hauptstadt des Süd-Territoriums, und 1847 bis 1848 war sie während des Kriegs zwischen Mexiko und den USA von US-Truppen besetzt. Der amerikanische Abenteurer William Walker eroberte 1853 den Hafen, um sich an die Spitze eines selbstständigen Staats zu setzen, was ihm aber nicht gelang. La Paz war lange Zeit ein Zentrum der Perlenfischerei, die jedoch heute kaum noch Bedeutung hat. Tourismus, Fischfang, Handel und die verarbeitende Industrie herrschen jetzt vor.

Wegen ihres geringen Alters hat die Stadt außer der Pfarrkirche (19. Jh.), dem Regierungspalast (Palacio del Gobierno), dem Haus der Volkskunst, dem Anthropologischen und Historischen Museum, dem Muschelmarkt sowie der Hafenpromenade (Malecón) nur wenig Interessantes zu bieten. La Paz ist vor allem ein hervorragender Ausgangspunkt für **Ausflüge zum Hochseefischen**, zum Tauchen und zu den zahlreichen schönen Stränden der Umgebung. Die Stadt hat auch Bedeutung als Freihafen.

Strände

Von den bekannten nahen und etwas entfernteren Stränden der Stadt sind zu erwähnen: Playa Sur im Süden; Centenario im Westen; im Norden und Nordosten Costa Baja, Eréndira, Pichilingüe, El Tecolote, Puerto Balandra; bei Las Cruces liegen El Saltito, El Palo, Los Muertos und El Rosarito.

Ausflüge

Empfehlenswert sind Bootsausflüge zu den vorgelagerten Inseln wie Espíritu Santo, La Partida und Islotes, auf denen man Seelöwen und verschiedene Vogelarten beobachten kann und gute Angel- und Tauchmöglichkeiten findet.
Über Los Planes führt ein Ausflug nach Punta Arenas, La Ventana und Ensenada de los Muertos, wo schöne, einsame Strände zum Baden einladen.

Mazatlán

L 12

Bundesstaat: Sinaloa (Sin.)
Einwohner: 410 000

Höhe: Meereshöhe
Entfernung: ca. 1040 km nordwestlich von Mexiko-Stadt

Mazatlán ist der größte mexikanische Verschiffungs- und Fischereihafen am Pazifik und besitzt eine der größten Krabbenfangflotten der Welt. Außerdem hat sich die nur unweit südlich vom Wendekreis des Krebses an einer natürlichen Bucht liegende Hafenstadt aufgrund ihrer langen Strände zu einem boomenden Badeort entwickelt.

Blick auf Mazatlán

! Baedeker TIPP

Méridas Lieder

Typisch für die Kultur Méridas ist die »trova«, die Kunst der Troubadoure. Jeden Donnerstagabend zeigen die Sänger und Musiker ihr Können bei der Serenata de Santa Lucia im gleichnamigen Park. Das Museo de la Canción Yucatéca (Calle 57, No 464; geöffnet: tgl. 9.00 – 17.00 Uhr) illustriert die Geschichte der trova mit Komponisten- und Sängerporträts, Noten und Musikbeispielen.

Vor der Erfindung der Kunstfaser war die Stadt durch die Gewinne der Henequénindustrie **sehr wohlhabend** und hatte durch Handelsverbindungen einen starken Europa-Bezug. Aus jener Zeit stammt auch die Bezeichnung **Ciudad Blanca** (weiße Stadt), da die Bewohner meistens weiß gekleidet waren und die Straßen sauber hielten. Das feuchtwarme Klima bringt farbenfrohe Blüten hervor und bestimmt den beschaulichen Lebensrhythmus dieser reizvollen Stadt.

Geschichte Die Stadt wurde am 6. Januar 1542 von dem Konquistador Francisco de Montejo dem Jüngeren (El Mozo) gegründet. In harten Kämpfen mit den Maya-Stämmen gelang es ihm, innerhalb der folgenden vier Jahre den größten Teil Yucatáns zu erobern. Mérida wurde an der Stelle der Maya-Stadt Tihó erbaut, wobei man als Baumaterial Teile der abgetragenen Tempel benutzte. Eine verhängnisvolle Rolle spielte der zweite Bischof von Mérida, **Diego de Landa**, der mit allen Mitteln versuchte, die altindianische Kultur auszurotten. So ließ er eine große Anzahl unersetzlicher, in Hieroglyphen abgefasster Maya-Handschriften verbrennen. Andererseits schuf der Bischof das berühmte Werk »Relación de las Cosas de Yucatán«, eine historische Beschreibung der Eroberung Yucatáns und der Zivilisation der Maya aus spanischer Sicht.

Im Unabhängigkeitskampf Mexikos gegen Spanien spielten Mérida und Yucatán wegen ihrer Lage kaum eine Rolle. Es gab dagegen mehrfach Bestrebungen, die Unabhängigkeit Yucatáns von Mexiko zu erreichen. In der zweiten Hälfte des 19. Jahrhunderts war Yucatán Schauplatz eines grausamen Bürgerkriegs (Krieg der Kasten), in welchem sich die Maya-Stämme gegen die mexikanische Herrschaft erhoben. Erst Anfang des 20. Jahrhunderts gelang die Befriedung.

Sehenswertes in Mérida

Stadtbild Der historische Stadtkern und der Paseo Montejo zeugen bis heute von der einstigen kolonialen Pracht der Stadt und dem Reichtum der Sisalbarone. Die Straßen tragen Zahlen statt Namen: Alle Nord-Süd-Straßen haben gerade, alle Ost-West-Straßen ungerade Ziffern.

Plaza Mayor Die Plaza Mayor (Plaza de la Independencia) bildet das Zentrum der Méridas. Unter spanischer Herrschaft wurde sie als imposanter Paradeplatz angelegt, Lorbeerbäume spenden großzügigen Schatten. Sie ist umgeben von einigen der schönsten und wichtigsten Gebäude der Stadt.

Catedral

An der Ostseite des Platzes, an der Stelle eines früheren Maya-Tempels, befindet sich die von Pedro de Aulestia und Miguel de Auguero zwischen 1561 und 1598 aus Quadern ehemaliger Maya-Tempel erbaute Kathedrale San Idelfonso. Das doppeltürmige Gotteshaus gilt als das größte christliche Sakralgebäude der Halbinsel Yucatán.
Über einem Tor im Innern der Kathedrale befindet sich ein Bild des Maya-Herrschers von Maní, Titul Xiú, während eines Besuches bei seinem Bezwinger Francisco de Montejo in Tihó. In der Kapelle des Christus der Brandblasen (**Capilla del Cristo de las Ampollas**) ist eine indianische Holzschnitzerei aus dem 16. Jahrhundert zu sehen. Der Legende nach wurde sie aus einem Baum geschnitzt, den Indianer einst nächtelang brennen sahen, ohne dass er nachher Brandspuren aufwies. Die Skulptur stand ursprünglich in der Kirche von Ichmul. Als ein Brand diese zerstörte, fand man die Skulptur geschwärzt und mit Blasen bedeckt. Seit 1645 befindet sie sich in der Kathedrale und ist alljährlich Anfang Oktober Gegenstand besonderer Verehrung.

★ MACAY

Neben der Kathedrale, durch eine Straße von ihr getrennt, steht der ehemalige Erzbischöfliche Palast, wo einst der fanatische Missionar Diego de Landa residierte. Heute beherbergt das Gebäude das Mu-

Kleine Pause mit Zeitungslektüre auf der Plaza Mayor

Palacio Municipal Gegenüber der Kathedrale erhebt sich das Rathaus (Palacio Municipal), ein Gebäude aus dem 18. Jahrhundert mit Kolonnaden und einem Uhrturm. Von hier wurde 1821 die Unabhängigkeit Yucatáns ausgerufen. Heutzutage dient das Gebäude auch als Kulisse für Tanzveranstaltungen; v. a. Volkstänze der Gegend werden hier aufgeführt. Dazu gehört beispielsweise die Jarana, die von Gitarrenspielern begleitet wird und bei der die Tänzer und Tänzerinnen weiße Kleider mit bunten Stickereien tragen.

✶ Casa Montejo Die Südfront des Hauptplatzes wird beherrscht von der Casa Montejo, **einem der schönsten Bauten der spanischen Kolonialzeit**, 1549 als Residenz der Familie des Konquistadoren errichtet. Seinerzeit erstreckte sich das Gebäude mit der prachtvollen plateresken Fassade über die ganze Seite des Platzes. Die schönen, großen Räume sind als Museum um zwei Patios angelegt und mit aus Europa importierten antiken Möbeln eingerichtet.

Convento de las Monjas Einen Häuserblock westlich vom Rathaus erhebt sich ein stattlicher Klosterbau, ein Relikt des im ausgehenden 16. Jahrhundert gegründeten Convento de las Monjas mit einem Aussichtsturm aus dem Jahr 1633.

Iglesia de Jesús Die Jesuskirche oder Kirche des Dritten Ordens (Iglesia de la Tercera Orden) am Parque Hidalgo, einen Häuserblock vom Zócalo entfernt, ist bei den Bewohnern von Mérida besonders für Hochzeiten beliebt. Links des Hochaltars befindet sich ein Altargemälde aus geschnitztem und vergoldetem Holz im plateresken Stil.

Pinacoteca Gamboa Guzmán Neben der Kirche – der Eingang befindet sich an der Calle 59 – lädt die Pinacoteca Gamboa Guzmán zur Besichtigung von Gemälden (19. und 20. Jh.) ein. Ausgestellt sind vorwiegend Porträts und Gemälde mit religiösen Themen sowie Bilder des Künstlers Gamboa Guzmán. Daneben befindet sich das **Gottdeiner-Museum**. Es zeigt imponierende Bronzeskulpturen von Indianern aus Yucatán, geschaffen von Yucatáns berühmtestem Bildhauer Enrique Gottdeiner.

Universidad Die Universität von Yucatán, ursprünglich eine jesuitische Knabenschule aus dem Jahr 1618, an der Ecke der Straßen 57 und 60, bietet den Besuchern **Sommerkurse** an, u. a. in Spanisch und Archäologie.

Kirchen Die Kirche **Ermita de Santa Isabel** (Calle 66 y 77) ist vor allem wegen der sie umgebenden, mit Maya-Statuen ausgestatteten Gärten bemerkenswert. Die Einsiedelei war einst ein Treffpunkt der Reisenden von und nach Campeche, die hier für eine sichere Reise beteten oder Dank für ihre Rückkehr abstatteten.

Die Fresken im Palacio de Gobierno zeigen → Szenen aus der Geschichte und Kultur der Maya.

sches« **Maya-Dorf** repräsentiert. In den Hütten kann man Indios beim Kochen, bei der Garten- und Handwerksarbeit beobachten. Bemerkenswert ist auch der Eco-Park mit seiner reichen Flora und Fauna.

Progreso Fährt man weiter nach Progreso (35 km nördlich von Mérida), gelangt man zum Haupthafen Yucatáns mit einer über 2 km langen Mole. Der Ort wirkt zwar nicht besonders hübsch, doch hat er einen breiten weißen Sandstrand zu bieten. Um Progreso besser für den Tourismus auszustatten, wird bereits in begrenztem Umfang gebaut.

Arrecifes Alacranes Etwa 130 km nördlich von Progreso liegen im Golf von Mexiko die Arrecifes Alacranes (Skorpion-Riffe), eine halbmondförmig um eine Lagune gelegene Ansammlung von **Inseln, Sandbänken und Riffen**. Dank ihrer reichen Unterwasserwelt und den vielen Schiffswracks sind die Riffe ein erstklassiges Ziel für ambitionierte Sporttaucher, das jedoch nur mit Charterboot von Progreso aus zu erreichen ist.

Badeorte Östlich und westlich von Progreso befinden sich in der Nähe von Chicxulub die traditionellen Sommerbadeorte der Bewohner von Mérida. Neben Bungalowhotels gibt es auch die Möglichkeit, möblierte Privathäuser zwischen September und Juni günstig zu mieten. Allerdings ist diese Küste mit der an der karibischen Seite Yucatáns nicht zu vergleichen.

Izamal Wer ein wenig Zeit hat, sollte auf dem Weg nach Chichén Itzá in der Marktstadt Izamal (26 km nördlich der MEX 180 von Mérida nach Chichén Itzá) Halt machen. Sie vereint in klassischer Form Zeugnisse des historischen **Zusammenpralls der indianischen mit der spanischen Kultur**: Schon in präkolumbischer Zeit war Izamal ein Wallfahrtsort zu Ehren des Sonnengottes Kinich-kakmó und des Himmelsgottes Itzamná; ihnen und einigen anderen Göttern gedachte man an zwölf Heiligtümern. Vielleicht wegen dieser herausragenden Bedeutung fiel die Reaktion der Spanier extrem hart aus: Sie zerstörten umgehend nach der Eroberung Izamals etwa um 1540 die meisten Pyramiden und verwendeten deren Steine zum Bau ihrer Sakralbauten.

✶ Convento San Antonio de Padua ► Vom Hauptplatz des Orts, dessen Häuser vorwiegend gelb gestrichen sind, geht man über einen breiten Treppenaufgang zu dem für die Franziskaner zwischen 1553 und 1561 von Juan de Mérida erbauten Kloster San Antonio de Padua. Das riesige Atrium, das von einer Arkade mit 75 Bogen umgeben ist, soll nach dem Petersplatz in Rom das zweitgrößte der Welt sein. Hier wird jedes Jahr am 5. August das Fest der Jungfrau von Izamal gefeiert.

Die drei **Hauptpyramiden** trugen die Namen Itza-matul, Kab-ul und Kinich-kakmó. Heute ist es vor allem die letztgenannte, dem Sonnengott geweihte Pyramide, die noch etwas von der einstigen imposanten Größe vermittelt. Die Ausmaße dieser Pyramide machen sie zu einer der größten Mexikos. Auffallend sind die besonders hohen Stufen der zur Spitze führenden Treppe. Von der Spitze hat man einen ausgezeichneten **Rundblick** über die Stadt.

Hacienda Yaxcopoil

Etwa 35 km südlich von Mérida Richtung Uxmal kann man auf der recht gut erhaltenen, sehr großen Hacienda Yaxcopoil (heute Museum) studieren, wie es im 19. Jahrhundert auf einem Gut zuging, auf dem man Sisalhanf produzierte.

Sisal

Von Mérida ist Sisal in westlicher Richtung über Hunucmá der Ort Sisal (52 km) zu erreichen, zu Zeiten des Sisalbooms wichigster Hafen Yucatáns. Hier ist das Haus zu besichtigen, in dem Kaiserin Charlotte Amalie nächtigte, bevor sie sich 1865 nach Europa einschiffte, um dort Unterstützung für ihren kaiserlichen Gemahl zu erbeten.

Celestún

Dieser hübsche Fischerhafen liegt 92 km westlich von Mérida an einer großen grünen Lagune. Die Einwohner leben von Fischfang, Kokosanbau und Salzgewinnung. Die Lagune selbst gehört zu einem ausgesprochen sehenswerten Naturschutzpark, in dem unzählige Wasservögel, wie Pelikane, Flamingos, Reiher, Kormorane und Enten, beobachtet werden können.

Droschken warten vor dem Eingang des Klosters San Antonio in Izamal.

★★ Mexiko-Stadt (Ciudad de México / Mexico City)

P 19/20

Distrito Federal (D.F.)
Einwohnerzahl (mit Vororten):
25 bis 30 Mio. (Schätzung 2005)

Höhe: 2240 m ü. d. M.

Die mexikanische Landeshauptstadt liegt in dem von gewaltigen Bergzügen umgebenen Tal von Anáhuac, oft auch als Hochtal von Mexiko bezeichnet. Das Klima der Umgebung ist durch die Höhenlage ausgeglichen, die Lage am Fuße der schneebedeckten, auf über 5000 m ansteigenden Vulkane Popocatépetl und Iztaccíhuatl einzigartig.

Die Stadt weist zahllose Zeugnisse ihrer über 650-jährigen Vergangenheit auf, wobei die präkolumbische Kunst überwiegend in Einzelstücken oder Rekonstruktionen in den Museen zu sehen ist, da die Konquistadoren den neuen Stadtkern direkt auf den Trümmern der von ihnen zerstörten Aztekenmetropole **Tenochtitlán** errichteten. Erst in den letzten Jahren wurden durch umfangreiche Grabungen die Reste des Haupttempels Tenochtitláns zutage gefördert. Sehr zahlreich hingegen sind Kirchen und Paläste aus der Kolonialzeit, vorwiegend im Barockstil. Aber auch die moderne mexikanische Architektur hat, insbesondere in den 1950er- und 1960er-Jahren, viele sehenswerte Bauten geschaffen.
Das Stadtgebiet misst in der Nord-Süd-Achse über 40 km und durchschnittlich 25 km von West nach Ost. Der für den Sitz der Hauptstadt geschaffene Bundesdistrikt Distrito Federal, dessen Verwaltungschef Regente genannt und bis 1997 vom Staatspräsidenten ernannt wurde, reicht im Norden bereits nicht mehr aus, so dass neue Industrievororte sich mittlerweile bis in den benachbarten Bundesstaat Estado de México erstrecken.

Bevölkerungswachstum

Das Bevölkerungswachstum, hauptsächlich durch Zuzug aus den klimatisch ungünstigen Agrargegenden des Landes, ist enorm. Gegenwärtig schätzt man die Einwohnerzahl von Mexiko-Stadt auf 25 bis 30 Millionen, womit es die am dichtesten besiedelte Stadt der Welt wäre. Diese Übervölkerung schafft zusammen mit der zunehmenden Industrieansiedlung, die jedoch nicht genügend Arbeitsplätze bietet, schwerwiegende wirtschaftliche und soziale Schwierigkeiten. Die Zahl derer, die ihr Glück in der Großstadt zu finden hoffen und sich als Paracaidistas (Fallschirmspringer) über Nacht eine armselige Unterkunft aus Karton, Wellblech und Plastikfolie in den Elendsvierteln im Osten der Stadt zusammenbauen, geht täglich in die Hunderte. Hinzu kommt die starke Geburtenzunahme unter den Zuzüglern.

← *Aztekentänzer vor der Catedral Metropolitana auf dem Zócalo von Mexiko-Stadt*

Highlights Mexiko-Stadt

Historisches Zentrum
Geschichtsträchtige Mitte der Stadt, umgeben vom Zócalo, der Kathedrale, den aztekischen Ruinen des Templo Mayor und dem Nationalpalast mit Fresken Diego Riveras.
► Seite 370

Alameda-Park
Kleine grüne Oase westlich des Zócalo mit dem Aussichtsturm Torre Latinoamericana, dem Palacio de Bellas Artes und einigen kleineren Museen.
► Seite 383

Bosque de Chapultepec
Großer Park (und am Wochenende beliebtes Ausflugsziel) am Ende des Paseo de la Reforma mit einigen besonderen Attraktionen. Das Highlight ist zweifellos das beeindruckende Anthropologie-Museum mit der umfangreichsten Sammlung von Originalen aus allen prähispanischen Kulturen Mexikos.
► Seite 390

San Ángel
Hübscher Stadtteil mit kolonialem Ambiente; samstags Bazar del Sábado auf der malerischen Plaza San Jacinto.
► Seite 403

Coyoacán
Beschauliches Eck inmitten der Großstadt mit den Museen Frida Kahlo, Diego Rivera und Leo Trotzkij.
► Seite 409

Xochimilco
Labyrinth aus Seen und Kanälen: Ein beliebtes Touristenziel mit bunt bemalten Ausflugsbooten und Mariachi-Musik. In diesem Viertel sollte man das Museo Dolores Patiño nicht verpassen!
► Seite 412

Ging man 1910 bei Mexiko-Stadt mit den Vororten noch von 800 000 Einwohnern aus, steigerte sich diese Zahl auf über 1 Million (1930), 3 Millionen (1950) bis zu 5 Millionen im Jahr 1960. Zehn Jahre später waren es bereits 7,5 Millionen, 1980 ganze 12 Millionen und Ende des 20. Jahrhunderts kam man auf über 22 Millionen. Mittlerweile sind die Schätzungen bereits bei 25 bis 30 Millionen angekommen (2005).

Umweltprobleme

Verkehrsprobleme sind durch den Ausbau der Metro und der Schaffung kreuzungsfreier Straßenzüge (Stadtautobahn Anillo Periférico) entschärft worden, doch herrschen in den Stoßzeiten noch immer chaotische Verhältnisse. Die Zahl der Autos wird auf ca. 4 Mio. geschätzt. Ausgerechnet vor der einzigen Öffnung des Tales von Anáhuac, durch die frische Luft über die Stadt strömen könnte, hat sich die Schwerindustrie angesiedelt, so dass deren z. T. noch ungefiltert in die Luft abgegebenen **Emissionen** zusätzlich über die Stadt geblasen werden. Die Einwohner von Mexiko-Stadt müssen über 11 t Schmutzpartikel pro Tag verkraften. Mittlerweile versucht die Regierung gegenzusteuern. Mexiko gibt 1% des BIP für Umweltschutz aus, und auch das NAFTA-Abkommen enthält Maßnahmen gegen Luft- und Wasserverschmutzung.

Mexiko-Stadt ist auf unsicheren Grund gebaut. Der sumpfige Untergrund lässt die Stadt jährlich um ca. 20 cm absinken. Viele Gebäude stehen daher schief. Schon die Spanier begannen, das einst von Seen umgebene und von Kanälen durchzogene Tenochtitlán zu entwässern. Heute sind von diesen Seen nur noch staubige Flächen übrig geblieben. Da die Brunnen nicht mehr zur **Versorgung mit Trinkwasser** ausreichen, muss ein Drittel des Wasserbedarfs unter hohem Energieaufwand in die hoch gelegene Stadt gepumpt werden. Gleichzeitig liegen viele Stadtteile wesentlich niedriger als das Abwassersystem, so dass auch die Abwässer abgepumpt werden müssen. Ein Ausfall der Pumpen würde größere Teile der Stadt mit Schmutzwasser überfluten.

Trotz dieser z. T. erschreckenden Zustände bietet die Stadt mit der Prachtstraße Paseo de la Reforma, den Kunstschätzen der zahlreichen Museen sowie den vielen Parks mit altem Baumbestand und lauschigen Winkeln mit altspanischer Atmosphäre dem Besucher faszinierende Eindrücke. Zudem ist die Hauptstadt idealer Ausgangspunkt für weitere Reisen in das Land.

Wasserknappheit ist neben der Luftverschmutzung und dem immensen Bevölkerungszuzug eines der drängendsten Probleme. Mexiko-Stadt ist die einzige Millionenstadt der Welt ohne einen Fluss.

Der Patio in der Casa de los Azulejos bildet die prächtige Kulisse für das populäre Sanborn-Restaurant, das hier schon viele Jahrzehnte residiert.

ren, gruppieren sich mit dem Kunstmuseum Mayer, der Kirche Santa Veracruz und hübschen Kolonialgebäuden bereits die ersten Attraktionen. Am augenfälligsten ist der weiße Carrara-Marmor am Palacio de Bellas Artes; ein grandioser Jugendstilbau für die Schönen Künste. Nur wenige Schritte weiter, auf der gegenüberliegenden Seite der Avenida Lazaro Cárdenas, reckt sich der in den 1950er-Jahren erbaute Torre Latinamericano rund 170 m in den Himmel. Das Hinauffahren zur Spitze ist teuer, der Blick über die Stadt (vor allem kurz vor Sonnenuntergang) lohnt aber trotz des hohen Preises. Den nur einen Steinwurf entfernten, über und über mit Kacheln bedeckten ehemaligen Kolonialsitz des Grafen von Orizaba, die Casa de Azulejos, genießt man am besten auch von innen, z. B. bei einem Snack im Erdgeschoss-Restaurant. Über die Avenida 5 de Majo mit dem Hauptpostamt in reinstem Art déco oder längs der parallel verlaufenden F.I. Madero bzw. über die Tacuba mit dem Museum für Volkskunst und Kunsthandwerk (Museo Nacional de Arte e Industrias Populares) gelangen Sie zur Plaza de la Constitución, dem gigantischen, von prächtigen Jugendstil- und Neokolonialbauten umstandenen und verkehrsumbrausten Zócalo. Mit 240 m Seitenlänge zählt er zu den größten Plätzen der Welt. An seiner Stirnseite erhebt sich die Kathedrale (Catedral Metropolitana), mit leichter Neigung zum Templo Mayor, dem Hohen Tempel der einstigen Aztekenstadt Tenochtitlán, sowie dem eindrucksvollen Museum der Ausgrabungsstätte. Auf der Ostseite des Platzes steht der Nationalpalast mit den berühmten Wandmalereien von Diego Rivera.

Tour 2 (ca. 8 km ohne Coyoacán)
Mit der Metro geht es vom Zócalo in Richtung des von Kaiser Maximilian geplanten und 1877 nach zehnjähriger Bauzeit eingeweihten Paseo Reforma (Haltestelle Hidalgo) und von dort

per Microbus oder Taxi zum Parque de Chapultepec (Variante: Metro vom Zócalo bis zur Pino Suárez, von dort weiter mit der Linie 1 bis Chapultepec). Im nördlichen Teil des riesigen Parks steht das eindrucksvolle Anthropologische Museum und jenes für die Sammlung des Malers Rufino Tamayo. Im südlich des Paseo Reforma gelegenen Teil glitzern zwei Seen und thront auf dem Chapulin (Hügel der Sonnenanbeterin) das Schloss, in dem der mexikanische Kaiser Maximilian von Habsburg mit seiner Frau Charlotte residierte. Den Abend kann man im nahen Viertel Condensa verbringen, das sich zur In-Adresse der jungen intellektuellen Hauptstädter gemausert hat.
Alternativ lässt sich die Tour per Taxi- oder Busfahrt um ca. 6 km verlängern nach Süden bzw. Südwesten in das denkmalgeschützte Kolonialviertel San Ángel mit seinen Villen und schmalen Gassen (der Bazar de Sábado, ein Kunsthandwerkermarkt in einer ehemaligen Hacienda ist hier ein besonderes Erlebnis) und in den Stadtteil Coyoacán, wo das berühmte Blaue Haus der Malerin Frida Kahlo steht und das Museo Casa de Trotzky, in dem der russische Revolutionär lebte und getötet wurde. Reizvoll ist auch die Plaza Hidalgo im Zentrum von Coyoacán mit dem angrenzenden Jardín del Centenario, dem Rathaus und der Kirche San Bautista. Vor allem am Wochenende pulsiert hier Leben, u a. in Gestalt von Eis- und Luftballonverkäufern. Von der Metrostation Coyoacán geht es mit der Linie 3 zurück in die City.

FESTE UND FEIERLICHKEITEN

Festival del Centro Histórico

Ein breites Spektrum von Klassik bis Rock, Tanzveranstaltungen, Kinderprogramm, Straßentheater, Architekturführungen u.v.m. bietet das Festival del Centro Histórico im März, das fast drei Wochen dauert.

Aparición de la Virgen de Guadalupe

Am bedeutendsten religiösen Feiertag des Landes, dem 12. Dezember, reisen Zehntausende Pilger zu Ehren der Jungfrau von Guadalupe nach Mexiko-Stadt. Am Vorabend gibt es eine große Mitternachtsmesse. Auch die Aztekentänze am 11. und 12. vor der Basilika sind sehr beeindruckend.

EINKAUFEN

Märkte

Mexiko-Stadt hat viele unterschiedliche, aber sehr schöne Märkte zu bieten, z. B. den touristischen Bazar Sábado in San Ángel, den Flohmarkt Lagunilla östlich der Kreuzung Paseo de la Reforma / Lázaro Cárdenas, La Merced mit seinen vielen Sektoren südöstlich des Zentrums oder Sonora an der Calle Fray Servando Teresa de Mier mit schöner Keramik und allerlei esoterischen Utensilien.

Museumsshops

In allen staatlichen Museen gibt es gut sortierte Läden mit guten Reproduktionen der Ausstellungsstücke. Auch die silbernen oder vergoldeten Schmuckstücke nach präkolumbischen Vorlagen sind schöne Reiseerinnerungen und Souvenirs.

! Baedeker TIPP

Kunsthandwerk und Souvenirs

... aus allen Teilen Mexikos findet man im Centro de Artesanías de la Ciudadela an der Calle Balderas. Hier gibt es eine Riesenauswahl an Kleidung, Keramik, Körben, Pappmachee-Figuren, Schmuck u. v. m. (tgl. 8.00 – 19.00 Uhr, Metro: Linie 3, Balderas).

ESSEN

► Fein und teuer

⑥ ***Antiguo San Angel Inn***
Diego Rivera 50 (San Angel)
Tel. (55) 56 16 22 22, 56 16 14 02
www.sanangelinn.com
In dieser prachtvollen alten Hacienda mit gepflegten Gärten und kolonialer Einrichtung kann man mexikanische Küche von erstklassiger Qualität genießen.

► Erschwinglich

① ***Café de Tacuba***
Tacuba 28 (Centro)
Tel. (55) 55 18 49 50
Das traditionelle Café wurde 1912 in einem Teil eines alten Klosters eröffnet. Im Speisesaal schildert ein Gemälde aus dem 18. Jh. die Erfindung der »mole poblano«, eine aus Pfefferschoten und Schokolade bestehenden Sauce. Besonders gut ist die Küche aus Oaxaca.

② ***La Opera Bar***
Cinco de Mayo 10 (Centro)
Tel. (55) 55 12 89 59
Eigentlich eine Cantina, aber es gibt in diesem alten Haus auch spanisches und mexikanisches Essen. An der Decke kann man noch das Einschussloch sehen, das Pancho Villa angeblich dort hinterlassen hat, als er mit seinem Pferd in das Lokal galoppierte. Reservierung ratsam.

④ ***Los Girasoles***
Xocoténcatl 1
Tel. (55) 55 10 32 81
Eines der nettesten Restaurants im Zentrum der Stadt mit einer mediterran anmutenden, legeren Ausstattung und wunderbaren, kreativen Gerichten.

③ ***Sanborn's Casa de Azulejos***
Madero 4 (Centro)
Tel. (55) 518 66 76
In dem berühmten »Haus der Kacheln« aus dem 16. Jahrhundert befindet sich eines der 60 Restaurants der Kette Sanborn's in Mexiko-Stadt. Es erstreckt sich über zwei Stockwerke und ist so sehenswert, dass das Essen zur Nebensache wird.

► Preiswert

⑤ ***Vegetariano Madero***
Madero 56 (Centro)
Helles, geräumiges vegetarisches Restaurant, obwohl der Eingang und Treppenaufgang andres vermuten lassen. Empfehlenswerte Mittagsmenüs und einfallsreiche Frühstücksangebote.

ÜBERNACHTEN

► Luxus

④ ***Casa Vieja***
Eugenio Sué 45
Tel. (55) 52 82 00 67
Fax (55) 52 81 37 80
www.casavieja.com
Luxuriös ausgestattetes, kleines Hotel mit wunderbaren Mosaiken und Gemälden. Auch in den ausgesucht schönen Suiten wurde an alles gedacht: Jacuzzi, Küchenzeile, Musikanlage, Fax und Internet gehören ebenso zum Standard wie eine ausgesuchte Bibliothek sowie Musik- und Videokollektion. Restaurant und Bar sind natürlich ebenfalls vom Feinsten.

► Luxus bis komfortabel

① ***Gran Hotel de la Ciudad de México***
16 de Septiembre 82 (Centro)
Tel. (55) 10 83 77 00
granhotelmexico_ventas@yahoo.com.mx
Die Halle des aus dem 19. Jahrhundert stammenden Hauses (124 Z.) ist im Belle-Époque-Stil gehalten, mit einer außergewöhnlich filigranen

Glaskuppel von Tiffany sowie schmiedeeisernen Aufzügen aus dem 19. Jahrhundert. Seine Lage in der Nähe des Zócalo und des Templo Mayor machen es zu einem idealen Hotel zum Sightseeing.

② ***Hotel de Cortés***
Avenida Hidalgo 85
(Centro Histórico)
Tel. (55) 55 18 21 81
Fax (55) 55 12 18 63
www.hoteldecortes.com.mx
Ein zur Best-Western-Kette gehörendes, wunderschönes Kolonialgebäude aus dem Jahre 1780. Die 29 Zimmer umringen den kühlen, ruhigen Patio mit einem Restaurant und einem kleinen Café. Hier wähnt man sich weit vom lauten Trubel der Stadt entfernt, befindet sich aber nur einen Block vom Franz-Mayer-Museum und nicht weit von Bellas Artes.

► Komfortabel

⑥ ***María Cristina***
Río Lerma 31 (Zona Reforma)
Tel. (55) 55 66 96 88
Fax (55) 55 66 91 94
Das 1937 im spanischen Kolonialstil gebaute und 1995 renovierte Hotel (149 Z.) liegt einen Block von der Reforma entfernt und in der Nähe der Zona Rosa. Schöne Räume mit diversen Annehmlichkeiten. Zudem befindet sich ein Restaurant und eine Bar im Haus.

⑤ ***Del Pricipado***
Londres 42
Tel. (55) 55 33 29 44
www.hoteldeprincipado.com.mx
Komfortables Hotel (50 Z.) mit großzügigen Räumen, Fernseher und Telefon. Reinigungsservice und Parkmöglichkeiten sind ebenfalls vorhanden.

► Günstig

③ ***Casa de los Amigos***
Ignacio Mariscal 132
Tel. (55) 57 05 05 21
www.avantel.net/~friends.
In diesem Gästehaus, das heute von Quäkern geleitet wird, soll einst José Clemente Orozco seine letzten Jahre verbracht haben. Vor allem Leute, die länger in der Stadt bleiben, schätzen die sauberen, schlicht ausgestattenen, aber gemütlichen Zimmer. Es gibt Einzel- und Doppelzimmer wie auch Schlafräume für vier oder mehr Personen. Alkohol und Nikotin sind im Gebäude verboten. Mindestaufenthalt: 2 Nächte.

Imposant: die Glaskuppel des Gran Hotel de la Ciudad

Buntes Leben am Abend bietet die Plaza de Garibaldi mit den dort spielenden Mariachi-Kapellen. Zum weiteren Aufenthalt in der mexikanischen Hauptstadt gehören Besuche der etwas außerhalb liegenden Stadtviertel: ein Spaziergang durch Coyoacán mit dem Frida-Kahlo-Museum und dem Museo Leo Trotzkij, die Besichtigung der Ciudad Universitaria, eine Bootsfahrt in den schwimmenden Gärten von Xochimilco und die Besichtigung der Basilika von Guadalupe (s.a. Stadtplan und Tourenvorschläge S. 358 / 359).

Centro Histórico

Ausgangspunkt für die Erkundung von Mexiko-Stadt

Ein guter Ausgangspunkt, um Mexiko-Stadt zu erkunden, ist das historische Zentrum. Das Areal, das heute als Centro Histórico bezeichnet wird, begrenzt von den Straßen Abraham González und Paseo de la Reforma im Westen, von der Calle Anfora im Osten, von der Bartolomé de Las Casas im Norden und von der José María Izazaga im Süden. Von der UNESCO wurde es 1987 zum **Weltkulturerbe** der Menschheit erklärt. Hier gibt es viele historische Stätten – und man kann jede Menge Beispiele zur Kunst- und Architekturgeschichte von der aztekischen Epoche bis in die Kolonialzeit sowie einige der fesselndsten Museen der Stadt finden. Zudem erlebt man im Centro Histórico hautnah das pulsierende Leben einer modernen Großstadt.

Ausgangspunkt für die Stadtbesichtigung ist meist der Zócalo mit der Kathedrale.

Um diesen innersten Kern kennenzulernen, ist besonders der Sonntag geeignet: Dann herrscht hier eine entspannte Atmospäre, weniger Menschen sind unterwegs, der Verkehr ist ruhiger und die Museen sind eintrittsfrei. Metro-Station: Zócalo (Linie 2)

Zócalo

Mittelpunkt des Centro historico – wie der gesamten Stadt – ist der Zócalo (Plaza de la Constitución), auf dem 1813 die erste Verfassung Mexikos verkündet wurde. Er misst 240 x 240 m und ist damit einer der größten Plätze der Welt. Sofort nach der Eroberung Tenochtitláns durch die Spanier begannen diese, den Hauptplatz so anzulegen, dass sein Nordteil den Südsektor des zerstörten aztekischen Tempelbezirks (Teocalli) einnahm. Zu Beginn der Kolonialzeit diente der Platz u. a. als Stierkampfarena und Markt. Heute wirkt er dagegen etwas leer, doch in seiner Mitte wird jeden Morgen eine überdimensionale Nationalflagge gehisst und zudem finden hier Feste, Paraden und verschiedene Ausstellungen in Zelten statt. Von der Dachterrasse des Hotels Majestic bietet sich ein guter Blick über den Platz.

✶ Palacio Nacional (Nationalpalast)

Die gesamte Ostseite des Zócalo nimmt der Nationalpalast (Palacio Nacional) mit seiner über 200 m langen Fassade ein. Der aus Tezontle, einem rötlichen Vulkangestein, errichtete Bau ist Amtssitz des Präsidenten und enthält zahlreiche Verwaltungsbüros. Ursprünglich 1523 von Cortés auf dem geschleiften neuen Palast Moctezumas II. errichtet, war er in der Kolonialzeit Sitz der spanischen Vizekönige und danach der Präsidenten der Republik. Mehrmals um- und ausgebaut sowie während der Revolte von 1692 teilweise zerstört, gehört er zu den ältesten und eindrucksvollsten Gebäuden der Stadt. Das dritte Stockwerk wurde in den 1920er-Jahren unter der Regierung von Präsident Calles hinzugefügt.

Über dem großen mittleren Portal hängt unter dem mexikanischen Staatswappen die **Freiheitsglocke** (Campana de Dolores), mit der Pfarrer Miguel Hidalgo am 16. September 1810 in Dolores die Unabhängigkeitsbewegung einläutete. Alljährlich am 15. September, eine Stunde vor Mitternacht, wiederholt der Staatspräsident vom Balkon aus den Ruf von Dolores (Grito de Dolores) unter dem Geläute dieser Glocke.

✶ ✶ ◄ Fresken von Diego Rivera

Das Innere des Nationalpalastes besteht aus 14 für den Besuch nur teilweise freigegebenen Höfen und einer großen Anzahl von Sälen. Vom arkadengesäumten Haupthof führt ein Treppenhaus in den ersten Stock. Die Wände beider Räumlichkeiten sind mit einem der berühmtesten Wandgemälde des Muralisten Diego Rivera (► Baedeker Special S. 79, 405) bemalt: »México a Través de Los Siglos« (»Mexiko im Lauf der Jahrhunderte«).

Auf einer Fläche von 450 m² hat der Künstler in den Jahren 1926 bis 1945 Themen aus der Geschichte des Landes **von der altindianischen Epoche bis zur Zeit nach der Revolution** dargestellt. Der weite Bogen historischer Ereignisse und die Darstellung ihrer Hauptakteure demonstriert Riveras soziales und politisches Bewusstsein, am deutlichsten vielleicht am Beginn des Treppenhauses mit dem Bild »La Lucha de Clases« (»Klassenkampf«). In der Galerie im ersten Stock befindet sich mit »**La Gran Tenochtitlán**« ein weiteres berühmtes Mural des Künstlers.

Museo Benito Juárez

Die ehemaligen Wohnräume von Benito Juárez am nördlichen Innenhof sind für Besucher zugänglich. In dem Raum, in dem er 1872 starb, erinnern Möbel und persönliche Gegenstände an den großen Präsidenten. Ebenfalls zu besichtigen sind einige Säle und die Abgeordnetenkammer, in der 1857 die Reformverfassung verabschiedet wurde. Diese und die Verfassung von 1917 sind ausgestellt.
Der Nationalpalast beherbergt auch das staatliche Hauptarchiv mit interessanten historischen Dokumenten und die Biblioteca Miguel Lerdo de Tejada, eine der größten und wichtigsten Mexikos.

✶ **Catedral Metropolitana de la Asunción de Maria**

Die neben dem Nationalpalast den Zócalo beherrschende Kathedrale an der Nordseite gehört zu den ältesten und größten Sakralbauten der westlichen Hemisphäre. Sie steht auf dem südwestlichen Teil des ehemaligen aztekischen Tempelbezirks, der u. a. die Schädelmauer (Tzompantli) und den Tempel des Xipe Tótec einbezog.
Der 1525 begonnene ursprüngliche Bau der Kathedrale wurde teils abgerissen, teils umgebaut. Die heutige Kathedrale geht auf das Jahr 1563 zurück. Obwohl an dem gewaltigen Gotteshaus aus Basalt und grauem Sandstein über 250 Jahre gebaut wurde und es daher unterschiedliche Stile in sich vereinigt, besticht es durch eine **beeindruckende Harmonie**. Trotz der beiden neoklassizistischen, durchbrochenen Türme und anderer Bauelemente wirkt die Fassade durch ihre massiven Voluten und gewundenen Säulenpaare überwiegend barock. Die Glockentürme wurden 1793, die Manuel Tolsá zugeschriebenen drei Statuen der Tugenden Glaube, Hoffnung und Nächstenliebe auf dem Uhrturm sowie die Kuppel erst 1813 fertiggestellt. Ungewöhnlich ist die Aufhängung und die unterschiedliche Größe der Kirchenglocken; eine, die den Namen Guadalupe trägt, wiegt stattliche 5600 kg.
Die Kathedrale ist im Inneren in ein Haupt- und zwei Nebenschiffe sowie 14 Seitenaltäre unterteilt. Wiederum sind alle Kunststile und Moden, die während der Kolonialzeit vorherrschten, vertreten.

✶ Altar de los Reyes ►

Glanzstück ist der reich geschnitzte churriguereske Altar der Könige (Altar de los Reyes, 1718 – 1739) hinter dem Hochaltar. In den beiden Seitenschiffen sind 14 Kapellen aneinandergereiht. Die Kapelle westlich vom Hauptaltar birgt die sterblichen Überreste des mexikanischen Kaisers Agustín de Iturbide. In der dritten Kapelle links vom Haupteingang ist die Figur des Señor del Cacao interessant, die einst vor dem Gotteshaus aufgestellt war. Bei ihr lieferten die Indianer ihre Opfergaben für den Bau der Kathedrale in Form von Kakaobohnen ab. Die anderen Kapellen und Seitenaltäre sind mit wertvollen, meist barocken Gemälden ausgestattet. Bemerkenswert ist auch das aus Zedernholz geschnitzte Chorgestühl (1696). Als

Blick auf die Kathedrale und die Mauerreste des einst mächtigen Tenochtitlán

südliche Begrenzung des Chores, gegenüber dem Haupteingang, steht der Gnadenaltar (Altar del Perdón), dessen churrigueresker Retablo das Gemälde der »Jungfrau Maria« (1568) von Simon Pereyns zeigt. In der Sakristei mit gotischem Kreuzrippengewölbe sollte man sich die Gemälde von Cristóbal de Villalpando (um 1665) ansehen. In der Krypta, links vom Haupteingang, sind die meisten Erzbischöfe von Mexiko-Stadt begraben, darunter auch Juan de Zumárraga, der große Lehrmeister der Indianer und erste Oberhirte der Metropole. Zu der Kathedrale gehört zudem ein Museum für religiöse Kunst, in dem kostbare kirchliche Gegenstände ausgestellt sind.

* ◄ Sagrario Metropolitano

Das Sakramentenhaus schließt sich direkt östlich an die Kathedrale an. Diese Pfarrkirche (1768 geweiht) stellt eines der besten Beispiele für den mexikanischen churrigueresken Baustil dar. In der Fassade sind die Estípites genannten Wandpfeiler vorherrschend; bemerkenswert ist auch der gelungene Übergang von der hohen zentralen Fassade zu den niedrigen Stützseiten. Im Innern fällt der von Pedro Patiño Ixtolinque 1829 geschaffene Hauptaltar auf. Der Künstler war ein indianischer Schüler Manuel Tolsás, dem wiederum der Altar in der Kapelle der Virgen Dolorosa zugeschrieben wird. Feuer und Erdbeben zerstörten im 18. Jahrhundert einen Teil des Inneren. Wie bei vielen anderen alten Bauten der Stadt sinken auch hier die Fundamente nach einer Seite hin ab.

An der Ostseite des Gebäudes bieten Handwerker, die Werkzeuge vor sich ausgebreitet, ihre Dienste an.

★★ Templo Mayor
Öffnungszeiten: Di. – So. 9.00 – 17.00

Hinter der Kathedrale, an der Ecke der Straßen Argentina und Guatemala, hatte man schon vor Jahren einige **Reste vom Tempelbezirk der Stadt Tenochtitlán** freigelegt und dort belassen. Im Februar 1978 fand man beim Bau der Metro einen behauenen Stein. Er wurde geborgen und erwies sich als eine runde Scheibe von 3,25 m Durchmesser und 8500 kg Gewicht. Sie zeigt in kunstvollem Relief eine Darstellung der enthaupteten und zerstückelten Göttin Coyolxauhqui. Dieser Fund gab den Anstoß zu weiteren Grabungen. Vermutete man die Lage der Hauptpyramide (**Gran Teocalli**) bisher unter dem heutigen Zócalo, so zeigten die Ausgrabungen, dass das religiöse und politische Zentrum des Aztekenreiches sich an dieser Stelle befunden hatte. Die Spitze der Tempelpyramide, einst das alles beherrschende Gebäude des heiligen Bezirks, bildeten der nach Süden weisende Tempel des Kriegsgottes Huitzlopochtli und der nach Norden ausgerichtete Tempel des Regengottes Tláloc, die als Hauptgottheiten der Azteken Krieg und Tod, Leben und Wasser symbolisierten. Vor dem linken, dem Tláloc geweihten Tempel, stand eine Chac-mool-Figur, die noch den größten Teil ihrer Bemalung trägt. Aus Größe und Material der Tempelmauern schließt man, dass diese Bauten wahrscheinlich errichtet wurden, bevor die Azteken die Vorherrschaft über das Tal von Anáhuac errangen, also vor dem Jahre 1428. In den Hohlräumen zwischen dem Mauerwerk der einzelnen Bauperioden fanden sich neben den Schädeln geopferter Menschen zahlreiche Behälter mit Opfergaben. Interessant ist, dass nur ein Bruchteil der über 7000 Fundgegenstände aztekischen Ursprungs ist, während die übrigen aus den Gebieten anderer Indianervölker stammen. Wahrscheinlich handelt es sich um Tributzahlungen unterworfener Stämme, die vor dem Abschluss einer neuen Überbauung der Pyramide den Göttern dargebracht wurden.

Durch das Ausgrabungsgelände führt ein Rundweg, der u. a. den Bezirk der geflügelten Krieger berührt, wo Reste der Wohnungen der Adlerkrieger mit vielfarbigen Reliefs freigelegt wurden.

★★ Museo del Templo Mayor
Öffnungszeiten: Di. – So. 9.00 – 17.00

Da das Anthropologische Nationalmuseum keinen Platz für die zahlreichen Funde mehr hatte, entschloss man sich, direkt bei der Ausgrabungsstätte ein Museumsgebäude zu errichten (Eingang Seminario 8). Es verfügt über eine große Fensterfront, die den Blick auf das Ausgrabungsfeld freigibt. Um einen Patio sind auf vier Ebenen acht Ausstellungsräume, ein Auditorium und eine Bibliothek angeordnet. Zur Erläuterung der 3000 Ausstellungsstücke dienen Texte in Spanisch aus den verschiedenen aztekischen Codices. Man kann aber englischsprachige Audioguides ausleihen. Am Eingang zum Museum ist ein **Tzompantli** (Schädelmauer) aufgestellt, der sich ursprünglich im nördlichen Teil der Ausgrabungsstätte befand. Ein **Modell** im Patio unterrichtet über das Aussehen des Tempelbezirks von Tenochtitlán vor dem Eintreffen der spanischen Eroberer.

Entsprechend der Anordnung der beiden Tempel auf der Pyramide ist auch das Museum in einen Süd- und einen Nordflügel aufgeteilt.

Templo Mayor Orientierung

1 Roter Tempel im Süden
2 Große Schlangenskulptur
3 Fundort des Steins der Coyolxauqui
4 Schlangenköpfe
5 Altar der Kröten
6 Schlangenköpfe
7 Standartenträger
8 Huitzilopochtli-Räuchergefäß
9 Tempel des Hutzilopochtli mit Opferstein
10 Tempel des Tláloc mit Chac-mool-Figur
11 Glyphen: '1 Kaninchen' (1454 n. Chr.) und '4 Rohr' (1431 n. Chr.)
12 Tláloc-Räuchergefäß
13 Räuchergefäße
14 Struktur B mit Schädelmauer ('Tzompantli')
15 Roter Tempel im Norden
16 Heiligtum der Adlerkrieger

Rundgang

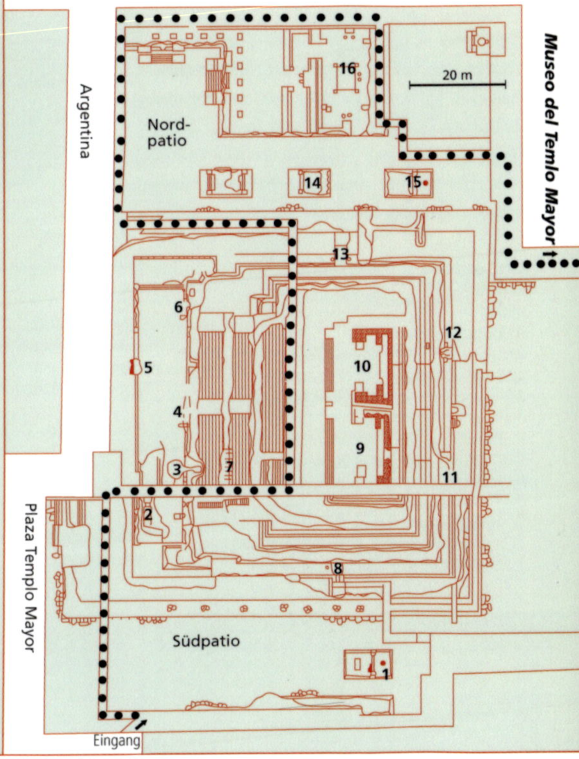

Der Südflügel ist dem Kriegsgott Huitzilopochtli vorbehalten. Der erste Saal zeigt die Wanderung der Azteken bis zu ihrer Ankunft im Tal von Anáhuac. Thema des zweiten Saales sind der Krieg und die zur Versöhnung der Götter notwendigen Opfer, während der dritte Saal sich mit dem Tributsystem und Handel der Azteken beschäftigt. Im vierten Saal schließlich sind einige der bedeutendsten Monolithen der Ausgrabungsstätte zu sehen. Den Treppenaufgang flankieren zwei lebensgroße Steinskulpturen von Adlerkriegern mit stilisierten Schwingen, die ursprünglich im Bezirk der Adlerkrieger standen. Bemerkenswert ist eine Darstellung des Feuergottes Xiuhtecutli.

Eindrucksvollstes Ausstellungsstück ist der Opferstein mit dem Relief der **Mondgöttin Coyolxauhqui** – zu sehen ist eine nackte Frauengestalt, deren Kopf, Arme und Beine vom Rumpf abgetrennt sind. Der Sage nach wurde sie von ihrem Bruder, dem Kriegsgott Huitzilopochtli, auf dem Schlangenhügel Coatepec bei Tula zusammen mit

★ ◄ Opferstein

400 Gefolgsleuten getötet und zerstückelt, weil sie ihrer Mutter, der Erdgöttin Coatlicue, nach dem Leben trachtete und sich gegen Menschenopfer wehrte. Die Herzen der Opfer verspeiste Huitzilopochtli. Den Sohn der Mondgöttin, Copil, der sie rächen wollte, brachte der Kriegsgott ebenfalls um und warf dessen Herz in den Texcoco-See. Daraus soll der Kaktus mit dem Adler entsprungen sein, der den Azteken anzeigte, wo sie sich niederlassen sollten. **Der Besucher kann den Stein auf zwei Arten betrachten:** Im Erdgeschoss ist er flach vor der Fensterfront aufgestellt, und vom zweiten Stock herab sieht man auf ihn durch eine Öffnung in der Decke. Diese Perspektive weist auf den Verwendungszweck des Steines hin. Er stand am Fuße der Pyramide unter dem Tempel von Huitzilopochtli. Die Priester töteten oben die Gefangenen und warfen deren Körper, nachdem sie ihnen die Herzen herausgerissen hatten, hinunter auf den Stein der Coyolxauhqui.

! *Baedeker* TIPP

A night time temple visit

Die Archäologische Zone von Mexiko-Stadt am Rande des Zócalo kann im Rahmen einer speziellen Führung auch nach Einbruch der Dunkelheit besucht werden. Archäologen und Forscher vom Areal des Templo Mayor sind bei diesem Rundgang die kundigen Guides. Voraussetzung: Es müssen mindestens zehn Personen zusammen kommen (Anmeldung: Tel. 52 33 20 40).

* Standartenträger ►

Ein weiterer besonderer Fund waren die an der Treppe zum Altar des Huitzilopochtli ausgegrabenen acht Standartenträger, von denen manche noch Farbspuren und Obsidian- bzw. Muschelreste zur Imitation der Augen zeigen. Bis heute ist ihre Funktion nicht bekannt. Man nimmt an, dass sie aus der dritten Bauperiode (1431) stammen und zu Beginn des vierten Bauabschnittes auf die Stufen gelegt und überdeckt wurden, um sie nicht zu beschädigen. Die vier Säle des Nordflügels sind dem Regengott Tláloc gewidmet, dessen Erscheinung in zahlreichen Ausstellungsstücken wiederkehrt. Ein Raum zeigt die Skelette der Opfertiere wie Krokodile, Adler, Pumas, Jaguare und Haifische. In einem weiteren Saal werden Aspekte des Lebens und der Religion der Azteken gezeigt: Geburt, Erziehung und die Vorstellung der Azteken vom Universum.

Calle Moneda

An der Kathedrale vorbei gelangt man in der Nord-Ost-Ecke des Zócalo zur Calle Moneda. Rechts, in der Antigua Casa Moneda (Nr. 13), die seit 1734 das Staatliche Münzamt beherbergte, ist heute das Museum der Kulturen (**Museo de las Culturas**) mit Kunstgegenständen und Kunsthandwerk aus aller Welt untergebracht. Einen Block weiter östlich kommt man nach einigen Metern auf der Calle Academia zum **Museo José Luis Cuevas**, in dem neben Cuevas' Werken auch Arbeiten anderer moderner Maler und bekannter Grafiker ausgestellt sind. An der Verlängerung der Calle Moneda, der Calle Emiliano Zapata, liegt zur Linken die Kirche **La Santísima**. Ihre 1789 fertiggestellte Fassade gehört zu den schönsten der Stadt; sie wird in ihrer ersten Bauphase Lorenzo Rodríguez, dem Architekten der Sagrario Metropolitano, zugeschrieben. Beachtenswert ist der Glockenturm in Form einer päpstlichen Tiara.

Suprema Corte de Justicia

Die Süd-Ost-Ecke des Zócalo bildet das Gebäude des Obersten Gerichtshofs (Suprema Corte de Justicia), das 1929 erbaut wurde. In seinem Inneren sind einige Wandgemälde Orozcos zu sehen, darunter »Justicia« und das Bild einer Göttin der Gerechtigkeit, die schläft, während Banditen das Volk seiner Rechte berauben.

*

Museo de la Ciudad de México

Das Museo de la Ciudad de México, Pino Suarez 30, liegt ein paar Häuserblocks weiter im ehemaligen Kolonialpalast des Conde de Santiago de Calimaya. Dokumente, Fotografien, Möbel und andere Gegenstände aus der Geschichte der Stadt von der prähistorischen bis zur heutigen Zeit wurden hier gesammelt. Bemerkenswert sind u. a. ein Modell des Teocalli, des Kultzentrums von Tenochtitlán, sowie eines der heutigen Stadt. An der Hausecke ist ein Schlangenkopfstein aus der Schlangenmauer des Templo Mayor zu sehen.

Merced

Ein kurzer Abstecher führt auf der Straße El Salvador weiter in Richtung Osten zu den einige Blocks entfernten modernen Gebäuden des Marktes La Merced, einst größter Handelsplatz der Stadt, dessen Beliebtheit durch die Verlegung nach Itzpalapa gelitten hat. In der ehemaligen Marktregion empfiehlt sich ein Besuch des aus dem 17. Jahrhundert stammenden und 1834 umgebauten Klosters La Merced an der Ecke Uruguay und Jesús María. Der noch erhaltene, herrliche Kreuzgang zeigt verschiedene Bauformen, unter denen der Mudéjar-Stil besonders auffällt.

*

◂ Convento de La Merced

Hospital y Iglesia Jesús Nazareno

Schräg gegenüber vom Stadtmuseum erhebt sich die barocke Kirche Jesús Nazareno, die im 17. Jahrhundert erbaut und deren Gewölbe 1944 mit Fresken von Orozco ausgemalt wurde. An dieser Stelle soll Hernán Cortés am 8. November 1519 dem Aztekenherrscher Moctezuma II. zum ersten Mal begegnet sein. Der 1547 im spanischen Sevilla gestorbene Cortés liegt heute in der Kirche Jesús Nazareno begraben. Das angeschlossene Hospital La Purísima Concepción wurde bereits 1524 von Cortés als erstes seiner Art in Amerika gegründet und bis vor wenigen Jahren von seinen Nachfahren verwaltet. – In der südlich gelegenen Metrostation Pino Suárez steht eine an dieser Stelle ausgegrabene aztekische Rundpyramide.

Convento San Jerónimo (Museo Claustro de Sor Juana)

Von der Metrostation geht es in westlicher Richtung auf der Calle San Jerónimo zu dem an der gleichnamigen Plaza (Nr. 47) liegenden ehemaligen Kloster San Jerónimo. Hier lebte und wirkte die große Dichterin und Malerin Juana Inés de la Cruz (1651–1695), deren sterbliche Überreste man in der Klosterkirche entdeckte. Ihrem Andenken widmet sich das heute im Gebäude untergebrachte Museum.

Museo de la Charrería

Auf der Isabel la Católica, einen Block nach Süden, erreicht man die Avenida José María de Izazaga, an der, nahe der Metrostation Isabel la Católica, die kleine Kirche Nuestra Señora de Monserrat liegt. Das frühere Kloster enthält heute das Charro-Museum (Museo de la Charrería), in dem alles rund um Pferde und Pferdesport ausgestellt wird, darunter die traditionellen Charro-Trachten und auch der Sattel des Revolutionärs Pancho Villa.

Monte de Piedad (Pfandleihanstalt)

Wieder zurück auf dem Zócalo schließt sich westlich der Kathedrale ein mehrfach umgebautes Gebäude aus der Kolonialzeit an, die Monte de Piedad (Berg des Erbarmens) genannte Staatliche Pfandleihanstalt, heute die größte in Lateinamerika. Sie wurde 1775 von Pedro Romero de Terreros gegründet und bezog 1850 dieses Gebäude.

Plaza de Santo Domingo

Zwei Blöcke nördlich der Kathedrale, westlich der Avenida República de Brasil, öffnet sich die Plaza de Santo Domingo, ein Platz aus der Kolonialzeit, der noch viel altspanische Atmosphäre bewahrt hat.

Plaza de Santo Domingo

Unter den Arkaden an der Westseite sitzen öffentliche Schreiber, Evangelistas genannt, die ihren oft analphabetischen Kunden ihre Dienste anbieten. Am Rande des Platzes, Calle Cuba Nr. 95, weist eine Gedenktafel darauf hin, dass hier die Indianerin Malinche (Doña Marina) – Dolmetscherin, Ratgeberin und Geliebte des Hernán Cortés – mit ihrem späteren Mann, Juan de Jaramillo, im Jahre 1527 gelebt hat.

An der Nordseite des Platzes erhebt sich der schöne Barockbau der Kirche **Santo Domingo**, die allein von einem gewaltigen Dominikanerkloster übrig geblieben ist. Der heutige Bau aus rotem Tezontle geht auf die erste Hälfte des 18. Jahrhunderts zurück und ist wegen seines eleganten, mit Kacheln verzierten Turms, der ausgewogenen Fassade und der beiden churrigueresken Retablos sowie des neoklassizistischen Hauptaltars von Manuel Tolsá im Inneren bemerkenswert.

Museo de la Medicina Mexicana

Öffnungszeiten: tgl. 9.00 – 18.00

Die Ecke der Straßen Brasil und Venezuela an der Ostseite des Platzes wird von dem Museo de la Medicina Mexicana eingenommen, einem Palast aus dem 18. Jahrhundert. Während der Kolonialzeit diente das Gebäude als Gefängnis der Santa Inquisición, des höchsten Glaubensgerichts, dem allerdings die Indianer nicht unterworfen waren. Die Inquisition wurde in Neuspanien 1571 eingesetzt und war bis 1815 tätig. Besonders interessant ist in diesem Museum für

Medizingeschichte das Modell eines »baño de temazcal«, einer Art Schwitzhütte oder Sauna, die den Indianern zur spirituellen Reinigung diente.

Nuestra Señora de Loreto

Folgt man der C. Ildefonso bis zur C. Loreto, stößt man auf einer beschaulichen Plaza gleichen Namens auf die Kirche Nuestra Señora de Loreto, eines der interessantesten neoklassizistischen Gotteshäuser (1809 – 1816) des Landes. Neben der eleganten Kuppel sind die großen Fenster zwischen den Strebepfeilern und in der Sakristei eine Nachbildung des Heiligen Hauses von Loreto mit schönen Gemälden aus der Kolonialzeit zu erwähnen. Es spricht für den soliden Bau, dass sich bisher keine nennenswerten Schäden zeigten, obwohl sich infolge des nachgebenden Untergrunds der aus schwerem Stein gefügte Ostteil sehr stark, hingegen der aus leichterem vulkanischem Tezontle bestehende Westteil nur geringfügig gesenkt hat.

Museo de la Caricatura

Ganz in der Nähe, in der Donceles 99, kann man sich eine Sammlung von Werken bekannter mexikanischer Karikaturisten ansehen.

Escuela Nacional Preparatoria (ENP)

✶ ◄ Fresken

Zwei Häuserblocks westlich der Plaza de Loreto, an der Calle Ildefonso 33 – 45, steht das 1749 erbaute Jesuitenkolleg Ildefonso, das heute die Escuela Nacional Preparatoria Gabino Barreda, die berühmteste der staatlichen Oberschulen, und ein Büro der Universität UNAM beherbergt. Von großer Bedeutung sind die Patio- und Treppenhauswände schmückenden Fresken der Künstler Fermín Revueltas, Ramón Alva de la Canal, Fernando Leal, Jean Charlot, David Álfaro Siqueiros und José Clemente Orozco, die im Jahr 1921 von dem damaligen Erziehungsminister José Vasconcelos eingeladen wurden, das Gebäude auszumalen. Dies war die Geburtsstunde der weltbekannten Schule des mexikanischen Muralismo (►Baedeker Special S. 79).

Am bedeutendsten sind die zwischen 1922 und 1927 entstandenen Wandmalereien José Clemente Orozcos, die geistig-religiöse Themen mit der revolutionären Geschichte des Landes verbinden.

✶ ◄ Barockes Chorgestühl

In der El Generalito genannten Aula findet man das nach einem Brand gerettete Chorgestühl der früheren Augustinerkirche (später Biblioteca Nacional), das zu den kunstvollsten Schnitzwerken seiner Art zählt und Szenen aus dem Neuen Testament zeigt.

Museo Antiguo Colegio de San Ildefonso

Im gleichen Komplex, der 1992 renoviert wurde (Eingang auf der Justo Sierra 16) kann man auch Fresken der drei großen Muralisten Orozco, Rivera und Siqueiros sehen. Heutzutage finden in diesem Gebäude hauptsächlich bedeutende präkolumbische Ausstellungen statt.

Secretaría de Educación Pública (SEP)

Fresken, die ebenfalls auf Anregung Vasconcelos' entstanden, sind nordwestlich, in der Calle República Argentina, zwischen den Straßen Venezuela und L. G. Obregón, zu sehen – im Erziehungsministerium (SEP, Secretaría de Educación Pública), das heute die Stelle des Mitte des 17. Jahrhunderts gegründeten Klosters La Encarnación einnimmt.

★ Fresken ► Das Ministerialgebäude ist mit hervorragenden Wandmalereien, u. a. von Amado de la Cueva, Juan O'Gorman, Carlos Mérida, hauptsächlich aber von Diego Rivera dekoriert. Riveras Fresken, die vor allem den Alltag der mexikanischen Indios zum Gegenstand haben, wurden zwischen 1923 und 1928 geschaffen und spiegeln den sozialkritischen Geist des Künstlers wider. Berühmt sind ebenso die Werke José Clemente Orozcos im Aufgang und ersten Stock des Hauptpatios.

Museo Nacional de Arte

Einige Blocks westlich des Zócalos kann man im imposanten Gebäude Calle Tacuba 8 (Metrostation: Bellas Artes, Linie 2), ehemals Ministerium für Verkehr und Öffentliche Arbeiten, einen Querschnitt der mexikanischen Kunst bewundern. In den 22 Sälen des Nationalmuseums für Kunst (Museo Nacional de Arte) werden interessante Maya-Skulpturen und religiöse Exponate der spanischen Kolonialzeit sowie Landschaftsmalerei des 19. Jahrhunderts und zeitgenössische Kunst gezeigt.

El Caballito

Vor dem Palast steht jetzt das berühmte, ebenfalls von Manuel Tolsá geschaffene bronzene Reiterdenkmal Karls IV. von Spanien, von der Bevölkerung El Caballito (Pferdchen) genannt, bei dessen Entwurf sich der Bildhauer an ein französisches Vorbild von Girardon anlehnte. Das Pferdchen, das ursprünglich auf dem Zócalo gestanden hatte, erlebte nach der Unabhängigkeit eine Odyssee über mehrere Plätze der Stadt, bis es schließlich am heutigen Ort aufgestellt wurde.

Palacio de Minería

Gegenüber, in der Calle Tacuba 5, steht der Palacio de Minería, um 1800 von Manuel Tolsá im Stil der französischen neoklassizistischen Schule erbaut. Bis 1954 beherbergte er die Hochschule für Bergwerksingenieure.

Correo Mayor (Hauptpost)

Direkt daneben liegt die Hauptpost (Correo Mayor), die vom selben Architekten wie der Palacio de Bellas Artes erbaut wurde. In den Obergeschossen befindet sich ein Postmuseum; Briefmarkensammler kommen in der Verkaufsstelle für Sondermarken auf ihre Kosten.

★ **Casa de los Azulejos**

Einen Block weiter südlich, zwischen der Avenida Cinco Mayo und Madero, ist eine Besonderheit zu sehen: die bereits 1598 errichtete Casa de los Azulejos (Haus der Kacheln), die der Conde del Valle de Orizaba 150 Jahre später mit blauen und weißen Kacheln aus Puebla ausschmücken ließ. Das Treppenhaus malte **José Clemente Orozco** im Jahre 1925 mit Fresken aus. Im Haus selbst befinden sich ein Geschäft und ein Café der Sanborn`s-Kette, in dem sich 1914, nach ihrem Einzug in Mexiko-Stadt, **Emiliano Zapata und Pancho Villa** zum Frühstück trafen. Ein Foto des bedeutenden historischen Treffens hängt im Café.

Mit seinen 181 m ist der Torre Latinoamericana das höchste Gebäude von Mexiko-Stadt. Die Aussicht vom 42. Stock ist überwältigend.

Torre Latinoamericana

Öffnungszeiten: tgl. 9.00 – 22.00

Das seit der Fertigstellung des Hotel de México nur noch zweithöchste Gebäude der Stadt ist der 44-stöckige und 181,33 m hohe Lateinamerika-Turm an der Ecke Avenida Madero und Lázaro Cárdenas südlich der Metrostation Bellas Artes, dessen Aussichtsterrasse im 42. Stock an den wenigen klaren Tagen einen ausgezeichneten Rundblick über die Stadt bietet.

✶ Palacio de Iturbide

Der auf der rechten Seite folgende Palacio de Iturbide ist heute im Besitz der Banco Nacional de México. Dieses schön restaurierte Barockpalais wurde von Francisco Guerrero y Torres im Jahr 1780 entworfen und war bis zum Jahr 1823 Wohnsitz von Agustín de Iturbide, dem ersten Kaiser von Mexiko. Im Innenhof des Gebäudes veranstaltet die Banco Nacional (BANAMEX) von Zeit zu Zeit Ausstellungen.

Museo Serfin

Das Museo Serfin findet man einen Block weiter östlich in der Avenida Madero 33. Die bunten Trachten der Indios aus allen Teilen Mexikos kann man hier studieren.

Alameda Central und Umgebung

Parque Alameda Central

Nicht einmal 1 km östlich des Zócalo liegt der schöne Park Alameda Central. Der gepflegte, schattige Park mit seinen alten Bäumen, Springbrunnen und Skulpturen wurde bereits 1592 angelegt und war

15 km von Tlatelolco bis zu dem Villenviertel Las Lomas an der westlichen Stadtgrenze. Die eigentliche Prachtstraße beginnt jedoch erst an der Einmündung der Avenida Benito Juárez und reicht bis zum Chapultepec-Park. Der Boulevard ist 60 m breit und hat sechs bis acht Fahrbahnen mit einem Grünstreifen in der Mitte. Er wird gesäumt von Bronzestatuen berühmter Mexikaner, vorwiegend Helden der Unabhängigkeits- und Interventionskriege. Die Kreuzungen sind als große Rondelle (Glorietas) mit Denkmälern oder Baumgruppen angelegt. Zahlreiche moderne Hochhäuser, in denen Büros, Hotels, Restaurants, Kinos, Läden u. a. untergebracht sind, haben die Patrizierwohnhäuser der Kolonialzeit fast gänzlich verdrängt. Die Stadt verdankt diese prächtige Allee Kaiser Maximilian, der eine direkte Verbindung zwischen seiner Residenz im Schloss Chapultepec und dem Amtssitz am Zócalo wünschte. Ihren heutigen Namen hat die Straße nach den von Maximilians Gegenspieler Benito Juárez im Jahre 1861 erlassenen Reformgesetzen. Metrostationen: Hidalgo (Linien 2 und 3), Chapultepec (Linie 1). Entlang des Boulevards gibt es zudem mehrere Bushaltestellen.

Glorieta Cristóbal Colón

Die erste Glorieta nach der Einmündung der Avenida Juárez ist die Glorieta de Cristóbal Colón (Kolumbus-Statue). Die Statue des Entdeckers von Amerika wurde von dem Franzosen Cordier geschaffen und 1877 hier aufgestellt. Um den Sockel des Denkmals gruppieren sich die Statuen von gelehrten Mönchen, die sich um die Kolonisation und die Eingliederung der Indios verdient gemacht haben: Juan Pérez de Marchena, Diego de Deza, Pedro de Gante und Bartolomé de Las Casas.

Monumento a Cuauhtémoc

Die auf dem Paseo de la Reforma südwestlich folgende Glorieta wird von der von Porfirio Díaz gestifteten Statue des letzten Aztekenherrschers Cuauhtémoc geschmückt. Hier wird die Reforma von der 26 km langen Avenida de los Insurgentes (Allee der Aufständischen), der großen Nord-Süd-Achse, gekreuzt.

Jardín del Arte

Zwei Blocks nordöstlich dieses Denkmals liegt der Jardín del Arte, ein ruhiger, schattiger Park. An Sonntagen bietet er eine beliebte Plattform und Bühne für die verschiedensten Straßenkünstler der Stadt.

Centro Bursátil

Das interessanteste der vielen modernen Gebäude am Paseo de la Reforma ist sicherlich das Centro Bursátil mit seinen reflektierenden Glasfronten (Nr. 255). Der reizvolle Bau dient als Sitz der Börse.

Zona Rosa

Parallel zur Reforma, im Süden, erstreckt sich bis zur Av. Chapultepec die Zona Rosa (Rosa Zone; Colonia Juárez). In diesem Bezirk konzentrieren sich Hotels, Restaurants, Nachtclubs, Kunstgalerien und elegante Geschäfte. In der Calle Londres 6 befindet sich das Absurditätenkabinett »Aunque Usted no le crea« und das Wachsmu-

Am Sonntag bevölkern Tausende Mexikaner den Chapultepec-Park. Verkäufer führen riesige Trauben von bunten Luftballons oder rosa Zuckerwatte, Paletten voller Süßigkeiten und gefüllter Maisfladen mit sich.

seum (**Museo de Cera**), dessen Hauptattraktion eine Kammer mit aztekischen Menschenopfern ist. Auf derselben Straße kann man auch auf einem Markt nach Kleidern und Kunsthandwerk stöbern.

Monumento a la Independencia

In der Mitte der übernächsten Glorieta nach dem Cuauhtémoc-Denkmal steht weithin sichtbar das Unabhängigkeitsdenkmal (Monumento a la Independencia), das nach der auf einer hohen Säule stehenden geflügelten Siegesgöttin im Volksmund **El Ángel** (Engel) genannt wird. Auch dieses Denkmal geht auf eine Stiftung des Diktators Díaz anlässlich des 100. Jahrestags der mexikanischen Unabhängigkeit im Jahre 1910 zurück. An der Basis der hohen Säule stehen Statuen der Helden der Unabhängigkeitsbewegung, wie Miguel Hidalgo, Guerrero und Morelos.

Seit März 1998 ist zeitweise die Krypta mit den Totenköpfen der Freiheitshelden Hidalgo, Aldama, Allende und Jiménez geöffnet. Das Denkmal ruht auf einem tiefen Zementfundament, um ein Absacken in den sumpfigen Untergrund zu verhindern. Da aber die Umgebung jährlich um ungefähr 20 cm absinkt, wächst das Monument tatsächlich in die Höhe, so dass oft neue Stufen erforderlich sind.

altindianischen Göttersymbole gefiederte Schlange und Jaguar darstellt. Auf dieser Seite kann man Eintrittskarten und Tickets für organisierte Führungen kaufen.

Außerdem beginnt hier der gegen den Uhrzeigersinn verlaufende **Rundgang**, der zunächst durch Säle führt, in denen in wechselnder Folge Ausstellungen zu Themen der präkolumbischen Kulturen stattfinden. Wer nur wenig Zeit hat, sollte sich zumindest die Méxica- und Maya-Ausstellungen ansehen. Man sollte jedoch bedenken, dass jeder Saal mindestens ein Highlight zu bieten hat.

Sala del Período Preclásico ► Die vorklassische oder formative Epoche (1400 – 300 v. Chr.) – v. a. der Übergang von einer nomadischen zu einer halbsesshaften Lebensweise – wird durch Exponate zur Entwicklung der Keramik und anderer handwerklicher Techniken dargestellt. Besondere Exponate sind hier die Figuren von Tlatilco, darunter die »Mujer bonita« genannten weiblichen Figuren, die sog. Akrobatenvase in Gestalt eines Menschen in grotesk verzerrter Körperhaltung und ein Modell der Pyramide von Cuicuilco.

Sala de Teotihuacán ► Der nächste große Saal ist der Entwicklung Teotihuacáns, der ersten Stadt im Hochtal von Mexiko, gewidmet. An der Verwendung neuer Materialien wie Muscheln, Edelsteine und Steine kann man die Entwicklung zu einer höher stehenden Kultur erkennen. Besonders beachtenswerte Objekte sind die Skulpturen verschiedener Gottheiten, darunter Xipe Tótec (aus Tlamimiloplan), Chalchiuhtlicue und Huehuetéotl. Ein Abschnitt des Quetzalcoátl-Tempels aus Teotihuacán ist in seiner ursprünglichen Bemalung restauriert worden; ebenfalls eine Rekonstruktion ist das Fresko »Paradies des Tláloc«, auf dem sich die Seelen der Krieger und Ertrunkenen tummeln.

Stein der fünften Sonne Orientierung

1 Sonnengott Tonatiuh, Regent des Weltalters der »Fünften Sonne«

2 Symbole der vergangenen Weltalter, dazwischen (im Uhrzeigersinn) die Zeichen der Himmelsrichtungen: Jaguarsonne, Wassersonne, Regensonne, Windsonne

3 Ring mit 20 Tageszeichen (im Uhrzeigersinn): Blume, Regen, Feuerstein, Bewegung, Geier, Adler, Jaguar, Rohr, Kraut, Affe, Hund, Wasser, Kaninchen, Hirsch, Tod, Schlange, Eidechse, Haus, Wind, Krokodil

4 Schmuckring mit den Wert der Sonne hervorhebenden Symbolen:
a Adlerfedern
b Sonnenstrahlen
c Edelsteine
d Blutstropfen

5 Türkisschlangen; aus den Schlünden blicken rechts der Sonnengott Tonatiuh und der Feuergott Xluhtecutli

Herausragendstes Beispiel für die Kultur der Tolteken von Tula ist ein riesiger Atlant. Weitere Zeugnisse der klassischen toltekischen Epoche (900 – 1200 n. Chr.) sind Stelen, Chac-mool-Skulpturen und ein mit Perlmutt verzierter Kopf eines Kriegers.

◄ Sala de Tula

Beschrieben wird die Kultur der Azteken von der Einwanderung der Chichimeken bis zum Fall von Tenochtitlán. Dieser Saal birgt das Glanzstück der Sammlung, den Stein der Fünften Sonne (Piedra del Sol), fälschlicherweise auch als Kalenderstein bezeichnet. Er hat einen Durchmesser von 3,57 m und wiegt 24,5 t. Er wurde im Jahre 1479, kurz vor der Ankunft der Spanier, geschaffen und stellt den Kosmos aus aztekischer Sicht dar. Vermutlich diente er als Opferstein für Menschenopfer; viele mussten auf ihm ihr Leben lassen, damit ihr Blut den Sonnengott gnädig stimmte.

◄ Sala México

In der Mitte des Steines sieht man den Sonnengott Tonatiuh, den Regenten des Weltalters der Fünften Sonne, mit einer Zunge in Form eines Ritualmessers und Klauen auf beiden Seiten, die menschliche Herzen halten. Dies weist darauf hin, dass er bzw. die Sonne sich von Menschenopfern nährten. Um ihn herum kann man Symbole der vier vergangenen Weltalter der Sonne sehen: Jaguar, Wasser, Regen und Wind. Diese Anordnung gab das Datum für den Untergang der fünften – gegenwärtigen – Welt an. Diese Vorhersage traf auch ein, allerdings durch das Eingreifen der Spanier. Unten am äußeren Ring kann man zwei Türkisschlangen entdecken, aus deren Schlünden der Regengott Tonatiuh und der Feuergott Xluhtecutli ragen.

★★ ◄ Piedra del Sol (Stein der Fünften Sonne)

NICHT VERSÄUMEN

- Sonnenstein: Unübersehbares Glanzstück mit Darstellung der aztekischen Mythologie
- Olmekenköpfe: Kolossale Basaltköpfe aus San Lorenzo
- Teotihuacán-Totenmaske: Besetzt mit Türkis- und Jadeplättchen

Weitere interessantente Stücke sind der Stein des Tizoc, Codices, Karten und Skulpturen, u. a. von Coatlicue und Xochipillis, dem Gott der Liebe, des Tanzes und der Poesie. Der Federkopfschmuck des Moctezuma aus Quetzalfedern ist leider nur eine Nachbildung, da sich das Original im Wiener Museum für Völkerkunde befindet.

Hauptort der zapotekisch-mixtekischen Kultur (500 v. bis um 1520 n. Chr.) war Monte Albán. Von dort stammt ein Großteil der Objekte aus Keramik und Gold. Ebenfalls zu sehen ist ein Nachbau des Grabes Nr. 7 von Monte Albán. Zwei Prunkstücke der Sammlung sind die aus grünem Stein gehauene Maske des Fledermausgottes und der Yanhuitlán-Brustschild aus Gold und Türkisen.

◄ Sala de Oaxaca

Olmekische Kolossalskulpturen im Freigelände, huastekische Stelen und bemalte Keramik, Hachas (als Beile bezeichnete zeremonielle Objekte), Yugos und Palmas (Joche und Palmen genannte Steinobjekte, wohl mit dem rituellen Ballspiel zusammenhängend) aus El Tajín repräsentieren die indianischen Kulturen der Golfküste.

◄ Sala de las Culturas del Golfo de México

Allein ein Drittel ihrer Beute nahmen Diebe in der Weihnachtsnacht 1985 aus dem Saal der Maya mit – auch dies ein Beweis für die Attraktivität der Abteilung. Ein Großteil der Grabbeigaben aus Palen-

◄ Sala Maya

que, darunter eine Maske aus Jademosaiken, und verschiedene Arbeiten aus Gold, Perlmutt, Türkisen und Korallen aus dem heiligen Cenote von Chichén Itzá wurde 1989 wiedergefunden. Sehr sehenswert sind eine Nachbildung der berühmten Grabplatte von Palenque und im Freigelände eine Rekonstruktion des Tempels von Bonampak mit den berühmten Wandmalereien.

Salas de las Culturas de Norte y de Occidente ►

Die nördlichen indianischen Kulturen sind durch Grabbeigaben, Gebrauchsgegenstände, Keramik und verschiedene Funde aus Casas Grandes und La Quemada erfasst. Tonfiguren aus Jalisco, Nayarit und Colima geben ein Bild vom Leben der westlichen Kulturen vor der spanischen Invasion. Taraskische Funde vervollständigen die Darstellung.

Museo Nacional de Etnología ►

Entsprechend der Raumaufteilung des Untergeschosses sind im Obergeschoss, über den Sälen der untergegangenen Kulturen, die Lebensformen der Nachfahren der einzelnen Stämme dargestellt. Die ethnologischen Sammlungen umfassen Trachten, Werkzeuge und Wohnformen der heute noch in Mexiko lebenden Indianer. Den Abschluss bildet ein Raum, der die Maßnahmen zur Förderung der Indianer dokumentiert und exemplarisches Kunsthandwerk zeigt.
Im Museumsgebäude ist auch die von Lucas Almán 1831 gegründete und von Kaiser Maximilian geförderte Nationalbibliothek für Anthropologie untergebracht, die heute über 300 000 Bände besitzt.

Museo Rufino Tamayo

Öffnungszeiten:
tgl. 10.00 – 18.00

Östlich vom Anthropologischen Nationalmuseum (Paseo de la Reforma und Calzada Gandhi) liegt das nach Rufino Tamayo (1900 bis 1991), einem der berühmtesten mexikanischen Maler, benannte Museum. Von Abraham Zabludovsky und Teodore González wurde dieses mehrstöckige, sehr ungewöhnliche Gebäude aus Beton und Glas entworfen. Neben Werken von Tamayo wird auch dessen eigene Sammlung von mehreren hundert Werken zeitgenössischer Künstler (Grafiken, Gemälde, Skulpturen, Wandteppiche u. a.) ausgestellt.

Segunda Sección

Im sog. zweiten Teil des Chapultepec-Parks, westlich des Boulevard López (Metrostation: Constituyentes), befinden sich noch einige interessante Freizeitstätten für Kinder, z. B. **La Feria – Chapultepec Mágico**, eine Mischung aus Park und Volksfest, und das **Papalote Museo del Niño**, ein großes, in fünf verschiedene Themenbereiche gegliedertes interaktives Museum (nicht nur) für Kinder mit fast 300 Attraktionen. Wer sich noch weiter informieren oder aber etwas ausspannen möchte, findet im benachbarten Museo de Tecnología, dem Museo de Historia Natural oder an den Seen genau das Richtige.

Polanco

Das hübsche Wohnviertel Polanco nördlich des Chapultepec-Parks (nahe des Anthropologischen Museums) hat einige interessante Museen, jede Menge Galerien und Restaurants, einige Botschaften sowie teure Hotels und Geschäfte zu bieten.

Centro Cultural de Arte Contemporáneo

Ein eindrucksvolles rotes Marmorgebäude neben dem Hotel Presidente Chapultepec auf der Calle Campos Elíseos (Metrostation: Auditorio) beherbergt das neue Centro Cultural de Arte Contemporáneo des Fernsehkonzerns Televisa, das zeitgenössische, v. a. avantgardistische Kunst zeigt. Vor einem Besuch sollte man sich allerdings nach den Öffnungszeiten erkundigen.

Museo Sala de Arte Público David Álfaro Siqueiros

Nördlich des Anthropologischen Nationalmuseums trifft man auf ein David Álfaro Siqueiros gewidmetes Museum (Museo Sala de Arte Público David Álfaro Siqueiros; Tres Picos 29). In dem früheren Haus der Familie Siqueiros werden Bilder, Zeichnungen, Fotografien, Auszeichnungen und Dokumente des berühmten Muralisten und Mitglieds der Kommunistischen Partei gezeigt.

Tlatelolco · Guadalupe

Tlatelolco

Westlich vom Tepito, mit dem Taxi vom Zentrum über den Paseo de la Reforma in nördlicher Richtung direkt zu erreichen, erstreckt sich das Viertel Tlatelolco, in dem das fast 1 Million m² umfassende Wohngebiet Conjunto Urbano Nonoalco-Tlatelolco angelegt wurde. Bei dem Erdbeben von 1985 wurde das Viertel schwer beschädigt; ein Wohnblock kippte regelrecht um und begrub Hunderte von Opfern unter sich. Viele der Gebäude stehen nun wegen Baufälligkeit leer. Metrostation: Tlatelolco (Linie 3)

Die Plaza de las Tres Culturas steht für die Verschmelzung dreier Kulturen: die der Azteken, der Spanier und der modernen Mexikaner.

★ **Plaza de las Tres Culturas**

Mittelpunkt und Hauptsehenswürdigkeit des Viertels ist der Platz der Drei Kulturen (Plaza de las Tres Culturas oder Plaza Santiago de Tlatelolco), der die Einflüsse der präkolumbischen und spanischen Wurzeln auf die mexikanische Identität symbolisieren soll. Zeichen dafür ist das Nebeneinander von so unterschiedlichen Bauten wie den aztekischen Pyramiden Tlatelolcos, der barocken Kirche Santiago de Tlatelolco aus dem 16. Jahrhundert und dem modernen Außenministerium. Die Plaza liegt ungefähr an der gleichen Stelle wie der Hauptplatz der präkolumbischen Stadt **Tlatelolco**, Rivalin Tenochtitláns bis zum Jahre 1473. In jenem Jahr wurde die Stadt von den Mexica in Besitz genommen und ihr Herrscher Moquihuix von der Hauptpyramide zu Tode gestürzt. Tlatelolco blieb jedoch die wichtigste Handelsstadt der Region und sein berühmter Markt soll nach Berichten der Konquistadoren täglich von 60 000 Käufern und Verkäufern besucht worden sein. Während der Belagerung Tenochtitláns 1521 durch die Spanier war Tlatelolco Schauplatz des letzten Widerstands der Azteken. Eine Gedenktafel erinnert daran mit den Worten: »Am 13. August 1521 fiel das von Cuauhtémoc heldenhaft verteidigte Tlatelolco in die Hände von Hernán Cortés. Es war weder Triumph noch Niederlage. Es war die schmerzhafte Geburtsstunde **des heutigen Mexiko, eines Volkes von Mestizen.**«

Der Platz ist aber auch Symbol für Wirren in der modernen Zeit: Im Jahre 1968 ging die Polizei mit Schusswaffen gegen eine auf dem Platz demonstrierende Menschenmenge vor und tötete dabei nach inoffiziellen Schätzungen 250 Menschen. Nach dem Erdbeben von 1985 war die weite Fläche mit Zelten bedeckt, in denen Obdachlose eine notdürftige Unterkunft fanden.

Die altmexikanischen Anlagen, um die ein Weg führt, zählen neben der Hauptpyramide auch Überreste von mehreren Pyramidenbauten, Plattformen, Treppen, Mauern, Altären und einer Schädelmauer. An einer der Nebenpyramiden sind schöne Reliefs aztekischer Kalenderzeichen erhalten. Die Spanier, die schnell die Bedeutung des Ortes erkannt hatten, erbauten hier zuerst ein Kloster und dann 1609 die barocke Kirche Santiago de Tlatelolco. Dazu gehört ein altes Klostergebäude, welches das berühmte Colegio Imperial de Santa Cruz beherbergte. In dieser Lehranstalt unterrichteten Franziskanermönche die begabten Söhne des aztekischen Adels. Einer ihrer bedeutendsten Lehrer war Bernardino de Sahagún, der Chronist Neuspaniens.

★ **Basílica de Guadalupe**

Will man den Kult um Mexikos Schutzpatronin richtig verstehen, sollte man auf jeden Fall die Basílica de Guadalupe besuchen. Zwei Gotteshäuser sind nach ihr benannt: die alte Basílica de Nuestra Señora de Guadalupe, die 1709 anstelle eines Schreins aus dem 16. Jahrhundert errichtet und mehrmals ausgebaut wurde, und die neue Basílica in einem riesigen Gebäude, das den Umhang mit dem Bildnis der Hl. Jungfrau birgt.

Blick auf die alte Basílica de Guadalupe →

1939: Frida Kahlo und Diego Rivera im Hospital Inglés in Mexiko-Stadt

Liebe-Hass-Beziehung

Kahlo und Rivera bewegten sich beide in linken Künstlerkreisen, trafen sich 1928 wieder und heirateten im darauf folgenden Jahr. Ihre Verbindung war immer eine außerordentlich leidenschaftliche Liebe-Hass-Beziehung; beiden wurden **mehrere außereheliche Affären** nachgesagt. Kahlos Schönheit und ihre unkonventionelle Art waren Stadtgespräch.

In diesen Jahren arbeitete Diego wie besessen: Er gestaltete die Fresken in vielen öffentlichen Gebäuden des Landes. Aufträge führten ihn in die USA zusammen mit Frida. Doch nach vier Jahren drängte Frida 1934 wieder nach Hause – Heimweh, die ständigen Seitensprünge ihres Mannes und eine schmerzhafte Fehlgeburt machten ihr zu schaffen. Nach ihrer Rückkehr zog das Paar in sein neues Zuhause in San Ángel. Auf Einladung der beiden kamen 1937 der russische Revolutionär Leo Trotzkij und seine Frau Natalia ins Exil nach Mexiko und zogen in Fridas Geburtshaus, das Blaue Haus im Stadtteil Coyoacán. Kahlo und Trotzkij hatten bald eine Affäre. Nach vielen Kämpfen ließen sich Frida und Diego 1939 **scheiden, heirateten im folgenden Jahr einander aber erneut**. Sie zog nun in das Blaue Haus, er blieb in San Ángel. Die vielen Affären gingen weiter, genauso wie ihre Beziehung fortdauerte.

Trotz aller Zwistigkeiten war Frida Kahlo Riveras vertrauteste Kritikerin und Diego Fridas größter Anhänger. In ihrem gesamten Leben hatte Kahlo lediglich 1953 eine Ausstellung in Mexiko. Ein Jahr später starb sie im Blauen Haus; Diego überlebte sie um vier weitere Jahre.

Werke in Mexiko-Stadt

Im Gegensatz zu Riveras monumentalen Wandgemälden mit ihrer klaren sozialen und politischen Aussage sind Fridas Bilder kleinformatig und ver-

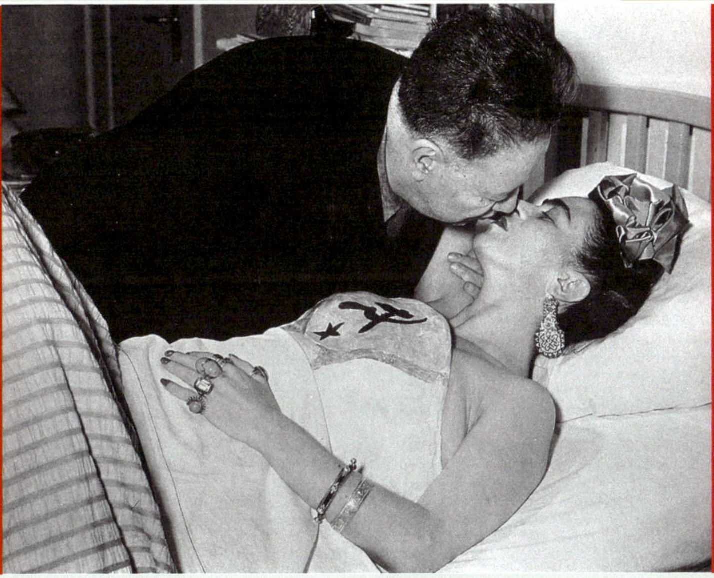

rätselt. Meist steht sie im Zentrum und blickt den Betrachter unbestechlich und fordernd an. Ganz offenkundig zeigen ihre Bilder **biografische Bezüge**: Ihre Kinderlosigkeit, die verklärte Liebe zu Diego, ihr gemarterter Körper (mal im Gipskorsett, mal bei einer Operation), ihre Liebe zu Mexiko und seiner Kultur sowie ihre Nähe zum Tod sind in ihren Werken präsent:

In Mexiko-Stadt sind mehr Arbeiten von ihm zu sehen als von ihr, wohl weil er produktiver war und mehr in der Öffentlichkeit stand, vielleicht aber auch, weil sich einige ihrer Arbeiten in Privatsammlungen oder im Ausland befinden.

Im **Centro Histórico** kann man Wandmalereien von Rivera im Museo de Ildefonso (ehem. Escuela Nacional Preparatoria), im Palacio Nacional und in der Secretaría de Educación Pública (SEP) bewundern. Das Museo Mural Diego Rivera zeigt den bekannten »Traum eines Sonntagnachmittags im Alameda-Park« und der Palacio de Bellas Artes verfügt über weitere Wandgemälde Riveras aus den 1930er-Jahren. Beide findet man nicht weit von der Alameda.

In **Coyoacán** kann man Anahuacalli, das Museum, das Rivera für seine Sammlung prähispanischer Kunst entwarf, und das Museo Frida Kahlo, das berühmte Blaue Haus, in dem die Malerin geboren wurde und in dem einige Zeit Leo Trotzkij und seine Frau Natalia lebten, besuchen.

Das gemeinsame Haus der Künstler, das Museo Casa Estudio Diego Rivera y Frida Kahlo, liegt im Stadtviertel **San Ángel**, das Museo de Arte Moderno mit Arbeiten der beiden im Bosque de **Chapultepec** und das Museo Dolores Olmedo Patiño **nahe Xochimilcos**. Letztgenanntes zeigt unter anderem mehr als 100 Arbeiten Riveras und einen Raum mit Werken Kahlos.

Monumento de Álvaro Obregón

Östlich der Avenida Insurgentes erhebt sich das von Ignacio Asúnsolo gestaltete Álvaro-Obregón-Denkmal, das dem Andenken des 1928 hier ermordeten Revolutionshelden und Präsidenten gewidmet ist. In dem Granitmonument befindet sich als recht makabres Schaustück ein Glasbehälter. In ihm schwimmt in Spiritus die rechte Hand und der Unterarm des Revolutionärs, die dieser im Revolutionskrieg verloren hatte.

Ciudad Universitaria · Cuicuilco

Größte Universität Lateinamerikas

Östlich der Insurgentes Sur (2 km südlich von San Andrés und 12 km südwestlich des Zócalo) erstreckt sich die ausgedehnte Ciudad Universitaria, die größte Universität Lateinamerikas. Unter der Präsidentschaft Miguel Alemáns begonnen, wurden zwischen 1950 und 1955 auf rund 3 km² Fläche mehr als 80 Universitätsgebäude errichtet. Hauptsächlich nach Plänen von José García Villagrán, Mario Pani und Enrique del Moral arbeiteten ungefährt 150 Architekten an diesem Projekt.

Rektorat der Universität mit den Siquieros-Fresken

Zu den wesentlichen Bauten, die oft Dekorationen mit vorwiegend altindianischen Symbolen aufweisen, gehören das Rektorat mit seinem harmonischen Wechsel zwischen horizontalen und vertikalen Bauelementen (Fresken von Siqueiros), die Zentralbibliothek mit dem zehnstöckigen, fensterlosen Bücherturm, dessen Fassaden von Juan O'Gorman mit dem **größten Natursteinmosaik der Welt** (4 x 1200 m²) bedeckt wurden, das Auditorium der Naturwissenschaften mit einem Glasmosaik von José Chávez Morado und die Medizinische Fakultät mit einem Wandgemälde von Francisco Eppens Huelguera. Die Sportanlagen umfassen große Schwimmbecken, Fußball-, Baseball-, Tennis- und Frontónplätze. Südlich der Hauptgebäude der Universität liegt eine mit 2500 Sitzen ausgestattete, moderne Konzerthalle, die Sala de Netzahualcóyotl.

Estadio Olímpico (Olympiastadion)

Auf der Westseite der Insurgentes befindet sich das Olympiastadion (Estadio Olímpico), das über 80 000 Zuschauerplätze verfügt und mit bunten Steinreliefs von Diego Rivera geschmückt ist. Wie bei etlichen Gebäuden der Universitätsanlage hat man auch hier manches Element vorkolumbischer Architektur übernommen. Unweit des Olympiastadions liegt rechts der zur Universität gehörende Botanische Garten.

Cuicuilco

Öffnungszeiten: tgl. 9.00 – 16.45

Etwa 3,5 km südlich des Olympiastadions zweigt direkt nach der Unterführung unter dem Anillo Periférico eine Straße nach links zur archäologischen Stätte von Cuicuilco (Platz des Gesangs und des Tanzes) ab, zu der ein kleines Museum gehört. Wahrscheinlich von einem Ackerbau betreibenden Volk in der präkolumbischen formativen Epoche begonnen, erlebte Cuicuilco zwischen 600 und 300 v. Chr. seine Blütezeit und muss damals eine beherrschende Rolle in der Region gespielt haben. Durch den Aufstieg der Rivalin Teotihuacán verlor die einst 20 000 Einwohner zählende Stadt schnell an Bedeutung und wurde noch vor dem verhängnisvollen Ausbruch des Vulkans Xitle um 50 v. Chr. verlassen.

Die einst 27, heute 18 m hohe **Rundpyramide** hat einen Durchmesser von 112 m und ist von Lava bedeckt bzw. umschlossen. Bei der schwierigen Freilegung wurde ein Teil des Bauwerks zerstört, so dass die Restaurierung als wenig authentisch gilt. Die Pyramide entstand wohl aus einem künstlichen Erdhügel und wurde im Lauf der Zeit mehrfach überbaut. Die einfache, festungsartige Bauweise markiert den Beginn der präkolumbischen sakralen Monumentalarchitektur. Die Pyramide besteht aus fünf runden, sich nach oben verjüngenden Baukörpern, die in einer Plattform mit den Resten eines Altars enden.

Neben der Hauptpyramide entdeckte man eine weitere, möglicherweise noch ältere Pyramide, Reste eines hufeisenförmigen, mit Flusssteinen bedeckten Altars sowie – rechts vom Hauptaufgang zur großen Pyramide – eine aus Steinplatten geformte Kammer, an denen Reste roter Bemalung zu sehen sind. Man fand auch eine große Anzahl von Figurinen sowie Schmuck- und Gebrauchsgegenständen aus Ton und Stein.

Coyoacán

Hübsches Stadtviertel mit drei interessanten Museen

In Náhuatl, der Sprache der Azteken, bedeutet der Name so viel wie »Ort der Kojoten«. Hernán Cortés hatte hier nach dem Untergang Tenochtitláns seinen Sitz. Am Rande Coyoacáns liegt auch das berühmte Aztekenstadion. Die drei Highlights des Viertels sind die Museen Frida Kahlo, Diego Rivera und Leon Trotzky, doch viele Besucher und Einheimische genießen in erster Linie das Leben auf den Straßen und Plätzen. Vor allem an zwei Orten Coyoacáns spielt sich das gesellschaftliche Leben ab, wie man bei Festen am Wochenende sehen kann: auf der östlich gelegenen Plaza Hidalgo und im westlichen Jardín de Centenario. Metrostationen: Coyoacán, Viveros, Quevedo (Linie 3) bzw. General Anaya (Linie 2).

Calle Francisco Sosa

Die von schönen Häusern aus dem 17. und 18. Jahrhundert gesäumte Calle Francisco Sosa führt zum Hauptplatz, der Plaza Hidalgo, an welcher die Klosterkirche San Juan Bautista steht. Sie wurde 1538 von Dominikanern in der typischen Bauweise des 16. Jahrhunderts errichtet. Beachtenswert ist das reich geschmückte ehemalige Seitenportal zum Atrium, das im indianischen Stil verziert ist. Im Innern befindet sich auf der linken Seite die sehenswerte hochbarocke Capilla de Santísima.

Plaza Hidalgo y Jardín del Centenario

An der Nordseite der Plaza steht das ehemalige Rathaus, das auch Casa de Cortés genannt wird. Einst soll hier der Führer der Azteken, Cuauhtémoc, gefoltert worden sein, um ihm das Versteck eines Schatzes abzupressen. Damals gehörte das Haus, wie ganz Coyoacán, zu den Besitzungen der Familie Cortés.

Museo Nacional de Culturas Populares

Im Gebäude Hidalgo 289, einen halben Block östlich der Plaza, ist das Nationalmuseum für Volkskultur (Museo Nacional de Culturas Populares) untergebracht, in dem nicht nur Gegenstände ausgestellt werden, sondern auf anschauliche Weise eine Begegnung mit den noch lebenden Traditionen der mexikanischen Volksgruppen stattfindet. Ein Beispiel dafür ist die Beschäftigung mit einer mexikanischen Variante des Wrestling, der »lucha libre«.

Plaza de la Conchita

Die Plaza de la Conchita, ehemals Plaza de la Concepción, befindet sich zwei Blocks südöstlich der Plaza Hidalgo. Hier sieht man ein rotes Haus an der Ecke zur Higuera, das Casa Colorada genannt wird. Es heißt, Cortés habe es für seine indianische Geliebte und Übersetzerin Malinche bauen lassen. Zudem wird behauptet, er habe hier seine spanische Gattin Catalina Juárez de Marcaida ermordet.

✶✶ Museo Frida Kahlo

Öffnungszeiten:
Di. – So.
10.00 – 18.00

An der Ecke Calle Allende und Londres lohnt auf jeden Fall ein Besuch des Frida-Kahlo-Museums. Das berühmte, recht kleine Blaue Haus mit den grünen Fensterläden ist das Geburtshaus der Malerin (1907 – 1954), in dem sie mit ihrem Mann Diego Rivera von 1929 bis zu ihrem Tod lebte.
Die Räume wurden wie zu Lebzeiten der an den Rollstuhl gefesselten Künstlerin belassen. Auch Leo Trotzkij hielt sich hier als Gast nach seinem Eintreffen (1937) in Mexiko auf. Das Museum enthält neben persönlichen Dingen und Werken des Ehepaares hauptsächlich Bilder und Skulpturen mexikanischer Künstler des 18. und 19. Jahrhunderts. Präkolumbische Objekte und mexikanische Volkskunst aus der Privatsammlung Frida Kahlos sind ebenfalls zu besichtigen. Die ausgestellten Arbeiten Kahlos sind zwar weniger bedeutend, bringen aber gut die Schmerzen ihres Lebens zum Ausdruck: das Bild »El Marxismo Dará la Salud« (»Der Marxismus wird Wohlergehen brin-

Figuren im Patio des Frida-Kahlo-Museums

gen«) zeigt, wie sie ihre Krücken von sich wirft. Auch ein unvollendetes Porträt Stalins, ihr Rollstuhl und der berühmte Hut Riveras geben der Gedenkstätte eine persönliche Note.

★ **Museo León Trotzky**
Öffnungszeiten: tgl. 10.00 – 17.00

An der Ecke der Straßen Viena und Morelos liegt das Leo-Trotzkij-Museum (Museo León Trotzky). In diesem zu einer wahren Festung ausgebauten Haus lebte der russische Revolutionär im Exil, bis er am 20. August 1940 von Ramón Mercader, einem Agenten Stalins, mit einem Eispickel erschlagen wurde.
Das Arbeitszimmer ist im selben Zustand wie am Tage der Ermordung Trotzkijs, auch seine zerbrochene Brille liegt noch auf dem Schreibtisch. Das einfach eingerichtete Schlafzimmer zeigt an den Wänden die Gewehreinschüsse eines früheren Überfalls von Stalinisten, an dem auch der Muralist David Álfaro Siqueiros beteiligt war. Am Hauseingang erinnert eine Gedenktafel an den dabei erschossenen Leibwächter Trotzkijs, Robert Sheldon Hart. Das **Grab des Revolutionärs und seiner Frau** befindet sich im Garten.

★ **Museo Nacional de las Intervenciones**
Öffnungszeiten: Di. – So. 9.00 – 18.00

Das Nationalmuseum der Interventionen (Museo Nacional de las Intervenciones) an der Calle 20 de Agosto, wenige Minuten von der Metrostation General Anaya (Linie 2), belegt die Räume eines früheren Franziskanerklosters. Das 1981 eröffnete Museum gibt mit seinen Fotos, Waffen, Bildern, Flaggen und anderen historischen Dokumenten eine interessante, wenn auch etwas subjektive Darstellung der Kriege Mexikos gegen eindringende fremde Mächte: der Unabhängigkeitskrieg 1810 bis 1821 mit nachfolgender spanischer Intervention, der mexikanisch-amerikanische Krieg in den Jahren 1846 bis 1848, die französischen Interventionen von 1838 und 1861 bis 1867 und schließlich die Revolutionsepoche, während der auch US-amerikanische Truppen in Mexiko eindrangen.
Am Ort des Museums fand im Jahre 1847 die Schlacht von Churubusco statt, bei der die Mexikaner unter General Anaya von einer Übermacht von US-Truppen unter General Winfield Scott entscheidend geschlagen wurden.

★★ **Anahuacalli (Diego-Rivera-Museum)**
Öffnungszeiten: Di. – So. 10.00 – 18.00

Ein etwas längerer, dennoch lohnender Abstecher (ca. 3,5 km südlich von Coyoacáns Zentrum) führt weiter nach Süden über die Av. División del Norte, von der nach ca. 3 km die Calle del Museo nach rechts abgeht. In dem von ihm selbst entworfenen Haus von Anáhuac (Anahuacalli) richtete Diego Rivera seine hervorragende Sammlung präkolumbischer Stücke ein.
Der pyramidenförmige, einem Maya-Grab nachempfundene Bau aus dunklem vulkanischem Gestein beherbergt rund 2000 Objekte, vor allem Keramik der Westkulturen und aztekische Steinplastiken sowie eine Rekonstruktion von Riveras Studio. Unter seinen eigenen Werken ist besonders »El Hombre en el Cruce de los Caminos« (»Der Mensch am Kreuzweg«) interessant, eine Studie zu »El Hombre, Contralor del Universo«, das im Palacio de Bellas Artes zu sehen ist.

Estadio Azteca (Azetekenstadion)

Die Av. División del Norte mündet in die Calzada Tlalpan, die zum Aztekenstadion (Estadio Azteca) führt, das durch die Olympischen Sommerspiele im Jahr 1968 und die Fußballweltmeisterschaften 1970 und 1986 weltbekannt geworden sind. Das 1966 erbaute Stadion, das 1997 den Namen Estadio Guillerma Cañedam erhielt und zwischenzeitlich wieder umbenannt wurde, bietet ungefähr 115 000 Zuschauern Platz.

Xochimilco und Umgebung

Ein Labyrinth von Seen und Kanälen

Weit im Süden der Stadt (ca. 20 km südöstlich des Zócalo), jenseits vom Anillo Periférico Sur, liegt der kleine Ort Xochimilco (Náhuatl: Ort der Blumenfelder), ein beliebtes Ausflugsziel, das mit Booten erkundet werden kann. Das teilweise noch von Nahua-Indianern bewohnte Städtchen wurde wahrscheinlich Ende des 12. Jahrhunderts zunächst von aus Tula geflüchteten Tolteken besiedelt. Im 13. Jahrhundert ließ sich hier ein Náhuatl sprechender Nomadenstamm, der mit den Azteken verwandt war, nieder. Man nannte sie später Chinampaneken, da sie für ihr Chinampa-System berühmt waren. Bei dieser Anbaumethode bepflanzte man kleine, mit Schlamm und Wasserpflanzen bedeckte Flöße, die von Korbgeflecht zusammengehalten wurden.

Mit der Zeit wuchsen diese schwimmenden Gärten durch Wurzelbildung am Seegrund fest. Die ständige Wasserzufuhr und Schlammdüngung ermöglichten bis zu sieben Ernten im Jahr. Die reichen Erträge, die nach dem gleichen System auch an anderen Stellen des Seengebiets erzielt wurden, stellten die Versorgung von Tenochtitlán sicher. Um 1430 wurde Xochimilco von den Azteken unterworfen. Während der Conquista war die Stadt 1521 Schauplatz heftiger Kämpfe, bis sie schließlich niederbrannte. Etwas mehr als 2 km westlich von Xochimilco kann man eines der schönsten Museen in Mexiko-Stadt besichtigen: das Museo Dolores Olmedo Patiño. Metrostation: Tasqueña (Linie 2); von dort weiter mit Straßenbahn, Bus oder Sammeltaxi.

✶✶ Jardines Flotantes (Schwimmende Gärten)

Noch heute ist die Region um den Ort ein wichtiges Anbaugebiet für Gemüse und Blumen. Von der einstigen Lagune ist nur noch ein geringer Teil übrig geblieben. In den 1980er-Jahren hat die Gegend durch Wasserrückgang erheblich gelitten, doch mit finanzieller Hilfe der UNO wurden und werden weitere Wasserwege freigelegt – etwa 100 km dieser Kanäle sind heute befahrbar. Damit stellen die Schwimmenden Gärten von Xochimilco wieder ein beliebtes Ausflugsziel dar: In bunt bemalten Barken fährt man durch die verzweigten Kanäle, umgeben von anderen Booten, von denen Speisen und Getränke angeboten werden; auch Mariachi-Musikanten lassen ihre Weisen erschallen. Von der UNESCO wurde Xochimilco zum **Weltkulturerbe** erklärt. Die Standard-Fahrten starten von den Bootsanlegestellen nahe des Zentrums Xochimilcos.

Auf bunt geschmückten und bemalten Booten kann man durch die weit verzweigten Kanäle gondeln, die über 150 Kilometer lang sind und einem Labyrinth gleichen.

Parque Ecológico de Xochimilco

Etwa 4 km nördlich von Xochimilco entstand der 2 km² große Naturschutzpark Parque Ecológico de Xochimilco mit seinem botanischen Garten, der Sightseeingbahn sowie den umweltfreundlichen Paddel- und Tretbooten, in denen man die Seen erkunden kann. Im Norden der Ringstraße Anillo Periférico, die den Park teilt, erstreckt sich ein großer Markt, auf dem Blumen, Pflanzen und Kunsthandwerk angeboten werden.

San Bernardino

Im Ort Xochimilco selbst ist die Pfarrkirche San Bernardino am Hauptplatz sehenswert. Die Kirche, um 1590 errichtet, gehört zu den ältesten Sakralbauten des Landes. Zu beachten sind die indianisch-platereske Fassade des Hauptportals, eine seltene Renaissance-Retabel aus dem 16. Jahrhundert und ein Kruzifix, dessen Erlöserfigur nach indianischer Technik aus Maisstängeln gefertigt ist. Auch der Samstagsmarkt lohnt einen Besuch. Das Gleiche gilt für das Archäologische Museum, an der Kreuzung von Av. Tenochtitlán und C. La Planta. Es zeigt u. a. 10 000 Jahre alte Mammutknochen und prähispanische Fundstücke aus der Region.

★ **Museo Dolores Olmedo Patiño**

Auf der Av. México 5843 befindet sich das Museo Dolores Olmedo Patiño – in dem Privathaus, La Noria Xochimilco, der zeitweisen Gefährtin von Diego Rivera. Inmitten eines mit Pfauen bevölkerten

Öffnungszeiten: Di. – So. 10.00 – 18.00

Landschaftsgartens liegt das Museum, das eine große Zahl von Bildern Riveras sein Eigen nennt. Werke seiner beiden Frauen, Angelina Beloff und Frida Kahlo, wechseln sich ab mit Fotografien von Dolores Olmedo. Sie starb hier 2003. Zudem ist eine Sammlung von Kunsthandwerk und präkolumbischen Stücken zu sehen.

Umgebung von Mexiko-Stadt

In den Norden von Mexiko-Stadt führen zwei wichtige Straßen. Die MEX 57D verläuft an der ruhigen Kolonialstadt Tepotzotlán vorbei, nimmt nach der Abzweigung nach ►Tula mit seinen toltekischen Ruinen eine Wendung nach Nordosten und führt weiter nach Querétaro. Die MEX 130D verläuft von der Hauptstadt aus in nordöstlicher Richtung in die einstige Bergbaustadt ►Pachuca. Nach Osten zweigt die MEX 132D ab zu dem alten Kloster in Acolman und der riesigen archäologischen Zone ►Teotihuacáns.

! *Baedeker* TIPP

Literarisches Blau

Die in Mainz geborene Schriftstellerin Anna Seghers floh 1940 nach dem Einmarsch der deutschen Truppen in Paris nach Marseille und von dort über Spanien weiter nach Mexiko, wo sie den antifaschistischen Heinrich-Heine-Klub gründet. Sieben Jahre lebte Seghers im mexikanischen Exil. 1967 verarbeitete sie mit der Erzählung »Das wirkliche Blau« ihre Erlebnisse während dieser Zeit. Hauptfigur des Werks ist der Töpfer Benito aus Santiago Ixcuintla, dem durch den Krieg im fernen Europa die für seine Keramik doch so charakteristische blaue Farbe ausgeht.

✶ **Tenayuca**

Öffnungszeiten: Di. – So. 10.00 – 16.45

Direkt außerhalb der Stadtgrenzen des Distrito Federal und 12 km nördlich vom Zentrum von Mexiko-Stadt, in der Nähe von Tlalnepantla, steht die eindrucksvolle **Schlangenpyramide** von Tenayuca, die zwischen dem 13. und 16. Jahrhundert siebenmal überbaut wurde. Als Produkt der Überschneidung der Hochkultur der Tolteken mit dem aufstrebenden Chichimekenreich ist sie ein klassisches Beispiel für den Baustil aztekischer Tempelpyramiden. Man nimmt an, dass die Schlangenpyramide, die dem Sonnenkult geweiht war, dem aztekischen Kalenderzyklus entsprechend alle 52 Jahre neu ummantelt wurde. Dies geschah die letzten Male unter vorwiegend aztekischer Einwirkung in den Jahren 1351, 1403, 1455 und 1507.

Die meisten der heute sichtbaren Teile stammen aus den letzten drei Überbauungen. Die Anlage ähnelt in wesentlichen Merkmalen dem Templo Mayor von Tenochtitlán, der fast ganz zerstört und dessen Reste erst vor wenigen Jahren entdeckt wurden. Die Pyramide ist auf drei Seiten von einem Sockel umgeben, der mit liegenden Schlangenkörpern geschmückt ist. Diese Schlangenwand (Coatepantli) zählt heute 138 Schlangenskulpturen, während sie ursprünglich mit insgesamt 800 Steinschlangen verziert gewesen sein soll. Eine mit Schädeln und Totengebein verzierte Gruft rechts von der Pyramide symbolisiert wahrscheinlich den Sonnenuntergang.

★ **Acolman**

Nordöstlich von Mexiko-Stadt (ca. 40 km auf der MEX 132D) liegt auf einer Hochebene die prachtvolle Augustinergründung San Agustín de Acolman, ein für das 16. Jahrhundert typischer neuspanischer Klosterfestungsbau. Der Grundstein für die Errichtung des Klosters Acolman wurde bereits 1539 gelegt; 40 Jahre später zählte man im Kloster 24 Mönche, von denen 19 ihren Studien nachgingen und fünf mit der Missionierung der Indios beschäftigt waren. Mit dem Bau der heutigen Kirche, die über einen weiten gotischen Innenraum und eine der frühesten plateresken Fassaden verfügt, wurde erst um die Mitte des 16. Jahrhunderts begonnen.

Im Kloster befindet sich ein kleines Museum, das Exponate aus der Frühzeit der Missionierung zeigt. Die Kirche ist in einer für Mexiko typischen Offenen Kapelle integriert, um die Masse der getauften Indianer aufnehmen zu können. Die dortigen Prozessionskapellen sind Überschwemmungen zum Opfer gefallen; eine wurde jedoch rekonstruiert. Außerhalb des jetzigen Atriums steht ein prächtiges, skulptiertes **Steinkreuz**, dessen Mitte das Gesicht des leidenden Christus bildet; Arme und Körper tragen Symbole des Passionswegs sowie Blumenornamente.

Maria Magdalena auf dem Kreuzigungsfresko im Kreuzgang von Acolman

★ Mitla

S 22

Bundesstaat: Oaxaca (Oax.)
Entfernung: 46 km südöstlich von Oaxaca
Höhe: 1480 m ü. d. M.

Obwohl die Ruinenstätte Mitla und ihre Architektur vergleichsweise wenig imposant erscheinen, ist ihre kunstvolle Steinornamentik unübertroffen in der mesoamerikanischen Kunstgeschichte. Die Anlage am Rande der gleichnamigen zapotekischen Kleinstadt, südöstlich von Oaxaca, gehört zu den bekanntesten archäologischen Reisezielen in Mexiko.

Höhlenfunde belegen, dass schon um 6000 v. Chr. die Berge um das spätere Mitla besiedelt waren. Da das Gebiet unter wechselnden Einflüssen stand, ist die Vorgeschichte Mitlas (Platz der Toten) nur schwer zu enträtseln und noch immer umstritten.

Typische Steinmosaike im Patio de las Grecas

Die bekannten **abstrakten geometrischen Muster** an den Gebäuden erinnern an mixtekische Vorbilder, doch jüngere Forschungen deuten darauf hin, dass Zapoteken die Stätte errichteten und Mitla deren religiöses Zentrum war. Ihr Hohepriester Uija-tao (Náhuatl: der alles sieht) soll hier seine Residenz gehabt haben.

Die Keramik aus dem 14. Jahrhundert, die bei Grabungen in Mitla gefunden wurde, ist allerdings fast ausschließlich mixtekisch. Man geht mittlerweile nur von einer kurzen mixtekischen Herrschaft aus, bevor sich die Zapoteken erneut behaupten konnten. Schließlich eroberten dann aber die Azteken die Stadt.

Ein Rätsel um die Geschichte der Region Mitla ist aber noch offen: Nach den Berichten Francisco de Burgoas, die der Mönch 1679 verfasste, glaubt man, dass sich in der Umgebung ein bis heute unentdecktes Grab zapotekischer Könige befindet.

Besichtigung der Ruinenstätte

Die archäologische Zone umfasst fünf wichtige Baugruppen und eine große Anzahl von Häusern und Gräbern um diese Anlagen. Am reizvollsten erscheinen die Steinmosaike am späten Nachmittag, wenn das **Licht- und Schattenspiel** intensiver wirkt und die meisten Besuchergruppen den Ort schon verlassen haben.

Öffnungszeiten:
tgl. 8.00 – 18.00

Im Ostteil des Geländes liegt der wichtigste Komplex, die Säulengruppe (Grupo de las Columnas). Das palastartige Bauwerk besteht aus zwei viereckigen Patios, die sich an einer Ecke berühren. Die Innenhöfe sind jeweils von drei großen Räumen umgeben.

✶ **Grupo de las Columnas**

An der Nordseite des ersten Patios gelangt man über eine Treppe in die Halle der Säulen (Salón de las Columnas), benannt nach ihren sechs umfangreichen Rundsäulen aus Porphyr, auf denen einst das Dach ruhte.
Durch einen schmalen, niedrigen Gang gelangt man in einen kleinen Innenhof, der Patio de las Grecas genannt wird. Angeblich soll hier der Hohepriester Uija-táo, der gleichzeitig oberster Richter der Region war, residiert haben. Die Wände des Hofs und der Räume sind mit dem für Mitla typischen **Steinmosaik** geschmückt. Diese Mosaikwände wurden geschaffen, indem man die Mauer mit einer Mörtelschicht überzog, in welche die sehr genau zugerichteten Steine nach bestimmten Mustern eingesetzt wurden. Die überaus kunstvollen, stets geometrischen Formen sind in nicht weniger als **14 Variationen** zu sehen. Es wechseln sich Kreuz- und Flechtbänder mit gestuften Mäandern, Zickzackfriesen und anderen Ornamenten à la grecque ab. Ihre optische Wirkung wandelt sich durch das Spiel von Licht und Schatten. Man glaubt, dass die verschiedenen Formen religiöse Vorstellungen wie die der Federschlange oder des Himmels und der Erde symbolisieren. Schätzungsweise mehr als 100 000 Mosaiksteine sind zur Dekoration dieses Bauwerks benutzt worden. Typisch für die Architektur Mitlas sind auch die mächtigen, meisterhaft behauenen Steinquader, die als Türstürze und Pfosten dienten. Der Einbau dieser bis zu acht Meter langen und 23 t schweren Steinblöcke muss für Menschen, die das Rad nicht benutzten und keine Trag- und Zugtiere besaßen, eine gewaltige Leistung gewesen sein.

✶ ◄ Patio de las Grecas

MITLA

VERKEHRSVERBINDUNGEN

Mit dem Auto fährt man von Oaxaca auf der MEX 190 in östlicher Richtung über El Tule, nach 38 km nimmt man die Abzweigung nach links zu dem 4 km entfernten Mitla. Mit dem Bus benötigt man von Oaxaca aus ca. 1 Stunde.

ÜBERNACHTEN

► **Günstig**
Hotel Mitla
Independencia 12
Einfache Zimmer mit Dusche, gegenüber der alten Hacienda mit dem Restaurant La Sorpresa.

MONTE ALBÁN

VERKEHRSVERBINDUNGEN

Von Oaxaca nach Monte Albán sind es 10 km. Man kann entweder mit dem Auto oder mit dem Bus (30 min.) hinkommen.

Über mehrere Berge erstreckte sich das insgesamt 40 km² umfassende Siedlungsgebiet von Monte Albán, das im Laufe von 2500 Jahren auch anderen Völkern zu rituellen Zwecken diente. Gegründet wurde es 500 v. Chr., doch seine Blütezeit lag um 500 bis 600 n. Chr., als etwa 25 000 Menschen in Monte Albán lebten.

Geschichte Bereits um 6000 v. Chr. gab es schon Siedlungen im Tal von Oaxaca. Der Beginn der Zivilisation um 1500 v. Chr. wird als Tierras Largas bezeichnet. Nach dem Untergang von San José Mogote um ca. 1100 v. Chr., der bis dahin wichtigsten Kultur des Tals, wurde Monte Albán (Weißer Hügel) vermutlich im 6. Jahrhundert v. Chr. gegründet. Man nimmt an, dass die ersten kalendarischen Zeichen, vor allem Tagesglyphen aus dem 260-tägigen Kalender (Tzolkin), schon früher in Stein gehauen wurden. Ob die ersten Siedler und Erbauer der Kultstätte bereits Zapoteken waren, ist noch immer unbekannt.

Die Epoche **Monte Albán I** (500 – 200 v. Chr.) wurde jedenfalls von künstlerischen Merkmalen der Olmeken mitgeprägt. Zwischen 500 und 400 v. Chr. entstand eine Siedlung mit städtischem Charakter, aus der Gräber mit Keramik und behauene Steinblöcke mit Flachreliefs von menschlichen Figuren und Kalenderschriften im 260-Tage-Zyklus überliefert sind. Im Abschnitt **Monte Albán II** (200 v. Chr. – 200 n. Chr.) wird präklassischer Einfluss der Maya aus dem Süden sichtbar. Qualitativ bessere Keramik, eine Vervollständigung des Kalenders und große zyklopische Bauten wurden stilprägend.

Zeitlich zusammenfallend mit dem Auftreten der Zapoteken werden die nachfolgenden Phasen, die man **Monte Albán III a** (bis etwa 600) und **Monte Albán III b** (bis etwa 800) nennt, als kulturelle Blütezeit angesehen. Diese Epoche war gekennzeichnet durch den Bau eines Großteils der bedeutenden Bauwerke im Talud-Tablero-Stil (Schräg- und Steilwand) sowie kunstvoller Grabkammern mit schönen Fresken und formenreichen Graburnen aus Ton. In der ersten Hälfte dieses Zeitabschnitts machen sich auch Stilelemente der vom Zentralplateau ausstrahlenden Hochkultur von Teotihuacán bemerkbar. Gegen Ende dieser Periode kann man bereits kulturelle Einflüsse der Mixteken erkennen. Die Einwohnerzahl erreichte damals bereits 25 000. Mit der anschließenden Epoche **Monte Albán IV** (800 – 1200) begann der Niedergang. Es wurden keine neuen Bauten mehr errichtet. Die grandiose Anlage verfiel zusehends, während Städte wie Lambityeco, Yagul, Mitla und Zaachila gegründet bzw. ausgebaut wurden. Monte Albán diente anscheinend nur noch als Begräbnisstätte für die Zapoteken und später vor allem für die Mixteken. Die künstlerische Gestaltung der Keramik und die Form und Ausstattung der Gräber wurden einfacher. Die Phase **Monte Albán V**, die letzte

vor der spanischen Eroberung (1200–1521), wurde im Wesentlichen von den Mixteken bestimmt, die zahlreiche Gräber anlegten bzw. vorhandene ausräumten und neu belegten. Die Azteken, die 1486 einen Militärstützpunkt an der Stelle der heutigen Stadt Oaxaca errichteten, hatten ebensowenig Einfluss auf die Entwicklung von Monte Albán wie die 1521 eintreffenden Spanier.
Zu ernsthafteren Forschungen in Monte Albán kam es erst im 19. und 20. Jahrhundert. Zusammen mit ► Oaxaca wurde 1987 auch Monte Albán von der UNESCO zum Weltkulturerbe erklärt.

Besichtigung der Ruinenstätte

Anlage

Öffnungszeiten:
tgl. 8.00 – 18.00

Vom Eingang, dem ein kleines Museum angeschlossen ist, windet sich ein Pfad den Hügel hinauf zur Plataforma Norte, wo sich vor dem Besucher die Gran Plaza (200 x 300 m) öffnet. An ihrer Ostseite wird sie von einem Ballspielplatz, einem Palast und kleinen Tempelplattformen flankiert, nördlich von drei großen Tempelkomplexen. An ihrem südlichen Ende ragt die beeindruckende Pyramide der Plataforma Sur empor. Dazwischen befinden sich noch einige andere

Die Tempelstadt Monte Albán ist mit knapp 2000 Jahren das älteste religiöse Zentrum der Zapoteken in Mexiko. Sie wurde von der UNESCO 1987 zum Weltkulturerbe erklärt.

Monte Albán Orientierung

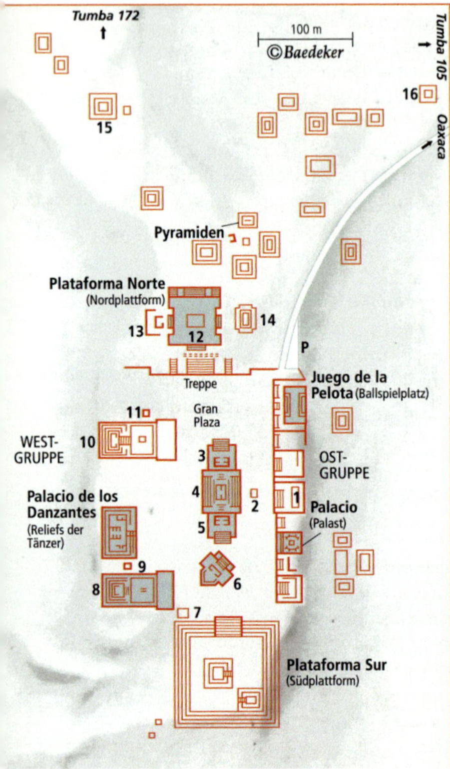

1 Edificio P (Pyramide)
2 Altar
3 Edificio G (Gebäude G)
4 Edificio H (Gebäude H)
5 Edificio I (Gebäude I)
6 Montículo J (Erdhügel J)
7 Estela 1 (Stele 1)
8 Montículo M (Hügel M)
9 Estela 12 y 13 (Stele 12 und 13)
10 Sistema IV (Bau des Systems IV)
11 Estela 18 (Stele 18)
12 Patio Hundido (Versenkter Hof)
13 Edificio B (Gebäude B)
14 Edificio A (Gebäude A)
15 Tumba 104 (Grab 104)
16 Tumba 7 (Grab 7)

Bauten, die das Gefühl der Weite allerdings nicht einschränken. Fast alle stammen aus der Phase Monte Albán III.

Gran Plaza

Das Zentrum der archäologischen Stätte bildet der Große Platz (Gran Plaza). Da das Plateau teils durch Abtragung, teils durch Aufschüttung geschaffen wurde, wobei man schwer zu entfernende Felsblöcke mit in die Bauwerke einbezog – wie bei der Nordplattform, der Südplattform und den Gebäudegruppen G, H, I – , litt die Symmetrie, d. h. die großen Freitreppen der beiden Plattformen lagen nicht genau gegenüber.
Um diesen Mangel zu verbergen, errichteten die Zapoteken in der Periode III zwei zusätzliche kleine Gebäude, die durch Patios getrennt, vor den Bauten M und IV stehen. Wie üblich in der präkolumbischen Architektur, wurden hier ebenfalls fast alle Gebäude mehrfach – bis zu sechsmal – überbaut. Auch die Wände der Gebäude waren mit verschiedenfarbigem Stuck überzogen.

Die erste Anlage auf der Ostseite des Platzes (bzw. vom Parkplatz aus auf der linken Seite) ist der Ballspielplatz (Juego de Pelota) in Form einer römischen Eins. Wie bei allen Plätzen dieser Art in Oaxaca wurden hier keine Steinringe, die als Tore hätten dienen können, gefunden.

Juego de Pelota

Von den sich anschließenden Gebäudesegmenten ist v.a. die erste Pyramide (Edificio P) von Bedeutung. Sie besitzt einen inneren Treppenaufgang. Von der Spitze des Bauwerks führte ein Tunnel zur mittleren Gruppe (Edificios G, H, I), der es den Priestern erlaubte, letztere ungesehen zu erreichen.

Pirámide

Das nächste bedeutende Gebäude in dieser Gruppe, ebenfalls mit einem breiten Treppenaufgang versehen, wird Palast (Palacio) genannt. Auf seiner oberen Plattform blieben nur noch Mauerreste der Räume übrig, die wahrscheinlich Priestern als Wohnung gedient haben. Unter dem Innenhof fand man ein kreuzförmiges Grab aus der Periode Monte Albán IV. Zwischen dem Palast und der mittleren Reihe sieht man einen eingelassenen Altar, in dem eine originelle Maske des Fledermausgottes aus Jade gefunden wurde.

Palacio

Der vierte, isoliert stehende Bau wird Hügel J (Montículo J) genannt. Diese interessante Anlage ist die einzige, die nicht in die Symmetrie der Gesamtanlage passt, da sie in einem Winkel von 45° zu den übrigen Gebäuden steht. Auch die Form des Bauwerks ist ungewöhnlich: Sein Grundriss ähnelt einer **Pfeilspitze**, wobei die Treppe das stumpfe Ende bildet. Ein den vorderen Teil durchquerender, gewölbter Tunnel führt nach oben. Untertunnelungen dieser Art dienten in der mesoamerikanischen Architektur meist der Beobachtung von Himmelskörpern, seltsamerweise ist aber durch diesen Tunnel das Firmament gar nicht sichtbar. An der Mauer der Breitseite sind auf Steinplatten Figuren und Hieroglyphen zu sehen, die offenbar gelungene Städteeroberungen darstellen. Man nimmt an, dass der wesentliche Teil dieses Bauwerks einige Zeit vor Christi Geburt, also zu Beginn der Phase Monte Albán II, entstanden ist.

✶ **Montículo J**

Die Südplattform (Plataforma del Sur), die den Platz auf der Südseite abgrenzt, ist ein riesiges Bauwerk, von dem bisher nur wenig ausgegraben wurde. Eine 40 m breite Treppe führt auf eine Plattform, von der man vor allem bei Sonnenuntergang einen großartigen Ausblick auf die Gesamtanlage hat.

Plataforma Sur

✶ ◄ Ausblick

An der Nordwestecke steht die Stele 1, eine der besterhaltenen und künstlerisch wertvollsten von Monte Albán. Man erkennt links einen auf einem Hügel sitzenden Jaguar mit dem Kopfschmuck des Regengottes Cocijo, der eine geschmückte Lanze hält. Oben und an der rechten Seite sieht man Glyphenreihen. Weitere hier und auf der Plattform gefundene Stelen wurden ins Anthropologische Nationalmuseum von Mexiko-Stadt gebracht.

✶ ◄ Stele 1

Montículo M In der Südwestecke des Platzes stößt man auf den Hügel M (Montículo M), eine rechteckige Anlage, die aus zwei Bauten besteht, getrennt durch einen Patio mit einem kleinen Altar. Wie an dieser Stätte üblich, führt eine zentrale Treppe über zwei Stockwerke mit vier schrägen Wänden zur oberen Plattform, auf der man Reste von vier Säulen, die einst zur Fassade des Tempels gehörten, sehen kann. Das vordere Bauwerk wurde während der Periode III zur Korrektur der Symmetrie angelegt. An der Nordseite des Hauptbaus stehen Reproduktionen der Stelen 12 und 13, deren Originale sich ebenfalls im Anthropologischen Nationalmuseum von Mexiko-Stadt befinden. Sie sind mit Zahlenglyphen bedeckt und stehen in Beziehung zum sich anschließenden Gebäude der Tänzer (Palacio de los Danzantes).

✶ **Palacio de los Danzantes**

✶✶ Danzantes ▸

Edificio L (Palacio de los Danzantes) ist zweifellos der interessanteste Teil der Anlage. Sein Altar wird in das 6./5. Jahrhundert v. Chr. (entspricht der Phase Monte Albán I) datiert. Der ursprüngliche Baukern wurde mehrfach überbaut – heute steht dort ein hohes, doppelstöckiges Bauwerk aus den Epochen III a und III b. Die wichtigsten Elemente sind die früher eine Terrassenmauer schmückenden Steinplatten, welche Figurenreliefs, die sog. Danzantes, aufweisen. Heute sind sie in mehreren Gruppen aufgestellt und werden »Galería de Prisoneros« genannt. Die Gesichtszüge und Glyphen zeigen eine große Ähnlichkeit mit denen der Olmeken (La-Venta-Kultur) von der Küste des Golfs von Mexiko. Es zeigt sich, dass die Bewohner von Monte Albán schon in der Frühzeit eine Art **Schrift sowie ein Kalender- und Zahlensystem** besaßen. Bisher nahm man an, dass die in seltsamen Körperhaltungen dargestellten Figuren berauschte Tänzer seien, oder dass es sich um gepeinigte Sklaven handeln könnte. Heute glaubt man aus den Glyphen um die Köpfe schließen zu können, dass sie bedeutende gefangene Persönlichkeiten verkörpern, die unter Drogen standen. In den letzten Jahren wurden zahlreiche Steinplatten in Museen gebracht und durch Polyesterreproduktionen ersetzt.

Sistema IV Weiter in nördlicher Richtung steht das System IV (Sistema IV), welches dem Hügel M äußerst ähnlich ist. An der Nordseite des Gebäudes ist noch die stark verwitterte Stele 18 erhalten, von der man annimmt, dass sie aus der Periode Monte Albán II stammt.

Plataforma del Norte Auf die gewaltige, 12 m hohe Nordplattform (Plataforma del Norte), die beinahe so groß ist wie die Gran Plaza, führt eine breite Treppe. Zu beiden Seiten des Treppenaufgangs fand man je einen mit Hieroglyphen und Figuren geschmückten Kultraum mit Grabstätte. Gegenüber dem westlichen Kultraum fand man die Stele 9, die auf allen vier Seiten mit Reliefs versehen ist und als der bedeutendste Fund dieser Art angesehen wird; auch sie befindet sich heute im Anthropologischen Nationalmuseum von Mexiko-Stadt. Auf der Plattform sieht man die Reste von 2 m dicken Säulen in Doppelreihen, die einst das Dach der enormen Halle trugen.

Der Palacio de los Danzantes enthält Flachrelieffiguren, die wegen ihrer ungewöhnlichen Haltung als Tänzer oder als Kriegsgefangene interpretiert werden.

Eine Treppe führt in den Versenkten Hof (**Patio Hundido**), in dessen Mitte ein Altar steht. Dieses einst feinskulptierte Rechteck diente als Basis für die Stele 10, die auch nach Mexiko-Stadt gebracht wurde.

★ **Tumba 104**

Über einen Pfad gelangt man nordwestlich zum Grab 104 (Tumba 104), **dem prächtigsten der in Monte Albán entdeckten Gräber**. Es wurde um 500 angelegt. Über der kunstvollen Eingangsfassade befindet sich eine Nische, in der eine Tonurne in Form einer sitzenden Person mit dem Kopfschmuck des Regengottes Cocijo steht. Alle drei Seiten der Grabkammer sind mit farbigen Fresken ausgeschmückt.
Auf der rechten Seite erkennt man die Figur des Titao Cazobi, des Maisgottes der Zapoteken, mit einem großen Kopfschmuck aus Schlange und Federn. Das mittlere Bild auf der hinteren Wand, über einer Nische, stellt den Kopf einer unbekannten roten Gottheit mit einem bogenförmigen Kopfschmuck, die Hieroglyphe »5 Türkis«, und die Himmelsöffnung dar. An der linken Wand sieht man eine Figur mit greisenhaften Gesichtszügen, einen Kopalbeutel in der Hand, reich geschmückt an Taille, Hals und Kopf, die wahrscheinlich den Gott Xipe Tótec abbildet. Er gilt bei den Zapoteken, Mixteken und Azteken als Gottheit der Erneuerung, der Juweliere und Geschundenen. In der Grabkammer entdeckte man Überreste eines männlichen Erwachsenen mit einer großen Urne – die selbe Persönlichkeit, die auch auf der Hinterwand wiedergegeben ist. Daneben fand man noch vier kleinere Urnen.

Tumba 172 Unter dem Hügel des Grabs 104 liegt das Grab 172, in welchem man das Skelett und die Grabbeigaben so sehen kann, wie sie gefunden wurden.

Tumba 7 Nordöstlich des Großen Platzes, aber bereits etwas außerhalb der eigentlichen Kultstätte, von der Zufahrtsstraße aus rechts, liegt das berühmte Grab 7 (Tumba 7), das 1932 entdeckt wurde. Es war eine archäologische Sensation, da die von den Zapoteken in der Periode III errichtete Grabkammer den bisher größten in Mesoamerika gefundenen Schatz enthielt. Die Vorkammer enthielt zapotekische Gefäße und Graburnen; die Mixteken bestatteten hier später, wahrscheinlich um die Mitte des 14. Jahrhunderts, die sterblichen Überreste von Adligen. An mixtekischen Grabbeigaben fand man **etwa 500 überaus kunstvoll gearbeitete Gegenstände** aus Gold, Silber, Jade, Türkis, Bergkristall und Alabaster. Sie befinden sich heute im Regionalmuseum von Oaxaca (Kloster Santo Domingo).

★ ★ Grabbeigaben ►

Tumba 105 Ein weiteres sehenswertes Grab ist das auf dem Plumaje-Hügel gelegene Grab 105 mit einem Tor und interessanten Wandmalereien.

★ Montebello-Seen (Lagunas de Montebello)

S 27

Bundesstaat: Chiapas (Chis.)
Höhe: von 1500 m ü. d. M. abwärts
Entfernung: 52 km östlich von Comitán

Die mit dem Namen Lagunas de Montebello bezeichnete Gruppe von fast 60 kleinen und mittleren Seen, die in wunderbaren, unterschiedlichen Farben glänzen, zieht sich vom Beginn des Nationalparks (6700 ha) in östlicher Richtung bis nach Guatemala und in die Selva Lacandona hinein.

Die Gewässer erstrecken sich über ein terrassenförmiges Gelände, das meist von Pinienwäldern bewachsen und noch weitgehend unberührt ist. Neben den Seen gibt es noch eine Anzahl von Dolinen, Grotten und Wasserfällen, die diese weitläufige Region zu einem schönen Ausflugsziel machen.

Lagunas de Colores Die Straße führt vom Eingang des Parks direkt zu den Lagunas de Colores (farbige Seen), die so genannt werden, weil sie in den verschiedensten **Farbschattierungen von Smaragdgrün bis Nachtblau** leuchten. Dieses Phänomen hängt mit dem Sonneneinfall, der Tiefe und der Beschaffenheit von Grund und Wasser zusammen. Die Seen und ihre Umgebung tragen daher auch so klangvolle Namen wie Esmeralda (Smaragd), Bosque Azul (Blauer Wald) und Agua Tinta (Farbiges Wasser). An der Laguna Bosque Azul kann man auch zelten.

In den verschiedensten Nuancen leuchten die Seen von Montebello – von Smaragdgrün über Kristalltürkis bis zu Moosgrün.

In der Nähe einer kleinen Ansiedlung liegt der bemerkenswerte Bogen von San Rafael (**Arco de San Rafael**), eine natürliche Brücke aus Kalkstein, durch welche der Río Comitán in eine Höhle fließt, in der er zu verschwinden scheint. Vom Parkeingang führt außerdem ein Pfad in Richtung Tziscao. Nach etwa 3 km kann man zur **Laguna de Montebello** abzweigen, einem der größeren Seen.
Nach weiteren 3 km auf der Straße nach Tziscao gelangt man zum Gebiet der **Cinco Lagunas** (Fünf Lagunen). Vier davon kann man gleich sehen, doch die letzte und auch schönste – La Cañada – erreicht man erst nach 1,5 km auf dem rechts abzweigenden Weg.

Lago Tziscao

Einer der größten Seen ist der Lago Tziscao, der nach einigen weiteren Kilometern in Sicht kommt. Er bildet bereits die Grenze zu Guatemala. Die neue Straße in Richtung Osten, entlang der Grenze zu Guatemala, führt über Matzán und Benemérito nach San Javier, von wo es eine Abzweigung in das 16 km entfernte Frontera de Corazal gibt (von dort Flussfahrten nach Yaxchilán, ►Bonampak · Yaxchilán).

Umgebung der Montebello-Seen

Chinkultic

Nach 32 km auf der Abzweigung von der MEX 190 zu den Montebello-Seen geht links der 2 km lange, unbefestigte Fahrweg nach Chinkultic ab. Diese **Ruinenstätte** aus der klassischen Maya-Periode liegt am Felsabbruch eines bewaldeten Bergs in 1600 m Höhe, umgeben von einer **reizvollen Seen- und Wiesenlandschaft**. Bemerkenswert ist, dass auch hier, weit entfernt vom Karstgebiet Yucatáns, ein

MONTEBELLO-SEEN ERLEBEN

VERKEHRSVERBINDUNGEN

Mit dem Bus oder mit dem Sammeltaxi fährt man am besten von Comitán de Domínguez zu den Montebello-Seen. Nimmt man das Auto, so fährt man auf der MEX 190 (Panamericana) von San Cristóbal de Las Casas 103 km nach Comitán de Domínguez; von dort nimmt man nach 16 km bei La Trinitaria die Abzweigung nach links und gelangt nach 40 km zum Nationalpark Lagunas de Montebello. Durch den Nationalpark führt eine nur anfänglich asphaltierte Straße, von der mehr oder weniger gut befahrbare Feldwege zu einzelnen Seen führen. Als Besucher sollte man sich einen Führer nehmen, da das ausgedehnte und unübersichtliche Gelände nur sehr schwer allein erforscht werden kann.

ÜBERNACHTEN

► **Komfortabel**

Parador Museo Santa María
Carretera La Trinitaris –
Lagos Montebello Km 22
Tel./Fax (963) 632 51 16
www.paradorsantamaria.com.mx
Der Parador Santa Maria ist eine umgebaute Hacienda (6 Z.), die bereits 1830 errichtet wurde. Jedes der sechs Zimmer ist mit Antiquitäten aus einer anderen Periode eingerichtet; manche haben offene Kamine. Das Restaurant ist sehr gut.

Cenote existiert. In den letzten Jahren wurden manche bereits freigelegten Anlagen wieder von der Vegetation überwuchert. Man nimmt an, dass über 200 große und kleine Hügel des ausgedehnten Gebiets noch Maya-Bauten bergen. Von den sechs Hauptgruppen ist heute nur wenig sichtbar.

Bisher fand man einen Ballspielplatz (**Juego de Pelota**) und mehrere Stelen mit Reliefs, die figürliche Darstellungen und Glyphen zeigen. Nicht zu übersehen ist die im Nordwesten gelegene Gruppe A mit dem freigelegten Tempel 1 (El Mirador), der den Abschluss einer etwa 40 m hohen Pyramide bildet. Er steht auf einer Terrasse, auf der sich vier Plattformen erheben. Die breite, auf die Pyramide führende Freitreppe ist heute wieder vom Busch überwachsen.

Rund 50 m unterhalb des Tempels liegt der malerische, türkisblaue Cenote **Agua Azul.** Da man annahm, dass wie im Falle des Cenote von Chichén Itzá Menschenopfer und Gaben hineingeworfen worden waren, pumpte man das Wasser des Cenote in den benachbarten See Chanujabab und führte eine Grabung durch, wobei verschiedene Keramiken gefunden wurden. Neben Stelen und Räuchergefäßen grub man in der Nähe eine Steinscheibe von 55 cm Durchmesser und 78 kg Gewicht aus, die mit 590 datiert ist. Diese wertvolle, als Markierstein für das Ballspiel dienende Plastik zeigt einen Ballspieler mit kunstvollem Federkopfschmuck und kultischer Spielausrüstung. Der Stein ist im Anthropologischen Nationalmuseum von Mexiko-Stadt zu sehen.

Monterrey

J 18

Bundesstaat: Nuevo León (N.L.)
Einwohner: 3 300 000

Höhe: 538 m ü. d. M.
Entfernung: 934 km nördlich von Mexiko-Stadt

Monterrey im Tal von Santa Catarina wird von dem seltsam gezackten Cerro de la Silla (Berg des Sattels, 1740 m) und dem Cerro de la Mitra (Berg der Bischofsmütze, 2380 m) beherrscht.

Die Hauptstadt des Bundesstaats Nuevo León ist nach Mexiko-Stadt und Guadalajara die **drittgrößte Stadt und das zweitwichtigste Industriezentrum des Landes** (u. a. lässt hier Mercedes-Benz México Busse bauen). Obwohl sie sich zu einer modernen Großstadt entwickelt hat, findet man stellenweise noch altspanische Atmosphäre mit engen Gassen, flachen Hausdächern und malerischen Patios. Das Klima ist im Sommer heiß und trocken, im Winter oft feucht und kalt. Monterrey zeigt sich als durchweg spanische Stadt, ein indianischer Einfluss ist nicht spürbar.

Geschichte

Das Gebiet um Monterrey hat keine altindianische Geschichte, lediglich Nomaden durchstreiften das Land und hinterließen kaum Spuren. Die ersten Spanier trafen 1584 unter Luis Carvajal y de la Cueva ein und gründeten den Posten Ojos de Santa Lucía. Erst elf Jahre später ließen sich hier 12 spanische Familien unter der Führung von Diego de Montemayor nieder und tauften den Ort Villa de Nuestra Señora de Monterrey nach dem damaligen Vizekönig, dem Grafen von Monterrey. Die isoliert liegende Ortschaft, die 1775 nur 258 Einwohner zählte, musste sich oft gegen Überfälle nomadisierender Indianer wehren. Im Krieg zwischen Mexiko und den USA wurde sie 1846 besetzt, 1864 nahmen französischen Truppen die Stadt ein.. Erst 1882, als die **Bahnlinie zwischen Laredo und Monterrey** geschaffen wurde, kam es zum wirtschaftlichen Aufschwung der Stadt, der unvermindert anhält.

Palacio de Gobierno

Wirtschaft

Der verkehrstechnisch günstigen Lage ist es zuzuschreiben, dass Monterrey ein Zentrum der Schwerindustrie geworden ist. Die Gebrauchsgüterindustrie hat ihre Schwerpunkte in der Glas-, Zement-, Textil- und Kunststoffindustrie. Einen wichtigen Stellenwert hat auch

Cerro del Obispado

Weiter westlich endet die Avenida Padre Mier am Hügel Cerro del Obispado oder Chepe Vera, der vom Bischöflichen Palais (Obispado) gekrönt wird. Der Palast vom Ende des 18. Jahrhunderts diente später abwechselnd als Festung und Hospital. Im Jahr 1913 verschanzte sich hier auch der berüchtigte Bandit und Revolutionsheld **Pancho Villa**. Heute beherbergt der Bau das Regionalmuseum (**Museo Regional de Nuevo León**). Zu beachten sind die Kapelle mit schöner churrigueresker Fassade, die Druckerpresse, auf der Pater Servando Teresa de Mier im mexikanischen Unabhängigkeitskrieg (1810–1821) gegen die spanische Herrschaft gerichtete Pamphlete herstellte, und zwei Gewehre, mit denen angeblich Kaiser Maximilian und seine beiden Generäle in Querétaro erschossen wurden.

Instituto Tecnológico

Die moderne Ausbildungsstätte in der Calle Eugenio Garza Sada 2501 Sur, El Tec genannt, verfügt über eine **Bibliothek**, die einen großen Bestand an Büchern über die mexikanische Geschichte des

***Monterrey** Orientierung*

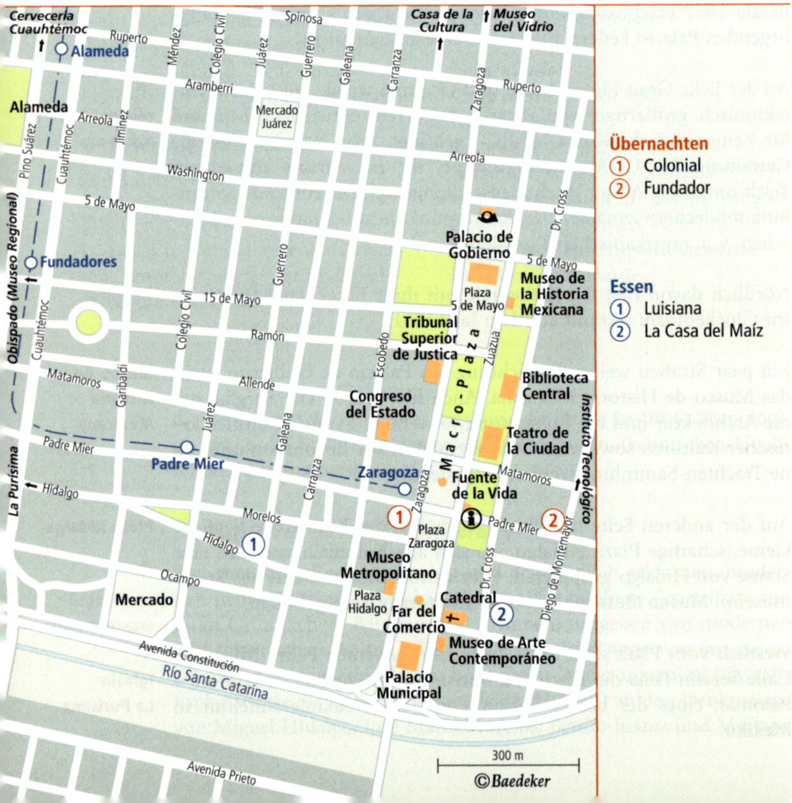

16. Jahrhunderts, Bücher in indianischen Sprachen und eine umfassende Sammlung verschiedener Ausgaben des Don Quijote besitzt. Die Bibliothek ist mit einem Wandgemälde von Jorge González Camarena ausgeschmückt.

Parque Niños Héroes

Ein beliebtes Ausflugsziel mexikanischer Familien ist der Parque Niños Héroes, etwa 3 km nördlich der Brauerei Cervercería Cuauhtémoc. Neben gepflegten Blumenrabatten gibt es hier einen kleinen See, eine Voliere und eine kleine Kunstgalerie. Im Nordteil des Parks steht die Biblioteca Magna Universitaria, entworfen vom Architekten des Museums für Moderne Kunst (MARCO), Ricardo Ligoretta.

Weitere Sehenswürdigkeiten

Zu den weiteren Sehenswürdigkeiten gehören die Kirche Espíritu Santo, ein asymmetrischer Bau von Armando Rauize mit einem Wandmosaik, das Haus der Kultur (**Casa de la Cultura**, Calle Colón 400 Ote.), das Glasmuseum **Museo del Vidrio** (Calle Zaragoza / Magallanes) und ein Oldtimermuseum in der Vorstadt Del Valle (Calle Río Suchiata y Vasconcelos).

Umgebung von Monterrey

Centro Cultural Alfa

Verlässt man die Stadt in Richtung Club de Golf auf der Avenida Mesa Chipinque nach Süden, gelangt man in den Stadtteil San Pedro Garza García (8 km südlich des Zentrums), wo im Centro Cultural Alfa vorspanische Fundstücke, Bilder mexikanischer Maler, Volkskunst, Muscheln und Mineralien ausgestellt sind und ein in Form eines umgekippten Zylinders erbautes Planetarium Einblicke in die Welt der Astronomie bietet.

Mesa Chipinque

Nach San Pedro Garza García führt die Straße hinauf zur Mesa Chipinque, einem bewaldeten Bergrücken (18 km südlich von Monterrey), von dem man eine schöne Aussicht auf Monterrey und die Umgebung hat.

Cascadas Cola de Caballo

Folgt man der MEX 85 in Richtung Ciudad Victoria nach Süden bis nach Villa de Santiago (36 km), gelangt man zu einer Abzweigung, die zu den Cascadas Cola de Caballo führt, einem eindrucksvollen, aus 30 m Höhe herabstürzenden Wasserfall, der allerdings manchmal ausgetrocknet ist.

Cañon de la Huasteca

Von der MEX 40 in Richtung Saltillo führt nach etwa 18 km eine Abzweigung nach links zum Cañón de la Huasteca, einer fast senkrechten Schlucht von 300 m Tiefe, umrahmt von bizarren Felsen.

✶ Grutas de García

Auf derselben Ausfallstraße folgt nach weiteren 6 km eine Abzweigung nach rechts zu den noch 24 km entfernten Grutas de García, **einem der größten und schönsten Höhlensysteme** des Landes, dessen Eingang nur mit einer Seilbahn erreicht werden kann.

Morelia

P 17

Bundesstaat: Michoacán (Mich.)
Einwohner: 710 000
Höhe: 1950 m ü. d. M.
Entfernung: ca. 300 km westlich von Mexiko-Stadt

Morelia, die prächtige Hauptstadt des Bundesstaats Michoacán, liegt am rechten Ufer des Flusses Río Grande de Morelia inmitten eines weiten fruchtbaren Talkessels zwischen Mexiko-Stadt und Guadalajara, den beiden größten Städten Mexikos. Morelia hat sich bis heute den Charakter einer vornehmen spanischen Kolonialstadt erhalten. Ihr Zentrum wurde 1991 von der UNESCO zum Weltkulturerbe der Menschheit erklärt.

Geschichte

In der vorkolumbischen Zeit siedelte hier eine Stammesgruppe der Matlatzinca, die sich Mitte des 15. Jahrhunderts vor den Azteken in diese von Tarasken (Purépecha) beherrschte Region zurückgezogen hatten. Schon kurz nach der Conquista kamen die ersten Spanier unter Cristóbal de Olid in die Gegend und unterwarfen die Tarasken. In der spanischen Chronik des Orts steht an erster Stelle das vom Franziskanerpater Juan de San Miguel 1537 errichtete Missionskloster. Als Ort wurde Morelia 1541 zunächst mit dem Namen Valladolid im Auftrag des ersten Vizekönigs von Neuspanien, Antonio de Mendoza, gegründet. Bereits sechs Jahre später erhielt Valladolid das Stadtrecht. In Konkurrenz zum indianischen Pátzcuaro, wo der Bischof Vasco de Quiroga seinen Amtssitz hatte, wurde schließlich auch das spanische Valladolid 1570 Bischofssitz und 1582 Hauptstadt von Michoacán. Im 17. und 18. Jahrhundert entwickelte sich Morelia zu einem Handelszentrum für die Landwirtschaft der Umgebung. Während des mexikanischen Unabhängigkeitskriegs (1810 – 1821) war die Stadt zeitweise Operationsbasis für den Freiheitskämpfer Miguel Hidalgo y Costilla. Nach Erringung der Unabhängigkeit wurde sie 1828 zu Ehren des von hier stammenden Unabhängigkeitskämpfers und Pfarrers **José María Morelos y Pavón** (1765 – 1815) Morelia

! *Baedeker* TIPP

Heiliger Antonius, hilf!

Jeder Morelianer kennt das Restaurant San Miguelito und führt Fremden gern seine besondere Atmosphäre vor. Eine Ecke erfreut sich besonderer Beliebtheit: Dort steht San Antonio Kopf. Dicht an dicht sind Statuen des Heiligen versammelt, allesamt mit den Füßen zur Decke. Die ledigen Frauen von Morelia bitten hier – im Spaß oder Ernst – um einen Mann, der mit beiden Beinen aufrecht im Leben steht. Dafür gilt es allerdings ein Ritual zu absolvieren: 13 Münzen aus dem aufgestellten Kleingeldteller nehmen, eine Kerze anzünden, ein Gebet sprechen und einen persönlichen Spruch ins Wunder-, Wunsch- und Dankbuch schreiben. Alles unter den Augen der Gäste. Manche Bittstellerinnen hatten angeblich bereits mit dem Eintrag ihrer E-Mail-Adresse Erfolg.

Morelia wurde nach dem Priester und Freiheitshelden José Maria Morelos benannt.

genannt. Gegründet auf spanischem Kulturerbe, wurde Morelia im Lauf der Zeit, hauptsächlich dank seiner Universität, ein wichtiges geistiges Zentrum des Landes.

Sehenswertes in Morelia

✶ **Catedral**

Der schöne Hauptplatz (Zócalo) ist auf drei Seiten von Arkaden gesäumt. Die Ostseite wird ganz von der prächtigen Kathedrale eingenommen, einem 1640 begonnenen und über hundert Jahre später beendeten Bau aus rosabräunlichem Trachyt. Trotz der langen Bauzeit ist die Einheitlichkeit des Stils, in dem der strenge Barock überwiegt, durchaus gewahrt.
Auffällig sind die mit Azulejos verkleidete Kuppel der Kirche und das doppeltürige Portal, dessen innere Flügel mit Leder bespannt sind. Im Innern sind mehrere interessante Stücke zu beachten: die neoklassizistischen Retablos, das silberne Taufbecken, ein Kruzifix von Manuel Tolsá, die imposante, 1903 in Deutschland gebaute Orgel sowie einige Gemälde im Chor und in der Sakristei, die den bedeutendsten Malern der ersten Hälfte des 18. Jahrhunderts zugeschrieben werden. In der Sakristei wird eine indianisch (de caña) gefertigte Christusfigur mit einer vom spanischen König Philipp II. gestifteten goldenen Krone aufbewahrt.

Museo Regional de Michoacán

An der Ecke der Straßen Allende und Abasolo ist in einem Barockbau (Mitte 18. Jh.) das Regionalmuseum (Museo Regional de Mi-

** Oaxaca

R 22

Bundesstaat: Oaxaca (Oax.)
Einwohner: 480 000

Höhe: 1545 m ü. d. M.
Entfernung: 440 km südöstlich von Mexiko-Stadt

Im Unterschied zu anderen mexikanischen Kolonialstädten hat Oaxaca sich den Charakter einer beschaulichen Residenzstadt weitgehend bewahrt. Anziehend ist vor allem ihre Mischung aus indianischen und spanischen Elementen.

Im Jahr 1988 hat die UNESCO das historische Zentrum zum **Weltkulturerbe** der Menschheit erklärt. Die reizvolle Stadt liegt fast genau in der Mitte des gleichnamigen Bundesstaats in einem Tal mit subtropischer Vegetation, umgeben von den hohen Bergen der südlichen Sierra Madre.

Geschichte

Das Tal von Oaxaca war schon um 6000 v. Chr. von Indianergruppen besiedelt, der Beginn einer eigenständigen Kultur kann aber erst mit San José Mogote (San-José-Phase 1450–1050 v. Chr.) angesetzt werden. Es folgte die Übergangsphase zu Monte Albán I zwischen dem 8. und 7. vorchristlichen Jahrhundert. Die Entwicklung der Vor-Zapoteken mündete in den nachfolgenden Perioden in die zapotekischen und mixtekischen Kulturen, die sich in der Umgebung der Stadt ausbreiteten, als von einer Ansiedlung an der Stelle des heutigen Oaxaca noch nichts bekannt war. Erst 1486 errichteten die eindringenden Azteken unter ihrem König Ahuítzotl an dieser Stelle den **Militärstützpunkt Huaxyaca** (Náhuatl: am Akazienhain). Im Jahr 1521 kamen die Spanier unter Francisco de Orozco, besiegten die Indianer und gründeten eine kleine Siedlung, die 1529 Antequera getauft wurde. Bereits 1532 erhob Kaiser Karl V. den Ort zur königlichen Stadt Oaxaca, ein Name, der von der ursprünglichen Aztekenfestung abgeleitet wurde. 1830 wurde hier Porfirio Díaz, der spätere Präsident der Republik, als Mestize mixtekischer Herkunft geboren. Der spätere Präsident und Nationalheld Benito Juárez, ein Zapotekenindianer, residierte in dieser Stadt, als er von 1847 bis 1852 Gouverneur des Bundesstaats Oaxaca war.

! *Baedeker* TIPP

Fotokunst und mehr

An der Calle Murguia 302 liegt das Centro Fotográfico Álvarez Bravo. Es machte bereits mit Wechselausstellungen hochkarätiger Fotokünstler wie Cartier-Bresson, Man Ray, Nacho Lopez oder Walter Reuter von sich reden, zeigt aber auch Werke junger Fotografen und bietet Workshops an. Außerdem verfügt es über eine tausendbändige Spezial-Bibliothek. Die Galeria Quetzcalli, nur einige Schritte vom Seitenportal der Santo-Domingo-Kirche entfernt, präsentiert bereits seit über einem Jahrzehnt regelmäßig Arbeiten zeitgenössischer Maler und Bildhauer aus Oaxaca, deren Ruf zum Teil inzwischen bis nach New York reicht.

Sehenswertes in Oaxaca

★ **Zócalo**

Zentrum des bunten Lebens in Oaxaca ist der Zócalo (Plaza de Armas oder Plaza Central) mit einem hübschen Musikpavillon, schönen, alten Bäumen und Arkadencafés. Gleich in der Nähe liegt die ebenfalls verkehrsfreie Alameda, ein weiterer netter Treffpunkt. Am 23. Dezember jeden Jahres findet das einzigartige und überaus bunte Fest der Radieschen (Fiesta de Rábanos) statt.

An der Südseite des Platzes steht der im Kolonialstil erbaute Regierungspalast (**Palacio de Gobierno**). In seinem Treppenhaus kann man sich ein **Mural** von Arturo García Bustos ansehen, das die Geschichte der Stadt schildert. Im mittleren Teil kann man u. a. Benito Juárez mit seiner Frau Margarita erkennen, die rechte Wand zeigt das alte Mitla, und die linke Seite einige Frauenfiguren wie die Nonne und Dichterin Juana Inés de la Cruz.

An der Nordwestseite erhebt sich die **Kathedrale**, deren Bau Mitte des 16. Jahrhunderts begonnen wurde und rund 200 Jahre in Anspruch nahm. Auffällig ist die gedrungene Bauweise mit zwei niedrigen Türmen, die Schäden durch Erdbeben vermeiden sollte. Die originelle Turmuhr, deren Werk ganz aus Holz geschnitzt ist, war ein Geschenk des Königs von Spanien. Die Barockfassade weist fein gearbeitete Figuren und Flachreliefs an den Säulen auf. Im Innern des Gotteshauses, das im neoklassizistischen Stil gehalten ist, sollte man die acht gravierten Glasbilder und die Kapellen beachten.

★ **Mercados**

Südlich des Zócalo wird im alten Marktgebäude, auf der Calle Colón zwischen den Straßen 20 de Noviembre und Miguel Cabrera, der **Mercado Benito Juárez** abgehalten, der wie die meisten Märkte Oaxacas ein besonders buntes Schauspiel bietet. Samstags, wenn die Indios aus allen Richtungen herbeiströmen, ist er noch lebendiger. Es werden u. a. Web- und Töpferwaren, Lederartikel, Messer und Macheten angeboten. Einen Besuch wert ist auch der **Mercado de Artesanías** in der Calle J. P. García, nahe der I. Zaragoza, der auf Textilien spezialisiert ist. Der **Mercado del 20 de Noviembre**, eingerahmt von den Straßen Las Casas, Cabrera, Mina und 20 de Noviembre (südlich der Kirche San Juan de Dios), bietet hauptsächlich Lebensmittel an. Ein weiterer bunter und täglich stattfindender Markt ist der **Mercado de Abastos** (Vor allem Lebensmittel), jenseits der Bahngleise und südlich der Zweiter-Klasse-Busstation gelegen. Auch er ist samstags besorders geschäftig, wenn die Indianer aus den umliegenden Dörfern kommen.

Calle Alcalá

Die Calle Alcalá wurde zu einer Fußgängerzone umgewandelt, die vom Zentrum direkt zur Iglesia de Santo Domingo führt. In der Calle Alcalá 202 befindet sich in einem hübschen Kolonialgebäude das MACO (**Museo de Arte Contemporáneo de Oaxaca**). Es zeigt Werke von Malern aus dem Bundesstaat Oaxaca, darunter des berühmten Rufino Tamayo.

OAXACA ERLEBEN

AUSKUNFT

Touristeninformation
SEDETUR im Palacio Municipal
Independencia 607
Tel. (951) 16 01 23 oder
www.oaxaca.gob.mx/sedetur

VERKEHRSVERBINDUNGEN

Von Mexiko-Stadt dauert ein Flug nach Oaxaca 50 Minuten, mit dem Bus ca. 6 Stunden einplanen. Wer mit dem Auto anreist, nimmt am besten die MEX 190.

FESTE

Seit 1879 findet jedes Jahr am 23. Dezember auf der Plaza de la Constitución die »Noche de Rábanos« statt. Bereits am Nachmittag beginnen die Ausstellung und der heiß umkämpfte Wettbewerb kunstvoller, Radieschen- und Rettichskulpturen.

An den letzten beiden Montagen im Juli findet in Oaxaca ein spektakuläres Tanzfest, die Guelaguetza, statt. Es treffen sich Gruppen aus dem ganzen Staat, die in wunderschönen, farbenfrohen Trachten traditionelle, mitreißende Tänze zeigen.

EINKAUFEN

Oaxaca ist weithin für die Qualität seiner Kunsthandwerksprodukte, die auch von Indios auf den Straßen verkauft werden, bekannt. Frauen aus der Umgebung bieten ihre Textilien, Keramiken, Web- und Schmuckstücke in der Kooperative »Mujeres Artesanas de las Regiones de Oaxaca« in der Calle 5 de Mayo 204 an.

ESSEN

► Fein & teuer

① ***El Asador Vasco***
Portal de Flores 11
(an der Westseite des Zócalo)
Tel. (951) 514 47 55
Am besten und begehrtesten sind die Tische im »El Asador Vasco«, einem exzellenten Restaurant mit baskischen Spezialitäten, mit Blick auf den Zócalo.

► Erschwinglich

② ***El Naranjo***
Calle Trujano 203
Tel. (951) 514 18 78
www.elnaranjo.com.mx
Im überdachten Patio eines Kolonialhauses, einen halben Block vom Zócalo entfernt, kocht die Besitzerin des »Naranjo« köstliche regionale Gerichte.

ÜBERNACHTEN

► Luxus

① ***Camino Real Oaxaca***
Calle 5 de Mayo 300
Tel. (951) 501 61 00
Fax (951) 516 07 32
www.caminoreal.com
Das Hotel ist ein umgebautes, 400 Jahre altes Kloster und hat zudem eine abwechslungsreiche Vergangenheit als Rathaus, Gefängnis, Kino und Schule. In zwei Stockwerken sind noch Fresken zu erkennen. Die 91 Zimmer sind mit mexikanischen Textilien und Keramiken geschmückt.

► Luxus bis komfortabel

② ***Victoria***
Lomas del Fortín 1
Tel. (951) 515 26 33
Fax (951) 515 24 11
www.hotelvictoriaoax.com.mx
Inmitten von gepflegten Gärten liegt das Hotel (150 Z.) zehn Minuten von der Stadt entfernt auf einem Hügel. Von dort hat man einen schönen Blick auf Oaxaca.

★★ **Iglesia de Santo Domingo**

Fünf Häuserblocks nördlich vom Hauptplatz erreicht man die prächtige Kirche Santo Domingo, eine Dominikanergründung aus dem Jahr 1575. Mehr als 200 Jahre dauerte es bis zur Vollendung des Gotteshauses; die Gesamtkosten betrugen mehr als 12 Millionen Goldpesos. Sehr eindrucksvoll ist die **Barockfassade** und das mit Gold eingefasste Portal.

Dominikaner-Stammbaum aus Stuck in der Kirche Santo Domingo

Der Innenraum der Kirche zeigt an den Wänden und der Decke eine Fülle von vergoldeten Ornamenten und bunten Skulpturen in Hochrelief, die sich gegen den weißen Hintergrund glanzvoll abheben. Der Gesamteindruck erinnert eher an einen Palast als an eine Kirche. Der bäuerliche Stil der farbigen Plastiken gibt dem Kirchenschiff, dem Chorbogen und den Kapellen eine unverwechselbar mexikanische Note.

An der Decke über dem Haupteingang sieht man einen skulptierten Weinstock, aus dessen goldenen Zweigen und Blättern 34 Porträts wachsen. Es handelt sich hierbei um den **Stammbaum des 1221 gestorbenen hl. Domingo de Guzmán**, des Gründers des Dominikanerordens. Die kunstvoll gefertigten Bildnisse tragen fast alle eine Krone, und an der Spitze der Rebe sitzt die Jungfrau Maria.

Von den elf verschiedenen Kapellen ist die größte und schönste die Rosenkranzkapelle (**Capilla de la Virgen del Rosario**). Sie hat einen eigenen Chor, eine Sakristei und sogar eigene Türme. Der reich geschmückte Altar mit der Jungfrau Maria gilt als Juwel des mexikanischen Rokoko. Die meisten der ursprünglichen Altäre und Dekorationen wurden in den 1860er-Jahren zerstört, als das Gotteshaus vorübergehend als Pferdestall genutzt worden war. Die späteren Restaurierungen folgten den alten Vorbildern (Öffnungszeiten: tgl. 7.00 – 13.00 und 14.00 – 20.00 Uhr; nur außerhalb der Messe).

Oaxaca Orientierung

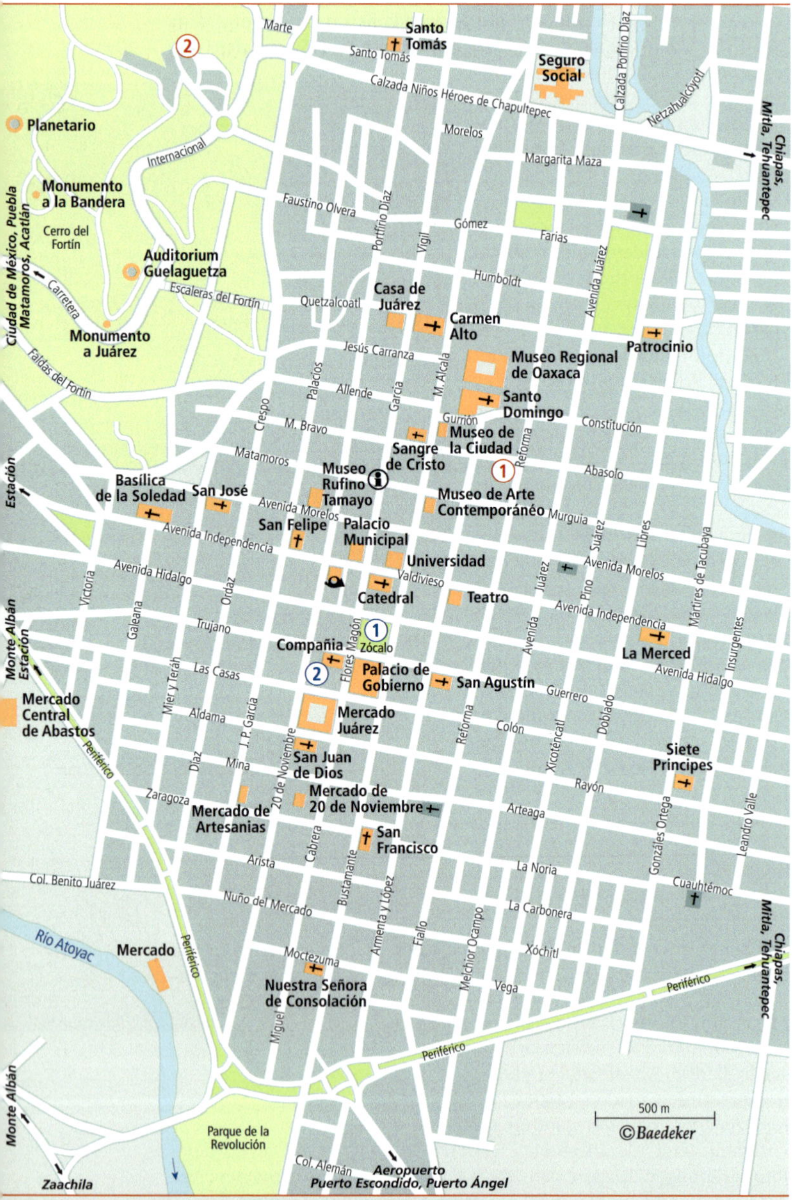

Übernachten
① Camino Real Oaxaca ② Victoria

Essen
① El Asador Vasco ② El Naranjo

In dem benachbarten Kloster, dem Ex-Convento de Santo Domingo, ist heute das Museo Regional de Oaxaca (Museo de las Culturas de Oaxaca) untergebracht. Auf zwei Etagen werden **archäologische und ethnologische Sammlungen zu den Indianerkulturen** sowie kirchliche und weltliche **Exponate aus der Kolonialzeit** ausgestellt. In der ethnologischen Sammlung sieht man u. a. Trachten, Masken, Schmuck, Zeremonial- und Hausgeräte der verschiedenen Indianerstämme der Region. Nebenan befinden sich die archäologischen Funde aus den umliegenden Stätten der Zapoteken und Mixteken. Fotografien, Tabellen und Karten runden die Ausstellung ab.

✶ **Museo Regional de Oaxaca**

✶ ✶ ◂ Mixtekenschatz

Glanzpunkt der archäologischen Abteilung ist der 1932 im Grab Nr. 7 von Monte Albán gefundene Mixtekenschatz aus Gold, Jade, Türkis und anderen Halbedelsteinen. Aus diesen farbenfrohen Materialien wurden überaus kunstvolle Armbänder, Halsketten, Ohrschmuck, Brustplatten und Masken hergestellt (Öffnungszeiten: Di. – So. 10.00 – 18.00 Uhr).

✶ **Museo Prehispánico Rufino Tamayo**

In einem Palais an der Avenida Morelos (Nr. 503), vier Blocks vom Zócalo entfernt, ist das Museo Prehispánico Rufino Tamayo untergebracht, das der berühmte mexikanische Maler Tamayo dem Staat geschenkt hat. In fünf Räumen werden **archäologische Objekte** der wichtigsten altindianischen Kulturen gezeigt (Öffnungszeiten: Mo., Mi. – Sa. 10.00 – 14.00 und 16.00 – 19.00, So. 10.00 – 15.00 Uhr).

Museo Casa Benito Juárez

Das Haus in der García Vigil 609, in welchem Benito Juárez zwischen 1818 und 1828 als Diener lebte, wurde in ein Museum umgewandelt. Hier findet man Diverses, was an den Präsidenten erinnert, der 1806 in Guelatao bei Oaxaca geboren wurde.

✶ **Basílica de Nuestra Señora de la Soledad**

Fünf Häuserblocks westlich vom Zócalo steht die Kirche der Stadtpatronin La Soledad (Basílica de Nuestra Señora de la Soledad). Der Bau entstand zwischen 1682 und 1690 und hat ein kalksteingepflastertes Atrium, das von einem erhöhten Wandelgang umgeben ist. Die Figur der Virgen de la Soledad trägt eine Robe aus schwarzem, mit Gold und kostbaren Steinen bestickten Samt und hat eine besonders große Perle auf der Stirn.

Cerro de Fortín de Zaragoza

Auf dem Cerro de Fortín de Zaragoza, einem Berg, der sich etwa 100 m über die Stadt erhebt, stehen ein Freilichttheater sowie je ein Nationaldenkmal für Benito Juárez und die mexikanische Staatsflagge.- Dieser Ort ist alljährlich Schauplatz der größten und buntesten Fiesta des Landes, der so genannten Guelaguetza (Darbietung), die an den zwei auf den 16. Juli folgenden Montagen stattfindet. Gezeigt wird eine Mischung aus vorspanischen und christlichen Tänzen der Indianerstämme aus dem Bundestaat Oaxaca.

✶ ◂ Guelaguetza

Museos Comunitarios

Eine gemeinnützige Genossenschaft (Museos Comunitarios del Estado de Oaxaca; Dept. 12, Tinoco y Palacios 311, Tel. 516 57 86) bietet

Ausflüge zu einer Anzahl von Kommunalmuseen im Tal von Oaxaca an. Diese Touren geben einen erstklassigen Einblick u. a. in die Handwerks- und Agrarmethoden sowie in die traditionelle Heilkunst und ermöglichen die Teilnahme an lokalen Fiestas.

Umgebung von Oaxaca

★ Árbol de Tule (Baum von Tule)

Etwa 10 km östlich von Oaxaca liegt an der MEX 190 das kleine Dorf Santa María del Tule. Vor einer reizvollen, kleinen Kirche steht der berühmte Baum von Tule (Árbol de Tule), eine **gewaltige Zypresse**, deren Alter auf 2000 Jahre geschätzt wird und die eine Höhe von 40 m sowie einen Umfang von 42 m hat.

Tlacochahuaya ★

Indianische Malereien (Abb. S. 85) ►

Nach weiteren 10 km führt eine Abzweigung nach rechts zu dem nahen Ort Tlacochahuaya mit der Kirche San Jerónimo aus dem 16. Jahrhundert. Originell sind die bunten Malereien im Innern. Indianer haben hier ihre künstlerischen und religiösen Vorstellungen verwirklicht, indem sie die Wände mit Sonnen, Sternen, Engeln, Vögeln und Blumen ausmalten.

Teotitlán del Valle

Nach weiteren 3 km geht eine Abzweigung nach links zum 5 km entfernten Teotitlán del Valle. Dieses Dorf mit vorspanischer Vergangenheit, das um eine Kirche aus dem 17. Jahrhundert gebaut wurde, ist

Der mächtige Baum von Tule

weitbekannt für die hier hergestellten **Sarapes** (Ponchos). In La Grana Tejido kann man zuschauen, wie der Cochenille-Farbstoff (s. Cuilapan S. 450) verarbeitet wird.

Dainzú

Öffnungszeiten: tgl. 8.00 – 18.00

Kurz darauf zweigt rechts eine Straße zur archäologischen Stätte Dainzú ab. Die Ausgrabungsarbeiten haben ergeben, dass es sich um eine sehr alte Stadt handelt, die von etwa 600 v. Chr. – 1400 n. Chr., also während der Epochen von Monte Albán I bis V, bewohnt war. Der schön gelegene Ort hatte wahrscheinlich seine Glanzzeit in der formativen Periode (500 – 300 v. Chr.). Bisher sind erst wenige Gebäude dieses großen zapotekischen Zentrums erforscht.

Einer der bedeutendsten Bauten hat eine pyramidenförmige Basis und erinnert in der Bauweise an die Nordplattform in Monte Albán. An der Südseite des Untergeschosses fand man eine Galerie hochinteressanter, flacher, bearbeiteter Steine, deren Reliefs ähnlich olmekisch beeinflusst sind wie die »Danzantes« in Monte Albán. Sie zeigen u. a. Personen während des Ballspiels sowie Priester oder Gottheiten mit Jaguaren als Schutzherren des Spiels. Die Haupttreppe an diesem Bauwerk ist später errichtet worden (etwa 700). Ähnliche Figuren und Szenen wie in der Wandgalerie sind in den Felsen an der Spitze des Hügels eingemeißelt. In dieser Anlage hat man auch das Grab eines Herrschers oder Priesters gefunden.

* ◄ Reliefs

Lambityeco

Wenige Kilometer weiter liegt an der Straße die archäologische Stätte Lambityeco. Dieser Ort, der wesentlich größer war als es angesichts der heutigen Überresten erscheint, hatte seine Blütezeit zwischen 900 und 1200, parallel zum Niedergang und zur Aufgabe Monte Albáns durch die Zapoteken. Man sieht eine kleine Pyramide, unter der ein altes Haus ausgegraben wurde. Insgesamt fand man hier sieben Gräber; auf der Fassade des Grabs 5 sind zwei Köpfe und Namen eingemeißelt, die den früheren Besitzer des Hauses und seine Frau darstellen könnten. Im Grab 2 von Lambityeco, das mehrmals überbaut wurde, entdeckte man zwei eindrucksvolle Skulpturen des **zapotekischen Regengottes Cocijo**. In einem Patio befinden sich aus Stein gehauene Friese mit menschlichen Figuren und Hieroglyphen, ein Altar und ein Grab. Man nimmt heute an, dass die Bewohner diesen von der Lage her ungeschützten Platz verließen, um sich an der 5 km weiter befindlichen älteren Kultstätte Yagul (s. u.) niederzulassen.

* **Pfarrkirche Tlacolula**

Gut 2 km weiter führt eine kurze Abzweigung nach rechts zu dem alten Zapotekenstädtchen Tlacolula, das eine sehenswerte Pfarrkirche aus dem Jahr 1647 besitzt. Die barocke Fassade der Pfarrkirche besteht aus drei Teilen mit Rundbogen, Säulen, Nischen und einem Chorfenster. Auch das Innere entspricht vorwiegend dem Barockstil, allerdings mit den üblichen lokalen Eigenheiten. Ein großartiges Beispiel der einfachen Schmiedeeisenarbeiten aus der Kolonialzeit sind das Tor zur Christuskapelle (Capilla del Santo Cristo) und das Chor- und Kanzelgeländer. Die Kapelle ähnelt in ihrer phantasievollen und

meisterlich ausgeführten Stuckornamentik der Kirche Santo Domingo in Oaxaca bzw. der Rosenkranzkapelle in ►Puebla. Man sieht Darstellungen von Jesu Christi, der Jungfrau von Guadalupe und von Märtyrern, die ihre Köpfe unter dem Arm tragen. Beachtenswert sind auch die goldgerahmten Spiegel, einige mit dem habsburgischen Doppeladler versehen, die silbernen Lüster, die Bänke sowie der silberne Hauptaltar.

★ Sonntagsmarkt ►

Der Ort Tlacolula ist auch bekannt für seinen malerischen, lebhaften Sonntagsmarkt. Von Tlacolula sind es nur noch 10 km bis nach ► Mitla.

★ **Yagul**

Öffnungszeiten: tgl. 8.00 – 18.00

Am Abhang eines Hügels im Nordosten von Tlacolula liegt in einer von Kakteen bewachsenen Landschaft Yagul (15 km westlich von Mitla, 34 km östlich von Oaxaca), einst ein **religiöses Zentrum der Zapoteken und Mixteken**. Die auf drei Ebenen erbauten Tempel und Paläste werden von einer auf dem Gipfel gelegenen Festung überragt, von der man das Tal von Oaxaca überblicken kann. Obwohl die frühesten Funde schon aus der Zeit von 500 – 150 v. Chr. stammen, dürfte Yagul seinen Höhepunkt erst um 1250 n. Chr. gehabt haben.

Der untere, überwiegend ausgegrabene Teil der Zone ist der Patio des Dreifachen Grabs (**Patio de la Triple Tumba**), der von vier Tempeln gebildet wird und in der Mitte einen Opferplatz aufweist. An der linken Seite befindet sich die Skulptur einer sitzenden Kröte, die den Regengott symbolisiert. Von einer Plattform in der Mitte des Patios steigt man hinunter in ein Grab, das aus drei Räumen besteht. Diese haben z. T. kunstvoll bearbeitete Fassaden mit steinernen Menschenköpfen und enthielten Skelette von Würdenträgern sowie reiche Grabbeigaben. In der zweiten Bautenreihe liegt der Ballspielplatz (**Juego de Pelota**), nach dem in Chichén Itzá der zweitgrößte in Mesoamerika. Im Westen schließt sich der große, von niedrigen bebauten Terrassen eingerahmte **Patio I** an. Der Hof, der mehrere fassadengeschmückte Gräber enthält, wird im Norden vom Saal der Ratsversammlung (**Sala del Consejo**) begrenzt. Hinter der Halle kann man einen Weg mit Mosaiken im Stil Mitlas finden. Die letzte Bautenreihe wird als Palast der Sechs Patios (**Palacio de los Seis Patios**) bezeichnet. Dieses weitläufige Labyrinth könnte als Unterkunft für den Herrscher gedient haben. In einem schmalen, langen Gang kann man Steinmosaikmuster im Mitla-Stil sehen.

Der mühsame Aufstieg zu der von einer gewaltigen Verteidigungsmauer umgebenen Festung (**Edificio U**) wird durch ihre interessante Bauweise und die großartige Aussicht belohnt. Man fand hier Gräber, die auf die Epoche Monte Albán I (600–200 v. Chr.) zurückgehen könnten.

★ **Cuilapan**

Etwa 12 km südlich von Oaxaca liegt der Ort Cuilapan (Coyote-Fluss). Der Ort ist ein Zentrum der früher bedeutenden **Cochenille-Verarbeitung**. Ein leuchtend roter Farbstoff wird aus diesen auf Kakteen lebenden Läusen gewonnen.

Panorama der Ruinenstätte Yagul

An einer Anhöhe sieht man die Kirche und das Kloster Santiago Apóstol, eines der größten seiner Art in Mexiko. Mit dem Bau der massigen Klosteranlage wurde 1555 begonnen, aber sie blieb unvollendet. Die Renaissancefassade der dachlosen Basilika steht vor zwei inneren Säulengängen, von denen ein Teil durch Erdbeben zum Einsturz gebracht wurde. Auf der linken Seite sieht man eine aus Stein gehauene Kanzel, zu der eine kleine Treppe hinaufführt. Das anschließende Klostergebäude wurde 1663 verlassen, als der Orden nach Oaxaca übersiedelte. Die Mauern sind fast 3 m dick. Die Wandmalereien im Eingang beschreiben die Geschichte des Ordens. Im letzten Raum im Hauptgeschoss war einst der mexikanische Präsident Vicente Guerrero eingesperrt, bevor er 1831 von seinen Feinden erschossen wurde. Von der Terrasse des zweiten Stocks, in dem sich die Mönchszellen befanden, hat man einen guten Rundblick. An der rückwärtigen Wand trägt eine hochinteressante Steinplatte neben der präkolumbischen Kalenderinschrift »10 Rohr« die Jahreszahl 1555. In der Kirche, die als einziges Gebäude noch benutzt wird, liegt das Grab der letzten Zapotekenprinzessin, der Tochter des Herrschers Cocijo-eza, die sich nach ihrer Taufe Juana Donaje nannte.
Im restaurierten Teil des Klosters ist ein Museum für Ethnologie, Kolonial- und moderne Kunst untergebracht.

Altindianische Ruinen

In der Nähe von Cuilapan wurden altindianische Ruinen gefunden, darunter ein bemerkenswertes Grab, um das eine Pyramide gebaut wurde, eine für Mexiko ungewöhnliche Architekturform. Eine Frei-

Cuilapan: Die Renaissancefassade der Klosterkirche ist leider unvollendet geblieben.

treppe mit neun Stufen führt in eine Vorkammer, von der man unter einem prächtigen steinernen Türsturz hindurch in das eigentliche Grab gelangt.

Zaachila 6 km nach Cuilapan, an derselben Straße weiter südwärts, folgt das Dorf Zaachila. Donnerstags findet ein Markt statt, hauptsächlich Viehhandel. Hier befand sich einst die letzte Hauptstadt des Zapotekenreichs, Reste wurden erst 1962 wiederentdeckt. Vorläufig hat man nur die Fundamente einiger Bauwerke ausgegraben, die sich auf einer Anhöhe hinter der Kirche Virgen de Juquila ausbreiten.

✶ Gräber ▶ Die große zentrale Pyramide ist noch kaum erforscht. In einem Patio innerhalb einer rechteckigen Plattform stieß man auf die Gräber 1 und 2. Die Fassade von Grab 1 schmücken zwei Jaguarköpfe; im Vorraum sieht man zwei in Stuck modellierte Eulen mit ausgebreiteten Flügeln. In der Grabkammer selbst befinden sich Figuren von zwei Herrschern der Unterwelt mit von der Schulter hängenden Herzen, begleitet von je einem Priester namens »5 Blume« und »9 Blume« mit Kopalbeuteln. An der hinteren Wand ist ein Greis mit Kopfschmuck, Schildkrötenpanzer am Leib und Feuersteinen in den Händen abgebildet. Das Grab 2 war wesentlich bescheidener ausgestattet, doch fand man hier wertvolle Grabbeigaben aus Gold, Jade und Edelsteinen, die heute im Anthropologischen Nationalmuseum von Mexiko-Stadt untergebracht sind.

San José Mogote Etwa 10 km nordwestlich von Oaxaca, an der MEX 190 nach Guadalupe Etla, liegt die alte Ruinenstätte San José Mogote. Unter mehreren Siedlungen im Tal von Oaxaca war dieser Ort im Zeitraum von etwa 1100 bis 900 v. Chr. der bedeutendste in der Region, bis er um

500 v. Chr. von Monte Albán I abgelöst wurde. Aus der Blütezeit der Stätte stammt ein aus Stein und Adobe errichtetes Bauwerk, an dem Reliefdarstellungen eines Jaguarkopfs und von Raubvögeln angebracht wurden, die die ältesten bislang in Oaxaca gefundenen Steinskulpturen sind.
Im Zeitraum von 800 bis 600 v. Chr. wurde eine Reliefplatte geschaffen, die als Eingangsschwelle eines Gebäudes diente und eine nackte, sich krümmende Gestalt zeigt, die an die späteren »Danzantes« von Monte Albán I erinnert. In dem kleinen Museum sind neben anderen Stücken rekonstruierte Grabstätten zu sehen.

! *Baedeker* TIPP

Kleine Guelaguetza

Etwa 30 km südlich von Oaxaca stößt man auf der Carretera 131 in Richtung Sola de Vega auf das zapotekische Dorf Zimatlán de Álvarez. Hier findet Ende Juli, am ersten Montag nach der Fiesta Virgen del Carmen, eine Guelaguetza oder Lunes de Cerro statt. Diese Mischung aus traditionellen Tänzen und katholischen Riten ist eine kleinere Version des gleichnamigen Festes in Oaxaca.

Huijazoo

Nach weiteren 21 km gelangt man in das Städtchen Huitzo. Kurz hinter dem Ort führt eine Abzweigung nach links über Bahngleise zu dem Ausgrabungsort Huijazoo (in der Kriegsfestung). Diese Stätte hat auch eine präolmekische Vergangenheit, und vor kurzem entdeckte man neun Gräber. Das bemerkenswerteste ist das unter einer noch nicht erforschten Pyramide liegende Grab Nr. 5. Eine Schlangenmaske bildet das Portal. Das Innere ist mit fein skulptierten Säulen und farbigen Wandmalereien ausgestattet. Man nimmt an, dass diese Herrscher oder Priester darstellenden Fresken aus dem 8. bis 10. Jahrhundert stammen und zapotekischen Ursprungs sind. Architektur und Malerei sind einzigartig für diesen Teil des Landes.

★ ◄ Grab 5

Vor einer Fahrt hierher sollte man sich allerdings vorab informieren, da die Stätte zeitweise für Besucher gesperrt ist.

◄ Hinweis

Klösterroute in der Mixteca Alta

Dominikanerklöster aus dem 16. Jahrhundert

Neben den zahlreichen interessanten Sehenswürdigkeiten der Hauptstadt Oaxaca und ihrer Umgebung ist ein Besuch der berühmten Dominikanerklöster aus dem 16. Jahrhundert in der Gebirgsregion der Mixteca zu empfehlen. Da diese Orte an oder nicht zu weit von der MEX 190 entfernt in nordwestlicher Richtung von Oaxaca liegen, sind sie leicht zu erreichen.
Die Straße führt im Wesentlichen durch hoch gelegene, kühle Täler; in der präkolumbischen Zeit war diese Region das Kernland des Herrschaftsbereichs der Mixteken, die hier v. a. zwischen 1000 und 1521 große Städte besiedelten. Die spanischen Eroberer, um eine möglichst schnelle Kolonisierung und Missionierung bemüht, errichteten eine Anzahl von großartigen Dominikanerklöstern, für deren Fundamente sie Teile der zerstörten altindianischen Tempelbauten verwendeten.

Der beste Kaffee wird in der Nähe von Cordoba und Orizaba geerntet.

terzeichneten der General und spätere Kaiser Mexikos Agustín de Iturbide und der letzten, neu aus Spanien angekommene Vizekönig Juan O'Donojú den Vertrag von Córdoba, der die Unabhängigkeit Mexikos anerkannte. Der Vertrag wurde allerdings von Spanien zunächst nicht akzeptiert.

An dem von Arkaden umgebenen Hauptplatz (**Zócalo**) steht das im klassizistischen Stil erbaute Rathaus (Palacio Municipal) und das historisch interessante Hotel Zevallos, in dem der Vertrag von Córdoba geschlossen wurde.
Ein weiteres geschichtliches Wahrzeichen ist die **Casa Quemada** (verbranntes Haus) an der Ecke Calle 7 / Avenida 5, wo ein kleiner Trupp mexikanischer Freiheitskämpfer den Spaniern ein letztes Gefecht zu Beginn des Unabhängigkeitskriegs lieferte.
Das kleine Stadtmuseum (**Museo de la Ciudad de Córdoba**) in der Calle 3 Nr. 303 zeigt vor allem Funde aus der Totonaken-Kultur und eine Kopie des Vertrags von Córdoba.
Lohnend ist ein Besuch auf dem Markt (**Mercado Juárez**) zwischen Calle 7 und 9 und Avenida 8 und 10, der vor allem samstags und sonntags großen Zulauf hat.

★ **Fortín de las Flores**

Nur 6 km westlich der Stadt liegt an der MEX 150 Fortín de las Flores (Fort der Blumen). In der Kolonialzeit befand sich hier eine spanische Festung, doch heute bietet das Städtchen wegen seines ausgeglichenen Klimas und der Fülle von blühenden Pflanzen einen angenehmen Aufenthalt. Der prachtvolle Hauptplatz besteht aus zwei gleichgroßen Parkanlagen, die durch eine enge Straße miteinander verbunden sind. Am Platz liegen das Rathaus und die öffentliche Bibliothek.
Fortín de las Flores ist umgeben von Kaffeepflanzungen auf den höheren Berghängen, während in den tiefer gelegenen Regionen Früchte wie Mangos, Orangen, Bananen, Ananas und Papayas gedeihen.

An klaren Tagen, besonders in den Morgenstunden, hat man eine hervorragende **Aussicht auf den schneebedeckten Pico de Orizaba**. Lohnend ist der Besuch des sonntäglichen Markts. Jedes Jahr wird hier vom 15. bis 17. April das Blumenfest gefeiert.

Pachuca

O 20

Bundesstaat: Hidalgo (Hgo.)
Einwohner: 425 000
Höhe: 2426 m ü. d. M.
Entfernung: 86 km nordöstlich von Mexiko-Stadt

Pachuca, die Hauptstadt des Bundesstaats Hidalgo, ist an drei Seiten von Bergen umschlossen und das Zentrum eines der ältesten und reichsten Minengebiete Mexikos. Die Stadt mit ihren steilen, krummen Gassen, kleinen Plätzen sowie den braun und beige gestrichenen Häusern bietet u. a. ein einzigartiges Fotografiemuseum mit großer historischer Sammlung. In der Umgebung findet man einige Orte mit interessanter früher Kolonialkunst.

Angeblich sollen schon die Azteken um 1490 die Siedlung Patlachiucán gegründet haben, um hier knapp unter der Erdoberfläche Gold und Silber zu schürfen. Der Ort Pachuca wurde 1528 von dem spanischen Konquistador Francisco Téllez angelegt. Der erste Aufschwung kam, als 1555 Bartolomé de Medina die Amalgamation erfand, ein Verfahren zur Gewinnung von Edelmetallen aus den Erzen durch Anlagerung von Quecksilber. Im 18. Jahrhundert erreichte die Erzausbeute durch neue Entwicklungen einen weiteren Höhepunkt. Zu dieser Zeit entstanden auch die meisten Kolonialbauten der Stadt. Noch immer arbeiten die Minen am Stadtrand und in Real de Monte. Zwei Errungenschaften gehen auch auf diese Tradition zurück: paste (eine spezielle Fleischpastete) und der Fußball, den Bergarbeiter aus Cornwall im 19. Jahrhundert hier einführten.

Sehenswertes in Pachuca

Las Cajas

Zu den historisch bedeutenderen Gebäuden der Stadt gehört das festungsartige, 1670 erbaute, ehemalige Schatzhaus Las Cajas in der Calle Venustiano Carranza 106. Hier wurde früher der Quinto Real gelagert, das königliche Fünftel, das der spanischen Krone von allen Bodenschätzen abzuliefern war.

Convento de San Francisco

Das ehemalige Franziskanerkloster Archivo Casasola e Hidalgo wurde Ende des 16. Jahrhunderts errichtet und im Lauf der Jahre mehrmals umgebaut und erweitert. Mittelpunkt der Capilla de la Luz ist ein aus dem 18. Jahrhundert stammender, prächtiger churrigueresker

Kirchenschiff mit einem sehr hohen Kreuzrippengewölbe weist noch Reste von Fresken auf und im Treppenhaus des Klosters kann man Darstellungen großer Philosophen der Antike sehen.

✶ **Metztitlán**

Nun führt die Straße hinab nach Metzquititlán in das fruchtbare Tal des Río Tulancingo. Bereits nach 31 km führt eine Abzweigung nach links zu dem 22 km entfernten Metztitlán, einst Hauptstadt des gleichnamigen unabhängigen Herrschaftsbereichs der Otomí, welche nie von den Azteken unterworfen werden konnten. Auch in Metztitlán findet man eine sehenswerte **Klosterruine** mit einem großen Atrium, zwei Offenen Kapellen und einer Posa. Von hier hat man einen prächtigen Ausblick auf das Tal. Eine Fülle verschiedener Kakteen sind zu entdecken.

Metzquititlán

Kehrt man auf die Hauptstraße zurück und fährt weiter nach Norden, erreicht man nach 10 km die Ortschaft Metzquititlán. Die Augustinerkirche Señor de la Salud aus dem 16. Jahrhundert hat eine schöne indianisch-platereske Portaleinfassung, die im Stil der Tequitqui-Steinmetzkunst gearbeitet ist.

Tulancingo

Fährt man auf der MEX 130 in östlicher Richtung, gelangt man nach 34 km nach Tulancingo, der zweitgrößten Stadt Hidalgos (112 000 Einw.). Für kurze Zeit war sie – vor Tula – Hauptstadt der Tolteken, wovon noch eine Pyramide in Huapalcalco zeugt.

Tenango de Doria

Tenango de Doria (40 km nördlich von Tulancingo), ein Dorf der Otomí, ist bekannt für seine farbenfrohen Textilien mit Pflanzen- und Tiermustern.

✶ **Klosterfestung Actopan**

Die MEX 85, der sog. Panamerikanische Highway, führt in nordwestlicher Richtung durch die wald- und manchmal nebelreiche Sierra Madre zu den ehemaligen Klöstern Actopan und Ixmiquilpan.

✶ ✶ Renaissancefresken ►

Ein interessantes Beispiel für den sakralen Festungsbau findet man in dem vorwiegend von Otomí-Indianern bewohnten Städtchen Actopan (37 km nordwestlich von Pachuca). Der **Convento San Nicolás** wurde im Dorf Actopan 1548 vom Augustinerorden gegründet und gehörte zu einer Reihe von befestigten Klöstern im Staat Hidalgo. Seine schöne Renaissancefassade mit platereskem Einschlag ist insofern originell, als sich die innere Portalumrahmung außen in größerem Maßstab wiederholt. Der mächtige Turm zeigt einen maurischen Einfluss. Mehr als 24 m hoch ist das Kirchenschiff mit seinem gotischen Gewölbe, das in einer eckigen Apsis endet.

Links von der Kirche liegt der von einer Wehrmauer umgebene ehemalige Friedhof, an dessen Ende die **Offene Kapelle** (Bóveda de Actopan = Gewölbe von Actopan) errichtet ist. Sie besteht aus einem großen Bogen mit kühner Wölbung und ist von indianischen Künstlern mit Wandmosaiken und farbenfrohen Darstellungen von Hölle und Verdammnis ausgestattet worden.

In einem kleinen Raum, der Sala de Profundis, wird in mittelalterlicher Manier die Klostergeschichte geschildert. Im Gegensatz hierzu stehen die **schwarz-weiß gehaltenen Renaissancefresken**, die in unterschiedlichem Erhaltungszustand die meisten Wände des Klosters schmücken. Die Fresken sind die schönsten dieser Epoche in Mexiko und stellen hauptsächlich Kirchenväter und Heilige des Augustinerordens dar.
In einem Nebengebäude des Klosters ist ein Museum für Otomí-Volkskunst untergebracht.

Augustinus als Ordensstifter

Ixmiquilpan

Die Stadt Ixmiquilpan (75 km nordwestlich von Pachuca), in präkolumbischer Zeit Kapitale der Otomí-Indianer, besitzt ein ebenfalls interessantes **Augustinerkloster** (1550 – 1554). Die San Miguel Arcángel geweihte Kirche hat eine schöne Renaissancefassade der plateresken Variante mit korinthischen Säulen und eine mit Deckenfeldern ornamentierte Bogeneinfassung.
In der Kirche wie auch im Kloster fand man 1960 originelle, offenbar von einem indianischen Künstler stammende Fresken, die u. a. Kampfszenen zwischen indianischen Kriegern und mythologischen Gestalten aus der Antike zeigen. Die Kirche El Carmen mit churrigueresker Fassade und barocken Retablos und zwei aus der Kolonialzeit stammende Brücken sind weitere sehenswerte Punkte der Stadt. Am montäglichen Markt oder in der Casa de Artesanías kann man heimisches Kunsthandwerk kaufen, u. a. Miniatur-Musikinstrumente, verzierte Spiegel und Kämme, bestickte Blusen und Taschen.

★★ Palenque

R 26

Bundesstaat: Chiapas (Chis.)
Entfernung: ca. 210 km nordöstlich von San Cristóbal de las Casas
Höhe: 150 m ü. d. M.

In seiner Schönheit und technischen Perfektion einzigartig ist der zwischen 600 und 800 entwickelte Stil der klassischen Maya-Stätte Palenque.

Sie liegt am Fuße einer Kette niedriger, mit hohem Regenwald bedeckter Hügel über der grünen Schwemmlandebene des Río Usumacinta. Im Unterschied zu den Maya Nord-Yucatáns, die ihre impo-

PALENQUE ERLEBEN

AUSKUNFT

Touristeninformation
an der Plaza de Artesanías
Calle Juárez Ecke Abasolo
(1 Poniente Nte)
Tel. (916) 345 03 56 oder
www.palenque.com.mx

VERKEHRSVERBINDUNGEN

Mit dem Auto fährt man von Villahermosa 114 km auf der MEX 186 bis Cataja. Dort nimmt man die Abzweigung nach Süden auf die MEX 199 bis zum Ort Palenque (23 km) und fährt weitere 9 km bis zur Ruinenstätte. Wer die Palenque von San Cristóbal de Las Casas aus ansteuert, fährt über Ocosingo 205 km auf der MEX 199. Mit dem Flugtaxi kann man von Villahermosa, San Cristóbal de Las Casas und Tuxtla Gutiérrez anreisen, alternativ kann man den Bus von Villahermosa (ca. 2,5 Std.) nehmen.

ESSEN

► Preiswert

Restaurante Maya
Avenida Independencia
Tel. (934) 345 10 96
Das Lokal liegt an der nordwestlichen Ecke des Zócalo und ist bei Einheimischen wie bei Touristen beliebt.

ÜBERNACHTEN

► Luxus bis erschwinglich

Misión Palenque
Comicilio Conocido
Rancho San Martín de Porres
Tel. (916) 345 02 41
Fax (916) 345 03 00
www.hotelesmision.com.mx
Liegt vier Blocks vom Zócalo und 20 Minuten vom Erste-Klasse-Busbahnhof entfernt. Über 200 geräumige Zimmer mit Klimaanlage. Der Transport zu den 8 km entfernten Ruinen ist gratis.

► Günstig

Hotel Maya Tulipanes
Touristic and Ecological Zone
of »La Cañada«
Cañada 6
Tel. (916) 345 02 01
Fax (916) 345 10 04
In dem zweistöckigen Hotel (48 Z.), einem langen Block nördlich der Maya-Statue in La Cañada, haben alle Zimmer Klimaanlage.

santen Bauten in großzügiger Weise um offene Plätze anlegten, wählten die Baumeister Palenques ein den Hügeln angepasstes, geschlossenes System.

Hinweis Das hiesige Klima ist heiß und feucht, v. a. im März / April; am kältesten sind die Monate Oktober bis Februar. Da es in dieser Gegend sehr viele Moskitos gibt, sollte man sich vor Reiseantritt erkundigen, ob eine Malariaprophylaxe notwendig ist (Infos unter www.auswaertiges-amt.de). Die Monate Dezember bis April sind relativ moskitoarm. Dennoch empfiehlt es sich für jeden Besuch dieser Region, insektenvertreibende Mittel sowie ein Moskitonetz im Reisegepäck zu haben. Den Besuch der Ruinenstätte sollte man wenn möglich schon am zeitigen Vormittag beginnen, dann ist es noch nicht so drückend heiß.

Geschichte

Es gilt als sicher, dass Palenque schon in der Vorklassik (300 v. – 300 n. Chr.) existierte. Geschichtlich bedeutsam wurde es allerdings erst in der Maya-Frühklassik (300 – 600 n. Chr.). Seine Blütezeit erlebte dieses religiöse und politische Zentrum zwischen 600 und 800 unserer Zeitrechnung. Neueren Glyphenforschungen ist es zu verdanken, dass man einen Stammbaum der Könige von Palenque rekonstruieren konnte, der von der Thronbesteigung von Bahlum-kuk (Jaguar Quetzal, geb. 397) im Jahre 431 bis zum Tode von Cimi-pacal (»6 Tod«) 799 reicht. Zu dieser Zeit war Palenque im Zentralgebiet der Maya zusammen mit Yaxchilán (Chiapas), Caracol (Belize), Tikal, Piedras Negras, Quiriguá, Uaxactún (alle in Guatemala) und Copán (Honduras) eine der großen Städte. In dieser Phase wurden grundlegende Elemente der Maya-Kultur zu höchster Reife entwickelt wie z. B. das Kraggewölbe, eine neue Hieroglyphenschrift, die Stelenkunst und der Kalender.
So wie alle anderen Maya-Städte im Zentralgebiet wurde auch Palenque im 9. Jahrhundert verlassen. Der letzte datierbare Hinweis entspricht dem Jahr 799 unserer Zeitrechnung. Schon 20 Jahre später

Panoramablick auf die Ruinenstätte von Palenque

hatte Palenque aufgehört zu existieren. Innerhalb kürzester Zeit verfielen die großartigen Stätten dieses Gebiets und wurden vom Urwald verschlungen.

Wieder-entdeckung Palenques

Die ersten Besucher der Ruinenstätte waren 1784 Ordónez y Aguilar, José Antonio Calderón und Antonio Bernanconi. Zwei Jahre später folgte der spanische Kapitän José Antonio del Río, der Karl III. von Spanien den ersten Bericht über Palenque unterbreitete. 1841 hielten sich John Lloyd Stephens und Frederick Catherwood in Palenque auf, deren Berichte und Zeichnungen um die Welt gingen. Es folgten zahlreiche illustre Forscher; in den letzten Jahrzehnten war es das mexikanische I.N.A.H. (Instituto Nacional de Arqueología e Historia), das wichtige Forschungsarbeiten leistete. Palenque wurde im Jahr 1987 von der UNESCO zum Weltkulturerbe erklärt.

Besichtigung der Ruinenstätte

Hinweis

Einen guten Überblick über die archäologische Stätte verschafft man sich in dem 1,5 km vor dem Eingang befindlichen Museum. Eine Landkarte und ein Modell des Komplexes zeigen, wie er ausgesehen haben mag.

Anlage

Öffnungszeiten:
tgl. 8.00 – 17.00

Die archäologische Zone misst etwa 300 m von Osten nach Westen sowie 500 m von Norden nach Süden und macht nur einen Bruchteil des sich vermutlich auf 6 bis 8 Kilometer erstreckenden Gebiets von Palenque aus. Ein Aquädukt leitet das Wasser des Flüsschens Otulum unterirdisch in die Stadt. Wenn man die Ruinen erklettert, bietet sich ein **wunderbarer Blick über graue Tempel vor einer Dschungelkulisse**, doch eigentlich sollte man sich die Bauten in ihrer ursprünglichen hellroten Farbe vorstellen. Im Gegensatz zu den flachen Stätten von Chichén Itza und Uxmal, sollte man sich hier darauf vorbereiten, dass die Besichtigung anstrengend ist.

Templo XII und Templo XIII

Hat man nun die Anlage betreten, sieht man den beeindruckenden Tempel der Inschriften vor sich. Doch zunächst kommt man am Templo XIII und Templo XII vorbei. Im Tempel XIII machte man 1994 einen sensationellen Fund: eine Grabkammer mit einem Sarkophag. Darin lagen die Überreste eines zinnoberrot bemalten Körpers (typisch für verstorbene Maya-Fürsten), eine etwa 40-jährige, 1,70 m große Frau, ausgestattet mit Jademaske, edelsteinbesetztem Brustschild, Ohrpflöckchen und zahlreichen Jadestücken. In einer Kammer entdeckte man zwei weitere Skelette. Obwohl man im Grab keine Glyphen fand, nimmt man an, dass es sich um eine hochrangige weibliche Person (**Reina Roja**) handelt, vielleicht sogar um die Mutter von Pacal und die Herrscherin von Palenque. Somit scheint sich die Theorie zu bestätigen, dass der zentrale Platz von Palenque als Nekropole der herrschenden Klasse diente.

Palenque Orientierung

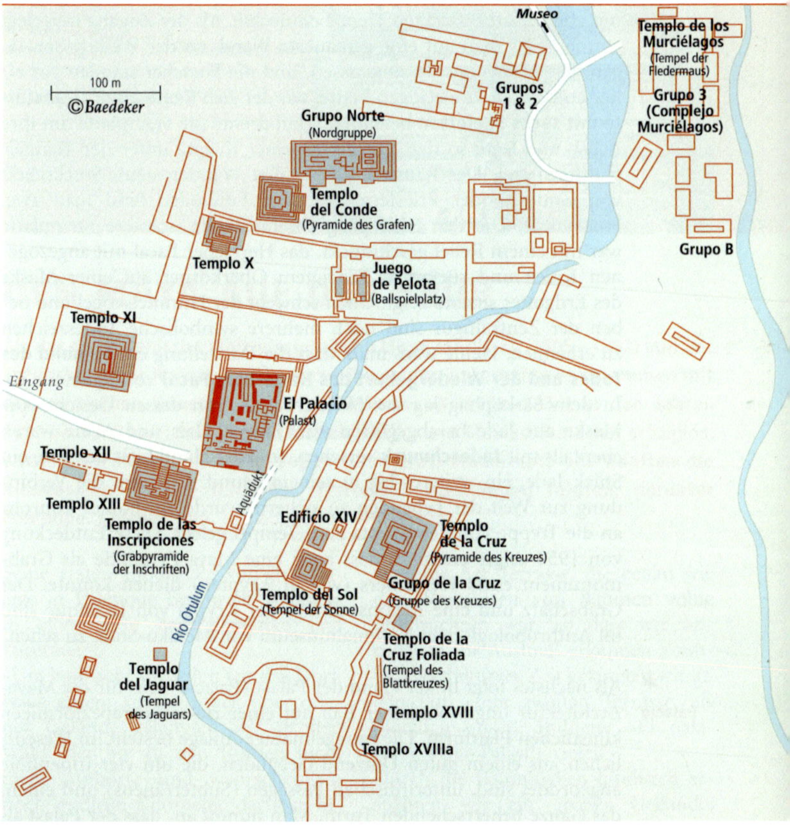

★ **Templo de las Inscripciones**

Der beeindruckende Tempel der Inschriften (Templo de las Inscripciones), der unter dem Herrscher Pacal (603–683) 675 begonnen und 683 unter seinem Sohn vollendet wurde, ist sicherlich der größte und bekannteste Bau Palenques. Die klassische Stufenpyramide besteht aus neun aufeinandergesetzten Sockeln und ist mit dem Tempelaufsatz 20 m hoch.

★★ ◄ Grabschatz und Krypta

Auf den sechs Pfeilern, die die fünf Eingänge zum Tempel umrahmen, kann man Figuren aus Stuck erkennen. **620 Hieroglyphen** sind rechts und links vom Haupteingang eingemeißelt – man meint, dass diese Inschrift, der das Gebäude seinen Namen verdankt, hauptsächlich die **Familienchronik der Herrscher von Palenque** enthält.
Eine der größten Sensationen in der präkolumbischen Archäologie begann sich abzuzeichnen, als der mexikanische Archäologe Alberto Ruz I'Huillier, dessen Grab ebenfalls auf dem Gelände von Palenque

Weitere Sehenswürdigkeiten

★ Insel Janítzio

Vom Stadtzentrum in Pátzcuaro sind es 4 km zum Kai (Muelle). Hier kann man Boote für die Fahrt zu den verschiedenen Inseln mieten. Als hübscheste Insel im Pátzcuaro-See gilt **Tecuén**. Die wichtigste, leider sehr überlaufene ist jedoch Janítzio, die in einer halbstündigen Bootsfahrt zu erreichen ist. Das malerische Fischerdorf Janítzio mit seinen schmalen, gewundenen Gassen und ziegelgedeckten Häusern wird von einem pompösen Denkmal des mexikanischen Unabhängigkeitshelden José María Morelos überragt. Im Innern dieses Monuments führt eine Treppe zum Kopf der Statue, von dem man einen schönen Rundblick über den See hat. An den Wänden des Treppenhauses sieht man Fresken über das Leben des Pfarrers Morelos, die von Ramón Alva de Canal stammen.

Morelos-Statue

★ Día de los Muertos ►

Janítzio ist auch bekannt für das hier besonders feierlich begangene **Allerseelenfest** in der Nacht vom 1. auf den 2. November, das spanisch »Día de los Muertos« (► Baedeker Special S. 128) und taraskisch »Animecha-Kejtzitakua« (**Gaben für die Toten**) heißt. Hier verbinden sich katholische und heidnische Elemente zu besonders eindrucksvoller Religiosität. Am 31. Oktober wird morgens die zeremonielle Wildentenjagd (Kuirisi-ataku) auf dem See veranstaltet, bei der 2,5 m lange Wurfspeere (Atlatl) verwendet werden.

Wichtige Elemente bei den Feiern zum Totentag: Skelette und Blumenschmuck

Umgebung des Pátzcuaro-Sees

In und um den See liegen ca. 30 malerische Indianerdörfer. Ihre Bewohner leben vor allem vom Fischfang, wozu sie hauptsächlich aus Baumstämmen gehauene Boote verwenden. Man benutzt verschiedene Netze, um den zarten Weißfisch (Pescado blanco) sowie diverse Barsche und Forellen zu fangen. Die bekannten Schmetterlingsnetze (Uiripu) benutzt man heute nur noch den Touristen zuliebe.

★ **Tzintzuntzan**

Öffnungszeiten: tgl. 10.00 – 17.00

Die taraskische Ruinenstätte Tzintzuntzan (Ort der Kolibris) liegt oberhalb des gleichnamigen Dorfs auf einem Hügel mit herrlicher Aussicht über den nahen Pátzcuaro-See (ca. 15 km vom Ort Pátzcuaro entfernt). Die in ungewöhnlicher Bauweise errichtete Anlage war einst das bedeutendste **Kultzentrum der Tarasken**.
Tzintzuntzan dürfte im 12. Jahrhundert erstmals erbaut worden sein. Zusammen mit Pátzcuaro und Ihuatzio bildete es die herrschende Dreierliga im taraskischen Reich. Tzintzuntzan wurde mit einer Fläche von fast 7 km² und ca. 40 000 Einwohnern die beherrschende Stadt der Tarasken, die hervorragende Krieger waren. So schlugen sie 1478, nicht zuletzt dank ihrer Kupferwaffen, die nach der Eroberung Tolucas eindringenden Azteken. Auch spätere Versuche der Azteken, das Taraskenreich zu erobern, scheiterten. Die Spanier erreichten Tzintzuntzan 1522 unter Cristóbal de Olid und einigten sich kampflos mit den Tarasken auf die Anerkennung der spanischen Herrschaft. Doch sieben Jahre später tötete der berüchtigte Konquistador Nuño Beltrán de Guzmán den Taraskenherrscher Tangáxoan II., was zu Aufständen führte. Die Krone entsandte daraufhin den Priester und Rechtsgelehrten **Vasco de Quiroga** (1470 – 1565), dem es gelang, den Frieden wiederherzustellen. Vasco de Quiroga wurde 1537 zum Bischof von Michoacán mit provisorischem Sitz in Tzintzuntzan ernannt; später wurde der Bischofssitz nach Pátzcuaro verlegt. Der Bischof förderte die kunsthandwerklichen Fähigkeiten der Indios, was man noch immer an den vielfältigen Handwerkskünsten in der Region sehen kann.

◂ Yácatas

Die alte Anlage, von der nur noch Teile vorhanden sind, interessiert mehr aufgrund ihres architektonischen Stils als ihrer Ausführung wegen. Auf der riesigen Plattform (425 x 250 m) lagen fünf T-förmige flache Tempelbauten (Yácatas), deren rechteckige Unterbauten in ovalen Plattformen endeten. Diese, ursprünglich von einem runden Aufsatz mit Dach gekrönt, dienten offenbar als Grabstätten, während die eigentlichen Yácatas als **Kultstätten für den Feuergott Curicáveri** genutzt wurden. Grabungen am Rundbau des Tempels V brachten Grüfte taraskischer Herrscher und ihrer Familien mit vielen Beigaben zu Tage. An der Ostseite führte eine monumentale, etwa 30 m breite Freitreppe auf die Terrasse. Die von I bis V nummerierten Yácatas (mit dem Rücken zum See rechts beginnend) wiesen einst je 12 Absätze von etwa 0,90 m auf und waren über Treppen zu erreichen. Diese Tempel wurden aus flachen, übereinander gelegten Steinen er-

★★ Popocatépetl · Iztaccíhuatl

P 20

Bundesstaaten: México (Mex.) und Puebla (Pue.)

Den südlichen Rand des großen mexikanischen Hochlands bildet ein Vulkangürtel, der das Land vom Pazifik bis zum Atlantik durchzieht. Im frühen und mittleren Tertiär (vor 65 bis 20 Millionen Jahren) ergossen sich enorme Mengen Lava über das Land.

In der zweiten Eruptionsphase, die im Pliozän (vor etwa 2 Millionen Jahren) begann und bis heute anhält, vollzog sich auch die Entstehung der Bergriesen Popocatépetl (5452 m ü. d. M.) und Iztaccíhuatl (5286 m ü. d. M.). Die beiden Fünftausender der Sierra Nevada bilden den trennenden Bergkamm zwischen dem Hochtal von Mexiko und der Hochebene von Puebla. Da der Popocatépetl seit 1994 öfters Felsstücke, Asche und Rauch spieh, ist der Aufstieg gesperrt worden. Von der UNESCO wurden 14 der am Hang des Vulkans liegenden Klöster aus dem frühen 16. Jahrhundert zum **Weltkulturerbe** der Menschheit erklärt.

Hinweis Zwar erfordert die Besteigung der beiden Vulkane keine alpinistischen Fähigkeiten, jedoch sollte man ohne entsprechende Ausrüstung die Tour nicht antreten. Der Aufstieg sollte langsam, aber stetig erfolgen. Zu schnelles Gehen kann aufgrund der Höhenlage zu Kreislaufproblemen führen. Ungeübte sollten sich einem Führer anvertrauen (►Praktische Informationen, Urlaub aktiv). Am besten lassen sich die Berge in den Monaten November bis April besteigen. Je nach Windrichtung können Schwefeldämpfe den Aufstieg erschweren.

Nationalpark Der Weg von Amecameca nach Tlamacas führt durch den Popocatépetl-Iztaccíhuatl-Nationalpark, der sich zwischen den beiden Bergen erstreckt, und endet beim Cortés-Pass (**Paso de Cortés**). Diesen Pass überschritten Hernán Cortés und seine Konquistadoren am 3. November 1519 auf ihrem Marsch von der Küste des Golfs von Mexiko nach Tenochtitlán.

★★ Popocatépetl Rechts gelangt man zur Hütte (Albergue, 3998 m ü. d. M.), dem letzten mit einem Fahrzeug erreichbaren Ausgangspunkt zur Besteigung des Popocatépetl, was in Náhuatl **»rauchender Berg«** bedeutet. Von hier konnte man bis 1994 den Gipfel des Bergs mit seinem gewaltigen Krater (ca. 800 x 400 m) über zwei Routen ersteigen. Seit den Zeiten des Eroberers Cortés wurden dem Krater große Mengen Schwefel entnommen, anfangs für die Erzeugung von Schießpulver.
40 000 Menschen mussten bei den letzten größeren Eruptionen im Dezember 2000, den heftigsten seit 500 Jahren, evakuiert werden. Seither war der »Rauchende Berg« immer wieder aktiv; im März

Die schneebedeckte Spitze des Popocatépetl

2005 steckte er bei einem Ausbruch einen Wald nahe der Stadt San Nicolás de los Ranchos in Brand. Häufig schwebt über dem Gipfel eine Rauchwolke.

★★ **Iztaccíhuatl**

Den Berg Iztaccíhuatl oder Ixtaccíhuatl (Náhuatl: weiße Frau) erreicht man, wenn man vom Paso de Cortés in Richtung La Joya fährt. Das **kraterlose Bergmassiv**, in der Legende eine aus Liebeskummer gestorbene und im Tod mit dem Krieger Popocatépetl vereinte Prinzessin, liegt etwa 15 km vom Vulkan entfernt. Von Mexiko-Stadt aus beobachtet – wenn es die Sichtverhältnisse erlauben –, haben die drei von Schnee bedeckten Gipfel des Iztaccíhuatl eine gewisse Ähnlichkeit mit Kopf, Brust und Knien einer liegenden Frau. Für den schwierigen Auf- und Abstieg sollten zwei Tage vorgesehen werden, Notunterkünfte sind vorhanden. Eine gute Übernachtungsmöglichkeit vor und nach dem Aufstieg bietet die Radiostation Torre Retransmisora in 3950 m Höhe.

Amecameca

Das Städtchen Amecameca liegt am Fuß der beiden schneebedeckten Vulkane Popocatépetl und Iztaccíhuatl. Wegen seiner günstigen Lage in karger, aber eindrucksvoller Gebirgslandschaft und seiner Nähe zu bemerkenswerten Denkmälern der Kolonialkunst eignet sich Amecameca gut als **Ausgangspunkt für Ausflüge und Bergtouren**. Am Hauptplatz steht die Pfarrkirche mit schönen Barockaltären. Das dazugehörige Dominikanerkloster aus dem 16. Jahrhundert hat einen gut erhaltenen Kreuzgang.

den Truppen der Generäle Winfield Scott und Antonio López de Santa Ana, die zu einer vorübergehenden Besetzung Pueblas durch die US-Amerikaner führten. Während der französischen Intervention schlugen die Mexikaner unter General Ignacio Zaragoza am 5. Mai 1862 die Franzosen zurück. Seitdem wird dieser Tag als Nationalfeiertag in ganz Mexiko gefeiert. Ein Jahr später schließlich eroberten die Franzosen die Stadt, die im Machtbereich Kaiser Maximilians blieb, bis es General Porfirio Díaz im April 1867 gelang, die kaiserlichen Truppen aus der Stadt zu vertreiben. Auch im Revolutionskrieg (1910 – 1920) war Puebla Schauplatz heftiger Kämpfe. Im Sommer 1999 wurde das historische Zentrum der Stadt durch ein starkes Erdbeben erschüttert. Die beschädigten Gebäude – vor allem die Biblioteca Palafoxiana, der Palacio Municipal, das Museo José Luis Bello, das Edificio Carolino sowie einige Kirchtürme – sind inzwischen jedoch in ihrer ursprünglichen Schönheit wieder hergestellt.

! *Baedeker* TIPP

Rosinenfreuden

Gegenüber der Plazuela do los Sapos, auf der sonntags ein Flohmarkt stattfindet, liegt die Bar La Pasita. Hier wurde der beliebte, gleichnamige Rosinenlikör erfunden; er wird meist auch mit einer Rosine im Glas serviert.

Sehenswertes in Puebla

✶ **Zócalo**

Der prachtvolle Hauptplatz (Zócalo, Plaza de la Constitución) mit seinen hohen Bäumen, Blumenbeeten und Brunnen ist von Arkaden (Portales) eingerahmt und bildet das geschäftige Zentrum der Stadt.

✶ **Catedral**

An der Südseite des Platzes steht die Kathedrale, die zweitgrößte des Landes nach der von Mexiko-Stadt. Mit dem eindrucksvollen, vorwiegend im Renaissancestil errichteten Bau begann man bereits um 1575, aber erst 1649 wurde er eingeweiht. Das Nordportal am Hauptplatz ist mit Hochreliefs der vier spanischen Könige aus der habsburgischen Linie (Karl V., Philipp II., Philipp III. und Philipp IV.) geschmückt; unter der Bogeneinfassung befindet aich das Wappen der spanischen Könige. Die Hauptfassade mit ihrem Portal zeigt bereits Merkmale des aufkommenden Barock. Die beiden Türme sind ungewöhnlich hoch und luftig; der eine stammt aus dem Jahr 1678, während der andere 90 Jahre später fertig gestellt wurde. Bemerkenswert ist die riesige Kuppel, die mit den **für Puebla typischen Azulejos** bedeckt ist.

Das eindrucksvolle Innere der Kathedrale mit den Maßen 90 x 47 m und einer Höhe von 25 m hat drei Langschiffe und ein großes Querschiff. Besonders zu beachten sind der neoklassizistische Hochaltar (um 1800) von Manuel Tolsá und José Manzo, das schmiedeeiserne Chorgitter (1679) von Mateo de la Cruz, das holzgeschnitzte Chorgestühl (1719 – 1722) von Pedro Muñoz und die beiden eindrucksvollen Orgeln aus derselben Zeit.

PUEBLA ERLEBEN

AUSKUNFT

Touristeninformation
Avenida 5 Oriente 3
(südlich der Kathedrale)
Tel. (222) 246 12 85
www.visitpuebla.com

VERKEHRSVERBINDUNGEN

Wer von Mexiko-Stadt nach Puebla fährt, legt die 126 km lange Strecke auf der MEX 150 zurück.
Eine Fahrt mit dem Bus dauert ungefähr zwei Stunden.

EINKAUFEN

Die handbemalte Talavera-Keramik hat in Puebla eine viele Jahrhunderte währende Tradition. Besonders schöne Stücke findet man bei Uriarte (Fabrik und Laden) in der Calle 4 Poniente 911. Sonntagvormittags findet auf der kleinen Plazuela de los Sapos ein Flohmarkt für Antiquitäten statt (Calle 5 Oriente/Calle 6 Sur).

ESSEN

► Fein und teuer

② *La Guadalupana*
Calle 5 Ote. 605
(Plazuela de los Sapos)
Tel. (222) 242 48 86
Hochgelobtes Restaurant in einem wunderschönen Kolonialgebäude. Regionale Küche; die meisten Gerichte werden in besonderen Gefäßen, den Molcajetes, serviert.

► Erschwinglich bis preiswert

① *Fonda de Santa Clara*
3 Poniente No. 307
(gegenüber Bello-Museum)
Tel. (222) 442 26 59
www.fondadesantaclara.com
Eines der beliebtesten Restaurants von Puebla, leckeres Essen zu annehmbaren Preisen.

ÜBERNACHTEN

► Luxus bis komfortabel

① *Camino Real Puebla*
7 Poniente 105
Centro Histórico
Tel. (222) 229 09 09
Fax (222) 232 92 51
Das 1996 eröffnete Hotel (83 Z.) in einem ehemaligen Kloster aus dem 16. Jh. liegt 2,5 Blocks südlich vom Zócalo zwischen der Calle 3 Sur und der Avenida 16 de Septiembre. Zum Camino Real gehören zwei Restaurants, eine Bar, eine Kunstgalerie und ein Business-Center.

► Komfortabel bis günstig

② *Mesónes Sacristía de la Compañía*
Calle 6 Sur 304
Tel./Fax (222) 242 3554
www.mesones-sacristia.com
Ein 200 Jahre altes, umgebautes Privathaus (15 Z.) einer Familie von Antiquitätenhändlern, daher stehen auch die antiken Möbel, mit denen die Zimmer eingerichtet sind, zum Verkauf.

Casa de la Cultura

Südlich der Kathedrale befindet sich im ehemaligen Erzbischöflichen Palais neben Regierungsbüros und einer Touristeninformation die Casa de la Cultura. Im oberen Stockwerk liegt die 1646 von Bischof Juan Palafox gegründete Biblioteca Palafoxiana mit einer großen **Sammlung bibliophiler Kostbarkeiten**, darunter eine Nürnberger Chronik von 1493 und ein prächtiger barocker Lesesaal.

★

◄ Biblioteca Palafoxiana

✶ Museo Amparo Ebenfalls südlich (Calle 2 Sur) zeigt das Museo Amparo die präkolumbische Sammlung von José und Jacqueline Sáenz, eine der größten Privatsammlungen dieser Art, zu der auch der Maya-Altar des Herrn von Yaxchilán gehört.

Casa del Dean Im nächsten Häuserblock, westlich vom Erzbischöflichen Palais, steht das Haus des Dechanten (Casa del Dean; Calle 16 de Septiembre 505), ein schönes, altes Bürgerhaus im Renaissancestil aus dem Jahr 1580. Im Innern beeindrucken **Wandgemälde**, die das Petrarca-Gedicht »I trionfi« von Liebe, Tod, Keuschheit, Ruhm, Zeit und Ewigkeit mit indianischen Symbolen interpretieren.

Museo Bello y Gonzalez In der Avenida 3 Poniente 302 befindet sich das im Poblano-Stil erbaute Haus des Industriellen José Luis Bello und seines Sohns. Ausgestellt sind hier chinesisches, japanisches, englisches und französisches Porzellan, Talavera-Keramik und Schmiedearbeiten.

Las Galerías del Palacio Die Galerie neben dem staatlichen Tourismusbüro zeigt zeitgenössische mexikanische Kunst oder präsentiert Ausstellungen, die sich mit dem mexikanischen Alltagsleben befassen.

Casa de los Muñecos Am Beginn der Calle 2 Nte., in der Nähe der nordwestlichen Ecke des Zócalo, steht ein schönes Haus im **Zuckerbäckerstil**, die Casa de los Muñecos. Die Kacheln an ihrer Fassade erzählen die Geschichte der Ruchlosigkeit der Stadtväter Pueblas, die den Besitzer vor Gericht gebracht haben sollen, um sich das Haus anzueignen, da es größer als ihr eigenes war. Innen dokumentiert das Museo Universitario die Bildungsgeschichte der Stadt.

Templo de la Compañía Zwei Blocks östlich vom Hauptplatz liegt die 1767 eingeweihte Jesuitenkirche La Compañía mit churrigueresker Fassade und weißblau gekachelter Kuppel. Ausgerechnet im Jahr ihrer Einweihung wurde der Jesuitenorden aus Mexiko ausgewiesen. In der Sakristei wird das Grab einer angeblich chinesischen Prinzessin gezeigt, die von Piraten als Sklavin nach Mexiko verkauft wurde und Ende des 17. Jahrhunderts in Puebla ihre Freiheit erhielt. Sie soll die Schöpferin der später weit verbreiteten **malerischen China-Poblana-Tracht** sein, die aus einer weiten Rüschenbluse, einem langen Rock und einem Schal besteht. In dem angrenzenden früheren Jesuitengymnasium ist heute die Universität untergebracht.

Casa del Alfeñique Von der Calle 2 Nte. geht nach rechts die Avenida 4 Oriente ab, auf der man die originelle Casa del Alfeñique (Mandelkuchenhaus) erreicht. Dieses angeblich von Antonio de Santa María Incháurregui Ende des 18. Jahrhunderts errichtete Gästehaus ist mit seinen bunten Kacheln, roten Ziegeln und weißem Stuckwerk eines der besten Bei-

Verspielte Pracht im Zuckerbäckerstil: die Casa de Alfeñique →

spiele für den **Poblano-Stil**. Heute beherbergt dieser typische Bau des lokalen Barock das Regionalmuseum (**Museo Regional**), in dem hauptsächlich Keramik, Waffen, Gemälde, Kostüme und Möbel ausgestellt sind.

Teatro Principal

Weiter nördlich liegt das in den Jahren 1756 bis 1769 erbaute Teatro Principal. Es gilt als eines der ältesten Theaterhäuser Lateinamerikas. Es brannte 1902 fast vollständig ab, wurde aber in den 1930er-Jahren wieder aufgebaut. Ganz in der Nähe befindet sich um die Calle 8 Nte. das **Künstlerviertel** der Stadt, wo man die Studios der Maler und Bildhauer besuchen und auch ihre Werke kaufen kann.

Templo de San Francisco

Ein kurzer Abstecher führt zu diesem Kloster an der Avenida 14 Oriente. Es stammt aus dem Jahr 1551 und verfügt über eine schön gekachelte Fassade. Bemerkenswert sind das churrigiereske Hauptportal und das geschnitzte Chorgestühl aus dem 18. Jahrhundert. Um 1800 wurde das Kloster in neoklassizistischem Stil umgebaut. In einer Glasvitrine kann man die Gebeine des San Sebastián de Aparicio sehen – ein Spanier, der 1533 nach Mexiko kam, viele Straßen des Landes plante und schließlich Mönch wurde. Noch heute ziehen diese Reliquien viele Gläubige an. Gemälde mit Szenen aus seinem Leben sind in einer Kapelle zu sehen; zudem steht seine Statue vor der Kirche.

Santo Domingo de Guzmán in Puebla gehört zu den schönsten Barockkirchen in Mexiko.

✶ **Templo de Santo Domingo**

Zwei Häuserblocks vom Hauptplatz auf der Calle de 5 de Mayo erhebt sich die Kirche Santo Domingo, die eine eigenwillige Barockfassade zeigt. Ihre 1690 errichtete Rosenkranzkapelle (Capilla del Rosario) ist eine Glanzleistung der mexikanischen Barockkunst. Jeder einzelne Zentimeter der Wände, der Decke, der Säulen und der Portale ist mit Kacheln, Blattgold, Skulpturen und Schnitzereien bedeckt. Besonders bemerkenswert ist ein Orchester von Cherubinen, umrankt von einer Fülle von Arabesken, aus deren Mitte Gott herabzuschweben scheint.

Ex-Convento de Santa Rosa

An der Calle 3 Norte 1203 findet man das ehemalige Kloster Santa Rosa, das heute das Kunsthandwerksmuseum (**Museo de Artesanías**), eine Bibliothek, Läden und eine originalgetreue, vollständig gekachelte Klosterküche mit alten Utensilien beherbergt, in der eine Nonne um 1680 die berühmte Sauce »**Mole poblano**« erfunden haben soll, ein Gericht mit einer Vielzahl von Gewürzen und Schokolade (►Baedeker Special S. 120).

✶ **Ex-Convento de Santa Mónica**

Im weiteren Verlauf der 5 de Mayo stößt man auf das Kloster Santa Mónica (Avenida 18 Pte. 103), das 1609 gegründet und siebzig Jahre später umgebaut wurde. Obwohl es aufgrund der Reformgesetze von 1857 geschlossen werden musste, führten es die Nonnen heimlich bis zur Entdeckung im Jahre 1934 weiter.
Die einstigen Geheimkammern und ihre Einrichtung fielen bedauerlicherweise einem Umbau zum Opfer. Es können aber unter anderem noch zwei Zellen mit Pritschen und Instrumenten zur Selbstzüchtigung sowie eine alte Küche mit Speisesaal besichtigt werden. Das Kloster beherbergt heute außerdem das **Museum für religiöse Kunst**.

Museo Nacional del Ferrocarril

Im Nordwesten der Stadt ist im alten Bahnhof (11 Norte, Ecke 10 Poniente) ein originelles Eisenbahnmuseum entstanden. Es besitzt fast 200 alte Lokomotiven, Waggons und anderes Material aus der Glanzzeit der mexikanischen Eisenbahn.

Cerro de Guadalupe

Auf dem Hügel im Nordosten der Stadt thront die Festung von Loreto (**Fuerte de Loreto**), die 1816 erbaut wurde und heute als **Museo de la No Intervención** an die Kämpfe gegen die Franzosen erinnert, die 1862 auf dem Hügel stattfanden. Von der Festung genießt man einen schönen Ausblick auf die Stadt. Auf der südlichen Seite des Hügels befindet sich das **Fort Guadalupe**.
Zwischen den beiden Forts Loreto und Guadalupe erstreckt sich das **Centro Cívico** 5 de Mayo, auf dessen Gelände sich neben einem Planetarium, einem Freilichttheater und Räumen zur Ausstellung von Kunsthandwerk auch das Staatsmuseum (**Museo del Estado de Puebla**) befindet, in welchem interessante archäologische Funde (Olmeken, Tolteken, Azteken) und ethnologische Exponate aus der Region ausgestellt sind.

Umgebung von Puebla

✶ **Cantona** Etwa 115 km nordöstlich der Stadt Puebla (über die Carretera 150 bis zur Carretera 129, Abzweigung bei Oriental in Richtung Tepeyahualco) begann man 1993 mit der Ausgrabung **einer der wichtigsten Stätten des zentralen Altiplano**, Cantona, deren Blütezeit zwischen 600 und 950 lag. Diese befestigte, 12 km² große Stadt war am Schnittpunkt zwischen der Golfküste und dem Hochtal von Mexiko von überragender Bedeutung. Die Anlage umfasst eine Reihe von imposanten Pyramiden, umfangreichen Patios, Palästen und Plattformen sowie ein Geflecht von 500 kopfsteingepflasterten Straßen. Man entdeckte bislang gut zwei Dutzend Ballspielplätze, die größte Anzahl, die bis dato an einem Ort in Mesoamerika gefunden wurde.

Amozoc Auf der MEX 150 in Richtung Tehuacán erreicht man nach 16 km Amozoc, wo Töpferwaren und silberne Verzierungen, die die Charros (Reiter) tragen, hergestellt werden.

✶ **Tepeaca** Nach weiteren 20 km kommt man nach Tepeaca (40 000 Einw.), das für seinen Freitagsmarkt bekannt ist. Hernán Cortés gründete diese Ortschaft bereits 1520 als zweite Siedlung nach Veracruz. Auf dem Hauptplatz dieser früheren Poststation steht ein Wachturm (Rollo) mit maurischen und Renaissancemerkmalen.

Das gegenüberliegende Haus mit einer roten Fassade ließ Cortés errichten. Dort soll er nach seiner Niederlage in Tenochtitlán (**Noche Triste**) am 30. Juni 1520 gewohnt haben. Der wuchtige Wehrbau des Franziskanerklosters aus dem 16. Jahrhundert gehört zu denfrühesten und eindrucksvollsten des Landes. Zu beachten ist der Wehrgang um die Kirche, die kolonial-platereske Fassade und die Ausführung der Vorhalle des Klosters.

✶ Franziskanerkloster ►

> ! *Baedeker* TIPP
>
> **Konzerte bei Kerzenlicht**
>
> Etwa 42 km südlich von Puebla und 10 km von Tepeaca entfernt liegt der nette Ort Tecali, in dem manchmal im Gemäuer der ehrwürdigen Franziskanerkirche oder im kleinen, holzgetäfelten Theater Konzerte bei Kerzenlicht stattfinden. Nähere Informationen erteilt das Touristenbüro in Puebla.

Acatzingo Wenige Kilometer auf der MEX 150, hinter Tepeaca, führt eine Abzweigung nach links zum 11 km entfernten Acatzingo (48 000 Einw.). Das Franziskanerkloster aus dem 16. Jahrhundert ist eine kleinere Kopie des Klosters von Tepeaca und besitzt ein hübsches Taufbecken in indianischer Ausführung.

✶ Pico de Orizaba (Abb. 457) ► Von Acatzingo gibt es zwei Möglichkeiten, um zum Fuß des Pico de Orizaba oder Citlaltépetl (Berg des Sternes), des höchsten Bergs von Mexiko, zu gelangen. Zur Südseite fährt man zunächst über die MEX 140 in nordöstlicher Richtung bis El Seco, um von dort nach weiteren 25 km auf der MEX 144 El Serdan als Ausgangspunkt zu erreichen. Die Nordostseite des Bergs geht man am besten von Tlachichuca an. Dort kann man geländegängige Fahrzeuge mieten (schwierige Strecke) oder sich 32 km bis zu der Hütte an der Piedra Grande (Übernachtungsmöglichkeit) in 4260 m Höhe fahren lassen. Von hier aus können erfahrene Bergwanderer diesen prachtvollen vergletscherten Vulkan in einem Tag besteigen. Über Zufahrt und Aufstiegsrouten sollte man sich vorher bei zuständigen Stellen erkundigen (► Praktische Informationen, Urlaub aktiv).

Tehuacán

Weiter auf der MEX 150 (115 km südöstlich von Puebla) gelangt man zu dem Kurort Tehuacán (160 000 Einw.) mit den Kirchen San Francisco und El Carmen sowie der Mineraliensammlung Dr. Miguel Romero. Bekannt sind die Thermalbäder und das Trinkwasser, das in Mexiko zum **Inbegriff von Mineralwasser** (Peñafiel) geworden ist. Im Museo del Valle de Tehuacán, drei Blocks vom Zócalo entfernt, werden Ausgrabungsfunde aus der Umgebung erläutert, u. a. konservierte kleine Maiskolben, die zu den ersten zählen, die hier gepflanzt wurden.

★ Puerto Escondido

T 21

Bundesstaat: Oaxaca (Oax.)
Einwohner: 35 000
Höhe: Meereshöhe
Entfernung: 400 km südöstlich von Acapulco

Schon lange bevor es asphaltierte Straßen nach Puerto Escondido (Versteckter Hafen) an der Küste Oaxacas gab, galt der Ort als Treffpunkt von Surfern. Mittlerweile wirkt er nicht mehr wie ein Fischerort, sondern eher wie ein kleines Ressort.

Es liegt in einer geschützten Bucht des Pazifischen Ozeans und ist von üppig bewachsenen Hügeln umgeben. Zu beiden Seiten des Orts erstrecken sich **ausgedehnte, herrliche Strände**. Die Brandung ist stellenweise recht hoch. Bis vor einiger Zeit galt Puerto Escondido als Geheimtipp für Urlauber, die abseits vom großen Touristentrubel einfaches Leben am Meer suchten. Doch durch den Bau eines neuen Flughafens hat das Seebad wesentlich mehr Zulauf erhalten.

Touristische Attraktionen

Der Ort besteht hauptsächlich aus kleinen Restaurants, Bars und Läden entlang der Hauptstraße Pérez Gazga, die auch »adoquín« genannt wird und vom späten Nachmittag an für den Verkehr gesperrt ist, um Fußgängern ungestörtes Flanieren zu ermöglichen. An ihrem westlichen Ende führt sie zur MEX 200, der Carretera Costal, empor. Unterhalb der Stadt verläuft der schmale Strand Playa Principal, der südlich in die Playa Zicatela übergeht.

Badespaß an der Bahía Principal

Westlich von Puerto Escondido

Die MEX 200 in Richtung Acapulco führt vorbei an schönen Lagunen und naturbelassenen Stränden. Vielerlei Tieren und Pflanzen wird man hier begegnen. In dieser Region kann man nicht nur mixtekischen und spanischen Einfluss finden, hier leben auch Nachfahren von entflohenen Sklaven, umherziehenden Chinesen und Schiffbrüchigen aus Chile. Letztere sind bekannt für eine lokale Variante der Volksmusik namens »La Chilena«.

Laguna de Manialtepec Die Laguna de Manialtepec, etwa 15 km von Puerto Escondido entfernt, ist ein wahres Vogelparadies. An den Ufern der 8 km langen Lagune leben Ibisse, verschiedene Falken, Reiher und Fischadler. Die meisten kann man morgens, v. a. im Juni oder Juli, beobachten. Spezielle Touren sind von Puerto Escondido aus zu buchen.

San Pedro Tututepec Nach 75 km zweigt von der MEX 200 in westlicher Richtung eine Straße zu dem noch 10 km entfernten San Pedro Tututepec ab. In diesem Bergdorf der Chatino-Indianer können hinter der alten Kirche einige präkolumbische Skulpturen besichtigt werden.

Lagunas de Chacahua Nach wenigen weiteren Kilometern auf der MEX 200 führt links eine Straße zum Nationalpark Lagunas de Chacahua, zu dem drei Lagunen und mehrere Inseln mit zahlreichen Vögeln und Amphibien gehören. Viele Vögel aus Alaska und Kanada überwintern hier. Auf den mangrovengesäumten Inseln gesellen sich Kormorane, Störche, Reiher und Fischadler zu Krokodilen und Schildkröten – und mit etwas Glück kann man unter all den tropischen Pflanzen auch schwarze Orchideen finden!

Chacahua

Von der Lagune Chacahua muss man nur 5 Minuten am Strand entlanggehen, um in das Dorf Chacahua zu kommen, in dem man wunderbar entspannen kann. Vor allem Surfern wird es hier gefallen. Am Ende der Lagune kann man eine kleine Krokodilfarm besuchen.

Östlich von Puerto Escondido

Puerto Ángel

Etwa 84 km östlich von Puerto Escondido liegt der hübsche Fischerhafen Puerto Ángel (9000 Einw.) mit seinen beiden schönen Stränden Puerto Ángel und Panteón. Alle, die etwas Ruhe suchen, sind hier bestens aufgehoben.

Zipolite

Beliebt bei jungen Campern ist der 10 km westlich gelegene Playa Zipolite, ein weißer Strand mit spektakulärer Landspitze.

Mazunte

Nördlich von Zipolite, hinter dem Felsausläufer, liegt ein weiterer schöner Strand, wo man seine Hängematte aufspannen kann: San Agustinillo. Dahinter kommt man zum Dorf Mazunte, ein ehemaliger Fangplatz für Schildkröten. Es geht hier viel geruhsamer zu als in Zipolite und auch hier gibt es einen wunderbaren Strand sowie ein **Schildkrötenmuseum** (Centro Mexicano de las Tortugas).

★ Huatulco

Etwa 35 km östlich von San Pedro Pochutla (ca. 110 km von Puerto Escondido) erstrecken sich **neun malerische Buchten**, die unter dem Sammelnamen Huatulco bekannt geworden sind. Die Strände sind ausgesprochen schön und eine Anzahl von Luxus- und Mittelklassehotels sorgt für genügend Unterkünfte. Man kann hier die verschiedensten Wassersportarten ausüben, von Hochseeangeln bis Kanufahren. Der Großteil der Buchten ist menschenleer und lädt mit dem feinen weißen Sand seiner Strände und einer intakten Unterwasserwelt zum Verweilen ein.

Bucht San Agustín bei Huatulco

Um den 12 km landeinwärts liegenden Ort **Santa María Huatulco** (mit internationalem Flughafen) wurde in den letzten Jahren von der mexikanischen Regierung und privaten Investoren ein 20 000 ha umfassendes Touristenzentrum nach dem Vorbild Cancúns aus dem Boden gestampft.

Altstadt Puerto Vallartas mit Blick auf die Kathedrale und die Bahía de Banderas

Strände Südlich des Flusses liegen die Strände Playa del Sol (oder Playa de los Muertos), Las Amapas und Conchas Chinas (unterhalb der Klippen), Las Estacas, Punta Negra, Palo María und Gemelas (alle mit hübschen Buchten). 12 km südlich von Mismaloya erstreckt sich der angenehmste, aber etwas überlaufene Strand mit einem Wasserfall und Naturbecken. Vor der Bucht liegen die Felsformationen des Unterwasserparks Los Arcos.

✶ Mismaloya ►

✶ Yelapa ►

Dieses Naturschutzreservat schließt auch eine Gruppe von Inseln ein, von denen Yelapa die bedeutendste ist. Der Park und die Insel sind sehr beliebt bei Schnorchlern und Tauchern. Ein spektakuläres Ereignis an einigen Küstenabschnitten von Jalisco und Nayarit ist von Dezember bis März das Beobachten der Buckelwale. Diese kommen zur Paarung Tausende von Kilometern aus dem Nordpazifik in die hier wärmeren Gewässer.

Umgebung von Puerto Vallarta In nördlicher Richtung gelangt man nach etwa 15 km auf der MEX 200 zu dem Urlaubszentrum Nuevo Vallarta im Bundesstaat Nayarit, das einen der größten Yachthäfen Mexikos besitzt. Als nächstes kommt dann der Ort Bucerías und nach weiteren 15 km folgen die Badeorte Rineón de Guayabitas und Peñita de Jaltemba (► Tepic).

Südlich erstreckt sich entlang der MEX 200 die ►Costa Alegre, und zwar der Küstenabschnitt bis Manzanillo, der mit herrlichen Stränden und reicher Flora und Fauna aufwarten kann.

Puuc-Route

O 29

Bundesstaat: Yucatán (Yuc.) **Höhe:** 25 – 28 m ü. d. M.

In der Hügellandschaft der Puuc-Berge – westlich von Ticul und etwa 80 km südlich von Mérida – findet man sowohl idyllische Dörfer der Maya als auch kleinere Ausgrabungsstätten. Obwohl es sich bei Uxmal zweifellos um die schönste und bedeutendste Ruine der Region handelt, zeigen Kabáh, Sayil, Xlapak und Labná klarer den Puuc-Stil der Maya.

Die Maya-Zentren werden von einem Hauptgebäude dominiert und weisen bei aller Ähnlichkeit typische Eigentümlichkeiten auf. Sehenswert ist dabei Codz-poop (Palast der Masken) in Kabah und El Palacio in Sayil. Wer das Leben der Maya heute kennen lernen will, sollte seine Fahrt in Maní oder der umtriebigen Marktstadt Oxkutzcab unterbrechen und übernachten – auch wenn man das Pensum dieser Route in einem Tag schaffen kann.

Puuc-Route Orientierung

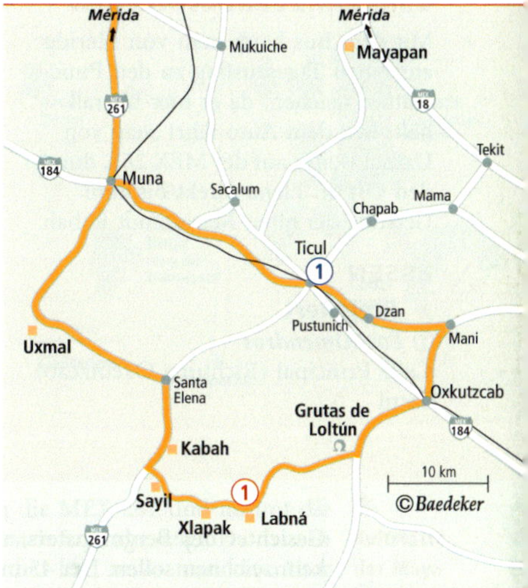

Übernachten
① Hacienda Tabi

Essen
① Los Almendros

Kabah

✶ **Zeremonielles Zentrum**
Öffnungszeiten: tgl. 8.00 – 17.00

Folgt man Uxmal der MEX 261 in südwestlicher Richtung, so kommt man an Santa Élena vorbei und erreicht nach 25 km die Ruinen des einstigen Zeremonienzentrums Kabah. Obwohl die bisher ausgegrabenen Gebäude im traditionellen Puuc-Stil errichtet wurden, stieß man auf eine bemerkenswerte stilistische Abweichung, die auf Chenes-Einfluss zurückgeht.

✶ **Codz-poop (Palast der Masken)**

Abb. S. 156

Im südlichen Teil, östlich der Straße, liegt der Palast der Masken (Templo de las Máscaras) oder Codz-poop. Letzteres bedeutet in der Sprache der Maya »aufgerollte Matte« und weist auf die rüsselförmige Nase des Regengottes Chac hin, die hier zur Gestaltung der Treppe genutzt wurde.
Nach jüngsten Forschungen vermutet man, dass es sich nicht wie bisher angenommen um Chac (den Regengott) handelt, sondern um

Plattform und besitzt einen beachtlichen Dachkamm, wahrscheinlich einst mit Stuckornamenten verziert, – eine relative Seltenheit im Puuc-Gebiet, da hier hauptsächlich Kalkstein für Mosaikarbeiten verwendet wurde.
Von diesem Bauwerk führt ein etwa 100 m langer Pfad zu einer in der Maya-Welt eher fremdartigen groben Stele mit einer Figur mit überbetontem Phallus.

Xlapak Folgt man der Straße ostwärts in Richtung Labná, gelangt man nach etwa 6 km zu dem Ausgrabungsort Xlapak. Das wichtigste restaurierte Gebäude wird auch hier Palacio genannt und ist im typischen Puuc-Stil errichtet. Über dem einfachen Erdgeschoss der Hauptfassade sieht man unter einem mit Säulenornamenten geschmückten Sims einen interessanten Fries. Über der mittleren der drei Türen erhebt sich ein turmähnlicher Aufsatz, der eine komplizierte Maskenornamentik aufweist. Zu seinen beiden Seiten tragen Paneele geometrische Verzierungen, die nach oben in ein breites Gesims übergehen. Die noch vorhandenen Ecken bestehen aus weiteren Aufsätzen kunstvoll übereinandergesetzter Chac-Masken.

Labná

★ **Kultstätte der Maya**

Öffnungszeiten: tgl. 8.00 – 17.00

Das wie seine Nachbarorte Sayil und Xlapak von dichter tropischer Vegetation bedeckte Labná war ein bedeutendes Maya-Zentrum, das noch nicht in seiner ganzen Ausdehnung erfasst werden konnte. Die wenigen gefundenen Datierungen lassen darauf schließen, dass die bekannten Gebäude von Labná im 9. Jahrhundert, also in der Maya-Spätklassik, errichtet wurden. Aufgrund der großen Anzahl von Chultunes – man fand **mehr als 60 dieser Zisternen** – nimmt man an, dass die Stadt Labná entsprechend zahlreich bevölkert war.

Palacio Die als Palast (Palacio) bezeichnete Baugruppe im Nordteil Labnás ist eine der größten Tempelanlagen im Puuc-Gebiet. Die etwas planlos und unsymmetrisch gebaute Gruppe steht auf einer Terrasse. Vor der Anlage öffnet sich ein riesiger Platz, der von den Resten des ehemaligen Sacbé durchzogen wird.
Die Fassade des Osttrakts ist mit Dreiergruppen von eingebundenen Säulen, Bändern mit geometrischen Ornamenten und Nasenmasken geschmückt. An der Südostecke, über drei gebündelten Säulen, sieht man eine ungewöhnliche Chac-Maske mit aufgerissenem Schlangenrachen, der einen Menschenkopf ausspeit. Die rüsselförmige Nase ist zur Stirn hin aufgerollt.

Mirador Die Südgruppe wird von einer noch wenig restaurierten Pyramide mit aufgesetztem Tempel beherrscht, den man als Aussichtsturm (Mirador) bezeichnet. Über den beiden restaurierten Plattformen und dem Tempelgebäude ragt, gleichsam als freistehende Fassade, der **eindrucksvolle Dachkamm**. Wie J. L. Stephens (► Baedeker

Special S. 471) berichtete, zierte ihn früher das Stuckrelief einer großen, bunt bemalten sitzenden Figur. Die vorstehenden Steine der Fassade des Dachkamms bildeten die Basis für das Stuckwerk. Das einzige Überbleibsel der Tempeldekoration ist der untere Teil einer Figur an der Südwestecke des Gebäudes.

★ **Arco de Labná**

Das bekannteste Kunstwerk Labnás ist der südwestlich vom Aussichtsturm stehende, **prächtige Bogen** von Labná (Arco de Labná). Von hier soll einst ein gerader Sacbé bis nach Kabah geführt haben. Da die Maya das echte Gewölbe nicht kannten, behalfen sie sich mit dem sog. Kraggewölbe. Reich dekoriert, mit einer Tiefe von 3 m und einer inneren Höhe von 5 m wird er von zwei kleinen Räumen flankiert, deren Eingänge auf der Nordwestseite liegen. Vorspringende Simse rahmen den Fries ein, dessen Mosaiken an Uxmal erinnern. Über den beiden Eingängen sind in Hochrelief zwei typische Maya-Hütten dargestellt, deren Strohdächer mit Federn dekoriert sind. In deren Eingängen standen vermutlich einst Figuren. Die Rückseite des Baus ist sehr viel nüchterner. Über dem in gleicher Weise dekorierten Sims läuft ein großzügiger Fries mit einem mäanderartigen Motiv vor dem Hintergrund von eingebundenen Säulen.

Die wichtigsten Bauwerke Labnás sind der falsche Kragbogen und der Aussichtsturm.

Sehenswertes in Querétaro

Acueducto

Das Stadtbild wird geprägt vom eindrucksvollen, noch immer Wasser führenden Aquädukt (Acueducto) östlich des Stadtzentrums, das zwischen 1726 und 1738 im Auftrag des Marqués de la Villa del Villar del Aguilar errichtet wurde. Dieses interessante Bauwerk ist fast 1,3 km lang und seine 74 Bogen sind bis zu 29 m hoch.

Convento San Francisco ✶

Museo Regional ►

Südlich vom Hauptplatz (Plaza Principal oder Jardín Obregón) liegt das alte Kloster San Francisco, dessen Gründung auf die Mitte des 16. Jahrhunderts zurückgeht. Hundert Jahre später wurden die Kirche und das Kloster umgebaut. Heute beherbergt es das interessante Regionalmuseum (Museo Regional).

✶ **Ex-Convento de San Agustín**

An der Ecke Calle Allende Sur / Pino Suáres liegt das prächtige ehemalige Augustinerkloster aus der ersten Hälfte des 18. Jahrhunderts. Hervorzuheben sind die dreiteilige barocke Fassade mit Nischenstatuen und die prachtvoll gearbeiteten Bogen und Pfeiler im Kreuzgang. In diesem Komplex befindet sich das interessante **Museo del Arte Querétaro** mit seiner umfangreichen Sammlung mexikanischer und europäischer Gemälde. Im Erdgeschoss werden Ausstellungen zeitgenössischer mexikanischer Kunst gezeigt.

Teatro de la República

Im Teatro de la República (19. Jh.) nördlich vom Hauptplatz, an der Ecke Juárez / Peralta, fand der **Prozess gegen Maximilian** und seine beiden Generäle Mejía und Miramón statt, der mit dem Todesurteil endete. Noch zweimal war der Ort Schauplatz historischer Ereignisse: Am 31. Januar 1917 verkündete man von hier aus die Bundesverfassung und 1929 wurde in diesen Räumen die Partei **PRI gegründet**.

Plaza de la Independencia

Die stille Plaza de la Independencia (Plaza de Armas) hat ihren kolonialen Charakter bewahrt. In der Mitte erhebt sich das Denkmal für den Erbauer des Aquädukts, den Marqués de la Villa del Villar del Aguilar.

Casa de la Corregidora (Palacio de Gobierno)

An der Avenida 5 de Mayo und der Plaza de la Independencia liegt das Rathaus, auch Casa de la Corregidora genannt, ein hübsches Gebäude aus dem Jahr 1770 mit schmiedeeisernen Balkons. Hier warnte Josefa Ortiz de Domínguez, die Ehefrau des damaligen Bürgermeisters (Corregidor), die Verschwörer der Unabhängigkeitsbewegung von 1810 vor der Aufdeckung ihrer Umsturzpläne, was zum **vorzeitigen Ausbruch des Freiheitskriegs** führte.

Convento de la Cruz

Geht man die Avenida Venustiano Carranza nach Osten, gelangt man zum Kloster La Cruz, dessen ursprünglicher Bau aus dem 16. Jahrhundert etwa 100 Jahre später durch eine Barockanlage ersetzt wurde. **Kaiser Maximilian** hatte hier 1867 sein Hauptquartier, und auch nach seiner Gefangennahme war er zeitweise im Kloster untergebracht. Die Gründung des Klosters geht auf folgende Legende zurück: Im Jahr 1531, als die Spanier um die Eroberung Querétaros kämpften, soll sich auf dem Höhepunkt der Schlacht genau an dieser Stelle der Himmel verdunkelt haben, und es sollen der Apostel Jakob auf einem Pferd sowie ein leuchtendes Kreuz erschienen sein – woraufhin die Spanier siegten.

Capilla del Calvarito

Dort wo heute die Capilla del Calvarito aus der Mitte des 17. Jahrhunderts steht, sollen die Spanier, nachdem sie die Stadt erobert hatten, ihre erste Messe zelebriert haben. Im Klostergarten beachte man die etwa 50 originellen Bäume aus der Mimosen-Familie, deren dornenartige Nadeln kreuzförmig wachsen.

Avenida Francisco Madero

Folgt man vom Hauptplatz der Avenida Francisco Madero in südwestlicher Richtung, kommt man zur Linken an der Hostería de la Marquesa (Mitte des 18. Jh.) und zur Rechten an der Kirche San José de Gracia (spätes 17. Jh.) vorbei. In der kleinen Anlage Ecke Madero und Allende steht der Neptunbrunnen (Fuente de Neptuno), ein neoklassizistisches Werk des Künstlers Francisco Eduardo Tresguerras aus dem Jahre 1797.

★ **Templo de Santa Clara**

Die sich anschließende Kirche Santa Clara, einst zu einem mächtigen Kloster gehörend, hat eine einfache Fassade (17. Jh.). Das Innere der Kirche hingegen ist ein **besonders schönes Beispiel des churrigueresken Stils** aus dem 18. Jahrhundert mit üppig geschnitzten und

Blick über die Dächer von San Francisco

vergoldeten Retablos. Besonders hervorzuheben ist das raffinierte, hölzerne Gitterwerk des Chors mit der Christusstatue in der Mitte und den bemalten drapierten Vorhängen an den Seiten.

Santa Rosa de Viterbo

An der Kreuzung Arteaga / Montes steht die 1752 erbaute Kirche Santa Rosa de Viterbo, die zu den interessantesten der Stadt gehört. Auffallend sind die beiden hervorstehenden Strebepfeiler mit den Volutenstützen. Die Turmuhr soll die erste Repetitionsschlaguhr Amerikas gewesen sein. Im Innern der Kirche sind die Retablos reich im churrigueresken Stil geschmückt; auch wertvolle Gemälde aus der Kolonialzeit sind vorhanden. Bemerkenswert sind der prächtig geschnitzte Beichtstuhl, die hochbarocke Orgel sowie in der Sakristei die lebensgroßen Statuen der 12 Apostel beim heiligen Abendmahl; dahinter ein wandfüllendes Gemälde von Tresguerras, das die hl. Rosa im Kreise ihrer Nonnen zeigt.

Cerro de las Campanas

Auf dem Cerro de las Campanas (Hügel der Glocken) am westlichen Stadtrand (Avenida Justo Sierra) steht die vom österreichischen Kaiser Franz Joseph gestiftete und 1901 eingeweihte **Capilla de Maximiliano**, die zum Gedächtnis an seinen an dieser Stelle erschossenen Bruder Kaiser Maximilian von Mexiko, errichtet wurde. Die Kapelle wird von der nahen **Kolossalstatue** seines siegreichen Gegenspielers, des mexikanischen Präsidenten Benito Juárez, überragt.

Opalgewinnung

Das Gebiet um Querétaro ist ein Zentrum der Opalgewinnung. Opale werden zusammen mit anderen aus dieser Gegend stammenden Halbedelsteinen wie Topas, Aquamarin und Amethyst hier verarbeitet und in Spezialgeschäften angeboten.

Umgebung von Querétaro

San Juan del Río

55 km südöstlich liegt an der MEX 57 D die Stadt San Juan del Río (100 000 Einw.), ein Zentrum des Korbflechthandwerks und des Holzmöbelbaus.

Tequisquiapan

Von San Juan del Río sind es rund 20 km auf der MEX 120 nach Nordosten bis zu dem reizvollen Kurort Tequisquiapan (30 000 Einw.) mit Hotels und Thermalbäder (radioaktive Quellen) sowie die Reit- und Angelmöglichkeiten.

Bernal

Etwa 17 km nördlich von Tequisquiapan zweigt in Ezequiel Montes eine Straße nach Bernal ab. Die Bewohner sind bekannt für die Herstellung schwerer Sarapes aus Wolle. Eindruchsvoll ist der spektakuläre hutförmigen Felsenberg (Peña de Bernal, 288 m hoch), bei dem es sich um den **drittgrößten Monolith der Welt** handeln soll. Jährlich an Frühjahrstagundnachtgleiche (21.März) wird an dem Berg, dem die Einheimischen magische Kräfte nachsagen, das Equinoccio-Fest gefeiert.

✶ Peña de Bernal ►

Jalpan

★ ◄ Barockkirchen

Von der Abzweigung nach San Joaquín führt die MEX 120 durch die herrliche Landschaft der Sierra Gorda zu dem rund 95 km entfernten Jalpan (770 m, 25 000 Einw.). Diese in einem Zuckerrohr- und Kaffeeanbaugebiet gelegene Ortschaft besitzt eine sehenswerte Barockkirche in indianischer Ausführung, die dem hl. Jakobus geweiht ist und Mitte des 18. Jahrhunderts erbaut wurde. Im unteren Teil der Fassade ist der kaiserliche Doppeladler kombiniert mit dem Adler der Azteken, der eine Schlange frisst, zu sehen. Für die Errichtung der Kirche ist der legendäre Franziskanerpater Junípero Serra verantwortlich, der mit der Missionierung der Indianer in dieser Region beauftragt war und später in Kalifornien mehrere Missionen gründete, aus denen u. a. die Städte San Diego, San Francisco und Santa Clara hervorgingen. In der Umgebung von Jalpan richteten Serra und seine Brüder weitere Missionen ein, deren Kirchen wegen ihrer originellen Barockfassaden einen Besuch wert sind: Concá (38 km), Landa (22 km), Tilaco (49 km) und Tancoyol (60 km).

! *Baedeker* TIPP

Traumhaftes Dschungelschloss

Etwa 84 km von Jalpan entfernt liegt Xilitla. 4 km nach diesem Städtchen in Richtung Ciudad Valles führt nach einer kleinen Brücke ein Feldweg links nach Las Pozas.
Hier erwarb der exzentrische britische Millionär Edward James nach dem Zweiten Weltkrieg ein 100 ha großes Dschungelgebiet und schuf sich eine surreale Traumwelt inmitten üppigster tropischer Vegetation, deren Bauten er aus Prinzip nie vollendete. James starb allerdings im Jahr 1984 und seitdem ist das Schicksal dieses fantastischen Urwaldpalasts ungewiss. Die Pflanzenwelt überwuchert die bizarre Architektur immer mehr.

★ Riviera Maya

N / O 31 / 32

Bundesstaat: Quintana Roo (Q.R.)

Der etwa 140 km lange Abschnitt der MEX 307 von Cancún nach Tulum wird Riviera Maya oder Tulum-Korridor genannt und bietet dem Reisenden neben schönen Stränden und kleineren archäologischen Stätten auch die Festungsanlage Tulum aus der postklassischen Epoche der Maya.

Von hier aus kann man Cobá besuchen oder in südlicher Richtung bis in das malerische Naturschutzgebiet Reserva de la Biósfera de Sian Ka'an fahren. Seit einigen Jahren boomt die Region, da sie seitens der Tourismusbehörde und privater Investoren verstärkt gefördert wird. Zu den Angeboten gehören luxuriöse Bungalows wie auch einfache cabañas am Strand, Naturparks, Wassersportanlagen und Freizeitparks. Hauptort der Region ist Playa del Carmen. Kinogänger werden sich an den Film »Against all odds« erinnern, der an diesem bezaubernden Küstenabschnitt gedreht wurde.

Xcalacoco Wer gerne zeltet, ist bestens in Xcalacoco, nahe beim jüngsten Freizeitpark der Region Tres Rios, aufgehoben. Es gibt hier Solarstrom, öffentliche Duschen, einige Fischrestaurants und sogar eine kleine archäologische Stätte. Am Strand spenden zahlreiche Palmen Schatten.

Playa del Carmen Schließlich erreicht man nach weiteren 10 km Playa del Carmen. Jahrzehntelang war Playa, wie es meist nur kurz genannt wird, ein einfaches Fischerdorf gegenüber der Isla ►Cozumel, etwa auf halbem Weg zwischen Tulum und Cancún. Heute dagegen ist der schnell wachsende Ort voller Hotels und Restaurants. An das »alte« Playa schließt sich inzwischen die neue, luxuriöse Touristenzone Playacar inmitten eines tropischen Parks an – **nach Cancún das zweitwichtigste Urlaubsziel im Bundesstaat Quintana Roo**. Kilometerlange weiße Traumstrände hat der Ort zu bieten, vor allem im Norden. Es bestehen Möglichkeiten zum Tauchen und Hochseefischen.
Die Avenida Juárez führt von der MEX 307 zu einem nahe aim Meer liegenden Park; einen Block südlich davon legt die Personenfähre von und nach Cozumel ab. Vielerlei Hotels, Restaurants, Läden und den modernen, neuen Busbahnhof, von dem man u. a. eine direkte Verbindung zum Flughafen Cancún hat, findet man auf der abends gänzlich für den Autoverkehr gesperrten Avenida 5, die parallel zum Strand verläuft.
Von Playa del Carmen kann man einfach nach Cancún und Tulum gelangen, aber auch andere touristische Sehenswürdigkeiten an der Küste oder im Landesinneren besuchen, z. B. den tropischen Vogelpark Xaman-Ha oder die Höhlen von Sacbé.

! *Baedeker* TIPP

Pelota-Spiel

In Yucatáns Freizeitpark Xcaret wird nicht nur Ökologie groß geschrieben, auch die Geschichte der Maya wird auf lebendige Weise dargestellt. So gehört zum nachmittäglichen Showprogramm u. a. die Vorführung eines Pelota-Spiels in entsprechender historischer Kleidung auf einem authentisch nachgebauten Spielfeld (Informationen unter: www.xcaretcancun.com).

Calica Calica, etwa drei Meilen südlich von Playa, ist eine große internationale Anlegestelle für Kreuzfahrtschiffe und der Zielhafen für die Autofähre nach Cozumel.

Xcaret Ehemalige Maya-Ruinen findet man auf dem Areal des Freizeitparks Xcaret, wenn man kurz hinter Playa del Carmen auf der MEX 307 nach links abbiegt. Es handelt sich um den alten Hafen Pole, von dem man zu Fahrten nach Cozumel aufbrach. Inmitten des Parks liegen außerdem noch Cenoten, eine Lagune und eine der schönsten Buchten der Riviera Maya. Außerdem gibt es neben Ruinen einen botanischen Garten mit einem kleinen Camp zum Thema Chicle-Gewinnung, die Replik eines Maya-Dorfs, einen Schmetterlingspavil-

Tropische Vegetation an der Lagune Yal-ku →

Entspannen im Natur- und Freizeitpark Xcaret

lon, ein Aquarium und ein Delfinarium. Ferner kann man frei schwimmende Schildkröten beobachten, indianische Tanzvorführungen ansehen, reiten oder tauchen.

Paamul Ganz in der Nähe erstreckt sich der hübsche Strand Paamul. Wer schnorcheln oder tauchen möchte, ist hier bestens aufgehoben. In Mai- und Juninächten legen Meeresschildkröten hier ihre Eier ab. Man kann zelten, aber auch in einem Hotel oder einer Pension übernachten; zudem gibt es ein nettes mexikanisches Restaurant.

Puerto Aventuras Etwa 30 km südlich von Playa del Carmen stößt man auf eine mondäne, dorfähnliche Hotelanlage von riesigen Ausmaßen namens Puerto Aventuras mit einer **Marina** (Fährverbindung nach Cozumel), Golfplätzen, Hotels, Restaurants und Apartmentanlagen. Alljährlich findet Ende Mai ein Fischerturnier statt, und vor kurzem wurde hier ein Kultur- und Religionszentrum eröffnet. Nahe beim Hafen liegt das empfehlenswerte **Museum für Schiffswracks**.

Xpu-Ha Xpu-Ha ist eine große und wunderschöne Bucht zum Ausspannen. Im nahen Dorf gibt es Hotels, Restaurants sowie Geschäfte mit Tauchzubehör. Der Cenote Manati liegt im Norden der Bucht.
Ein weiterer schöner Strand der Gegend ist **Kantenah** – voller Palmen und ganz nah an einem schönen Korallenriff gelegen.

✶ Akumal Akumal liegt an einer halbmondförmigen Bucht mit einem 15 km langen, schneeweißen Strand, der mit Palmen gesäumt ist. Neben einer kleinen Siedlung umfasst es gut zwei Dutzend Hotels sowie zahlreiche Clubs. Der Name Akumal bedeutet »Ort der Schildkröten«. Das Ferienzentrum war ursprünglich ein kleines Maya-Dorf und wurde erst bekannt, als der Verein CEDAM, der sich der Erforschung und Erhaltung von archäologischen Funden unter Wasser widmet, seinen Sitz hierher verlegte. Durch zahlreiche Expeditionen gelang es, **Maya-Stätten** zu entdecken und altspanische Schiffswracks zu heben. Am Ort gibt es das **ökologische Zentrum Ukana I**, in dem das Umweltbewusstsein in der Region geschärft werden soll. Zur Unterhaltung werden auch Tänze, Malerei und Yoga angeboten.

Chemuyil und Xcacel

Die Buchten von Chemuyil und Xcacel sind bei den Einheimischen ebenso beliebt wie bei den Touristen. Chemuyil ist eine nette Bucht mit weißem Strand und einem kleinen Wald. Da das Wasser hier recht seicht ist, ist der Platz für Kinder ideal. Einige Restaurants bieten frischen Fisch und Meeresfrüchte an. Man kann hier sowohl zelten wie auch in einem Hotel übernachten.

*** Xel-há**

Im Naturpark Xel-há gibt es auf relativ engem Raum einen **Süßwassersee, eine Meeresbucht und Maya-Ruinen**. Für Spaziergänger, Schwimmer und Schnorchler bietet diese reizvolle Gegend Gelegenheit zur Beobachtung der reichen Fauna und Flora über und unter Wasser. Man kann Tauchausrüstungen leihen. Am Wochenende allerdings ist die Lagune (10 km südlich) hoffnungslos überlaufen.
Mehr noch als andere an Buchten liegende Orte dieser Region scheint Xel-há (wo die Wasser geboren wurden) schon in der klassischen Zeit eine wichtige Kultstätte der Maya gewesen zu sein. Dies geht aus dem Umfang des Gewässers und den dort gemachten archäologischen Funden hervor. Man entdeckte Teile einer in der Nachklassik erbauten Festungsmauer sowie mehrere unter Wasser liegende Altäre, darunter ein Exemplar in einer kapellenartigen Grotte, die offenbar als Heiligtum diente. In jüngerer Zeit wurden auch die nahe der MEX 307 landeinwärts gelegenen Maya-Ruinen ausgegraben und teilweise restauriert. Der Besuch der drei Gruppen Mercado, Palacio und Jaguar mit ihren Pyramiden, Palast- und Tempelbauten und einem romantisch gelegenen Cenote ist empfehlenswert.

Tancah

Etwa 10 km südlich liegen innerhalb einer Hacienda die Maya-Ruinen von Tancah mit einem Cenote. Die vorgefundenen Tempel ähneln denen von Tulum, obwohl sie z. T. wesentlich älteren Datums zu sein scheinen. Man nimmt an, dass Tancah in der späten Nachklassik (ab 1200) eine Art Satellitenstadt des nahen ►Tulum war.

Weiterer Verlauf

Der weitere Verlauf der Riviera Maya führt zu der eindrucksvollen Maya-Festung ►Tulum vor einem grandiosen Panorama, direkt am Meer. Von dort führt eine Straße nach Süden in das Biosphärenreservat Sian Ka'an über Boca Paila zum malerischen Fischerdorf Punta Allen. Zu den Ruinen von ►Cobá gelangt man dagegen von Tulum in nordwestlicher Richtung.

★ San Cristóbal de las Casas

S 26

Bundesstaat: Chiapas (Chis.)
Einwohner: 140 000

Höhe: 2200 m ü. d. M.
Entfernung: 1085 km südöstlich von Mexiko-Stadt

Obwohl San Cristóbal de las Casas ein typisch koloniales Flair mit vielen Kirchen, niedrigen ziegelgedeckten Häusern und vergitterten Fenstern hat, wird die Stadt im Wesentlichen von ihrer indianischen Geschichte und Gegenwart geprägt, was ihr eine besondere Atmosphäre verleiht.

Die Stadt und ihre Umgebung gehören sicherlich zu den interessantesten Reisezielen Mexikos. San Cristóbal ist die älteste spanische Siedlung in Chiapas und liegt im Jovel-Tal von bewaldeten Bergen umgeben – unter anderem dem Tzontehuitz (2858 m) und dem Huetepec (2717 m).

Geschichte

Die früher von Maya bewohnte Siedlung Huezecatlán wurde Ende des 15. Jahrhunderts von den Azteken tributpflichtig gemacht. Die Spanier hatten große Mühe, die Maya-Stämme zu unterwerfen, ihr Vordringen wurde erst nach erbitterten Kämpfen möglich. Der Eroberer Diego de Mazariegos gründete 1528 Villa Real, das man später nach dem Ortsheiligen San Cristóbal und dem großen Beschützer der Indianer und Bischof der Stadt, Bartolomé de las Casas, benannte. Chiapas und somit San Cristóbal wurden bis zur Unabhängigkeit Mexikos von der spanischen Verwaltung Guatemalas regiert. San Cristóbal war bis 1892 Hauptstadt von Chiapas. Die Stadt wurde am Neujahrstag 1994 vorübergehend von aufständischen Tzotzil und Tzeltal der **Zapatistischen Befreiungsarmee** besetzt. In der Kathedrale fanden die Verhandlungen zwischen der Regierung und den Aufständischen statt (► Baedeker-Special S. 52 – 54).

! *Baedeker* TIPP

Wie heilten die Maya?

Vornehmlich mit Kräutern, Naturheilmitteln und magischen Ritualen. Wie sahen die Kräutergärten und Apotheken aus und wie wurden Leiden diagnostiziert? Letzteres kann man gleich in der Casa de Curación am eigenen Leib testen; dort werden Kopfschmerzen, Durchfall o. Ä. behandelt (Museo de la Medicina Maya, Av. Salomón González Blanco 10, www.laneta.apc.org/omiech/museum.htm; Öffnungszeiten: Di. – Fr. 10.00 – 14.00, Sa./So. 10.00 – 16.00 Uhr).

Sehenswertes in San Cristóbal de las Casas

Plaza 31 de Marzo

Um den Zócalo (Plaza 31 de Marzo) der Stadt gruppiert sich eine Reihe schöner kolonialer Gebäude: u. a. das Rathaus mit der Touristeninformation sowie die Kathedrale. Der Bau der **Nuestra Señora**

Wollpüppchen, links mit Zapatisten-Maskierung

de la Asunción wurde bereits 1528 begonnen, doch erst Ende des 17. Jahrhunderts fertig gestellt. In ihrem Innern befinden sich mehrere Barockaltäre, Gemälde und Skulpturen, darunter ein Magdalenenbild von Miguel Cabrera und das Hauptbild des Altar del Perdón von Juan Correa. Zu beachten sind auch die Holzschnitzereien – besonders schöne verzieren die Kanzel.
An der Ecke Avenida Insurgentes steht das Haus des Stadtgründers – **Casa de Mazariegos** – in dem sich heute das Hotel Santa Clara befindet. Am Portal kann man steinerne Köpfe der kastilischen Löwen erkennen.

✶ **Santo Domingo**

Geht man vom Zócalo nach Norden die Avenida General Utrilla entlang, kommt man zum wichtigsten Sakralbau der Stadt, der Kirche Santo Domingo. Sie wurde zwischen 1547 und 1560 im Auftrag des Bischofs Francisco de Marroquin von Guatemala geschaffen. Die heutige, aus dem 17. Jahrhundert stammende Fassade ist im typischen mexikanischen Barock gehalten und eine der flächenmäßig größten dieser Art in Mexiko. Das Innere ist **überreich dekoriert** und enthält eine Anzahl von Skulpturen und mit Blattgold überzogenen Holzaltären. Aus dem 19. Jahrhundert stammt die besonders reich und kunstvoll geschnitzte Kanzel, deren Sockel aus einem einzigen Stück Holz gefertigt ist.

✶ **Mercado**

In der Nähe der Kirche Santo Domingo liegt der Markt, auf dem sich täglich die **Indigenas** der umliegenden Bergdörfer versammeln. Vor

SAN CRISTÓBAL DE LAS CASAS ERLEBEN

AUSKUNFT

Touristeninformation
an der rechten Ecke des Palacio Municipal am Zócalo,
Tel. (967) 678 06 60 oder
Secretaria de Turismo de Chiapas
Calle Hidalgo (direkt hinter dem südwestlichen Eck des Zócalo)
Tel. (967) 678 65 70

VERKEHRSVERBINDUNGEN

Mit dem Auto fährt man von Tuxtla Gutiérrez 83 km auf der MEX 190 (Panamericana), die in Mexiko-Stadt beginnt. Wer mit dem Bus reist, wird von Mexiko-Stadt ca. 18 Stunden benötigen, von Tuxtla Gutiérrez etwa 1,5 Stunden.

EINKAUFEN

Zentraler Markt der Gegend um San Cristóbal ist zweifellos der Mercado Indígena, wo man wirklich alles bekommen kann – u. a. Obst und Gemüse, Blumen, Kleinvieh, Kleidung und Tonwaren. Es lohnt sich auch, den Verkaufsraum der Weberkooperative J'Pas Jolovitelic zu besuchen.

ESSEN

► Erschwinglich

① ***El Fogón de Jovel***
Calle 16 de Septiembre 11
Tel. (967) 678 11 53
In diesem Restaurant tragen die Kellner Maya-Tracht und an den Wänden hängen guatemaltekische Drucke sowie regionale Volkskunst. Die Küche bietet Spezialitäten aus Chiapas.

► Preiswert

② ***Normita's***
B. Juárez y Dr. José Flores
Das sehr gute, kleine Restaurant liegt zwei Blocks südöstlich der Plaza und serviert Spezialitäten aus Jalisco und Chiapas.

ÜBERNACHTEN

► Komfortabel

① ***Ciudad Real***
Plaza 31 de Marzo No. 10
Col. Centro
Tel. (967) 678 04 64
Schönes Kolonialgebäude direkt am Zócal, freundliches Personal und ein angenehmer Patio.

② ***Na Bolom***
Vicente Guerrero 33
Tel. (967) 678 14 18
www.nabolom.org
Rustikal indianisch eingerichtete Zimmer (12 Z.) mit Fotos der verschiedenen Stämme von der früheren Besitzerin und Fotografin Gertrude Duby Blom. Mit Museum und reichhaltiger Maya-Bibliothek (s. S. 525).

einigen Jahren wurde ein Teil durch eine moderne Markthalle ersetzt. Damit hat das früher einzigartige Marktgeschehen in San Cristóbal sehr viel an Charakter verloren. Hier sieht man hauptsächlich Mitglieder der zur Maya-Gruppe gehörenden Stämme der Tzotzil und der Tzeltal in ihren sich von Dorf zu Dorf unterscheidenden Trachten. Am augenscheinlichsten ist die Kleidung der Chamula und der Indianer aus Tenejapa und Zinacantán.

Das zur selben Zeit wie die Kirche erbaute Kloster, das im 19. Jahrhundert als Gefängnis diente, wird heute von einer indianischen Textilkooperative (Sna Jolobil) genutzt. Daneben befindet sich ein Religionsmuseum.

Weberkooperativen

J'pas Joloviletic, was soviel bedeutet wie »jene, die weben«, heißt eine weitere Kooperative hinter der Kirche La Caridad in der Avenida Utrilla. Jede dieser Vereinigungen repräsentiert etwa 800 indianische Weberinnen, die aus Wolle und Baumwolle sehr interessante und hochwertige Textilien herstellen. Die Arbeiten sind sehr vielfältig, da jedes Dorf im Hochland von Chiapas über eine eigene Tracht verfügt, ob bestickt oder gewoben. Zwar sehen die Muster auf den ersten Blick abstrakt aus, doch es handelt sich meist um stilisierte Schlangen, Frösche, Schmetterlinge oder Vögel.

Museo de Arqueología

Das Museo de Arqueología, Etnografía, Historia y Arte befasst sich hauptsächlich mit der Geschichte von San Cristóbal de las Casas. Es befindet sich in der Nähe der Kirche Santo Domingo.

Vor der Kirche Santo Domingo in San Cristóbal findet täglich ein großer Artesanía-Markt statt.

Vor der Kirche

Im Gästeha… Guerrero … schen Mu… verstorbe… den **Indi**… vor alle… Fotogra… hervor… das H…

Nac… zwe… tas… B…

im Nor… Chamulas lebt ei…

San Cristóbal d

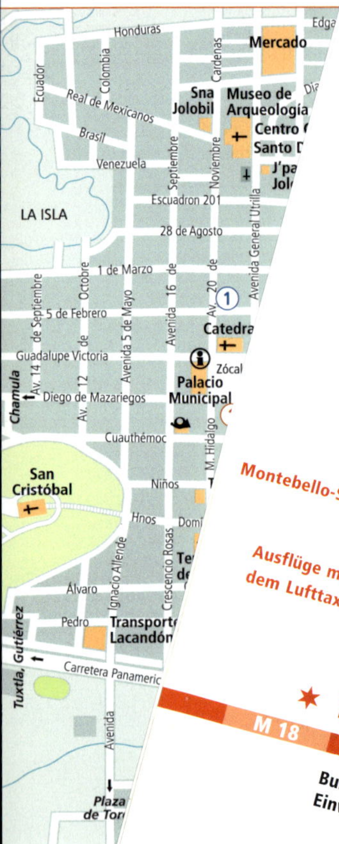

Öffnungszeiten: tgl. 9.00 – 16.00

mit Kragbogen und einem hölzernen Türsturz, eine Grabstätte mit Sarkophag, große Steinmasken und Stuckfiguren. Funde vom Anfang der 1990er-Jahre – u. a. der aus zuvor in dieser Gegend völlig unbekannten Steinen gebaute, 4 x 12 m große Palast der Unterwelt (**Lalacio del Inframundo**) mit Maya-Motiven und toltekischen Merkmalen oder das große Stuckwandbild mit der Vierten Sonne – lassen darauf schließen, dass Toniná den Untergang der Maya-Klassik überstand und wohl unter toltekischen Einfluss geriet. Im September 1997 wurde ein herrlicher Fries mit einem einzigartigen Wandgemälde entdeckt, das vier Fürsten der Unterwelt in Rot darstellt. Diese symbolisieren Krieg, Landwirtschaft, Handel und Tribut. Ein kleines Museum wurde 1998 eröffnet.

Comitán Auf der MEX 190 (Panamericana) sind es von San Cristóbal de Las Casas 57 km in südöstlicher Richtung bis Comitán (63 000 Einw.), einer freundlichen Kolonialstadt, bekannt für ihre Orchideenzucht. Es besitzt ein kleines Museum in der Casa Dr. Belisario Domínguez (Av. Central Sur 29) sowie ein Museum in der Casa de la Cultura (einem ehemaligen Kloster neben der Kirche an der Ecke der Plaza), das archäologische Funde aus der Gegend beherbergt.

Montebello-Seen 16 km weiter auf der MEX 190 führt eine Abzweigung nach links zu den ►Montebello-Seen (40 km).

Ausflüge mit dem Lufttaxi San Cristóbal de Las Casas ist ein guter Ausgangspunkt, um mit Lufttaxis die im Urwald der Selva Lacandona liegenden Maya-Stätten ► Palenque, ►Bonampak und Yaxchilán zu erreichen.

★ San Luis Potosí

M 18

Bundesstaat: San Luis Potosí (S.L.P.)
Einwohner: 950 000

Höhe: 1877 m ü. d. M.
Entfernung: ca. 420 km nordwestlich von Mexiko-Stadt

San Luis Potosí, die Hauptstadt des gleichnamigen Bundesstaats, erstreckt sich auf einer steppenartigen Hochebene und ist als Verkehrsknotenpunkt und als Handelszentrum von Bedeutung. Trotz zunehmender Modernisierung hat die Stadt mit ihren schönen, alten Gebäuden und Parks weitgehend den Charakter der Kolonialzeit bewahren können.

Geschichte Über die vorspanische Geschichte des Platzes weiß man wenig. Einst soll sich hier die Siedlung Tanjamanja der Cuachichil-Indianer befunden haben. Die ersten Spanier unter der Führung von Miguel Caldera und bald darauf auch Franziskanermönche kamen zwischen 1585 und 1590 in die Gegend. Zu dieser Zeit wurden auch ...

de Silber- und Goldfunde gemacht, und man gründete die Ortschaft Real de Minas de San Luis Potosí, wobei man den Namen Potosí (Platz des großen Reichtums) von der gleichnamigen Silberstadt in Bolivien übernahm. Im Jahr 1658 wurde dem Ort von Philipp IV. das Stadtrecht verliehen. Bis 1824 war San Luis Potosí die Hauptstadt einer ausgedehnten Intendantur, zu der auch Texas gehörte. Im französischen Interventionskrieg (1862–1866) und kurz danach diente San Luis Potosí zeitweise als Sitz der aus Mexiko-Stadt vertriebenen Regierung von Benito Juárez.

Sehenswertes in San Luis Potosí

Palacio de Gobierno

Mittelpunkt der Stadt ist die Plaza de Armas mit dem Jardín Hidalgo. An ihrer Westseite befindet sich der Regierungspalast (Palacio de Gobierno), ein mächtiger, Ende des 18. Jahrhunderts errichteter neoklassizistischer Bau. In diesem befindet sich die Sala Juárez, in der lebensgroße Wachsfiguren ausgestellt sind. Dargestellt ist u. a. die dramatische Begegnung zwischen Benito Juárez und der Prinzessin Salm-Salm am 18. Juni 1867, in der diese den mexikanischen Präsidenten um das Leben des Kaisers Maximilian bat, der jedoch trotzdem am darauf folgenden Tag in Querétaro hingerichtet wurde.

Im 17. Jahrhundert entstand der Templo de San Francisco in San Luis Potosí.

Baedeker TIPP

Technik anno dazumal

Einen atemberaubenden Anblick bietet die Presa San José vor den Toren von San Luis de Potosí. Schon 1863 wurde diese riesige Staumauer als künstlicher Schluss eines rund fünf Kilometer langen, s-förmigen Canyons angelegt. Inzwischen firmiert die Natur um sie herum als Parque Ecológico Urbano und erfreut sich bei den Potosini großer Beliebtheit. Vor allem am Wochenende und an Feiertagen strömen sie in Scharen, belagern die langen Tische der mobilen Küchen, keuchen über Hunderte von Treppen hinauf auf die Staumauer oder halten nur ruhig die Angel ins Wasser.

Weitere Sehenswürdigkeiten der Stadt sind die Kirche San Agustín (Kreuzung Morelos / Abasolo) mit barocker Fassade, schönem Turm und neoklassizistischem Innenraum, die Jesuitenkirche Loreto (Av. Obregón / Av. D. Camona) und der daran anschließende Sagrario. Interessant sind ebenfalls das Museum zeitgenössischer Plastik Federico Silva am Jardín de San Juan de Dios, das neue Museum für religiöse Kunst im ehemaligen Kloster, die Casa de la Virreina und der historische Bahnhof.

Museo Regional de Culturas Populares

Das populäre, früher auf der Jardín Guerrero 6 gelegene Museo Regional de Arte Popular ist unter neuem Namen in die ehemalige Hacienda de Tenería (etwa 5 km vom Zentrum) im Parque Tangamanga (gegenüber vom Haupteingang) umgezogen. Die **regionale Kunst- und Verkaufsausstellung** ist überaus sehenswert und von bester Qualität (Keramik, Holz- und Pappmachee-Gegenstände, Masken, Musikinstrumente, Körbe, die Rebozos genannten Tücher etc.).

Umgebung von San Luis Potosí

Laguna de Media Luna

Ca. 15 km östlich führt eine Abzweigung zur warmen, immer klaren und daher bei Tauchern beliebten Lagune Media Luna (Halbmond), in der schon manches archäologische Stück gefunden wurde.

Santa María del Río

50 km südlich von San Luis Potosí liegt Santa María del Río, bekannt für die hier gefertigten Rebozos (wärmende Tücher). Nicht weit von diesem Ort befinden sich die radioaktiven Thermalbäder Gogorrón, Lourdes und Ojo Caliente.

Real de Catorce

Rund 30 km nordwestlich von Matehuala, über eine gebirgige Straße und einen rund 2,5 km langen Tunnel zu erreichen, liegt die **eindrucksvolle Geisterstadt** Real de Catorce. Angeblich nach 14 Soldaten benannt, die hier um 1700 von Indianern getötet wurden, spielte der Minenort v. a. Ende des 19. Jahrhunderts eine bedeutende Rolle. Damals hatte die Stadt 45 000 Einwohner (heute ca. 800) und verfügte über ein Theater, eine Münzprägeanstalt und eine elektrische Minenbahn. Man sollte sich die Kirche San Francisco ansehen, zu der jedes Jahr am 4. Oktober Tausende pilgern. Diese hinterlassen viele Votivtafeln mit Danksagungen für erhörte Gebete um Gesundheit, Wohlstand und Schutz vor Schicksalsschlägen.

Die Geisterstadt Real de Catorce

In der Umgebung von Real de Catorce wächst der **Peyotl-Kaktus**, den manche Indianerstämme wie die Huicholes und Tarahumara für heilig halten, weil sie in den durch das Meskalin erzeugten Rauschzuständen Botschaften ihrer Götter zu empfangen glauben. Da im heutigen Siedlungsgebiet der Huicholes kein Peyotl vorkommt, unternehmen sie jeden Winter Pilgerzüge über Entfernungen von bis zu 500 km in dieses Gebiet, das für sie das heilige Land Wiríkuta ist. Dieser Pilgerzug wird mit komplizierten Zeremonien durchgeführt und endet mit dem Pflücken des Kaktus, der vorher mit einem Pfeil durchbohrt wird.

Heiliges Land Wiríkuta

★★ San Miguel de Allende

O 18

Bundesstaat: Guanajuato (Gto.)
Einwohner: 135 000
Höhe: 1910 m ü. d. M.
Entfernung: 280 km nordwestlich von Mexiko-Stadt

Der hübsche Ort San Miguel de Allende gehört mit seinen steilen und engen kopfsteingepflasterten Gassen, prachtvollen Wohnhäusern und Kirchen sowie den schattigen Plazas zu den schönsten Kolonialstädten des Landes. Er liegt an einen Hügel geschmiegt und erstreckt sich in ein Tal hinein.

Sehenswertes in San Miguel de Allende

✶ **Parroquia**

Wahrzeichen des Orts ist die an dem hübschen Hauptplatz (El Jardín, Plaza de Allende) gelegene Pfarrkirche (Parroquia). Dieser originelle neogotische Bau, der um 1880 an der Stelle einer alten, einfachen Kirche errichtet wurde, ist ein Werk des indianischen Baumeisters Ceferino Gutiérrez, der sich einige europäische Kathedralen zum Vorbild genommen hatte.

Linker Hand liegt die Kapelle des Señor de la Conquista mit der Figur des **Cristo de la Conquista**. Diese Statue (16. Jh.) wurde von Indianern in Pátzcuaro nach einer altindianischen Technik aus Maisrohrpaste gefertigt, die mit Orchideenknollenbrei zusammengeklebt und mit Kalk überzogen wird (de caña). In der Kapelle sind noch Teile von Wandmalereien von Federico Cantú zu sehen, die ein Priester als zu radikal empfand und deshalb teilweise zerstörte. Der neoklassizistische Camarín hinter dem Hauptaltar stammt von dem Universalkünstler Tresguerras.

An die Parroquia schließt sich im rechten Winkel die Kirche **San Rafael** aus dem 18. Jahrhundert an, deren Innenraum einfache plastische Darstellungen enthält.

Museo Allende

Öffnungszeiten:
Di. – So.
10.00 – 16.00

Auf der Westseite des Hauptplatzes steht ein im Barockstil verziertes Eckhaus, Geburtsstätte von Ignacio de Allende, heute Museum mit archäologischen, historischen und kunsthandwerklichen Exponaten. Eine Ausstellung befasst sich mit Allende und seiner Rolle in der Unabhängigkeitsbewegung. An der Fassade kann man die Inschrift »Hic natus ubique notus« (»hier geboren, überall bekannt«) lesen.

Casa del Mayorazgo de Canal

Die Nordwestecke der Plaza an der Calle Canal bildet der imposante Bau der Casa del Mayorazgo de Canal, der Elemente des Barock und des Neoklassizismus aufweist. Beachtenswert sind v. a. seine holzgeschnitzten Türen und die eleganten schmiedeeisernen Fenstergitter.

An der Nordseite des Platzes liegen hübsche Kolonialbauten aus dem 18. Jahrhundert, darunter das Rathaus (Palacio Municipal).

Convento La Concepción

Folgt man der Calle Canal nach Westen, vorbei an der Casa de Canal mit einem prachtvoll geschnitzten Tor, erreicht man jenseits des ersten Häuserblocks die Kirche und das Kloster La Concepción (oder auch Las Monjas), deren Bau Mitte des 18. Jahrhunderts begonnen, aber erst Ende des letzten Jahrhunderts beendet wurde.

Bemerkenswert ist die 1891 fertig gestellte, prächtige **zwölfeckige Kirchenkuppel**. Im Innern der Kirche findet man Bilder, die den Malern Miguel Cabrera und Juan Rodríguez Juárez zugeschrieben werden. Das Kloster hat einen eindrucksvollen, mit alten Bäumen bewachsenen Innenhof und zweistöckige Arkadengänge. Das Gebäude beherbergt heute das **Centro Cultural Ignacio Ramírez**.

Schräg gegenüber an der Ecke Mesones (Eingang) steht das Teatro Angela Peralta. Es wurde als Opernhaus gegründet und hatte seine

San Miguel de Allende Orientierung

Übernachten
① Posada Carmina
② Hacienda Taboada

Essen
① La Capilla
② Mama Mía

1 Palacio Municipal
2 Casa del Mayorazgo de Canal
3 Museo Allende
4 San Rafael
5 Nuestra Señora de la Salud
6 San Felipe Neri

Glanzzeit 1873, als Angela Peralta, die »mexikanische Nachtigall«, hier auftrat. Am Kloster entlang verläuft die Calle Hernández Macías nach Süden, auf der man an den sich gegenüberliegenden Bauten des früheren Gefängnisses und der Inquisition (Calle Cuadrante 18) vorbeikommt.

Instituto Allende

In derselben Richtung stadtauswärts steht an der Calzada Ancha de San Antonio links das schöne ehemalige Herrenhaus des Don Manuel Tomás de la Canal aus dem 18. Jahrhundert, das das Instituto Allende beherbergt, eine der beiden bedeutenden Kunstschulen.

✶ San Francisco

Einen Häuserblock nordöstlich des Zócalo liegt die Kirche San Francisco, die Ende des 18. Jahrhunderts erbaut wurde.
Sie hat eine schöne churrigueresque Fassade mit einem hohen neoklassizistischen Turm, der ein Werk von Francisco Eduardo Tresguerras sein soll.

✶ San Felipe Neri

Nördlich, jenseits der Calle Mesones, erhebt sich die Kirche El Oratorio de San Felipe Neri, die 1712 gegründet wurde.
Die Fassade weist starke **indianische Stilmerkmale** auf, besonders an den in Nischen stehenden fünf Heiligenstatuen.
Im rechten Querschiff befindet sich am Altar ein Gemälde der Jungfrau von Guadalupe des Miguel Cabrera, dem auch die 33 Bilder über das Leben des heiligen Felipe Neri zugeschrieben werden.

Santa Casa de Loreto

★

Camarín ►

Linker Hand gelangt man zur Santa Casa de Loreto, einer Nachbildung des heiligen Hauses von Loreto aus dem frühen 18. Jh. mit der Statue der Jungfrau Maria. Auf jeder Seite führt ein Gang zum Camarín, einem achteckigen Raum mit sechs Altären, von denen einer neoklassizistisch und fünf im Barockstil gehalten sind. Die Retablos bilden ein Beispiel für den mexikanischen Churriguerismus.

Nuestra Señora de la Salud

Östlich, neben San Felipe Neri, erhebt sich die Kirche Nuestra Señora de la Salud (18. Jh.). Den oberen Teil der churrigueresken Fassade bildet eine große Muschel. Das Innere ist ausgestattet mit neoklassizistischen Altären und Gemälden, u. a. von Miguel Cabrera, Antonio Torres und Tomás Xavier de Peralta. An der renovierten Plaza Allende, vor der Kirche, steht seit 1993 das Reiterdenkmal des Ignacio de Allende.

Indianerkapellen

In San Miguel gibt es kaum noch Indianer-Kapellen. Hingegen findet man sie vereinzelt in den benachbarten Dörfern und Ranchos. Die einfachen Bauten weisen eigentümliche Darstellungen von Heiligen,

Hinter den einfachen Fassaden verbergen sich oftmals besonders hübsche Räume.

Kreuzen und religiösen Themen sehr persönlicher Art auf. In diesen Kapellen konnten die Indianer – frei von spanischer Aufsicht – Andachten auf ihre indianisch-katholische Weise abhalten.

Eco-Reservat

Auf einer Hügelregion, El Charco del Ingenio genannt, am nordöstlichen Rand der Stadt, erstreckt sich das 65 ha umfassende Eco-Reservat. Der darin gelegene Garten dient der Aufzucht von Sukkulenten, v. a. von Kakteen. Auch seltene Arten werden hier kultiviert.

Aussichtspunkt

An der Ausfahrt nach Querétaro hat man vom Aussichtspunkt El Mirador einen Rundblick über San Miguel de Allende.

Umgebung von San Miguel de Allende

Thermalbäder

In unmittelbarer Nähe der Stadt, hauptsächlich in Richtung Dolores Hidalgo, gibt es eine Anzahl von Thermalbädern.

Cañada de la Virgen

Folgt man der Straße nach Süden in Richtung Celaya, biegt rechts ab in Richtung Guanajuato und passiert den Stausee (Presa de Allende), erreicht man nach ca. 15 km die bisher relativ unbekannte archäologische Stätte Cañada de la Virgen. Bisher fand man u. a. eine 18 m hohe Pyramide, einen Tempel, Terrassen und eine Chaussee. Bisherige Datierungen ergaben, dass diese Stätte in der Periode zwischen 800 und 1000 existierte und wohl unter toltekischem Einfluss stand.

Atotonilco

Etwa 15 km nördlich der Stadt und 3 km abseits der Straße liegt der viel besuchte **Wallfahrtsort** Atotonilco (Platz der heißen Wasser) mit seiner viel verehrten Erlöserstatue, eine Klostergründung des Paters Felipe Neri de Álfaro aus dem Jahr 1740. Nach Ausrufung der Unabhängigkeit Mexikos von Spanien unterbrach hier der Pfarrer Miguel Hidalgo seinen Marsch an der Spitze seines zusammengewürfelten Heeres. Er holte das Bildnis der Jungfrau von Guadalupe aus der Kirche und heftete es an sein Banner. So wurde die Madonna zur Schutzherrin der mexikanischen Freiheitsbewegung.

✶ ◂ Santuario de Jesús Nazareno

Das Innere der Klosterkirche Santuario de Jesús Nazareno und die verschiedenen Kapellen sind mit schönen Fresken geschmückt, die volkstümliche Themen darstellen. Hinter dem Hochaltar, im Camarín, findet man Skulpturen der Jungfrau Maria und der Apostel.

✶ ◂ Fresken

Die Rosenkranzkapelle (rechts) mit Fresken der Schlacht von Lepanto führt zu einem Camarín mit einer Decke in Muschelform.

Der Ort ist alljährlich **Ziel von Pilgerzügen aus ganz Mexiko**. Zwei Wochen vor Ostersonntag wird die Christusstatue des Señor de la Columna in einer nächtlichen Prozession in die Kirche San Juan de Dios in San Miguel de Allende getragen. Am dritten Sonntag im Juli findet in Atotonilco ein Kirchenfest mit indianischen Tänzen statt.

Dolores Hidalgo

Rund 28 km nordwestlich von Atotonilco liegt das Städtchen Dolores Hidalgo (41 000 Einw.). Von der Pfarrkirche dieses Orts wurde am

! Baedeker TIPP

Eisiger Genuss

An den Ecken des Stadtparks von Dolores Hidalgo, in dem auch die Statue des Priesters und Revolutionärs Don Miguel Hidalgo y Costilla steht, haben die Eisverkäufer ihr Revier. Ihr hausgemachter »nieve« (Schnee) hat eine Fülle von Aromen – darunter auch so ungewöhnliche wie Kaktus, Bier, Tequila oder Meeresfrüchte.

frühen Morgen des 16. September 1810, nachdem die Verschwörung aufgedeckt zu werden drohte, mit dem legendär gewordenen »**Ruf von Dolores**« (»Grito de Dolores«) durch Pfarrer **Miguel Hidalgo y Costilla** der Krieg um die Unabhängigkeit Mexikos eingeleitet.

✶ Parroquia ► Die 1712 bis 1778 erbaute Pfarrkirche (Parroquia) hat eine schöne Fassade. Eine ähnlich eindrucksvolle Gestaltung zeigen die beiden Retablos zur Linken und zur Rechten. Der erste, der vergoldet ist, enthält das historisch bekannt gewordene Bildnis der Jungfrau von Guadalupe.

In der Casa de Don Miguel Hidalgo zeigt ein Museum Gegenstände, die an den Freiheitshelden erinnern. Die Stadt ist zudem bekannt wegen der hier hergestellten bunten Kacheln (Azulejos).

✶ **Mineral de Pozos**

Wenige Kilometer außerhalb von San Miguel in Richtung Querétaro biegt links eine Straße in Richtung Dr. Mora ab. Nach der Überführung der Bundesstraße 57 geht es links noch ca. 11 km in Richtung San Luis de la Paz (31 000 Einw.). Nach 14 km erreicht man die Ortschaft Mineral de Pozos. Früher eine Bergbaustadt von 60 000 Einwohnern, ist sie heute zum größten Teil verlassen und hat die **Atmosphäre einer Geisterstadt**. Eine große Zahl von Gebäuderesten und tiefen Schächten zeugen noch von der einstigen Aktivität. Die Galerie am Hauptplatz zeigt wechselnde Ausstellungen.

Tampico

M 21

Bundesstaat: Tamaulipas (Tamps.)
Einwohner: 760 000
Höhe: 12 m ü. d. M.
Entfernung: 515 km nordöstlich von Mexiko-Stadt

Tampico, die südlichste und größte Stadt in Tamaulipas, steht vollkommen im Zeichen der Ölindustrie. Am Nordufer des Río Pánuco gelegen, ist sie neben Veracruz der wichtigste Hafen an der Küste des Golfs von Mexiko.

Ursprünglich als Öl- und Baumwollhafen entstanden, ist der Ort heute ein gut eingerichteter, reger Umschlagplatz für Waren vor allem in die Vereinigten Staaten von Amerika sowie nach Europa und Südamerika. Öltanks und Raffinerien, der betriebsame Hafen, Flussmündungen, Lagunen und Strände prägen diese Stadt und ihre Umgebung.

TAMPICO ERLEBEN

AUSKUNFT

Touristeninformation
Calle 20 de Noviembre
(zwischen Obregón und
Altamira)
Tel. (833) 212 28 68

VERKEHRSVERBINDUNGEN

Ein Flug von Mexiko-Stadt nach Tampico dauert ungefähr 45 Minuten, eine Busfahrt hingegen etwa 10 Stunden.

ESSEN

► Preiswert

Super Cream
Altamira y Olmos 201
Nettes Bistro mit leckeren Snacks.

ÜBERNACHTEN

► Komfortabel bis günstig

Hotel La Central
Rosalio Bustamante 224
Tel. (217) 03 88
Günstige Lage nahe der Busstation, angenehme Atmosphäre.

Geschichte

Die Gegend von Tampico war wahrscheinlich schon sehr früh von den Huasteken, einem Maya sprechenden Volk, besiedelt, da man ihre Keramikerzeugnisse bis vor 1000 v. Chr. zurückverfolgen kann. In der zweiten Hälfte des 15. Jahrhunderts gelang es den Azteken, die Huasteken tributpflichtig zu machen. Eine Flussexpedition führte bereits 1519 die ersten Spanier unter Alonso Alvárez de Pineda hierher. Innerhalb der folgenden zehn Jahre wurden die Huasteken unterworfen. Auf den Ruinen eines Aztekenstützpunkts errichtete der Franziskanerpater Andrés de Olmos 1532 ein Kloster, um das sich die spätere Stadt entwickelte. Der Titel »Villa« (Kleinstadt) wurde dem Ort San Luis de Tampico 1560 verliehen.
Im Lauf der folgenden hundert Jahre war der Hafen Ziel vieler Angriffe der aus dem Norden einbrechenden Indianerstämme und der von See kommenden Piraten. 1683 wurde Tampico zerstört und erst 1823, also nach dem Unabhängigkeitskrieg, wieder aufgebaut. Es folgten Besetzungen durch die Spanier, durch US-Truppen sowie durch französische Soldaten. Die Anfang des 20. Jahrhunderts unter der Präsidentschaft von Porfirio Díaz in der Nähe gemachten **Erdölfunde** brachten US-amerikanisches und britisches Kapital. Der Aufschwung machte Tampico zeitweise zum größten Ölhafen der Welt.

Plaza de Armas

Die Plaza de Armas (Zócalo) ist ein guter Beobachtungspunkt für das abendliche Leben der Stadt. An diesem Platz liegen auch die Kathedrale und das Rathaus (Palacio Municipal).

Museo de la Cultura Huasteca

Etwa 7 km nördlich von der Plaza, in Ciudad Madero, befindet sich im Instituto Tecnológico das Museum der Huasteken. Es enthält Plastiken, Terrakottafiguren, Tongefäße, Schmuck, Ritualobjekte aus Stein, ferner Waffen und Trachten.

Playa Miramar Ein sehr beliebter Strand, etwa 15 km außerhalb von Tampico, ist die Playa Miramar. Es gibt hier einige schattige Palapas (Palmenhütten), doch während der Woche ist es hier sehr ruhig.

✶✶ Taxco

Q 19

Bundesstaat: Guerrero (Gro.)
Einwohner: 125 000
Höhe: 1670 m ü. d. M.
Entfernung: ca. 150 km südwestlich von Mexiko-Stadt

Taxco, an den Hängen der umliegenden Hügel herrlich gelegen, ist durch sein geschlossenes Stadtbild aus der Kolonialzeit mit ziegelgedeckten, niedrigen Häusern, kleinen Plätzen und Gässchen eines der bekanntesten und beliebtesten Reiseziele Mexikos.

Geschichte In vorkolumbischer Zeit war die Gegend von den Tlahuicas, einem der Náhuastämme, bewohnt. Etwa 10 km vom heutigen Taxco entfernt lag die indianische Stadt Tlachco (»wo Ball gespielt wird«). Die Azteken unter ihren Herrschern Itzcóatl und Moctezuma I. fielen hier ein und annektierten schließlich Mitte des 15. Jahrhunderts das Gebiet. Die Spanier kamen bereits 1522 auf der Suche nach Zinn und Silber hierher. Sie gründeten 1529 die Ortschaft El Real de Tetzelcingo, aus der schließlich 1581 Taxco wurde.

Große Silberfunde wurden erst Mitte des 18. Jahrhunderts gemacht, als **José de la Borda** die große Mine San Ignacio entdeckte und ausbeutete. Nach dem Revolutionskrieg (1910 – 1920) verarmte die Region zunehmends, bis sich 1930 der US-Amerikaner **William Spratling** (1900 – 1967) hier niederließ. Es gelang ihm, das alte Kunsthandwerk wieder zu beleben, indem er von Iguala Silberschmiede kommen und sie nach indianischen Vorbildern Schmuck herstellen ließ. Heute lebt Taxco fast ganz vom Fremdenverkehr und der **Silberschmiedekunst**, die von über 1500 Kunsthandwerkern in einigen Hundert kleinen Werkstätten ausgeübt wird. Das hier verarbeitete Edelmetall besteht aus einer Legierung von 950 – 980 g Silber und 20 – 50 g Kupfer.

Sehenswertes in Taxco

✶✶ San Sebastían y Santa Prisca Überaus malerisch ist der kleine Zócalo (Plaza de la Borda), an dem die Kirche San Sebastián y Santa Prisca steht. Dieses **Meisterwerk churrigueresker Architektur** wurde im Auftrag des Silberkönigs José de la Borda Mitte des 18. Jahrhunderts von den beiden Architekten Diego Durán und Juan Caballero errichtet, denn, wie es hieß, war

Detail an der Pfarrkirche Santa Prisca. Sie ist ein wunderbares Beispiel für den churrigueresken Stil. →

TAXCO ERLEBEN

AUSKUNFT

Touristeninformationen
am Zócalo und im Busterminal Flecha Roja. Informationen auch im Subsecretaría Fomento Turístico an der Avenida de los Plateros am nördlichen Stadtrand, bzw. unter www.taxco.com.mx

VERKEHRSVERBINDUNGEN

Wer mit dem Auto unterwegs ist, nimmt für die ca. 150 km lange Strecke von Mexiko-Stadt nach Taxco am besten die MEX 95 bzw. 95 D (Abzweigung nach Amacuzac). Die Fahrt mit dem Bus dauert etwa 3 Stunden.

EINKAUFEN

Wer an Taxco denkt, denkt gleichzeitig auch an Silber. Zwar sind die Preise für Schmuck hier nicht wirklich günstiger als an anderen Orten, doch die Auswahl an Ketten, Ringen, Ohrringen, Armreifen, Gürtelschnallen etc. ist nahezu überwältigend. Gute Läden findet man um den Zócalo (z. B. Los Castillos an der Plazuela Bernal). Einen Silbermarkt gibt es bei der Kirche Santa Prisca – hier und bei den Straßenhändlern sollte man handeln und darauf achten, dass die Stücke den 925-Stempel tragen!

ESSEN

► Erschwinglich

① ***Cielito Lindo***
Plaza Borda 14
Tel. (762) 622 06 03
Ein besonders beliebtes Restaurant mit mexikanischem und internationalem Essen.

② ***Sotavento Restaurant Bar Galería***
Calle Juárez 8
Tel. (762) 622 12 17
In der früheren »La Taverna« werden italienische Spezialitäten serviert.

ÜBERNACHTEN

► Luxus

① ***Montetaxco***
Fracc. Lomas de Taxco
Tel. (762) 622 13 00
Fax (762) 622 14 28
www.montetaxco.com.mx
Liegt hoch über der Stadt mit einem herrlichen Blick auf die Stadt. Das Hotel (156 Z.) ist auch mit der Drahtseilbahn (Teleférico) zu erreichen. Die Zimmer haben alle TV und Terrasse. Weitere Angebote sind u. a. ein 9-Loch-Golfplatz, drei Tennisplätze, ein Pferdeverleih, ein Fitnesszentrum mit Massage und Dampfbad sowie eine Diskothek.

► Komfortabel

② ***Hacienda del Solar***
Paraje el Solar
Tel. (762) 622 03 23
Südlich der Stadt auf einem Hügel gelegen, mit herrlichem Blick über die Stadt und das Tal.
Das Hotel (23 Z.) besteht aus mehreren mexikanischen Bungalows verschiedener Kategorien, manche mit Terrasse, andere mit volkstümlicher Wandmalerei. Restaurant und Bar sind ebenfalls vorhanden.

sein Wahlspruch: »Dios da a Borda, Borda da a Dios« (»**Gott gibt Borda, Borda gibt Gott**«). Das Portal wird von je einem Paar korinthischer Säulen flankiert, die eine Reihe von Skulpturen einschließen. Im oberen Teil der Fassade sieht man über der päpstlichen Tiara statt eines zentralen Fensters ein großes Medaillon, das die Taufe Christi darstellt. Die **üppige Ornamentik** aus Statuen, Wappen, Blattwerk, Muscheln, Bändern, Cherubinen u. s. w. ist ganz besonders fein gearbeitet. Die sich über der Fassade erhebenden Türme sind mit verzierten Säulen und skulptierten Fratzen reich geschmückt. Die **mit blauen und gelben Azulejos gedeckte Kuppel** rundet das prächtige Bild ab.

Im Innenraum der Kirche sind herrlich geschnitzte, bemalte und vergoldete churriguereske Retablos zu sehen, die zahlreiche Figuren von Aposteln, Engeln und Heiligen inmitten reich gestalteter Motive von Blumen, Früchten, Vögeln u. a. zeigen. Über dem Eingang zur Kapelle der Indianer (**Capilla de los Indios**) hat Miguel Cabrera in einem Gemälde das Martyrium der Namenspatronin der Kirche, Santa Prisca, dargestellt. Weitere sehenswerte Gemälde des Künstlers hängen in der Kapelle und in der Sakristei.

Museo Guillermo Spratling

Hinter Santa Prisca befindet sich in der Calle Porfirio Delgado 1 das Museum William Spratling (Museo Guillermo Spratling), in dem archäologische Stücke der Westkulturen und Exponate aus Taxcos Glanzzeit als Silberstadt ausgestellt sind.

Museo de Arte Virreinal (Casa Humboldt)

An der Calle Juan Ruíz de Alarcón erhebt sich die Casa Humboldt, ein prächtiges Gebäude aus dem 18. Jahrhundert mit einem schönen Mudéjar-Portal. Seinen Namen verdankt es dem Umstand, dass im April 1803 der deutsche Naturforscher und Geograf **Alexander von Humboldt** auf seiner mehrjährigen Reise durch die spanischen westindischen Kolonien hier übernachtete. Heute werden im Haus allerlei Silberarbeiten ausgestellt. (Öffnungszeiten: Di. – Sa. 10.00 – 19.00, So. 9.00 – 15.00 Uhr).

Museo de la Platería

An der Plaza Borda kann man das **Silbermuseum** (Museo de la Platería) besuchen. Hier kann man einige außergewöhnliche Arbeiten von william Spratling bewundern und einiges über die Entwicklung der Silberschmiedekunst in Taxco erfahren (Öffnungszeiten: tgl. außer Mi. 10.30 – 17.00 Uhr).

Capilla de la Santísima

Über die Calle del Arco gelangt man zum sehenswerten Markt (Mercado). Weiter südöstlich liegt die barocke Kirche Santísima aus dem Jahr 1713, von der nach Westen die Straßen Real de San Nicolás und Progreso zur 1822 vollendeten Iglesia de Ojeda führen.

Casa Figueroa

Geht man von der Kirche durch die Calle de San Agustín zurück in Richtung Hauptplatz, kommt man an der noch **altspanische Atmosphäre** ausstrahlenden Plaza de los Gallos und der Casa Figueroa

Taxco Orientierung

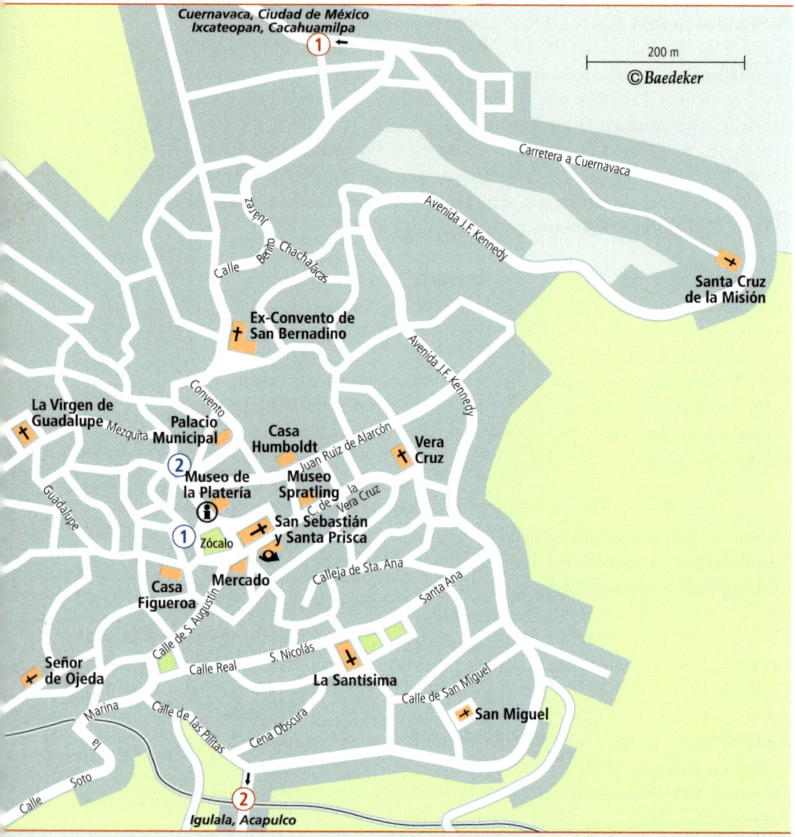

Übernachten
① Montetaxco ② Hacienda del Solar

Essen
① Cielito Lindo ② Sotavento Restaurant Bar Galería

(Calle Guadalupe 2) vorbei. Dieses Gebäude aus der Mitte des 18. Jahrhunderts hieß ursprünglich Casa de las Lágrimas (Haus der Tränen), da der Bauherr, Conde de Cadena, das Haus von Indianern in Fronarbeit errichten ließ, von denen sich viele zu Tode schindeten. Der Künstler Fidel Figueroa erwarb es 1943; heute ist das Haus ein Museum.

Iglesia de la Virgen de Guadalupe

In südwestlicher Richtung erblickt man auf einem Hügel die Kirche der Heiligen Jungfrau von Guadalupe. Diese Kirche, von der man eine sehr schöne Aussicht auf den Zócalo und Santa Prisca hat, stammt aus dem 18. Jahrhundert und wurde im Jahr 1877 neu gestaltet.

Gasse in Taxco

Ex-Convento San Bernardino

Die Calle Convento führt am Rathaus vorbei zum einstigen Kloster San Bernardino. Es war ursprünglich eine Franziskanergründung aus dem 16. Jahrhundert, brannte jedoch im 19. Jahrhundert aus und wurde dann im neoklassizistischen Stil neu aufgebaut.

Lomas de Taxco

Vom Zócalo aus fahren Kleinbusse und Taxis zur Talstation einer Seilbahn, die im Norden der Stadt in der Nähe der Hacienda del Chorillo liegt. Die Bahn schwebt hinauf zu der 240 m hohen Hügelkette Lomas de Taxco. Die **Aussicht** während der Fahrt und vom Plateau ist außergewöhnlich.

★ **Prozessionen**

Alljährlich finden in Taxco in der **Osterwoche** einzigartige Prozessionen statt. Sie beginnen am Palmsonntag und erreichen ihren Höhepunkt am Gründonnerstag und Karfreitag, wenn Penitentes (Büßer, die Fußketten tragen), Encruzados (Gläubige, die schwere Dornbüsche auf den nackten Schultern schleppen) und Flagelentes (sich mit dünnen Geißeln Peitschende) durch die Straßen ziehen und sich dadurch Erlösung von ihren Sünden erhoffen.

Umgebung von Taxco

Ixcateopan

Die Ortschaft Ixcateopan (8000 Einw.) befindet sich 40 km westlich von Taxco in herrlicher Gebirgslandschaft. In der aus dem 16. Jahrhundert stammenden Kirche Santa María de la Asunción, die heute ein Museum beherbergt, glaubt man unter dem Altar die sterblichen **Überreste des letzten Aztekenherrschers Cuauhtémoc** gefunden zu haben, den Cortés 1525 in Honduras töten ließ.

Am Ende des etwa 6 km langen Wegs führt am Berghang ein Pfad durch eine **malerische Fels-, Busch- und Kakteenlandschaft** zu einer Anhöhe (Aufstieg ca. 1 Std.). Hier, rund 400 m über dem Tal, liegen auf dem gleichnamigen Berg die **Ruinen der letzten großen Festung der Zapoteken**. Erhalten geblieben sind die Reste einer etwa 3 m hohen und 2 m starken Mauer, die einst den ganzen Berg entlanglief. Auf dem großen Platz befinden sich noch die Reste einer großen vierstufigen Tempelpyramide, dreier kleinerer Kultgebäude und die eines Ballspielplatzes. Am Berghang stand einstmals der Palast des Zapotekenkönigs Cocijo-eza. Von den Klippen des Bergs hat man eine herrliche Aussicht auf das Tal von Tehuantepec.

Küstenfahrt am Golf von Tehuantepec

Die Küstenstraße MEX 200 erreicht man über die von Oaxaca nach Tuxtla Gutiérrez führende MEX 190, die man hinter San Pedro Tepanatepec rechts in Richtung Arriaga (44 km) verlässt.

Tonalá Von dort sind es noch 23 km bis Tonalá (50 000 Einw.), einem von üppiger tropischer Vegetation umgebenen Ort mit einem kleinen archäologischen Museum. Von hier führt eine Abzweigung südlich zu dem 17 km entfernten Fischerhafen Puerto Arista. In der Nähe befindet sich eine Ausgrabungsstätte, deren Ruinen frühe aztekische Einflüsse zeigen.

Dünenlandschaft am Pazifik bei Salina Cruz

Von Tonalá über Huixtla sind es 221 km bis nach Tapachula (190 000 Einw.). Die Stadt liegt sehr hübsch am Fuß des erloschenen, 4093 m hohen Vulkans Tonaná und ist das Wirtschaftszentrum der vom **Kaffeeanbau** bestimmten Region. Für Besucher sind in Tapachula der zoologische Garten und das Museo Arqueológico de Soconusco mit Fundstücken aus Chiapas, vor allem aus Tonalá und Izapa, am interessantesten. **Tapachula**

Knapp 11 km östlich von Tapachula trifft man auf die archäologische Zone von Izapa, **das größte vorspanische Kulturzentrum an der Pazifikküste Mesoamerikas**. **Izapa**
Es handelt sich um eine sehr alte Tempelstadt, die schon etwa 1500 v. Chr. bis 900 n. Chr. bedeutsam war. Neben einer großen Anzahl von künstlichen Erdhügeln, Tempelplattformen, Innenhöfen und einem Ballspielplatz sind es vor allem die mehr als 50 bearbeiteten Steinmonumente, die die heute bekannte, 4 km² große archäologische Zone auszeichnen. Die meisten Steinskulpturen (300 bis 50 v. Chr.) weisen vielfach auf olmekischen Einfluss hin bzw. bilden bereits den Übergang zum Maya-Stil. Unter anderem fand man Stelen mit Flachreliefs, die einen eigenartigen langlippigen Gott zeigen. Der wichtigste Fund war wohl die Stele 5 mit ihrem eingemeißelten Lebensbaum und alten Göttern, die wahrscheinlich den Schöpfungsmythos darstellen. Ein Teil der Stelen ist im Museum in Tapachula ausgestellt.

Etwa 27 km südlich von Tapachula erreicht man Puerto Madero, eine Hafenstadt und ein beliebtes Seebad. **Puerto Madero**
Grenzübergänge nach Guatemala bestehen bei Puente Talismán (18 km) bzw. bei Ciudad Hidalgo (weitere 20 km). Etwa parallel zur Küstenstraße verläuft die Eisenbahnlinie von Salina Cruz über Tehuantepec nach Guatemala.

★★ Teotihuacán

P 20

Bundesstaat: México (Mex.)
Höhe: 2281 m ü. d. M.
Entfernung: 50 km nordöstlich von Mexiko-Stadt

Teotihuacán war in den ersten 600 Jahren unserer Zeitrechnung die einflussreichste politische und religiöse Macht in Mittelamerika. Wegen der Symmetrie der gigantischen Anlage und ihrer einheitlichen Architektur gehört sie zu den eindrucksvollsten Ruinenstätten der Welt. Die bisher größte ausgegrabene altindianische Stadt Mesoamerikas am Rand des Hochtals von Anáhuac wurde 1988 von der UNESCO zum Weltkulturerbe erklärt.

Die 366 Skulpturen am Tempel des Quetzalcóatl stellen die gefiederte Schlange, den Regengott und die Feuerschlange dar.

★ **Calle de los Muertos**

Hinter der Unidad Cultural gelangt man zu der 2 km langen und 45 m breiten Hauptstraße Miccaotli, fälschlicherweise als Straße der Toten (Calle de los Muertos) bezeichnet. Um diese **Hauptachse** herum wurde die gesamte Anlage erbaut. Sie gleicht auch weniger einer Straße als einer Reihe offener Terrassen, die zwischen Zitadelle und Mondpyramide an ihrem nördlichen Ende miteinander verbunden sind. Ursprünglich erstreckte sich die Calle de los Muertos von der Ciudadela aus 2 km in südlicher Richtung, doch davon ist nicht mehr viel zu erkennen. Die Gebäude am Rand der Straße – drei- oder vierstufige Plattformen, die an schrägen Wänden befestigt sind – wurden vermutlich für rituelle Aufgaben genutzt. Manchmal wurden sie auch übereinander gebaut, wie man an den Edificios Superpuestos (überlagerte Gebäude) links hinter dem Fluss sehen kann.

La Ciudadela

Nach Überqueren der Straße kommt man zu einer eindrucksvollen rechteckigen, von vier Plattformen begrenzten Anlage, die als Zitadelle (Ciudadela) bezeichnet wird. Es wird vermutet, dass es sich um Kult- und Wohnstätten der Priester und Regierenden handelte. Die Zitadelle ist ein schönes Beispiel für den in Teotihuacán immer wieder auftretenden **Talud-Tablero-Stil** (Schrägwand / Steilwand), bei dem der steile Teil mit den gerahmten Paneelen überwiegt. Rahmen und Paneel waren früher mit einer dicken Mörtelschicht überzogen, die von bunten Fresken bedeckt war.

★ Templo de Quetzalcóatl ▶

Inmitten der Ciudadela liegt der Tempel des Quetzalcóatl. Diese zweimal überbaute Pyramide zeichnet sich hauptsächlich durch die

ursprünglich **366 Skulpturen** aus, eine Seltenheit in einer Stadt, in der wenig Steinplastiken gefunden wurden. Wem dieses Heiligtum geweiht war, weiß man nicht, doch es steht mit Regen und Mais in Zusammenhang. Auf einem der beiden sich abwechselnden Skulpturentypen sieht man eine Schlange, deren Kopf von Blütenblättern oder Federn eingerahmt wird und deren Leib von Muschel- und Schneckenmotiven umgeben ist, die das Wasser darstellen. Der andere Typus ist eine stilisierte Maske, vielleicht die des Regengottes Tláloc oder eines Maisgottes, der mit großen, runden Augen und zwei Fängen dargestellt wird. Es sind noch Farbreste an den einst mit Stuck überzogenen Steinfiguren zu erkennen.
Im Jahr 1986 fand man hier eine **Grabstätte mit den Skeletten von 18 Priestern**, die offenbar um das Jahr 150 rituell geopfert worden waren. Dieser sensationelle Fund bewies, dass auch hochrangige Persönlichkeiten und nicht nur Sklaven oder Gefangene auf diese Art getötet wurden. Die Opfer, deren Hände auf den Rücken gebunden waren, hatten mit Jade und anderen wertvollen Steinen eingelegte Zähne und waren von Muscheln, Pfeilspitzen und kleinen Tonfiguren umgeben.

Plaza de la Pirámide del Sol

Vorbei am Haus der Priester (Casa de los Sacerdotes) kommt man auf der rechten Seite über eine breite Treppe zum Platz der Sonnenpyramide (Plaza de la Pirámide del Sol), der ca. 70 m breit ist. In der Mitte befindet sich ein Altar, an den Ecken Überreste von Tempeln und anderen Anlagen.

**** Pirámide del Sol (Sonnenpyramide)**

Im Osten des Platzes ragt der größte Bau Teotihuacáns, die Sonnenpyramide (Pirámide del Sol), empor. Dieses gigantische Bauwerk, an Umfang in Mesoamerika nur noch von der Pyramide von ►Cholula übertroffen, ist so angelegt, dass die Sonne am **Tag der Sommersonnenwende** genau gegenüber seiner Frontseite untergeht. Die Grundfläche (220 x 225 m) ist fast so groß wie die der ägyptischen Cheopspyramide, die Höhe (63 m, mit dem ehemaligen Tempel 74 m) jedoch um 70 m niedriger.
Im Zuge missglückter Restaurierungsarbeiten Anfang des 20. Jahrhunderts ging von der Originalverkleidung dieser Pyramide eine nicht weniger als 7 m dicke Stuck- und Steinschicht verloren. Zwei Treppenreihen führen über den dreiteiligen Vorbau zum ersten Absatz der Pyramide. Von hier aus geht eine **breite Freitreppe** über mehrere Etagen zur Spitze, auf der einst der Tempel stand. Von oben (248 Stufen) hat man eine **großartige Aussicht über die gesamte archäologische Zone**. Am Fuß der Haupttreppe wurde 1971 durch Zufall ein Schacht von 7 m Tiefe entdeckt, von dem aus ein 103 m langer Gang zu einer Gruppe von vier kleeblattförmig angelegten Räumen führt. Im Innern dieser Kammern hat man Reste von Keramikobjekten und Schieferscheiben (Spiegel?) entdeckt, die offenbar nach Plünderungen übrig geblieben sind. Über die Bestimmung dieses Höhlensystems, das wahrscheinlich um 250 angelegt wurde,

✶ **Atetelco** Rund 400 m westlich von Tetitla befindet sich die Ruinenstätte Atetelco mit zwei Patios, die ebenfalls mit prächtigen Fresken ausgeschmückt sind.

Grabfund Im April 1997 entdeckte man bei Straßenarbeiten (Autopista Mexiko-Stadt–Tulancingo), etwa 2,5 km in nordöstlicher Richtung von der Mondpyramide entfernt, bei der Ortschaft Metepec eine 500 m² große Plattform. Unter dieser befindet sich ein weiteres interessantes Grab mit den Resten einer hoch stehenden Persönlichkeit im Kindesalter. Das Besondere an dieser Grabstelle ist, dass die 50 reich kostümierten weiblichen Figurinen eine **theatralische Darstellung des Lebens in Teotihuacán** zu symbolisieren scheinen. Bekanntlich fand man in Teotihuacán keinerlei Schriftzeichen, so dass diese Verkörperung von historischer Bedeutung sein könnte.

Tepic

N 14

Bundesstaat: Nayarit (Nay.)
Höhe: 915 m ü. d. M.
Einwohner: 390 000

Tepic, die Hauptstadt des Bundesstaats Nayarit, am Fuß des erloschenen Vulkans Sangangüey (2360 m ü. d. M.), liegt inmitten grüner Hügel etwa 50 km östlich der Pazifikküste. Im Osten der Stadt erstreckt sich eine weite Ebene mit Tabak- und Zuckerrohrplantagen. Bahn-, Bus- und Autoreisenden ist Tepic als Verkehrsknotenpunkt und Ausgangsstation für Fahrten zur Küste, nach San Blas, Mexcaltitán oder Puerto Vallarta bekannt.

Geschichte Die Ortschaft Tepic (harter Stein) wurde 1531 von Nuño Beltrán de Guzmán gegründet. Philipp V. verlieh 1711 Tepic das Stadtrecht. Erst mit dem Bau einer Eisenbahnverbindung (1912) begann die moderne Entwicklung der Stadt und der Region.

Sehenswertes Die Stadt eignet sich als Ausgangspunkt für Ausflüge zu den Stränden der Küste oder zu den umliegenden Indianerdörfern. Erwähnenswert sind die Kathedrale an der Plaza Principal mit neogotischen Türmen sowie die Kirche La Cruz de Zacate, benannt nach einem Kreuz aus Zacate-Gras, das von den Indianern verehrt wird.

Museen Das Museo Amado Nervo (Calle Zacatecas 284) ist dem bekannten mexikanischen Dichter gewidmet, der hier geboren wurde. Interessant ist auch das Regionalmuseum (Museo Regional de Antropología e Historia) in der Avenida México 91, das archäologische Funde aus der Gegend, Gemälde der Kolonialzeit sowie Exponate zum Leben der Cora und Huicholes zeigt.

✶ Museo Regional ►

TEPIC ERLEBEN

AUSKUNFT

Touristeninformation
im Palacio Municipal am Zócalo
Tel. (323) 285 02 21

VERKEHRSVERBINDUNGEN

Von Mexiko-Stadt benötigt man dem Bus ungefähr 10 bis 11 Stunden.

ESSEN

► **Preiswert**

La Terraza
Insurgentes 98 Pte
Tel. (311) 13 15 73
Einfaches, beliebtes Lokal.

ÜBERNACHTEN

► **Günstig**

Melanie
Blvd. Tepic-Xalisco 109
Tel. (311) 214 23 10
www.hotelmelanie.s5.com
Das Hotel Melanie liegt ganz in der Nähe der Universität und nicht weit vom Zentrum. Die 57 Zimmer haben alle Telefon und TV; zudem ist das Personal sehr zuvorkommend.

Umgebung von Tepic

Ixtlán del Río

Nach 70 km auf der MEX 15 in Richtung Guadalajara führt die Straße durch eine von Lavamassen des Vulkans Ceboruco bedeckte bizarre Landschaft und kurz danach in das Städtchen Ixtlán del Río (40 000 Einw.).
Etwa 3 km nach dem Ort liegt auf der linken Seite eine der wenigen, nicht nur aus Gräberfeldern bestehenden archäologischen Stätten Westmexikos, das **Centro Ceremonial Rincón de Ixtlán y Los Toriles**. Die teilweise freigelegte Zone dürfte schon im 6. und 7. Jahrhundert bewohnt gewesen sein. Die heute sichtbaren Bauwerke stammen vermutlich aus der frühen Nachklassik (900 – 1250), einer Periode, die hier sicherlich von den Tolteken beeinflusst war. Zu den interessantesten Bauwerken gehören ein L-förmiges Gebäude auf einer niedrigen Plattform und ein Rundbau mit kegelförmigen Fenstern und zwei Altarplattformen. Daneben sieht man noch Wohnbauten, Plattformen, Altäre und noch nicht freigelegte Gebäude.

Compostela

Etwa 40 km südlich von Tepic liegt Compostela (55 000 Einw.). Dieser alte Minenort besitzt eine interessante Pfarrkirche aus dem 16. Jahrhundert und liegt in einem Tabakanbaugebiet. Einige der südwestlich gelegenen Fischerdörfer sind zu beliebten Badeorten geworden, darunter das pittoreske Peñita de Jaltemba und Rincón de Guayabitos.

San Blas

Von der MEX 15 in Richtung Mazatlán biegt nach 34 km eine Straße zu dem 36 km entfernten, bereits seit den 1970er-Jahren populären Seebad San Blas ab (12 000 Einw.). Der Ort ist von Tepic auch über

Santa Cruz (51 km) und weiteren 25 km entlang der Strände zu erreichen. In der Kolonialzeit war San Blas ein wichtiger Handelshafen für die Schiffsverbindungen nach Ostasien, wie man aus den Überresten der alten spanischen Festung Fuerte San Basilio und dem alten Zollhaus ersehen kann. Von dem **malerischen Fischerdorf** kann man schöne Bootsfahrten durch tropische, vogelreiche Fluss- und Lagunenlandschaften (La Tovara) machen. Zu den herrlichen, kilometerlangen Stränden gehören die südlich gelegene Playa El Borrego und die sich südöstlich erstreckenden Playas Las Islitas (9 km), Matanchén (11 km), Los Limones, de los Cocos und Miramar (23 km).

Playa Los Corchos

Das beliebte Strandrevier Playa Los Corchos erreicht man, wenn man von Tepic nordwestlich auf der MEX 15 nach Santiago Ixcuintla fährt und dort zum Meer nach Westen abbiegt (Gesamtstrecke ca. 100 km).

Lagunenstadt Mexcaltitán

Von Santiago Ixcuintla lohnt ein Abstecher von der Straße nach Playa Los Corchos zu der 25 km entfernten Laguna Mexcaltitán. Das Dorf Mexcaltitán, **eine Art Klein-Venedig**, liegt auf einer kreisrunden Insel inmitten des fisch- und vogelreichen Sees. Manche Historiker sehen in dieser Insel das legendäre Aztlán, die Urheimat der Náhua-Völker und damit auch der Azteken.

San Blas ist der Heimathafen einer Fangflotte. Mit seiner lockeren Atmosphäre zieht es vor allem im Winter Urlauber aus aller Welt an.

Tijuana

B 1/2

Bundesstaat: Baja California Norte (B.C.N.)
Höhe: 152 m ü. d. M.
Entfernung: ca. 2840 nordwestlich von Mexiko-Stadt
Einwohner: 1,5 Mio.

Tijuana, direkt an der Grenze zum US-Bundesstaat California gelegen und Magnet für trinkfreudige und konsumhungrige Grenzgänger, hat seinen Ruf als besonders sündige Stadt nie überwinden können. Verglichen mit anderen mexikanischen Städten zeigt sie am deutlichsten den amerikanischen Einfluss. Ihr Bild prägen Bürogebäude, Shoppingmalls und Industriegebiete.

Die vorwiegend vom Tourismus und der Veredelungsindustrie lebende Stadt lockt alljährlich viele Millionen Besucher an, v. a. aus den Einzugsgebieten der US-kalifornischen Großstädte San Diego (25 km) und Los Angeles (260 km). Tijuana verzeichnet mit etwa 50 Mio. Besuchern die meisten Grenzgänger und ist Ausgangspunkt der Carretera Transpeninsular (MEX 1) durch Baja California. Tijuanas Anziehungskraft beruht auf seinem großen Angebot an **zollfreien Waren** sowie mexikanischer Volkskunst und Souvenirs, seinen Veranstaltungen (Stierkampf, Pferde- und Hunderennen, Jai Alai, Frontón, Baseball) und seinem Nachtleben. Mittelpunkt des allgemeinen Geschehens ist der Hauptplatz Parque Municipal Guerrero, das Einkaufsviertel um die Avenida Revolución und der Boulevard Agua Caliente mit Hotels, Restaurants, verschiedenen Läden und Sportarenen.

Geschichte

Tijuana hat eine kurze Geschichte. Aus einer Rinderhacienda namens Tía Juana (Tante Anna), die 1829 von José María Echandi gegründet wurde, entwickelte sich die heutige Großstadt. Ihr Aufstieg begann während der Prohibitionszeit (1920 – 1933), als der Genuss alkoholischer Getränke in den USA verboten war und zahlreiche durstige Seelen einen kurzen Ausflug über die Grenze unternahmen.

Sehenswertes in Tijuana

Catedral

Eines der wenigen bemerkenswerten Gebäude der Stadt ist die der Jungfrau von Guadalupe geweihte Kathedrale (20. Jh.).

Centro Cultural Tijuana

Einen ersten Eindruck für Mexiko-Urlauber, die in Tijuana ihre Reise beginnen, vermittelt das auch architektonisch interessante Centro Cultural Tijuana durch eine Multimediashow und ein Museum am Paseo de los Héroes / Independencia. Ihm angeschlossen ist das **Museo de Identidades Mexicanas**, das dem Besucher einen guten Überblick über Land und Leute sowie deren unterschiedliche Traditionen und Bräuche gibt.

✶ Tlaxcala

P 20

Bundesstaat: Tlaxcala (Tlax.)
Einwohner: 100 000
Höhe: 2255 m ü. d. M.
Entfernung: 120 km östlich von Mexiko-Stadt, 30 km nördlich von Puebla

Tlaxcala, die Hauptstadt von Mexikos kleinstem Bundesstaat am Abhang der östlichen Sierra Madre, war immer für seinen freundlichen Umgang mit Fremden bekannt. Als Feinde der Aztekenstadt Tenochtitlán verbündeten sich die Einwohner Tlaxcalas und ihre Bündnispartner recht schnell und freiwillig mit Cortés, als er 1519 dort ankam. Nach ihrem Rückzug aus Tenochtitlán konnten sich die Spanier hier sammeln und mit Unterstützung der Einheimischen wieder aufrüsten.

Gegründet wurde die Stadt 1525 von Franziskanermönchen. Obwohl sie eigentlich für die indianischen Bewohner der Gegend gedacht war, wurde sie sehr prunkvoll und im Stil der spanischen Renaissance angelegt. Die bevölkerungsreiche Stadt, die damals zu den größten Mexikos gehörte, verlor 1544 bis 1546 durch den Ausbruch der Pest einen Großteil ihrer Einwohner. Von diesem Schlag konnte sich Tlaxcala nicht mehr erholen; seine Rolle in der späteren Geschichte blieb daher bescheiden. Viele Ausflügler aus Mexiko-Stadt kommen gerne hierher, um dem Lärm und der Hektik der Großstadt zu entfliehen. Zudem kann man von hier archäologische Exkursio-

TLAXCALA ERLEBEN

AUSKUNFT

Touristeninformation
Ecke Avenida Juárez / Lardisábal
Tel. (246) 466 21 22
www.tlaxcala.gob.mx

VERKEHRSVERBINDUNGEN

Wer mit dem Auto unterwegs ist, nimmt von Mexiko-Stadt aus am besten die MEX 150 und MEX 119 (113 km). Mit dem Bus dauert die Fahrt etwa 2 Stunden.

ESSEN

► **Erschwinglich**
Los Portales
Plaza de la Constitución 8
Tel. (246) 462 54 19
Einfaches, zentral gelegenes Lokal mit mexikanischer Küche.

ÜBERNACHTEN

► **Luxus bis komfortabel**
Posada San Francisco
Plaza de la Constitución 17
Tel. (246) 462 60 22
Fax (246) 462 68 18
www.posadasanfrancisco.com
In der umgebauten graurosa Villa aus dem 19. Jahrhundert stehen 68 Zimmer sowie ein Swimmingpool und ein Tennisplatz zur Verfügung. Zentral an der südlichen Seite des Hauptplatzes gelegen.

nen zur Pyramide von Cacaxtla unternehmen und einige Kolonialstädtchen in der Umgebung besuchen. Doch die Schönheit Tlaxcalas selbst ist Grund genug für einen Besuch – seien es die Gebäude, die in allen **Gelb- und Rotschattierungen** leuchten, die sorgfältig gestutzten Bäume entlang der Hauptstraßen oder die vielen leise plätschernden Brunnen in der ganzen Stadt.

Sehenswertes in Tlaxcala

Zócalo

Der weite und schattige Zócalo ist einer der schönsten Mexikos. Der größte Teil seiner Nordseite wird von dem um 1550 errichteten Rathaus (Palacio Municipal), dessen Fensterbogen im 2. Stock indianisch-maurisch gestaltet sind, und dem Regierungspalast (Palacio de Gobierno) eingenommen. In seinen Gängen kann man moderne Fresken des tlaxcaltekischen Malers Desiderio Hernández Xochitiotzin sehen, welche die Geschichte der Stadt darstellen. An der nordwestlichen Seite des Platzes sieht man die Parroquia de San José mit ihrer mit bunten Kacheln verkleideten roten Ziegelfassade.

★ Ex-Convento San Francisco

Nahe der Plaza in südöstlicher Richtung liegen das Kloster und die Kirche San Francisco, gegründet im Jahr 1526 und damit eine der ersten Klostergründungen in Mexiko. Die Hauptanlage des Klosterkomplexes wurde zwischen 1537 und 1540 errichtet. Bemerkenswert ist die maurisch anmutende, sternengeschmückte Zedernholzdecke in der **Iglesia de la Asunción** (Kathedrale) sowie das Taufbecken in der Kapelle des Dritten Ordens, wo die vier Herrscher des Orts angeblich getauft wurden. Daneben befindet sich das Regionalmuseum (**Museo Regional de Tlaxcala**), das die Geschichte der Gegend von der prähispanischen Zeit bis zur Revolution dokumentiert.

Museo de Artes y Tradiciones Populares

In diesem Museum (Calle Emilio Sánchez 1) geben Einheimische einen Einblick in das dörfliche Leben rund um Tlaxcala, u. a. in das Weben, Schnitzen und Teppichknüpfen. Zudem wird auch die Herstellung von Pulque erläutert. Nebenan, in der Casa de Artesanías, kann man hübsche Töpferarbeiten und Textilien finden.

★★ Santuario de la Virgen de Ocotlán

Oberhalb der Stadt (nordöstlich des Zócalo) erhebt sich eines der schönsten Sakralgebäude Mexikos, die Basilika der Jungfrau von Ocotlán. Sie ist eine Schöpfung des Indianers **Francisco Miguel** aus der Mitte des 18. Jahrhunderts. Die weißen Stuckornamente des inneren Teils der churrigueresken Fassade und der Türme heben sich prächtig von den mit sechseckigen roten Kacheln bedeckten, gewölbten Außenteilen ab. Diese Kombination und der überaus plastische Muschelbogen lassen das Barockgebäude **ungemein graziös** wirken.
Für die Arbeit im Innenraum benötigte der Künstler 25 Jahre. Besonders hervorzuheben sind der Hochaltar, die beiden Seitenaltäre sowie der **achteckige Camarín mit der Heiligen Jungfrau** – in diesem Fall eine kleine Kapelle hinter dem Hochaltar mit vielfarbigen, india-

nisch beeinflussten Stuckdekorationen. Die Jungfru soll hier im Jahr 1541 erschienen sein. Jedes Jahr wird ihr zu Ehren eine **Prozession** veranstaltet, die viele Pilger und Zuschauer anlockt.

Santa Ana Chiautempan

Santa Ana Chiautempan schließt direkt östlich an Tlaxcala an und ist etwa gleich groß. Bekannt ist der Ort für seine Stick- und Webarbeiten, die man sonntags auf dem Markt oder in verschiedenen Läden bewundern und kaufen kann.

San Esteban Tizatlán

Etwa 5 km nördlich der Stadt befindet sich an der Straße nach Apizaco der Ort San Esteban Tizatlán mit Überresten vom Palast des Xicoténcatl. Man sieht noch zwei Altäre mit interessanten **präkolumbischen Wandmalereien**. Diese im Stil der mixtekischen Bilderschriften gehaltenen Fresken stellen u. a. mythologische Gestalten dar wie Xochiquétzal, die Schutzgöttin von Tlaxcala. Daneben kann man eine Kirche mit einer Offenen Kapelle aus dem 16. Jahrhundert sehen und Fresken, auf denen Engel mittelalterliche Instrumente spielen.

Cacaxtla · Xochitécatl

✶ **Cacaxtla**

Öffnungszeiten: tgl. 9.00 – 17.00

Nicht ganz 20 km südwestlich von Tlaxcala liegt bei dem Ort San Miguel del Milagro die Ausgrabungsstätte Cacaxtla. 1975 wurde sie über Nacht berühmt, als Grabräuber bei der Ausschachtung eines Tunnels auf vorspanische Wandmalereien stießen und den Fund den Behörden meldeten. Man nimmt an, dass die Blütezeit Cacaxtlas zwischen 700 und 900 n. Chr. gelegen hat und die eindrucksvollen Fresken im 8. Jahrhundert entstanden sind.

Sie zeigen starke Merkmale des Maya-Stils und der Endphase von Teotihuacán, deren Kultur sich vor allem in dem leicht abgeänderten Talud-Tablero-Stil (Schräg-/Steilwand-Stil) und durch die umrahmenden Szenen und Glyphen in den Wandgemälden ausdrückt. Auffällig ist, dass in Cacaxtla **Venussymbole** vorherrschen, die eng mit den mesoamerikanischen Ritualen von Krieg und Opfer verbunden sind. Der größte Teil der Los Cerritos genannten Anlage ist mittlerweile überdacht. Zunächst trifft man auf den Hügel B (Montículo B), eine dreistöckige Pyramidenbasis. Der Rundgang führt über den Großen Sockel (Gran Basamento), einen enormen, abgestuften Komplex mit einer großen Anzahl von Bauwerken verschiedenen Alters wie Palästen, Säulengängen, Plattformen, Patios und Altären. Dabei sieht man unter einer Glasplatte auch die Malereien an der Treppe des Roten Tempels (Templo Rojo).

✶ Wandbild ►

Der Weg führt über die Nordplaza zum Gebäude B (**Edificio B**) mit der Darstellung einer Schlacht. Die beiden Wandbilder stellen den grausamen **Kampf zwischen siegreichen Jaguarkriegern und unterliegenden Vogelmenschen** dar. In der Mitte des Schlachtfelds stehen zwei Monumentalfiguren, die die Szene beobachten und im Stil des Hochlands von Mexiko gekleidet sind, jedoch hohe Sandalen nach Art der Maya tragen.

Die Wandbilder im Edificio B zeigen die siegreiche Schlacht der Jaguarmenschen gegen die Adlermenschen.

★ ★ Wandbilder

Die interessanteste Sehenswürdigkeit der Stätte ist das anschließende Gebäude A oder Gebäude der Malereien (**Edificio de las Pinturas**). Das Innere ist mit fünf Wandbildern ausgemalt, die in der Mehrzahl wohl symbolhaft **Quetzalcóatl und Tláloc** darstellen. Das Fresko im nördlichen Säulengang zeigt eine als Jaguar verkleidete, lebensgroße Figur mit einem breiten Zeremonienstab, von dem Wassertropfen auf eine Schlange im Jaguarfell fallen. Auffallend ist die in der Art von Teotihuacán gemalte Glyphe ›9 Reptilauge‹ mit Balken- und Punktzahlen. Das Wandbild am Torpfosten zeigt eine wiederum als Jaguar verkleidete Person mit einem Tlaloc-Gefäß und einer Schlange in der Hand. Der Kopfschmuck und die Kreuzbandmotive auf den Gürteln sind typisch für den Maya-Stil. Die prächtige Figur auf dem südlichen Eingangsbild stellt ein geflügeltes Wesen auf einer Schlange stehend dar. Der übergroße Zeremonienstab endet in einem stilisierten Schlangenkopf. Die Glyphen der Zahl 13 und die Hand- und Fußabdrücke links oben sind Teotihuacán-Elemente. Die Figur auf dem südlichen Torpfosten scheint eine dem Meer verbundene Persönlichkeit zu sein. Sie hält eine große Muschel in der Hand und trägt einen Oktopus als Kopfschmuck, wodurch sie an einen Muschelgott der Golfküsten-Maya erinnert.

Xochitécatl

Öffnungszeiten: wie Cacaxtla; gemeinsame Eintrittskarte

Etwa 1,5 km östlich von Cacaxtla, auf einem Hügel, liegt die ebenfalls recht sehenswerte Ausgrabungsstätte von Xochitécatl (Ort des Blumenadels). Die Stätte besteht aus zwei Plazas mit der dem Windgott geweihten Rundpyramide (Edificio de la Espiral), dem Gebäude der Schlange (Edificio de la Serpiente) aus der formativen Zeit (1000 – 700 v. Chr.) sowie der Pyramide der Blumen (Pirámide de las Flores), nach ihrem Grundriss die viertgrößte Mesoamerikas. Davor befinden sich zwei hohle Säulen mit einem Durchmesser von 1,70 m sowie die Vulkanische Plattform (Basamento de los Volcanes).

Weitere Ziele in der Umgebung

Huamantla de Juárez

Über die MEX 119 erreicht man nach etwa 20 km Apizaco, von wo aus die MEX 136 ins 27 km südöstlich gelegene Huamantla de Juárez führt. Sehenswert sind das von Franziskanern gegründete Kloster aus dem 16. Jahrhundert, die Barockkirche und das Stierkampfmuseum (Museo Taurino). Der Ort ist weithin bekannt durch seine im August stattfindenden, farbenfrohen **Feste**. Am 15. (Mariä Himmelfahrt) werden, wie im spanischen Pamplona, Stiere durch die Straßen getrieben und für die mildtätige Jungfrau (Virgen de Caridad) Blumenteppiche (Xochipetate) in den Straßen ausgelegt. Zur selben Zeit werden auch Vieh- und Kunsthandwerksmärkte abgehalten.

★ **Vulkan La Malinche**

Auf der MEX 136 von Huamantla zurück nach Apizaco biegt nach 13 km eine neue Straße zum 14 km entfernten, 3000 m hoch gelegenen Centro Vacacional Malintzín ab. Der Platz ist idealer Ausgangspunkt zur Besteigung des erloschenen Vulkans La Malinche (4461 m ü. d. M.), der nach Cortés' indianischer Dolmetscherin und Geliebten benannt ist. Für den Aufstieg benötigt man ca. 2,5 Stunden, für den Abstieg etwa 2 Stunden. Eine zweite Aufstiegsroute von San Miguel Canoa (nordöstlich von Puebla) ist wesentlich länger und sollte nur von erfahrenen Bergsteigern unternommen werden.

Toluca

P 19

Bundesstaat: México (Mex.)
Einwohner: 1 200 000
Höhe: 2680 m ü. d. M.
Entfernung: 67 km westlich von Mexiko-Stadt

Das koloniale Zentrum Tolucas besticht durch hübsche Plätze und schöne Arkaden. Besuchern hat die Stadt viele Museen und Galerien zu bieten.

Toluca, die Hauptstadt des Estado de México, liegt auf einer Höhe von 2650 m am südwestlichen Rand des Anáhuac-Plateaus, nur knapp 70 km von Mexiko-Stadt entfernt, und ist damit die **höchst**

TOLUCA ERLEBEN

AUSKUNFT

Touristeninformation
im Edificio de Servicios Administrativos
Urawa 100 (Ecke Paseo Tollocan)
Tel. (722) 212 60 48

VERKEHRSVERBINDUNGEN

Von Mexiko-Stadt fährt man die 67 km nach Toluca am besten auf der MEX 15. Die Fahrt mit dem Bus dauert etwa 1 Stunde. Es gibt auch Busverbindungen direkt zum Flughafen von Mexico-Stadt.

ESSEN

► Preiswert
Hostería de las Ramblas
Portal 20 de Noviembre 107
Mexikanische Küche, preiswert und sehr gut.

ÜBERNACHTEN

► Komfortabel
Del Rey Inn Hotel
Carretera México-Toluca Km 63,5
Tel. (722) 212 21 22
Fax (722) 212 25 67
www.delrey.com.mx
In der Industriezone gelegenes Hotel (257 Z.) mit weitläufigem Garten (zwischen Chrysler und Pfizer).

! TIPP

Lebensbäume

In Mexiko gibt es vielerlei Kunsthandwerk zu kaufen, doch nichts ist so typisch für das Land wie der Lebensbaum (árbol de la vida). Die schönsten und bekanntesten bekommt man in Metepec. Die fein gearbeiteten Tonfiguren mit Frucht- und Vogelornamenten erinnern an Adam und Eva im Paradies und an den drohenden Sündenfall.

gelegene Großstadt Mexikos. Die Autonome Universität Mexikos hat hier ebenso ihren Sitz wie zahlreiche Handels- und Industrieunternehmen, darunter Brauereien und Großmühlen.

Geschichte

Das Gebiet um Toluca war wohl spätestens seit dem 13. Jahrhundert von Indianern besiedelt, die Matlazincas gerieten abwechselnd unter die Herrschaft der im Tal von Anáhuac regierenden Fürsten. Anfang des 15. Jahrhunderts noch mit den Azteken verbündet, wurden sie schließlich von diesen unterworfen und z. T. in das Gebiet des heutigen Michoacán vertrieben. Den Spaniern leisteten sie bei der Eroberung von Tenochtitlán begrenzte Hilfe. So wurde es Teil des Marquesado del Valle de Oaxaca, den persönlichen Besitzungen von **Hernán Cortés**. Franziskaner gründeten hier 1529 das erste Kloster und 1667 wurde Toluca de San José das Stadtrecht verliehen. Im Jahr 1830 wurde es die **Hauptstadt des Bundesstaats Mexiko**, der den Distrito Federal an drei Seiten umschließt. Ende des 19. Jahrhunderts erhielt die Stadt nach dem Staatsmann Sebastián Lerdo de Tejada den Beinamen »de Lerdo«.

Sehenswertes in Toluca

Zócalo, Plaza de los Mártires

An dem hübschen Hauptplatz (Zócalo und Plaza de los Mártires) stehen die Kathedrale, ein neoklassizistisches Gebäude aus dem 19. Jahrhundert; sowie an seiner Nordseite der Regierungspalast (Palacio de Gobierno). Eine lange Einkaufsstraße mit 120 Arkaden (**Portales**) erstreckt sich einen Block rechts vom Zócalo. In der Nähe entdeckt man die barocke Kirche El Carmen, in deren Konvent sich das Museum der schönen Künste (**Museo de las Bellas Artes**) befindet. Es zeigt Bilder aus dem 17., 18. und 20. Jahrhundert. Am gegenüberliegenden Ende der Plaza de los Mártires erhebt sich die im 19. Jahrhundert erbaute **Kathedrale** und die senfgelbe Iglesia de la Cruz. An drei Seiten wird der Platz von Arkaden mit Geschäften, Restaurants und Cafés gesäumt.

Malinalco: Haus des Adlers

Jardín Botánico

Gleich nordöstlich dehnt sich die Plaza Garibay aus, wo heute einer der schönsten botanischen Gärten Mexikos sein Domizil hat: der Jardín Botánico Cosmo Vitral. Ursprünglich war das Jugendstilgebäude mit den majestätischen Bleifenstern des mexikanischen Künstlers Leopoldo Flores als Markt konzipiert und wurde von den Indígenas der Gegend bis ins späte 20. Jahrhundert als solcher genutzt.

Mercado Juárez

An der Straße nach Mexiko-Stadt befindet sich der riesige Markt (Mercado Juárez), einer der buntesten Mexikos, den man am besten freitags besucht. Angeboten werden Töpfe, Körbe, Kleider, Früchte und Obst.

Centro Cultural Mexiquense

In dem interessanten Centro Cultural Mexiquense (10 km vom Zentrum entfernt auf dem parkähnlichen Gelände der ehemaligen Hacienda de la Pila) sind mehrere Museen sowie eine Bibliothek untergebracht. Dort kann man im **Museo Regional** einiges über die Geschichte des Bundesstaats erfahren, ein kleines **Kunstmuseum** besuchen und die Exponate im **Museo de Artes Populares** bestaunen, das u. a. seltsame Allerheiligenfiguren und verblüffende Lebensbäume ausstellt. Zum Kulturzentrum gehört auch das **Museo de la Charrería**. Es zeigt Cowboy-Ausrüstungen, Sättel, Lassos u. v. m..

Umgebung von Toluca

Metepec

Etwa 8 km südöstlich von Toluca liegt das Städtchen Metepec mit dem Franziskanerkloster San Juan Bautista (16./17. Jh.) und der hübschen Kirche del Calvario mit großem Atrium. Der Ort ist bekannt für das hier hergestellte grüne Steingut und seine bunten Tonfiguren, die meist Lebensbäume und Sonnen darstellen.

Santiago de Tianguistenco

★

◄ Markt

Man kehrt zurück auf die MEX 55, dann fährt man in Richtung Ixtapán de la Sal und zweigt nach wenigen Kilometern links bei Mexicaltzingo zu dem 16 km entfernten Santiago de Tianguistenco ab. Besonders sehenswert ist der seit prähispanischen Zeiten bestehende Markt, der jeden Dienstag von rund 3000 Ausstellern abgehalten wird. Zu dem hübschen Städtchen gehört die Pfarrkirche Santa María del Buen Suceso aus dem 18. Jahrhundert.

Teotenango

Von Toluca rund 25 km auf der MEX 55 nach Süden gelangt man zu der Ortschaft Tenango del Valle, in deren unmittelbarer Nähe sich die große archäologische Stätte Teotenango befindet. Die Blütezeit der Stätte lag zwischen dem 10. und 12. Jahrhundert. Typisch für sie sind die **Pyramidenplattformen** mit drei oder vier zurückgesetzten Absätzen, auf denen einst die Tempelbauten ruhten. Nach Betreten der Stätte gelangt man zunächst zum am Platz des Jaguars gelegenen Komplex A. Dahinter liegt der Komplex E mit einem Ballspielplatz und einem Schwitzbad. Für den Bau des Ballspielplatzes mussten einige Wohnräume weichen, deren Überreste noch zu sehen sind. Das ausgedehnteste Areal der Nordgruppe ist der Komplex D. Neben Plattformen, Wohnbauten und Patios entdeckte man einen 120 m langen und 40 m breiten Bau, der Schlangensockel (Basamento de la Serpiente) genannt wird. Davor breitet sich die Plaza de la Serpiente aus, die im Westen von der Straße des Froschs (Calle de la Rana) und im Norden vom Platz des Pfirsichs (Plaza del Durazno) begrenzt wird. Im Museum sind beachtliche archäologische Funde des Estado de México, hauptsächlich aus Teotenango, Malinalco und Calixtlahuaca, untergebracht.

Tenancingo

Auf der MEX 55 sind es von Toluca aus ca. 50 km nach Tenancingo (40 000 Einw.) Der Ort ist bekannt durch ein aus dem 18. Jahrhundert stammendes Karmeliterkloster (Convento del Santo Desierto de Tenancingo) sowie durch die hier hergestellten Holzmöbel und Rebozos. In der Nähe gibt es außerdem auch einen hübschen Wasserfall (El Salto).

✶ Malinalco

Öffnungszeiten:
Di. – So.
9.00 – 17.30

Inmitten einer Landschaft grüner Wälder und schroffer Felsformationen liegt die archäologische Stätte Malinalco. Man erreicht sie über eine Abzweigung von der MEX 55, 20 km östlich von Tenancingo. Malinalco erhebt sich auf dem Cerro de los Ídolos (Götzenhügel), der die gleichnamige Ortschaft um 220 m überragt. Die von den Azteken erbaute Kultstätte ist insofern einzigartig, als sie zu den ganz wenigen aus dem Fels gehauenen präkolumbischen Anlagen Mesoamerikas gehört. Die Azteken unter Axayácatl eroberten Malinalco 1476, zu der Zeit beherrschten die Matlatzinca das Gebiet. Mit dem Bau der kultischen Hauptanlage wurde wohl erst 25 Jahre später begonnen. Als die Spanier unter Andrés de Tapia 1521 Malinalco einnahmen, war das Zeremonienzentrum noch nicht vollendet.

Der kleine Tempel, den man beim Aufstieg links von der Treppe sieht, war dem Regengott Tláloc geweiht. Über eine Treppe, die von Jaguaren flankiert wird, gelangt man zum Haupttempel (**Templo Principal**), in dessen Mitte die beschädigte Figur eines Standartenträgers sitzt. Dieser ganz aus dem Felsen gehauene Bau war einst mit einer dünnen farbigen Stuckschicht bedeckt. Als Haus des Adlers (**Cuauhcalli**), der die Sonne symbolisiert, diente es der Weihe von Mitgliedern der religiösen Kriegerorden Adler und Jaguare. Der Eingang zu dem runden Schrein ähnelt – durch eine Umrahmung mit Flachreliefs – dem offenen Rachen einer Schlange, zu dessen Seiten ein Schlangen- und ein Kriegstrommel-Thron stehen. Die Tempelkammer, die einen Durchmesser von 6 m hat, enthält drei aus dem umlaufenden Felsrand gemeißelte Skulpturen heiliger Tiere. Zu den anderen Bauwerken, die zur Zeit der Konquista noch nicht fertig gestellt waren, gehören die Kammern links des Eingangs und eine niedrige Pyramide vor dem Haupttempel. Dahinter sind die Reste zweier größerer Tempel zu sehen.

Die Anlage des Gebäudes III (**Edificio III**) besteht aus einer freskengeschmückten Vorhalle und einer runden Kammer mit einem ausge-

höhlten Altar. Der Bau war wahrscheinlich ein **Tzinacalli**, ein Tempel, in dem der im Kampf getötete oder von den Feinden der Azteken geopferte Sonnenbote verbrannt und damit in den Rang eines Gottes erhoben wurde. Ein derartiger Tod verwandelte – nach dem Glauben der Azteken – die Geister der Krieger in Sterne.
Das sich nördlich anschließende große Gebäude IV (**Edificio IV**), das z. T. aus dem Fels gehauen ist, soll einen der Sonne geweihten Tempel beherbergt haben. Eine an dieser Stätte gefundene, bemerkenswerte **Holztrommel** (Tlapanhuéhuetl) mit fein geschnitzten Darstellungen und Glyphen von Adler und Jaguar, die in Beziehung zum Sonnenboten gesehen werden, ist heute im Museum von Tenango ausgestellt.

Ort Malinalco

Im Ort Malinalco sollte man sich die zum Augustinerkloster gehörende Kirche San Salvador mit einem nüchternen Renaissanceportal aus dem 16. Jahrhundert und frühen Fresken ansehen, die sich nach dem Eingang rechts an der hinteren Wand befinden. Vom 6. bis 8. Januar wird zu Ehren der Heiligen Drei Könige im Klosteratrium getanzt.

Der Ort Malinalco ist zwar nicht so bekannt wie die Ruinenstätte, doch auch sehr hübsch.

Chalma Nur 12 km östlich befindet sich **einer der bedeutendsten Wallfahrtsorte** des Landes, das Dorf Chalma. In vorkolumbischer Zeit wurde hier die Statue des Otzoctéotl, des Gottes der Grotten, angebetet. Als diese zerstört und 1533 durch ein großes Kruzifix der Augustinermönche ersetzt wurde, übertrug sich die Verehrung auf das Kreuz. Seit dieser Zeit ist die 1683 errichtete Kirche, in welcher der Christus von Chalma (El Santo Señor de Chalma) verehrt wird, an hohen Feiertagen, besonders am ersten Freitag in der Fastenzeit, zu Christi Himmelfahrt und am Tag des San Agustín (28. August), das Ziel Tausender Pilger. Dabei vermischen sich katholische und altindianische Riten. Von Chalma sind es noch etwa 40 km nach Nordosten zu den herrlich gelegenen sieben **Lagunas de Zempoala** inmitten einer an die Alpen erinnernden Landschaft.

! TIPP

Wellness auf mexikanisch

Sich ein paar Tage lang verwöhnen lassen? – Das Kurhotel in Ixtapán de la Sal ist dafür genau die richtige Adresse. Es liegt in einem 14 ha großen subtropischen Parkgelände mit alten Bäumen und einem kleinen Bach, ca. 200 Zimmer stehen den Gästen zur Verfügung sowie ein Tennis-, ein Golfplatz und einige Pferde. Es gibt vier unterschiedlich warme Schwimmbecken, deren mineralstoffreiches Wasser gut für Muskel- und Kreislaufschwäche ist. An Anwendungen kann man unter anderem wählen zwischen Sauna, Dampfbad, Massagen, Wassergymnastik, Fango-, Kräuter- oder Paraffinpackungen.

Ixtapán de la Sal Fast 35 km südlich von Tenancingo erreicht man auf der MEX 55 den hübsch gelegenen **Kurort** Ixtapán de la Sal (40 000 Einw). Wegen seiner radioaktiven Quellen und zahlreichen Sportmöglichkeiten ist er ein beliebtes Ausflugsziel. Vor allem das Ixtapán Vacation Center Aquatic Park zieht viele Besucher an. Es bietet unterschiedlich warme Thermalwasserbecken, Wasserfälle, kleine Seen und Wasserrutschen.

✶ Nevado de Toluca Ein weiterer lohnender Ausflug führt von Toluca südöstlich über die Straßen 103, 134 und 3 zu dem etwa 50 km entfernten, oft schneebedeckten erloschenen **Vulkan** Nevado de Toluca oder Xinantécatl (4575 m ü. d. M.). Die Straße führt bis zu der 4200 m hoch gelegenen Laguna del Sol (Sonnensee) und der Laguna de la Luna (Mondsee). Von den Bergspitzen des Kraterrandes hat man eine herrliche Aussicht über das Tal von Toluca, die Berglandschaft von Guerrero, die Waldregion von Michoacán und die Gipfel der Sierra Nevada, den Popocatépetl und den Iztaccíhuatl.

✶ Valle de Bravo Von Toluca sind es nach Westen etwa 70 km bis zu dem hübschen **Ferienort** Valle de Bravo (35 000 Einw.). Er liegt inmitten üppiger Vegetation und gebirgiger Landschaft an einem Stausee (Presa de Valle de Bravo oder Presa Miguel Alemán). In der Umgebung können die Felsformation La Peña und der Wasserfall Salto de Ferrería besucht werden.

Steinaltar am Kratersee des Vulkans Nevado de Toluca

Calixtlahuaca

Die MEX 55 verlässt die Stadt in nördlicher Richtung. Nach 8 km zweigt nach links ein Feldweg zu der 2,5 km entfernten Ruinenstätte Calixtlahuaca ab. Die frühe Geschichte dieser Kultstätte liegt weitgehend im Dunkeln. Vermutlich handelte es sich um ein Siedlungsgebiet der Matlatzinca, die später von den Azteken unterworfen wurden. Die Azteken besetzten Calixtlahuaca zum ersten Mal 1474 und beeinflussten wesentlich die spätere Bautätigkeit. Nach einem Aufstand sollen sie 11 000 Matlatzincas hier geopfert haben.

Auf einer großen Terrasse liegt das wichtigste Gebäude dieser Stätte, der mehrmals überbaute Tempel des Quetzalcóatl (Estructura 3). Die **vierstufige Rundpyramide** hat eine breite Freitreppe und trägt einen Altar. Der Tempel war dem Windgott Ehécatl geweiht, der von den Huasteken übernommen und dann auch von Quetzalcóatl verkörpert wurde. Auf einer höheren, nicht einsehbaren Ebene befindet sich ein Gebäudekomplex, der aus dem Tempel des Tláloc (Estructura 4) und einer Pyramidenplattform (Estructura 7) mit einer breiten Treppe besteht. Auf der kleinen Plaza steht der T-förmige Altar der Schädel, aus dessen Tablero Zapfen und Totenköpfe herausragen. Eine dritte, noch höhere Ebene, weist die z. T. überwachsenen Reste zweier Plattformen (Estructura 5 und 6) und zwei behauene Steinplatten auf.

Verlässt man die Stätte in Richtung Wegkreuzung, liegt etwas weiter zur Linken die vierte Gruppe von Calixtlahuaca, die man nach der Eliteschule der Azteken Calmecac (Estructura 17) benannt hat. Die Anlage besteht aus mehreren Räumen und Plattformen, die sich um einen großen, quadratischen Hof gruppieren.

Umgebung von Tula

El Corral Etwa 1,5 km nördlich der Ruinenstätte stößt man auf ein seltsames Monument, El Corral (Hof) genannt. Der mittlere Teil ist rund, während zwei rechteckige Strukturen an der Ost- und Westseite angefügt sind. Ein früher hier stehender interessanter Altar befindet sich jetzt im Museum.

El Cielito Auf einem 6 km südöstlich von Tula gelegenen Hügel, El Cielito (kleiner Himmel) genannt, findet man die Ruinen eines aztekischen Palasts, der auf einer älteren Toltekenstätte steht. Der Palast war auch noch in den frühen Jahren des Vizekönigreichs Neuspanien bewohnt und Historiker stellten fest, dass er als **Residenz von Pedro Moctezuma** diente, Sohn des Aztekenherrschers Moctezuma II. Dieser Aztekenprinz, ein Schüler der ersten Franziskanerschule für die Indianerelite, wurde von den Spaniern zum Kaziken von Tula ernannt.

Cerro de la Malinche Auf dem Cerro de la Malinche, einem Hügel auf der anderen Seite des Río Tula, westlich der Stadt Tula de Allende, fand man auf einem geglätteten Felsen eingemeißelt die Kalenderglyphe »1 Rohr 8 Feuerstein« (980), die zwar auf die Regentschaft des Ce Ácatl Topiltzín schließen lässt, wahrscheinlich jedoch erst später von den Azteken angebracht wurde.

Tula de Allende In dem 3 km entfernten Städtchen Tula de Allende (70 000 Einw.), welches 1529 von Franziskanermönchen gegründet wurde, steht die zwischen 1550 und 1553 errichtete, wuchtige **Wehrkirche San José**. Ihre Fassade ist in reinem Renaissancestil gehalten; der Innenraum weist vor allem im Chor und in den Seitenkapellen bemerkenswerte Rippengewölbe auf.

★ Tulum

O 31

Bundesstaat: Quintana Roo (Q. R.)
Entfernung: 320 km südöstlich von Mérida, 132 km südlich von Cancún
Höhe: 14 m ü. d. M.

Tulum ist die einzige bekannte große Festungsstadt der Maya am Meer. Der auf der Landseite von einer Mauer umschlossene Ort thront weithin sichtbar auf 12 m hohen Felsklippen über dem von weißem Sandstrand gesäumten Karibischen Meer.

Obwohl architektonisch im Vergleich zu anderen Maya-Stätten von keiner besonderen Bedeutung, ist Tulum dank seiner **einzigartigen Lage** und der vorgefundenen Wandmalereien eine der sehenswertesten Ruinenstätte auf der Halbinsel Yucatán.

TULUM ERLEBEN

VERKEHRSVERBINDUNGEN

Mit dem Bus benötigt man von Cancún ca. 2 Stunden, von Chetumal ca. 4 Stunden. Mit dem Auto fährt man von Cancún 131 km auf der MEX 307, von Chetumal 250 km auf der MEX 307. Von Mérida fährt man auf der MEX 180 und nimmt die Abzweigung bei Nuevo Xcan über Cobá (insg. 320 km).

ESSEN

► Erschwinglich

Paris de Noche
Ecke Avenida Tulum / Beta Sur
Gute internationale Küche, hauptsächlich mexikanisch, französisch und italienisch.

Que Fresco
Boca-Paila-Straße, ca. 3 km von der großen Kreuzung (im Hotel Zamas). Sehr gutes italienisches und mexikanisches Restaurant mit Holzofen-Pizza, leckerer frischer Pasta und traditionellen Gerichten der Maya.

ÜBERNACHTEN

► Komfortabel

Maya Tulum – Wellness Retreat and Spa
PO Box 1496
Conyers, GA 30012
Tel. (770) 483 02 38
Fax (770) 785 92 60
www.mayatulum.com
Komfortable Anlage (32 Z.) mit einfach gestalteten, aber schicken Cabañas. Raum zum Meditieren, Yoga-Unterrricht, vegetarisches Essen, interessantes Ausflugsangebot in die nähere Umgebung.

Caphé-Ha
30 km südl. von Tulum,
5 km nach der Brücke in Boca Paila auf der Straße nach Sian Ka'an.
Angenehmes Areal (1 Villa, 2 Bungalows) für Fischer und Angler. Kein Strom, kein Ventilator und Sonnenenergie zum Kochen. Der Mindestaufenthalt ist in der Hochsaison auf 3 Tage festgesetzt.

Geschichte

Über die Vergangenheit von Tulum weiß man nicht allzuviel. Der ursprüngliche Name der Stadt soll Zamá (Morgendämmerung) gewesen sein. Die Stätte wird heute der **späten Maya-Nachklassik** (nach 1200), also der Zeit der mayanisierten Tolteken zugeschrieben. Die wichtigsten Bauwerke wurden wahrscheinlich erst um das Jahr 1450 errichtet. Man hat zwar in Tulum eine Stele mit dem Datum 564 gefunden, doch nimmt man heute an, dass dieser Kalenderstein von einem anderen Ort, wahrscheinlich aus dem benachbarten Tancah, stammt. Mitglieder einer spanischen Expedition unter Juan de Grijalva segelten die Küste von Yucatán entlang und stießen hierbei 1518 als erste Europäer auf die Festung. Die Stadt scheint noch bis 1544, als die Spanier den Nordosten Yucatáns eroberten, bewohnt gewesen zu sein.
Gegen Ende des 19. Jahrhunderts, während des Kriegs der Kasten, verschanzten sich noch einmal Maya-Indianer in dieser Stätte. Die erste illustrierte Beschreibung des archäologischen Bezirks ist dem

US-Amerikaner John Lloyd Stephens und seinem britischen Zeichner Frederick Catherwood (►Baedeker-Special S. 471) zu verdanken, die Tulum im Jahr 1842 erforschten.

Besichtigung der Ruinenstätte

Anlage

Öffnungszeiten: tgl. 8.00 – 19.00

Die relativ kleine Ruinenstätte von Tulum ist wie die späten nachklassischen, toltekisch beeinflussten Maya-Orte Mayapán und Ichpaatún auf der Landseite von einer Festungsmauer umgeben. Die ummauerte Fläche misst von Norden nach Süden 380 m und von Osten nach Westen 165 m. Die steinerne Festungsmauer war ursprünglich 3 bis 5 m hoch und durchschnittlich 7 m breit und wies fünf mit Steinplatten versehene Ausgänge auf. Die Art der Anlage lässt darauf schließen, dass Tulum nicht nur eine religiöse Kultstätte war, sondern auch Wohnbezirke einschloss. Über den Wall führte ein von einer Brüstung geschützter Rundgang. An den beiden inneren Ecken befindet sich je ein kleiner Tempel, der vermutlich als Wachturm diente.

✶ Templo de los Frescos

Der archäologisch bedeutendste Bau in Tulum ist der Tempel der Fresken (Templo de los Frescos, Gebäude 16). Er steht etwa in der Mitte des ummauerten Stadtbezirks und der Ostwestachse. Er wurde in seinen wesentlichen Teilen wahrscheinlich um das Jahr 1450 errichtet. Wie so oft bei sakralen Maya-Gebäuden wurde auch dieser Tempel im Lauf der Zeit mehrfach überbaut.

Der im Erdgeschoss liegende einzige Raum hat an der Westseite einen Eingang, der durch vier Säulen unterbrochen ist. Darüber befindet sich ein doppelter Sims, der durch Nischen in drei Abschnitte geteilt wird. In der mittleren Nische ist eine Stuckskulptur des **Herabstürzenden Gottes** angebracht. Die seitlichen Nischen sind mit anderen in Stuck modellierten Reliefs geschmückt, die sitzende Figuren mit kunstvollem Kopfschmuck zeigen. Die Ecken der Simse bilden große Flachreliefmasken; sie waren früher bemalt und stellten wahrscheinlich Itzamná dar, den alten **Himmelsgott der yukatekischen Maya**. Das Obergeschoss zeigt über der Tür eine Nische mit Resten eines Stuckreliefs, das wahrscheinlich ursprünglich den Herabstürzenden Gott verkörpert hat. Die Wand des Innenraums ist mit interessanten kodexartigen Malereien verziert, die dem Inhalt nach

> **! TIPP**
>
> **Vorsicht vor falschen Guides!**
>
> Wer Tulum auf eigene Faust besucht, sollte unbedingt den Eintritt zu der archäologischen Stätte erst am offiziellen Eingang zahlen. Immer wieder kommt es vor, dass selbsternannte Fremdenführer mit irgendwelchen »offiziellen« Ansteckschildern Touristen drastisch überhöhte Eintrittspreise nennen (z. T. bis zum Zehnfachen), um ihre Führungen (inkl. Eintritt natürlich) als »Sonderangebot« zu verkaufen.

Einzigartig am Karibischen Meer gelegen: Tulum →

tur gewährleisten. Neben einer Unzahl von Fischen, Krustentieren und Muscheln leben im Reservat Krokodile, Schildkröten, Seekühe, Tapire, Affen, Kleinhirsche, Jaguare, Ozelote, Pumas und viele Vogelarten von Papageien über Pelikane bis zu Flamingos.

Tuxtla Gutiérrez

S 25

Bundesstaat: Chiapas (Chis.)
Einwohner: 450 000
Höhe: 530 m ü. d. M.
Entfernung: 1000 km südöstlich von Mexiko-Stadt

Viele Reisende kennen Tuxtla Gutiérrez, die Hauptstadt des Bundesstaats Chiapas, lediglich als Zwischenstopp auf dem Weg nach San Cristóbal de las Casas. Sie liegt an der Carretera Panamericana in einem fruchtbaren subtropischen Tal. Durch ihre zentrale Lage und die Erdölfunde in Chiapas hat sich Tuxtla Gutiérrez zu einer modernen Stadt entwickelt.

In der Region um das heutige Tuxtla lebten Angehörige des Maya-Stammes der Zoque, die die Siedlung Coyactocmo nannten, aus der

Parque de la Marimba in Tuxtla Gutiérrez

später Tuxtlán wurde – beides bedeutet in Zoque und Náhuatl »Ort der Kaninchen«. Die den ersten spanischen Mönchen im 16. Jahrhundert folgenden Siedler mussten sich des Öfteren der Angriffe der Zoque-Indianer erwehren.
Anfang des 19. Jahrhunderts war Tuxtla immer noch eine unbedeutende Ortschaft. 1848 erhielt es den Beinamen Gutiérrez und 1892 löste es San Cristóbal de Las Casas als Hauptstadt von Chiapas ab. Heute ist es als Verwaltungs- und Kulturzentrum sowie als Warenumschlagplatz von Bedeutung.

Sehenswertes in Tuxtla Gutiérrez

Die Stadt ist relativ arm an alten Bauten. Zu erwähnen sind die mehrmals umgebaute Kathedrale sowie der in Weiß und Rot gehaltene Regierungspalast (Palacio de Gobierno).

Parque Madero Complex

Etwa 1,5 km nordöstlich des Zentrums ist der Parque Francisco Madero, ein Kulturareal mit Museum und Theater, entstanden. Dort ist auch das Regionalmuseum von Chiapas (Museo Regional de Chiapas) eingerichtet, in dem **archäologische Funde aus der Zeit der Olmeken und der Maya** sowie ethnologische Objekte der Umgebung ausgestellt sind.

✶ ◄ Museo Regional de Chiapas

Im Park befinden sich auch das moderne Theater Emilio Rabasa und der Botanische Garten. Zudem gibt es hier noch ein Schwimmbad und einen Kinderpark mit Modellen und Ausstellungen zu historischen Themen, eine kleine Eisenbahn, Minigolf und Ponys.

Casa de Artesanías

Das kleine Museum indianischer Kulturen (Casa de Artesanías, Blvd. Dr. Belisario Domínguez 2035) verkauft nebenbei auch Volkskunst aus Chiapas.

Jardin de las Marimbas

Im beliebten Jardin de las Marimbas, Avenida Central y 8 Pte., spielen abends Marimba-Gruppen.

✶ **Zoológico Miguel Álvarez del Toro**

Im Südosten der Stadt erstreckt sich im Waldgebiet El Zapotal auf einer Fläche von 100 ha der Zoologische Garten Miguel Álvarez del Toro, einer der interessantesten des Landes, in dem ausschließlich Tiere aus Chiapas gehalten werden, u. a. Jaguare, Adler, Papageien, Pfaue, Pumas, Ozelote, Coatemundis, Affen und Nutrias.

Umgebung von Tuxtla Gutiérrez

Chiapa de Corzo

Rund 15 km östlich von Tuxtla Gutiérrez, an der Carretera Panamericana, liegt das Städtchen Chiapa de Corzo (60 000 Einw.). Schon an der Straßenkreuzung sieht man eine einstöckige restaurierte Pyramide, in deren Innerem ein Grab gefunden wurde. Ausgrabungen ergaben, dass das Gebiet von Chiapa de Corzo, ähnlich dem von Izapa, eine der ältesten präkolumbischen Stätten Mesoamerikas war. Die

TUXTLA GUTIÉRREZ ERLEBEN

AUSKUNFT

Touristeninformation
Nordwestecke der Plaza Cívica
Tel. (961) 612 55 11

VERKEHRSVERBINDUNGEN

Es existieren Flugverbindungen von Mexiko-Stadt (ca. 1 Std. 20 Min.) und anderen mexikanischen Flughäfen. Für eine Busfahrt von Mexiko-Stadt nach Tuxtla Gutiérrez muss man ca. 16 Stunden, von Oaxaca ca. 7 Stunden einplanen.

FESTE

Feierlichkeiten zu Ehren diverser Heiliger sind in Mexiko vollkommen normal. Doch Chiapa de Corzo hat praktischerweise mehrere Gedenktage und ein Stadtfest zusammengelegt und feiert vom 9. bis 23. Januar die Fiesta Grande. Dazu gehören Umzüge, Feuerwerke, Musik, Tanz und die als Parachicos, stolze Spanier, verkleideten jungen Männer.

ESSEN

► Preiswert

La Selva
Blvd. Dr. Belisario Domínguez 1360
Tel. (961) 615 07 18
Das Restaurant gegenüber vom Hotel Camino Real (s. u.) hat viel Atmosphäre, auch weil man nachmittags mit Marimbamusik verwöhnt wird. Sonntags gibt es ein ausgiebiges Buffet.

ÜBERNACHTEN

► Komfortabel

Camino Real Tuxtla Gutiérrez
Blvd. Dr. Belisario Domínguez 1195
Tel. (961) 617 77 77
Fax (961) 617 77 99
www.caminoreal.com
Die 210 Zimmer in diesem luxuriösen, am Hang gelegenen Hotel säumen ein großes Schwimmbad inmitten exotischer Vegetation. Alle verfügen über einen traumhaften Blick auf die Berge.

hier entdeckten Keramiken lassen darauf schließen, dass die Region von 1400 v. Chr. bis 950 n. Chr. besiedelt war. Hier fand man auch die in der Archäologie Amerikas bislang älteste Datumsinschrift auf der Stele 2, die dem Datum 8. Dezember 36 v. Chr. entspricht. Die Stele hat heute ihren Platz im Regionalmuseum von Tuxtla Gutiérrez. Wer die Erbauer dieser Kultstätte waren, ist unbekannt.
Der heutige Ort wurde 1528 von dem Konquistador Diego de Mazariegos um einen riesigen Ceiba-Baum (La Pochota genannt) gegründet, der von den Indianern verehrt wurde. Einen Besuch wert ist die Kirche Santo Domingo, die Mitte des 16. Jahrhunderts erbaut und seither mehrmals Änderungen unterworfen war. Kurios ist der von Pater Rodrigo de León 1552 begonnene und 10 Jahre später vollendete achteckige Brunnen **La Pila** am Zócalo, der im maurischen Stil gehalten ist und im Aufbau der spanischen Königskrone ähnelt. Ebenfalls am Zócalo steht das kleine Lackmuseum (Museo de Laca), das in anschaulicher Weise lokale mit chinesischen Lackarbeiten vergleicht.

★★ Cañón del Sumidero

Etwa 22 km nördlich von Tuxtla Gutiérrez hat man vom Aussichtspunkt Los Chiapas (Mirador) einen fantastischen Blick in die **höchst eindrucksvolle Schlucht** El Sumidero. Vom Rand der Schlucht bis zu dem sich unten schlängelnden Río Grijalva (Río Grande de Chiapa) sind es **gut 1000 Meter**.
Hier sollen 1528 die Chipaneken des Orts Chiapa vor den heranrückenden Spaniern in den Tod gesprungen sein. 1981 wurde der Chicoasén-Damm vollendet, so dass die Schlucht zu einem engeren, 35 km langen Wasserreservoir wurde. Man kann von Chiapa de Corzo und Embarcadero Cahuare aus dramatische Bootsfahrten durch die Schlucht, deren Felswände oft 1200 m senkrecht aufragen, unternehmen. Es empfiehlt sich, einen Pullover und einen Sonnenhut auf diese etwa 2,5-stündige Tour mitzunehmen. Vielerlei Vogelarten – Kormorane, Eisvögel, Reiher – kann man hier beobachten, vielleicht auch ein Krokodil. Während der Fahrt wird man auf einige eigentümliche Felsformationen hingewiesen, wie z. B. den Weihnachtsbaum (Árbol de Navidad), eine moosbewachsene Klippe.

Stauseen

In der Umgebung von Tuxtla Gutiérrez sind mehrere große Stauseen zu erreichen, die z. T. gute Wassersportmöglichkeiten bieten. Der nächstgelegene (ca. 35 km nördlich) ist die Presa Chicoasén mit einem der größten Wasserkraftwerke Lateinamerikas.

Der Rio Grijalva durchzieht den Cañon del Sumidero.

Uruapan

P 16/17

Bundesstaat: Michoacán (Mich.)
Einwohner: 350 000
Höhe: 1610 m ü. d. M.
Entfernung: 430 km westlich von Mexiko-Stadt

Das milde Klima, die üppige Vegetation und die schönen Parks sind die hauptsächlichen Vorzüge des angenehmen, wenig besuchten Uruapan. Es liegt am Río Cupatitzio inmitten einer bewaldeten Gegend und eines Obstanbaugebiets.

Der Name bedeutet in der Sprache der Tarasken »wo die Blumen blühen«. Uruapan wurde um 1532 durch den Franziskanerpater Juan de San Miguel als San Francisco de Uruapan gegründet. Die Stadt wurde in einem schachbrettartigen Muster angelegt und in neun Distrikte (Barrios) aufgeteilt, die z. T. bis heute ihren eigenständigen Charakter bewahrt haben.

✶ Hospitalskapelle Guatápara

Mittelpunkt der Stadt ist die Plaza Principal (Jardín Morelos), die in der frühen Kolonialzeit als großer Markt entworfen wurde. An ihr steht die frühere, auf Juan de San Miguel zurückgehende Hospitalskapelle Guatápara. Das Hospital – mit einem schönen Patio – beherbergt heute das **Museum für Volkskunst** (Museo de Artes Populares). Es zeigt v. a. die für den Ort typischen Lackarbeiten.

URUAPAN ERLEBEN

AUSKUNFT

Touristeninformation
Casa del Turista
Emilio Carranza 44
(westlich des Zócalo)
Tel. (452) 524 30 91 oder
Juan Ayala 16
Tel. (452) 524 71 99
bzw. unter
www.uruapan.gob.mx

VERKEHRSVERBINDUNGEN

Wer mit dem Auto unterwegs ist, fährt von Mexiko-Stadt auf der MEX 15 über Toluca, Morelia und Pátzcuaro.
Mit dem Bus dauert die Reise ca. 7,5 Stunden.

ESSEN

► Erschwinglich

La Pérgola
Portal Carillo 4
Ein beliebtes Lokal an der Südseite des Zócalo mit internationalen und regionalen Speisen.

ÜBERNACHTEN

► Komfortabel

Mansión del Cupatitzio
Parque Nacional
Tel. (452) 523 21 00
Fax (452) 524 67 72
www.mansiondelcupatitzio.com
Die 57 bequemen Zimmer des Hotels, das neben dem Nationalpark und 5 Min. vom Zentrum liegt, sind um einen Patio gruppiert.

Auf dem sehr sehenswerten täglichen **Markt** werden neben Lackarbeiten schöne handgewebte Stoffe und Trachten angeboten. Hinter der Hospitalskapelle liegt der Mercado de Antojitos, der Markt der Imbisse, auf dem man die mexikanische Küche kosten kann.

Von den schönen Parks ist in erster Linie der **Nationalpark Eduardo Ruiz** an der Schlucht des Río Cupatitzio zu nennen. Dieser hübsche tropische Park beginnt nur etwa 600 m vom Zentrum entfernt und zieht sich ungefähr 1 km den Fluss entlang. Schöne Spazierwege führen hier durch üppige Vegetation an Wasserfällen, Felsformationen und Quellen vorbei. Außerdem gibt es eine Truthahnfarm und einen Spielplatz.

1943 verschüttete der Paricutín diese Kirche.

Umgebung von Uruapan

✶ **Wasserfall La Tzaráracua**

Nach rund 12 km auf der MEX 37 in Richtung Süden erreicht man den Wasserfall La Tzaráracua. Diese fast 40 m hohe Kaskade, in hübscher Waldlandschaft an der Laguna Cupatitzio, gehört zu den schönsten des Landes. Etwa 2 km stromaufwärts kommt man an eine kleinere Version, entsprechend heißt der dortige Wasserfall auch Tzararacuita.

Angahuan

Nur 18 km nördlich von Uruapan zweigt von der MEX 37 eine Straße nach links zu dem 21 km entfernten Purépecha-Dorf Angahuan ab (35 000 Einw.). Die Pfarrkirche Santiago hat ein besonders eindrucksvolles mudéjar-plattereskes Portal (1562). Es ist in Tequitqui, der indianischen Steinmetzkunst, ausgeführt, überreich verziert und ähnelt dem Portal der Guatápara-Kapelle in Uruapan.

✶✶ **Paricutín**

Von Angahuan kann man mit Maultieren oder Pferden in 50 Minuten (5 km zu Fuß) einen Ausflug zum **Lavafeld** Paricutín unternehmen. Der Vulkan Paricutín (2575 m) wurde weltbekannt, als er am 20. Februar 1943 ausbrach und mit seinen Lavamassen mehrere Siedlungen unter sich begrub. Die Eruptionen hielten fast drei Jahre lang an, und mehr als 5000 Menschen mussten ihre Häuser verlassen. Aus dem Lavafeld ragt einsam der obere Teil der Kirche von San Juan Parangaricútiro hervor. Zur Besteigung des Vulkans ist es ratsam, einen einheimischen Führer zu nehmen.

✶ Cuadrángulo de las Monjas (Viereck der Nonnen)

Unmittelbar nordwestlich der Pyramide des Wahrsagers steht der Prachtbau Viereck der Nonnen (Cuadrángulo de las Monjas), dem die Spanier wegen der **zahlreichen Zellen** diesen Namen gaben. Die vier lang gestreckten Gebäude, die den trapezförmigen Innenhof umschließen, stehen auf Terrassen verschiedener Höhe und sind zu unterschiedlichen Zeiten errichtet worden.

Man betritt den Innenhof durch den Kragbogeneingang am **Südbau**, dem zweitältesten Gebäude dieser Anlage. Der Bogen liegt auf einer Achse mit dem vor dem Viereck befindlichen Ballspielplatz. Rechts und links vom Mittelgang sind je acht Räume angeordnet, von denen die eine Hälfte nach außen, die andere Hälfte in den Innenhof schaut. Der Fries über den Türen stellt Skulpturen von Maya-Hütten dar, die sich über Paneelen vom Gitterwerk abheben. Gegenüber erhebt sich auf einer fast 7 m hohen Plattform das älteste und bedeutendste Gebäude des Nonnenvierecks, der fast 100 m lange **Nordbau**. Die 30 m breite Treppe ist flankiert von zwei kleinen Tempeln. Der linke (westliche) wird Venustempel genannt, weil ein Motiv im Fries mit dem Planeten Venus in Verbindung gebracht wird. Es ist das einzige Gebäude von Uxmal, das auf Säulen steht. Das Nordgebäude umfasst 26 Kammern und elf Eingänge zum Innenhof. Über dem Gesims erheben sich vier Maskentürme, die jeweils vier übereinander gesetzte Chac-Masken tragen. Daneben befinden sich kleine Abbildungen von strohgedeckten Häusern und Reliefs von Affen und Schlangen. Die drittälteste Struktur ist der **Ostbau** mit fünf Eingängen. Das Gesims besteht aus einem Schlangenornament, die Köpfe schauen an der Nordseite hervor. Der Fries ist relativ streng gehalten und besteht vornehmlich aus Gitterwerk. Darauf folgen Trapeze, in die Eulenköpfe eingefügt sind. Der jüngste Trakt, der **Westbau**, hat sieben Eingänge. Sein Fries gilt als der kunstvollste in der Puuc-Architektur. Über dem Haupteingang befindet sich ein Thron mit Baldachin, auf dem einst eine sitzende Figur (halb Mensch, halb Schildkröte) zu sehen war. Das **herrliche Paneel** zeigt abwechselnd Skulpturen von Maya-Hütten, Maskenreihen, geometrische Ornamente und mäanderförmig gerollte Schlangen. Letztere gehören zu den wenigen toltekischen Stilelementen in Uxmal und wurden erst nachträglich hinzugefügt. An den Kanten des Gebäudes befinden sich jeweils drei übereinander gesetzte Masken des Regengottes Chac.

Juego de Pelota

Südlich vom Nonnenviereck erstreckt sich der Ballspielplatz. Die beiden hier gefundenen verzapften Steinringe tragen das Datum 649.

Casa de las Tortugas

Weiter südlich kommt man zu dem Haus der Schildkröten (Casa de las Tortugas), einem der in den Proportionen ausgewogensten Gebäude Uxmals. Von der Ostseite führen drei Eingänge durch das schmucklose Untergeschoss ins Innere des Hauses. Der über dem mittleren Sims verlaufende Fries besteht aus einer Reihe eng nebeneinander stehender Säulen. Seinen Namen verdankt das Gebäude den Schildkröten, die in stilisierter Form das obere Gesims schmücken.

★★ **Palacio del Gobernador (Palast des Gouverneurs)**

Südlich anschließend erhebt sich **das architektonisch vielleicht vollkommenste Gebäude des vorspanischen Amerika**, der Palast des Gouverneurs (Palacio del Gobernador). Der auf einer riesigen Plattform und einer Terrasse liegende Palast gliedert sich in einen Hauptbau und zwei Seitenflügel, die sich an zwei gewölbte Passagen anschließen. Diese wurden später durch Querwände geschlossen.

Im Untergeschoss, dessen Fassade glatt ist, befinden sich an der Vorderseite elf Eingänge und je einer an den Seiten. Sie führen zu 24 Kammern, die alle das typische Kraggewölbe aufweisen. Über dem mittleren Sims verläuft der 3 m hohe Fries, der im oberen Teil aus einer fast durchgehenden Reihe von 103 Chac-Masken besteht. Daneben gibt es wiederum eine Unzahl geometrischer Formen. Über dem Fries verläuft eine Reihe von S-förmigen Ornamenten, die eine Schlange bilden, die wie ein Halsband einst das gesamte Gebäude umschloss. Die über dem mittleren Eingang restaurierte Figur mit einem Kopfschmuck aus Quetzal-Federn könnte einen einstigen Herrscher von Uxmal darstellen. Man schätzt, dass für diesen riesigen Mosaikfries rund 20 000 behauene Steine mit einem Einzelgewicht von 20 bis 80 kg verwendet wurden. Vor dem Palast steht ein Altar, in dessen Mitte sich ein doppelköpfiger Jaguar befindet. Diese Figur könnte ein Symbol der Herrschaft gewesen sein und als Thron gedient haben; sie ist aus einem einzigen Steinblock gehauen.

Erläuterungen am Viereck der Nonnen

Der Dachkamm mit seinen Öffnungen gab dem Taubenhaus seinen Namen.

Gran Pirámide Südwestlich vom Gouverneurspalast steht die Große Pyramide (Gran Pirámide), die zum Teil restauriert wurde. Das einst neunstöckige Gebäude von 30 m Höhe war oben abgeflacht und trug keinen Tempel, sondern lediglich palastartige kleine Gebäude an den vier Seiten. Das oberste Stockwerk zeigt Ornamente im Puuc-Stil, darunter Masken, Papageien, Gitterwerk, Blumen und Mäander.

Palomar Westlich steht das Taubenhaus (Palomar), das ähnlich wie das Nonnenhaus ein Viereck mit einem Innenhof bildet. Das Gebäude erhielt seinen Namen von der originellen Gestaltung des gezackten Dachkamms. Auf einer Säulenreihe erheben sich neun dreieckige Aufbauten mit fensterähnlichen Öffnungen, die ihnen das Aussehen eines Taubenschlags verleihen. Man nimmt an, dass dieses interessante Gebäude etwa 200 Jahre älter ist als das Nonnenviereck und der Gouverneurspalast, also wahrscheinlich zwischen 700 und 800 erbaut wurde. Einen ähnlichen Grundriss wie das Taubenhaus haben die weiter südlich und nördlich gelegenen Bauten Südgruppe (Grupo Sur) und Viereck (Cuadrángulo).

Weitere Gebäude Eine der ältesten Anlagen Uxmals ist wohl die südöstlich gelegene Pyramide der Alten Frau (**Pirámide de la Vieja**). Hier soll angeblich

die Mutter des Zwergs, der Uxmal regierte, gewohnt haben. Vom Gipfel dieser Pyramide lässt sich der Gouverneurspalast gut fotografieren. Von der Pyramide der Alten Frau führt ein Pfad zu den 400 m entfernten Gebäuderesten, denen man den Namen Phallus-Tempel (**Templo de los Falos**) gegeben hat. Hier findet man eine Reihe von Steinskulpturen in Phallusform, die vermutlich als Wasserspeier dienten.
Östlich des Nonnenvierecks liegt die Friedhofsgruppe (**Grupo del Cementerio**), deren Westtempel liebevoll restauriert wurde. Die Anlage erhielt ihren Namen von den vier kleinen Plattformen, wahrscheinlich Altäre, die mit Darstellungen von Totenköpfen mit Augen und gekreuzten Knochen sowie mit Hieroglyphen bedeckt sind.
Nicht weit vom Tempel des Friedhofs steht die Plattform der Stelen (**Plataforma de las Estelas**), von denen nur einige schlecht erhaltene übrig geblieben sind.

Diaschau

Jeden Abend wird im Nonnenviereck eine spektakuläre Diaschau abgehalten, bei der zu Trommel- und Flötenmusik markante Punkte der Stätte beleuchtet werden. Ein Sprecher erzählt die Geschichte Uxmals. Das ca. 45-minütige Spektakel (Nov. – März 19.00, ansonsten 20.00 Uhr) wird in vier Sprachen angeboten, darunter auch auf Deutsch.

Umgebung

Etwa 15 km nordwestlich von Uxmal kann man noch weitere Kultstätten im Puuc-Stil bewundern, im Besonderen die Maya-Zentren Kabah, Labná und Sayil. Der Weg führt durch die einzigartige Hügellandschaft Yucatáns, vorbei an kleinen Maya-Siedlungen und Ausgrabungsstätten (►Puuc-Route).

Veracruz

P 22

Bundesstaat: Veracruz (Ver.)
Einwohner: 800 000
Höhe: 3 m ü. d. M.
Entfernung: 450 km östlich von Mexiko-Stadt

Mexikos wichtigste Hafenstadt wurde an einem sandigen Strand nur wenige Meter über dem Meeresspiegel erbaut und liegt in der feuchtheißen Klimazone. Ihre jahrhundertelange Bedeutung als Zollstation und Zentrum für das Küstengebiet am Golf von Mexiko und das tropische Hinterland bescherte der Stadt eine abwechslungsreiche Geschichte.

Heute ist Veracruz eine lebendige und vom inländischen Tourismus geschätzte Stadt, die eine sympathische Mischung von **Kolonialbauten und moderner Architektur** aufweist. International bekannt geworden ist Veracruz für seinen einmaligen mitreißenden Marimba-

★ Villahermosa

R 26

Bundesstaat: Tabasco (Tab.)
Einwohner: 600 000
Höhe: 11 m ü. d. M.
Entfernung: 840 km östlich von Mexiko-Stadt

Olmekenkopf aus La Venta

Villahermosa war bis vor wenigen Jahren ein verschlafener Ort am Río Grijalva in tropischer Umgebung. Über eine altindianische Geschichte ist nichts bekannt. Der Ort wurde 1598 unter dem Namen Villa Felipe II von den Spaniern gegründet und später in Villahermosa (schönes Dorf) umbenannt. Mit der Zeit entwickelte sich das Dorf allerdings zur größten Stadt im Bundesstaat Tabasco, nicht zuletzt wegen reicher Erdölfunde in Tabasco und Chiapas und der nun entstandenen neuen Straßenverbindungen.

Aus Villahermosa wurde eine hübsche Stadt mit breit angelegten Boulevards, netten Parks und vielen kulturellen Institutionen. Es gibt hier nur wenige historische Gebäude, jedoch zwei der interessantesten Museen Mexikos: das archäologische Freilichtmuseum La Venta und das Museo Regional de Antropología. Empfehlenswert ist auch ein kurzer Trip zu den Ruinen von Comalcalco.

Sehenswertes in Villahermosa

★★ Parque-Museo de La Venta

Das archäologische Freilichtmuseum Parque-Museo de La Venta liegt am Südwestufer der Laguna de las Ilusiones. In diesem tropischen Park wurden **monumentale Funde der Olmekenkultur**, die von 1200 bis 400 v. Chr. ihre Blütezeit hatte, aufgestellt, darunter Altäre, Stelen, Tierskulpturen und die berühmten **Kolossalköpfe aus La Venta**. Ein Zoo zeigt in mehreren Gehegen die Tiere des Dschungels (Alligatoren, Rehe, Jaguare, Coatemundi, Affen u. a.). Er besitzt außerdem eine große Vogelvoliere. Schon mehrere Steinskulpturen wurden durch Reproduktionen aus Kunststoff ersetzt, um die Originale vor den Witterungseinflüssen zu schützen. Die ursprünglichen Fundorte liegen teilweise noch in unzugänglichen Sumpfgebieten der Bundesstaaten Tabasco und Veracruz.

Olmeken

Manche Archäologen halten die Olmeken für die Stammväter aller kulturen in Mesoamerika. Sicher ist, dass dieses geheimnisvolle Volk die heute älteste bekannte Kultur Mexikos darstellt und dass es einen starken Einfluss auf weite Teile des Landes ausübte. Nach unserem Wissen waren die Olmeken neben den Proto-Zapoteken die ersten, die eine Glyphenschrift entwickelten und mit Zahlen umgehen konnten; sie werden daher als Vorgänger der Maya angesehen. Ihre bisher älteste bekannte Datierung (31 v. Chr.) stand auf der Stele C in Tres Zapotes. Sie schufen nicht nur prächtige Großskulpturen,

Parque-Museo La Venta Orientierung

- ▲ Einführung
- ▪ Büste C. P. Cámaras
- **1** Monument eines Schreitenden
- **2** Sitzblock
- **3** Großmutter
- **4** Stele 3
- **5** Mosaik
- **6** Grab der Basaltsäulen
- **7** Basaltsäulen
- **8** Kolossalkopf
- **9** Kolossalkopf
- **10** Unvollendeter Kopf
- **11** Altar 6
- **12** Altar 5
- **13** Figur mit Umhang
- **14** Feliner Kopf
- **15** Altar 7
- **16** Anthropomorpher Jaguar
- **17** Kaktus
- **18** Skulptur mit Zapfen
- **19** Anthropomorphes Tier
- **20** Schlangenmensch
- **21** Diverse Basaltfragmente
- **22** Menschlicher Kopf
- **23** Altar 4
- **24** Mosaik
- **25** Stele 2
- **26** Kolossalkopf
- **27** Figur mit Standarte
- **28** Gespaltener Kopf
- **29** Silhouette
- **30** Altar 3
- **31** Altar 2
- **32** Modell
- **33** Stele 1
- **A** Kartenverkauf
- **B** Information
- **C** verschliessbare Schränke
- **D** Telefone
- **E** Affen
- **F** Wasservögel
- **G** Marder
- **H** Waschbären
- **J** Otter
- **K** Nachtaktive Tiere
- **L** Tukane
- **M** Vogelgehege
- **N** Schlangenhaus
- **O** Affen
- **P** Reptilien
- **Q** Wild
- **R** Fasane
- **S** Großkatzen
- **T** Großkatzen
- **U** Schildkröten
- **V** Krokodile
- **W** Toiletten
- **X** diverse Räume
- **Y** Café

VILLAHERMOSA ERLEBEN

AUSKUNFT

Touristeninformation
Tabasco 2000 (s. S. 611)
Av. de los Ríos 113 (hinter dem Palacio Municipal)
Tel. (993) 316 36 33
Auskunftsstellen auch im Busterminal 1. Klasse und auf dem Flughafen

VERKEHRSVERBINDUNGEN

Von Mexiko-Stadt fliegt man in ca. 1 Std. und 15 Min. nach Villahermosa, mit dem Bus benötigt man für die Fahrt etwa 10–12 Stunden.

ESSEN

► Fein & teuer
Los Tulipanes
Calle Carlos Pellicer 511
Tel. (993) 312 92 09
Das Fischrestaurant zwischen dem Teatro Esperanza Iris und dem Museo Carlos Pellicer im CICOM-Komplex hat einen schönen Blick auf den Río Grijalva.

► Erschwinglich
El Mirador
Madero 105
Gutes Seafood-Restaurant mit wunderbarem Blick auf das Meer.

ÜBERNACHTEN

► Luxus
Cencali
Juárez y Paseo Tabasco
Tel. (993) 315 19 99
Fax (993) 315 66 00
www.cencali.com.mx
Das zweistöckige Hotel (120 Z.) liegt gegenüber vom La-Venta-Park in einem tropischen Garten. In der Eingangshalle kann man ein Wandgemälde über das Leben im Aztekenreich bewundern.

► Komfortabel
Calinda Viva Villahermosa
Av. Ruíz Cortines y Paseo Tabasco
Tel. (993) 315 18 56
Fax (993) 315 18 56
www.hotelescalinda.com.mx
Das fünfstöckige Hotel (241 Z.) liegt in einem gepflegten Garten, in dem Pfauen herumspazieren. Die Zimmer haben Klimaanlage, TV und einen kleinen Balkon. Fitnesszentrum mit Dampfbad, Sauna und Massage.

sondern waren auch wahre Meister in der feinen Modellierung von Tonfiguren und der kunstvollen Bearbeitung von Jade. Neben La Venta sind San Lorenzo Tenochtitlán, Tres Zapotes und Cerro de las Mesas als bedeutende Fundorte im Olmekengebiet zu nennen.
Noch heute ist es rätselhaft, wie es diesen Menschen möglich war, die bis zu 50 t schweren und bis zu **3,40 m hohen Kolossalköpfe** aus Basalt zu bewegen. Der Steinbruch, aus dem das Material stammt, liegt nämlich rund 120 km von La Venta entfernt. Die aus Stein gemeißelten Gesichter tragen zum Teil negroide Züge, bei anderen mischen sich menschliche Merkmale mit denen des Jaguars. Das Aussehen dieser Gesichter hat zu den kühnsten Theorien geführt. So behaupten manche, dass es sich bei den Kolossalköpfen um Abbildungen nubischer Fürsten handle, die Ramses III. von Ägypten – auf

der Suche nach der Unterwelt – nach Westen sandte. Andere wiederum wollen in ihnen die Darstellung von Herrschern aus den vorgeschichtlichen Megalithkulturen Südenglands und Nordfrankreichs sehen.

✶ Museo Regional de Antropología

Im Kulturkomplex CICOM (Centro de Investigaciones de las Culturas Maya y Olmeca) am Westufer des Río Grijalva befindet sich das Regionalmuseum der Anthropologie (Museo Regional de Antropología Carlos Pellicer Cámara), benannt nach dem Dichter, Sammler und Museumsgründer **Carlos Pellicer** (1897–1977). Der Rundgang beginnt im zweiten Stock mit einer Übersicht über die präkolumbischen Kulturen, veranschaulicht durch Steinmasken und Keramik aus Teotihuacán, Keramikurnen und -köpfe der Zapoteken und Totonaken und aztekische Steinplastiken. Der erste Stock beschäftigt sich mit den Olmeken und Maya und zeigt außergewöhnliche Tonfiguren der Maya aus Jaína und olmekische Jade aus La Venta. Im Hochparterre werden ausgesuchte Funde dieser beiden Kulturen besonders präsentiert. Monumentalstücke der Olmeken und Maya kann man im Erdgeschoss bewundern.

Tabasco 2000

Weiter westlich schließt sich die Anlage Tabasco 2000 an, in der sich u. a. ein Planetarium, ein Tagungszentrum, Kaufhäuser und das Rathaus befinden. Sie wurde nach dem Ölboom erbaut und bringt deutlich den relativ neuen Wohlstand der Stadt zum Ausdruck.

Parque La Choca

Im Parque La Choca, etwa 600 m vom Tabasco-Areal entfernt, finden Messen, Ausstellungen und das Kunsthandwerk-Festival statt, das jedes Jahr Ende April veranstaltet wird.

Weitere Museen

Neben dem Eingang, an der Laguna de las Ilusiones, liegt in der Avenida Adolfo Ruíz Cortínes der moderne Bau des Naturhistorischen Museums von Tabasco (**Museo de Historia Natural Angel Aldrete Chávez**). Es zeigt geschützte Pflanzen und Tiere sowie Objekte, die Geologie, Evolution und das Sonnensystem behandeln. Das **Museo de Cultura Popular** in der Calle Ignacio Zaragoza 810 stellt regionale Trachten, Volkskunst und eine Nachbildung eines typischen indianischen Chontal-Hauses aus. Im Museum **Casa Museo Carlos Pellicer** in der Calle Saénz 203, wo der berühmte Poet und Archäologe geboren wurde, sind seine Memorabilia ausgestellt. Das neobarocke **Museo de Historia de Tabasco** (Casa de los Azulejos, Juárez 402) besitzt u. a. Staatswappen, Gemälde des 18. Jahrhunderts sowie ein Ölbild des Revolutionshelden Emiliano Zapata von Alfredo Zalce.

Umgebung von Villahermosa

✶ Eco-Park Yumká

Etwa 15 km außerhalb von Villahermosa dehnt sich in der Nähe des Flughafens der 100 ha große Eco-Park Yumká aus. Er umfasst Savanne, Urwald und Lagune, wo asiatische, afrikanische und heimische

! TIPP

Mit dem Dampfer auf dem Grijalva
Ein beliebter Ausflug ist die zweistündige Dampferfahrt auf dem Grijalva-Fluss an Bord der »Capitán Beulo II«, in deren Restaurant man bei Musik die schmackhafte und exotische Küche von Tabasco kennen lernen kann, während die tropische Landschaft an einem vorüberzieht. Man besteigt den Dampfer am Malecón Carlos A. Madrazo Becerra.

Wildtiere (Affen, Tukane, Papageien, Manatís, Alligatoren, Jaguare, Rehe usw.) angesiedelt wurden. Man kann die Region zu Fuß, per Kleinbahn oder mit dem Boot (je nach Wasserstand) besichtigen.

Von Villahermosa sind es 52 km über Nacajuca oder 82 km auf der MEX 180 und der MEX 187 über Cárdenas bis zur Ortschaft Comalcalco. Nur 5 km nordöstlich der Stadt liegt die archäologische Stätte Comalcalco, die westlichste aller bedeutenden Maya-Stätten. Sie stammt aus der **späten Maya-Klassik** (600 – 900) und hatte wahrscheinlich ihre Blütezeit im 8. Jahrhundert. Die Tempelanlage, die Ausführung der Stuckdekoration sowie die Ornamentik des vorgefundenen Grabmals haben eine gewisse Ähnlichkeit mit der Kunst von Palenque. In Ermangelung von Stein und wegen der Nähe zum Meer wurden abgeflachte gebrannte Ziegel und Mörtel aus zerstoßenen Muscheln benutzt, was in der Maya-Klassik einzigartig ist. An der Westseite des Nordplatzes (**Plaza Norte**) steht der Tempel I, eine mehrgeschossige Pyramide mit Resten eines Tempels auf der Spitze.

★ **Comalcalco**

Öffnungszeiten: tgl. 10.00 – 16.00

An der Nordseite der Plaza erhebt sich auf einer Anhöhe der Tempel II, weitere Bauten werden freigelegt. Im Süden der Stätte schließt eine große Plattform, die Akropolis, den Platz gleichen Namens ein (**Plaza de la Acrópolis**). Auf der Plattform stehen zwei kleine Tempel und ein als Palast (Palacio) bezeichnetes Gebäude. Unweit davon wurde das Grab der Neun Herren der Nacht entdeckt (Tumba de los Nueve Señores de la Noche). Neun Stuckreliefs, drei an jeder Seite der Grabwände, stellen wohl die neun Herrscher der Unterwelt dar. Die Figuren waren einst rot bemalt und zeigen nur z. T. klassische Maya-Züge. Grabungen förderten 1993 eine in der Region bisher einzigartige Abwasseranlage aus Tonröhren zutage.

Yucatán

N–P 28–32

Bundesstaaten: Yucatán (Yuc.), Campeche (Cam.), Quintana Roo (Q.R.) sowie der nördliche Teil von Guatemala und Belize

Im Westen und Norden wird die Halbinsel Yucatán vom Golf von Mexiko und im Osten vom Karibischen Meer begrenzt. Die Küste im Westen und Norden besteht im Wesentlichen aus Sandbänken,

Lagunen und Mangrovensümpfen, während die Ostküste von Korallenriffen und Inseln wie Cozumel oder der Isla Mujeres gekennzeichnet ist.

Yucatán ist eine riesige, flache, nach Süden leicht ansteigende Kalkplatte, die als Karstlandschaft zum überwiegenden Teil von Savannen und Buschwald bedeckt ist. Die nach Süden hin zunehmenden Niederschläge sickern schnell durch die dünne Erdschicht und das Kalkgestein und bilden so unterirdische Flüsse und Seen. Durch Einbrechen von Höhlendächern entstehen etwa kreisförmige, brunnenartige Wasserlöcher unterschiedlicher Größe, so genannten Cenotes. Vor der Eroberung durch die Spanier bauten die Maya-Indianer ihre großen Kultstätten um diese Cenotes, die auch heute noch für die Wasserversorgung wichtig sind.

Sehenswertes

Strandurlauber entspannen sich am besten in dem Luxusbadeort ► Cancún, an der ► Riviera Maya und auf den Inseln ► Cozumel und ► Isla Mujeres. Das Palancar-Riff mit seinen herrlichen Korallengärten, Höhlen und Steilwänden vor der Südwestküste Cozumels zieht Taucher aus allen Teilen der Welt an. Zu den zahlreichen bedeutenden Maya-Stätten auf Yucatán, die man von den Urlaubszentren

Hauptstrand der Isla Mujeres ist der nicht allzu große Playa Norte.

YUCATÁN ERLEBEN

AUSKUNFT

www.mayayucatan.com.mx oder
www.yucatan.gob.mx

VERKEHRSVERBINDUNGEN

Von Europa dauert ein Flug nach Cancún ca. 10 Stunden.

ESSEN

► Erschwinglich

② ***Yaxche***
Calle 8 (zwischen Av. 10 und Av. 5)
Tel. (984) 873 25 02
Playa del Carmen
In dem Maya-Restaurant werden typische Spezialitäten wie Tamales mit Kürbissamen oder Fisch mit verschiedenen Salsas serviert.

① ***La Palapa***
Calle Quetzal 13
(hinter dem Hotel Imperial Laguna)
Cancún
Belgisch geführtes Lokal unterm Palmstrohdach.

ÜBERNACHTEN

► Luxus

② ***Casa de los Sueños***
Ila Mujeres
Carr. Garrafón, Fracc. Mar Turquesa
Tel. (998) 877 06 51
Fax (998) 877 07 08
www.casadelossuenosresort.com
Designhotel mit traumhaftem Bade- und Wellnessbereich.

► Komfortabel

① ***Hotel Deseo***
Quinta Avenida / Calle 12
Playa del Carmen
Tel. (984) 879 36 20
Fax (984) 879 36 21
www.hoteldeseo.com
Minimalistisch eingerichtetes Hotel an der Fußgängerzone.

meist in einem Tagesausflug besichtigen kann, gehören ►Chichén Itzá, ►Uxmal und die Ruinen entlang der ►Puuc-Route. Sehr beeindruckend sind auch das von einer Festungsmauer umschlossene ►Tulum auf den Klippen über dem Meer und das romantische, unter dichtem Dschungelgrün versteckte ►Cobá.
Wie in ►Mérida, Izamal, Valladolid (Umgebung von ►Chichén Itzá), Motul und Tikul findet man in fast allen Orten Yucatáns Zeugnisse der Kolonialkunst, insbesondere die von den Franziskanern errichteten Kirchen und Klöster aus dem 16. und 17. Jahrhundert. Diese liegen z. T. noch in einer ursprünglichen Landschaft und sind auch wegen ihrer Atmosphäre einen Besuch wert.
Auch Naturfreunden wird allerhand geboten, beispielsweise im Calakmul-Biosphärenreservat, im Si'an Ka'an-Biosphärenreservat (südlich von Tulum) oder bei den Flamingos bei Celestún und am Río Lagartos.

Ruta Maya Die Ende der 1980er-Jahre geschaffene Ruta Maya umfasst die archäologischen Zonen und kolonialen Städte von Mexiko, Guatemala, Belize, Honduras und El Salvador. Das Programm beinhaltete die Modernisierung der Verkehrswege, Restaurierung der Stätten und

Yucatán Orientierung

die Schaffung neuer Übernachtungsmöglichkeiten. Die Region erstreckt sich östlich vom Isthmus von Tehuantepec über die ganze Halbinsel von Yucatán bis hinein nach Honduras und El Salvador.

Riviera Maya

Innerhalb kurzer Zeit hat sich die Riviera Maya, der **Küstenabschnitt zwischen Cancún und Tulum** mit dem Hauptort Playa del Carmen, zum einem der beliebtesten Bade- und Urlaubsziele Mexikos entwickelt. Zahlreiche internationale, vorwiegend jedoch europäische Investoren erbauten hier Hotelanlagen. Es entstand eine Reihe von Yachthäfen und Freizeitparks. Inzwischen wird auch das Gebiet südlich von Tulum touristisch erschlossen.

Fauna und Flora

Im dichten Busch von Yucatán gibt es noch Jaguare und Ozelots, außerdem leben auf der Halbinsel Rehe, Wildschweine, Fasane, Wildenten, wilde Truthähne, Affen, Leguane und Schlangen und viele tropische Vögel. Die reichen Palmenbestände sind in den letzten Jahren durch eine Baumkrankheit erheblich geschädigt worden. Nun versucht man, die Strände durch das Anpflanzen von resistenten südostasiatischen Bäumen wieder aufzuforsten.

Wirtschaft **Kultur- und Badetourismus** bestimmen in weiten Teilen Yucatáns die Wirtschaft. Ehemalige Sisal-Haciendas wurden umgestaltet zu Luxushotels; Häfen wurden ausgebaut für den Kreuzfahrttourismus. Handwerk und Kunsthandwerk profitieren ebenfalls deutlich vom Fremdenverkehr. Weitere ökonomisch wichtige Faktoren sind nach wie vor Lohnveredelungsbetriebe (maquiladoras) und die Landwirtschaft. Zudem gibt es rund um Mérida eine Reihe von Brauereien.

Geschichte Mit seinen zahlreichen Zeugnissen der Maya-Kultur aus der Klassik (300 – 900) und Nachklassik (900 – 1450) spielt Yucatán eine wichtige Rolle für die Archäologie. In der neueren Geschichte kam es zwischen 1512 und 1519 zu den ersten Kontakten der spanischen Eroberer mit den Ureinwohnern Yucatáns. Zu dieser Zeit waren die klassischen Maya-Stätten mit wenigen Ausnahmen bereits verlassen. Erst nach 20 Jahren harter Kämpfe konnten die Konquistadoren die spanische Herrschaft über eine knappe Hälfte der Halbinsel festigen. In der Kolonialzeit blieb Yucatán wegen seiner isolierten Lage ein recht unbedeutender Teil des Vizekönigreichs. Immer wieder versuchten rebellische Maya-Stämme Teile des Landes zurückzugewinnen. Vor allem in der zweiten Hälfte des 19. Jahrhunderts kam es zu erbitterten Kämpfen, die zur zeitweisen Unabhängigkeit vom mexikanischen Zentralstaat führten (Krieg der Kasten). Erst zu Beginn des 20. Jahr-

Typische Maya-Hütte

hunderts konnte der mexikanische Staat die volle Souveränität über Yucatán erlangen. Viele der besiegten Indianer zogen sich in die Wildnis von Quintana Roo zurück. Neben einer Anzahl von Spaniern vor allem in und um Mérida besteht die Bevölkerung des Bundesstaats Yucatán vornehmlich aus Maya-Indianern und Mestizen. Zum Teil wird ausschließlich die Maya-Sprache gesprochen.

Maya

Kaum ein Gebiet in Mexiko kann so viele archäologische Stätten aufweisen wie Yucatán. Die Nachklassik der Maya (900 – 1450), die von ansässigen und zugewanderten Maya-Stämmen und den aus dem mexikanischen Hochland eingewanderten Tolteken getragen wurde, schuf eine großartige Architektur. Allerdings erreichte die Kunst der Keramik und der Steinplastik nicht mehr die hohe Qualität der Früh- und Spätklassik (300 – 900), die vornehmlich in Süd-Campeche, Chiapas, Guatemala, Belize und Honduras beheimatet war.
Auch der so genannte Long Count, der historische **Kalender**, der jeden Tag vom Beginn der Maya-Zeitrechnung zählt, wurde in der Nachklassik nur noch in einer abgekürzten Form verwendet. Dieser Nulltag entspricht in unserer Zeitrechnung dem 13. August 3114 vor Christus. Der ursprüngliche Maya-Kalender gilt als der vollständigste und genaueste der damaligen Zeit. Die Maya waren auch die ersten, welche die Zahl Null benutzten, wodurch es ihnen möglich war, Daten zu errechnen, die gewaltige Zeiträume umfassten. Das älteste bisher gefundene zweifelsfreie Maya-Kalenderdatum ist 292 n. Chr. auf der Stele 29 in Tikal, Guatemala.
Die Maya besaßen wohl die einzige sowohl logografisch als auch phonetisch voll entwickelte **Hieroglyphenschrift**. Die bisher rund 800 identifizierten Glyphen können sowohl für eine Silbe als auch für ein Wort stehen. Von den 400 häufiger verwendeten Zeichen können heute 80 bis 90% gelesen und ausgesprochen werden. Der Durchbruch zur Entzifferung gelang 1958, als der in Mexiko lebende Deutsche Heinrich Berlin die Wappen-Glyphen fand. Er entdeckte, dass bestimmte Zeichen immer nur an bestimmten Orten erscheinen. So konnten die Glyphen der acht klassischen Maya-Städte Palenque, Yaxchilán (Mexiko), Tikal, Piedras Negras, Quiriguá, Seibal, Naranjo (Guatemala) und Copán (Honduras) entziffert werden. Daraus schloss Berlin, dass auf den Stelen und anderen Monumenten die Geschichte der jeweiligen Orte aufgeschrieben sei. Tatjana Proskouriakoff ermittelte daraufhin, dass die Datierungen in speziellen Stelengruppen die Regierungszeit sowie Geburts- und Heiratsdaten eines Herrschers angaben. Gleichzeitig gelang es, aus den Glyphen die Namen bestimmter Herrscher und ihrer Familienmitglieder herauszufinden. Seither trugen namhafte Wissenschaftler zur weiteren Entzifferung bei.
Gleichsam die »Bücher« der Maya stellen die aus gipsbeschichtetem Rindenpapier bestehenden und wie ein Leporello gefalteten **Maya-Codices** dar. Diejenigen, die nicht von den Spaniern vernichtet wurden oder verschwunden sind, kamen meist als Geschenke an Karl V.

ZACATECAS ERLEBEN

AUSKUNFT

Touristeninformation
Avenida Hidalgo 403, 1. Stock
Tel. (492) 924 40 47

VERKEHRSVERBINDUNGEN

Der Flug von Mexiko-Stadt nach Zacatecas dauert ca. 1 Stunde, die Busfahrt ungefähr 7 Stunden. Mit dem Auto sollte man die MEX 75 D und die MEX 45 über León, Querétaro und Aguascalientes (613 km) nehmen.

FESTE

In der Osterwoche findet eine internationale Kulturwoche statt. Am Jahrestag der Gründung von Zacatecas, dem Freitag vor dem 8. September, beginnt eine zweiwöchige Messe, während der auch Stier- und Hahnenkämpfe, Sportbegegnungen und Konzerte stattfinden.

ESSEN

► **Erschwinglich**

Cenaduría Los Dorados
Plazuela de García 1314
Tel. (492) 257 22
Das mit Erinnerungsstücken vom Unabhängigkeitskrieg geschmückte Lokal liegt etwas versteckt an einem kleinen Platz neben dem Ex-Convento San Francisco und serviert einfache, aber gute mexikanische Gerichte.

ÜBERNACHTEN

► **Luxus**

Quinta Real
Avenida Ignacio Rayón 434
Colonia Centro
Tel. (492) 922 91 04
Fax (492) 922 84 40
Das originelle Hotel (49 Z.) ist um eine Stierkampfarena gebaut. Alle Zimmer schauen auf die gepflasterte Plaza de Toros.

► **Komfortabel**

Mesón de Jobito
Jardín Juárez 143
Tel. (492) 924 17 22
Fax (492) 924 35 00
www.mesondejobito.com
Die Wohnanlage (31 Z.) aus dem 19. Jahrhundert liegt ein paar Blocks von der Kathedrale entfernt auf einer kleinen Plaza. Die Zimmer sind geschmackvoll und modern eingerichtet und haben alle Kabelfernsehen.

Mercado González Ortega Südlich der Kathedrale kann man das gusseiserne einstige Marktgebäude (1880) sehen. In den 1980er-Jahren wurde das obere Stockwerk, das man über die Hidalgo erreicht, zur Ladengalerie mit Restaurants umgebaut.

Teatro Calderón Auf der anderen Straßenseite der Avenida Hidalgo steht das elegante Teatro Calderón aus den letzten Jahren des 19. Jahrhunderts. Noch immer wird es für kulturelle Zwecke genutzt.

✶ **Templo Santo Domingo** Über den am Regierungspalast beginnenden Callejón de Veyna kommt man zu der Kirche Santo Domingo, einem eher nüchternen

Barockbau aus der Mitte des 18. Jahrhunderts. Im Innern findet man an den Seiten acht schön geschnitzte churriguereske Retablos und einen neoklassizistischen Hauptaltar. Beachtenswert sind die Gemälde aus dem 18. Jahrhundert in der Sakristei.

✶✶ Museo Pedro Coronel
Öffnungszeiten: Fr. – Mi. 10.00 – 17.00

Im angrenzenden ehemaligen Jesuitenkolleg ist heute das Museo Pedro Coronel untergebracht. Pedro Coronel (1923 – 1985) war ein Künstler aus Zacatecas, der seiner Heimatstadt neben seinen eigenen Arbeiten eine **äußerst bemerkenswerte Kunstsammlung** hinterlassen hat, u. a. präkolumbische, europäische, afrikanische und asiatische Kunst. Dazu gehören auch Werke von Goya, Picasso, Chagall, Kandinsky und Miró.

Museo Zacateno

Etwa 150 m südlich von der Plazuela de Santo Domingo entfernt liegt die Casa de la Moneda, im 19. Jahrhundert die zweitgrößte Münze Mexikos. Inzwischen beherbergt sie das Museo Zacateno, das vor allem Exponate zur Kultur der Huichol-Indianer zeigt.

✶ San Agustín

Etwa 100 m weiter südlich besticht der einst prunkvollste Sakralbau von Zacatecas – obwohl größtenteils verfallen – durch ein **platereskes Seitenportal**, dessen Ausarbeitung die Bekehrung des heiligen Augustín darstellt und zu den schönsten des Landes gehört. Während der antiklerikalen Phase im 19. Jahrhundert wurde die Kirche, die im 17. Jahrhundert von Augustinermönchen erbaut worden war, als Kasino genutzt. 1882 wurde sie schließlich von amerikanischen Presbyterianern als »zu katholisch« erachtet, deshalb wurde ihre Fassade einfach durch eine weiße Mauer ersetzt.

Mina El Edén

Nordwestlich vom Stadtzentrum (Calle Antonio Doval) gibt der Besuch der Mine El Edén, die per Minenbahn befahren werden kann, einen Einblick in die harte und oft unmenschliche Arbeit in den Silberminen. Indianer, darunter auch viele Kinder, wurden dazu versklavt. Es ist überliefert, dass täglich bis zu fünf von ihnen an Unfällen oder Krankheiten starben. El Edén wurde von 1586 bis in die 1950er-Jahre betrieben.

Cerro de la Bufa

Ein Wahrzeichen der Stadt ist der 4 km vom Stadtzentrum entfernte Cerro de la Bufa (2700 m), auf dem sich die **Capilla de los Remedios** befindet. Die Anhöhe bietet eine schöne Aussicht und kann mit der Seilbahn (Teleférico) erreicht werden. Wenn man von der El-Edén-Mine nach links geht, kommt man nach wenigen Minuten zur Station Cerro del Grillo, wo die Seilbahn startet.
Auf dem Berg kann man das **Museo de la Toma de Zacatecas** (Museum der Einnahme von Zacatecas) besuchen, das Bilder und Dokumente der Schlacht von 1914 enthält. Damals schlug die División del Norte unter Pancho Villa und Felipe Ángeles die Truppen von Präsident Victoriano Huerta. Die Revolutionäre erlangten so die Kontrolle über Zacatecas, der ersten Etappe auf dem Weg nach Mexiko-Stadt.

Neben dem Museum steht die **Capilla de la Virgen del Patrocinio** (18. Jh.), die nach der Schutzheiligen der Minenleute benannt ist. Über dem Altar kann man die Jungfrau sehen, von der man sagt, ihr Bildnis könne die Kranken heilen. Viele Gläubige pilgern das ganze Jahr über hierher, v. a. aber während der Zeit um den 8. September, wenn das Bild zur Kathedrale gebracht wird. Drei beeindruckende **Reiterstatuen**, die die Helden der Schlacht um Zacatecas (Villa, Ángeles und Pánfilo Natera) zeigen, wurden östlich der Kapelle und des Museums aufgestellt. Hinter ihnen führt ein Pfad auf den felsigen Gipfel von La Bufa. Von hier aus hat man einen grandiosen Ausblick auf die Stadt und die weitere Umgebung. Das metallene Kreuz ist bei Nacht erleuchtet. Rechts von den Statuen weist ein Weg zum **Mausoleo de los Hombres Ilustres de Zacatecas** mit Gräbern von Helden der Stadt von 1841 bis heute. Neben der Seilbahn führt auch ein Pfad in die Stadt zurück; er beginnt bei den Statuen.

*** Museo Rafael Coronel**

Öffnungszeiten: Do. – Di. 10.00 – 16.30

Die private Sammlung der Familie Coronel zeigt das Museo Rafael Coronel in einem Teil der frühbarocken Klosterruine von San Francisco im Norden Zacatecas' (Buslinie 5 oder 8). Rafael Coronel war der Bruder des bereits erwähnten Pedro Coronel und der Schwiegersohn Diego Riveras. Zu sehen sind hier etwa 4000 hauptsächlich **prähispanische Masken** aus ganz Mexiko, die man bei traditionellen Tänzen und Riten trug. Zu den ausgestellten Objekten gehören auch eine Marionettensammlung sowie Zeichnungen und Skizzen Riveras.

*** Museo Francisco Goitia**

In der früheren Casa del Pueblo (Calle Enrique Estrada 102), unweit der Reste des alten Aquädukts, sollte man das Museo Francisco Goitia besichtigen. In dem neoklassizistischen Gebäude sind die Werke des aus Fresnillo stammenden Expressionisten und Chronisten des Revolutionskrieges Francisco Goitia (1884 – 1960) sowie Werke zeitgenössischer mexikanischer Maler ausgestellt (Öffnungszeiten: Di. bis So. 10.00 – 16.30 Uhr).

Umgebung von Zacatecas

*** Museo y Templo de Guadalupe**

Etwa 7 km östlich liegt an der MEX 45 die Ortschaft Guadalupe, die wegen ihres Klosters bekannt geworden ist. Das Kloster Nuestra Señora de Guadalupe wurde 1707 von den Franziskanern gegründet. Es enthält eine nichtöffentliche Bibliothek und eine zugängliche Sammlung wertvoller Gemälde aus der Kolonialzeit.

Die 1721 geweihte Klosterkirche hat eine **interessante barocke Fassade**. Zu beiden Seiten des Eingangstores sieht man je ein Paar Säulen, die Nischen mit Statuen flankieren. Wie die Säulen sind sie in drei Abschnitten mit Figuren, Spiralen und Flechtwerk geschmückt. Über der Tür sieht man ein Hochrelief mit der Jungfrau von Guadalupe und dem sie malenden Apostel Lukas. Der obere Teil der Fassade ist im Stil einheimischer Meister ausgeführt, der an die Gestaltung der Kathedrale von Zacatecas erinnert.

Im Kircheninnern ist die neoklassizistische Capilla de la Purísima (oder Capilla de Nápoles, 19. Jh.) **reich mit Blattgold** dekoriert und wertvollen Gemälden ausgestattet, die kostbarste ihrer Art in **Mexiko. Einzigartig ist der aus Mesquite-Holz** gefertigte Parkettfußboden, in den eine kunstvoll gearbeitete und fantasievolle Kombination aus Windrose, Tierkreiszeichen und Heiliger Schrift eingelegt ist.

★ ★ ◄ Capilla de la Purísima

Rechter Hand vom Kloster befindet sich das **Museo Regional de Zacatecas**, das eine interessante Kollektion alter Automobile, Droschken und anderer Fahrzeuge besitzt.

Die jährliche **Feria** der Stadt findet vom 3. bis 13. Dezember um den Festtag der Jungfrau von Guadalupe (12. Dezember) statt.

La Quemada

Öffnungszeiten: tgl. 10.00 – 16.30

Etwa 53 km südlich von Zacatecas liegt an der MEX 54 die vorkolumbische Ruinenstätte La Quemada oder Chicomóztoc (sieben Höhlen). Dieses sich über einen großen Hügel erstreckende Kultzentrum hatte seine Blütezeit von 700 – 1100 nach Christus.. Zusammen mit Chalchihuites und anderen Orten in Zacatecas und Durango liegt La Quemada in einer Zone, welche die **nördliche Grenze der Kulturen Mesoamerikas** bildet.

Schon früh lebte es vom regionalen Handel, doch man kann auch an den starken Rauchspuren erkennen, dass das Ende von La Quemada wohl gewaltsam war. Eine Legende der Indianer berichtet von der Zerstörung einer Stadt in dieser Gegend, nachdem sie versucht hatte,

Auf dem Cerro de la Bufa erinnern drei Reiterstatuen an die Helden der Schlacht um Zacatecas.

den Peyotlhandel an sich zu reißen. Über einen Bergrücken verteilt, liegen die **vorwiegend aus Steinplatten und Adobe-Ziegeln errichteten Bauten**. An der Ostseite führt ein Eingang in die 40 x 31 m große Säulenhalle (Salón de las Columnas), die vermutlich als Zeremonienhalle diente. Weiter oben am Hügel sieht man einen Ballspielplatz, der für diese Region äußerst selten ist, sowie eine eindrucksvolle 11 m hohe Votivpyramide und eine steile Treppe, die zum oberen Teil der Anlage führt.
Hier geht vom Haupthügel ein Pfad Richtung Westen zu einem Vorsprung, auf dem man Reste einiger Gebäude, La Ciudadela genannt, sehen kann. Eine Mauer, die vermutlich zur Verteidigung diente, erstreckt sich am nördlichen Abhang.

Casco de la Hacienda Bernández

Auf dem Weg in Richtung Fresnillo (MEX 45) kann man bereits nach 2,5 km das Herrenhaus von Don Ignacio de Bernárdez besuchen, in dem man Silberschmieden bei der Arbeit zusehen und ihre Erzeugnisse erwerben kann.

Fresnillo

Etwa 60 km nordwestlich von Zacatecas liegt die alte Silberstadt Fresnillo (80 000 Einw.), in deren Nähe sich Thermalbäder befinden. Der Hauptgrund, hier Halt zu machen, ist allerdings eines von Mexikos meistbesuchten Heiligtümern, der Santuario de Plateros. Man erreicht ihn etwa 5 km vom Zentrum entfernt im Dorf Plateros.
Hier wird El Santo Niño de Atocha verehrt, eine seltsame Darstellung des Jesuskindes mit Stab, Korb und Federhut. Er befindet sich in der aus dem 18. Jahrhundert stammenden Kirche **Santuario de Plateros**. In den Räumen links vom Eingang kann man einige seiner Wundertaten auf kleinen Retablos bestaunen.

★ Zihuatanejo · Ixtapa

R 17

Bundesstaat: Guerrero (Gro.)
Einwohner: 60 000
Höhe: Meereshöhe
Entfernung: 240 km nordwestlich von Acapulco

Auf der Küstenstraße von Manzanillo in Richtung Süden kommt man etwa 240 km vor Acapulco zum ehemaligen Fischerhafen Zihuatanejo. Er liegt an einer geschützten Bucht, die von schönen Stränden, bewaldeten Hügeln und Felsen umgeben ist. Zusammen mit dem erst 1975 auf dem Reißbrett entwickelten Badeort Ixtapa gehört er zu den erholsamsten Urlaubszielen an der mexikanischen Pazifikküste.

An der Playa Municipal in Zihuatanejo verarbeiten die Fischer ihren Fang. →

schicke Restaurants prägen den Ort. Wenn man Strand und Meer zur Genüge genossen hat, widmet man sich meist dem Hotelhopping, sieht sich die verschiedenen Hotels entlang der Playa Palmar an, testet dort die Bars und vergleicht die Poolanlagen. Da Ixtapa sonst nur wenig Sehenswertes bietet, besucht man die tropische Lagune oder die Marina Ixtapa, wo zwischen Kanälen, Booten und edlen Yachten schicke Bars und noble Boutiquen zum Besuch einladen.

Bei der Erschließung von Ixtapa als Badedestination ist besonders darauf geachtet worden, dass soviel Natur wie möglich belassen wurde.

Strände

Die **Playa del Palmar** liegt direkt an der Hotelzone Ixtapas. Doch wer hier schwimmen mag, muss wegen des starken Sogs sehr vorsichtig sein. Der Strand an der Westseite, kurz vor der Lagune, ist v. a. bei Surfern beliebt. Einheimische nennen ihn die **Playa Escolleras**. Hinter dem Hafen, weiter westlich, gibt es noch drei kleine Strände: Playa San Juan, Playa Casa Blanca und Playa Cuates. Einen falschen Eindruck vermittelt der Name **Playa Quieta** (ruhiger Strand), da sich dort (ca. 5 km nördlich von Ixtapa) viele Motorboote tummeln. Von hier aus gibt es eine Bootsverbindung zur **Isla Ixtapa**, einer kleinen, wenige Kilometer entfernten Insel, mit vier Stränden und einem Tauchrevier. Auch von Zihuatanejo aus fährt ein Ausflugsboot hierher. Über die genauen Hin- und Rückfahrtszeiten sollte man sich vor Ort informieren.
Hinter der Playa Quieta liegt noch die ruhigere **Playa Linda**, an der man gut schwimmen kann.

REGISTER

a

b

c

d

e

f

g

h

i

j

k

l

m

BILDNACHWEIS

akg-images 42, 44, 58, 76, 83, 101, 102, 376 (ob.), 377 (ob. li.), 378, 407, 415, 463, 466, 471, 569
ap S. 53, 405
Baedeker-Archiv S. 13 (ob.), 31 (unt.), 75, 117, 122, 253, 544
Bilderberg/Heimann S. 452, 454
Bilderberg/Kunz S. 255 (ob. re.)
von Bleyleben S. 187 (Mitte li.), 293, 377 (ob. Mitte)
dpa S. 52, 103
Bridgeman S. 71 [(c) 2005 Banco de México Diego Rivera & Frida Kahlo Museums Trust]
Bridgeman S. 82 [(c) Heredos de Rufino Tamayo]
Eid S. 11
Fan/Mross S. 138, 255 (ob. li.), 256
Gauß S. 66
Hackenberg S. 180, 274, 353, 596
Haltner S. 123, 146, 260, 626
HB-Verlag S. 341, 403, 448, 562
HB Verlag/Maeritz S. 3 (re.), 9, 33, 73, 81 [(c) VG Bild-Kunst, Bonn 2005], 91, 118, 125, 135, 143, 157, 174, 179 (ob. Mitte), 179 (unt. re.), 185 (unt. Mitte), 188 (ob. re.), 220, 223, 228, 254, 299, 308, 319, 326, 333, 335, 337, 354, 360, 427, 445, 457, 467 (unt. li.), 468, 490, 521, 523, 529, 581, 585, 593, 608, 625, Umschlagklappe
Heil S. 418, 460
Hicker S. 30, 213
Historia-Photo S. 97
IFA S. 5 (re.), 6, 8, 13 (unt.), 14 (Mitte), 89, 133, 151, 164, 185 (ob. li.), 185 (unt. re.), 346, 370, 400, 413, 429, 478, 483, 495, 517, 527, 556
Interfoto S. 141, 179 (ob. li.), 191 (unt. re.), 467 (unt. re.), U2
Kober S. 451, 481
Lahr S. 127, 183, 547
laif/Aurora S. 13 (Mitte), 136, 261
laif/Eid S. 68, 176/177, 185 (unt. li.), 193, 276, 302, 377 (unt. re.), 410, 465, 559
laif/Gonzalez S. 3 (li.), 4, 16, 37, 47, 79 [(c) VG Bild-Kunst, Bonn 2005], 93, 130, 160, 179 (unt. li.), 187 (Mitte re.), 187 (unt. re.), 188 (unt. re.), 195, 205, 214, 225, 239, 240, 270, 286, 321 [(c) VG Bild-Kunst, Bonn 2005], 373, 380, 384, 385, 397, 399, 421, 475, 496, 511, 525, 535, 543, 564, 588, 604, 606
laif/Hahn S. 168
laif/Heeb S. 14 (ob.), 21, 63, 87, 115, 119, 178, 182, 187 (ob. li.), 191 (ob. li.), 255 (unt.), 265, 272, 363, 376, 383, 393, 423, 437, 441, 538, 571, 575, 600, 618, 623, 628
laif/Heuer S. 5 (li.), 315, 317
laif/Knop S. 458
laif/Le Figaro S. 173, 217
laif/Meyer S. 19, 357
laif/REA S. 39, 113, 367
laif/Riehle S. 110
laif/Tophoven S. 12, 235, 259, 345, 613
look/Fieger S. 179 (ob. re.), 185 (ob. re.), 249
look/Greune S. 148, 311
look/Heeb S. 312
look/Hoffmann S. 92
look/Martini S. 121, 153
look/Wothe S. 211
Mauritius S. 2, 14 (unt.), 177, 188 (ob. li.), 232
Mauritius/Pigneter S. 1
Mauritius/Poehlmann S. 107
Mexikan. Fremdenverkehrsamt S. 281
Mielke S. 15, 29, 166, 209
Möhle S. 23, 408
Nowak S. 472
picture-alliance/akg-images S. 51, 105
picture-alliance/dpa S. 94, 377 (ob. re.)
picture-alliance/Picture Press/Everett Collection/Miramax S. 98
Roth S. 41, 246, 348, 467 (ob. re.), 467 (ob. li.), 507
Schapowalow/Atlant. S. 497
Schapowalow/Heaton S. 505
Schapowalow/Huber S. 198, 307, 338, 500
Schapowalow/Kölsch S. 245
Schapowalow/Komine S. 10/11, 191 (unt. li.), 192/193, 290, 301, 489, 555
Schütz-Gormsen S. 572
Stadler S. 7, 257, 328, 518, 599
Staudhammer S. 60
Steffens/Bauer S. 350
Thiele S. 447, 616
transit/Hirth S. 129, 154, 389
ZEFA S. 85, 106/107, 267, 296, 387, 390, 431, 533, 550, 577, 591

Titelbild: Agentur Silvestris/Stadler – Sombreros

VERZEICHNIS DER KARTEN & GRAFISCHEN DARSTELLUNGEN

IMPRESSUM

Ausstattung:
308 Abbildungen, 63 Karten und grafische Darstellungen, eine große Reisekarte
Text:
Anita und Karl Anton von Bleyleben, Rita Henss und Beate Szerelmy mit Beiträgen von Dr. Hedwig Nosbers, Rainer Eisenschmid und Helmut Linde
Bearbeitung:
Baedeker Redaktion
(Beate Szerelmy)
Kartografie:
Christoph Gallus, Hohberg; Franz Huber, München; MAIRDUMONT/Falk Verlag, Ostfildern (Reisekarte)
3D-Illustrationen:
jangled nerves, Stuttgart
Gestalterisches Konzept:
independent Medien-Design, München
(Kathrin Schemel)

Sprachführer in Zusammenarbeit mit Ernst Klett Sprachen GmbH, Stuttgart, Redaktion PONS Wörterbücher

Chefredaktion:
Rainer Eisenschmid,
Baedeker Ostfildern

11. Auflage 2008

Urheberschaft:
Karl Baedeker Verlag, Ostfildern
Nutzungsrecht:
MAIRDUMONT GmbH & Co KG; Ostfildern

Printed in China
Gedruckt auf 100% chlorfrei gebleichtem Papier

BAEDEKER VERLAGSPROGRAMM

- Ägypten
- Algarve
- Amsterdam
- Andalusien
- Athen
- Australien
- Bali
- Baltikum
- Barcelona
- Belgien
- Berlin
- Bodensee
- Brasilien
- Bretagne
- Brüssel
- Budapest
- Bulgarien
- Burgund
- Chicago • Große Seen
- China
- Costa Blanca
- Costa Brava
- Dänemark
- Deutsche Nordseeküste
- Deutschland
- Djerba • Südtunesien
- Dominikanische Republik
- Dresden
- Elba
- Elsass • Vogesen
- Finnland
- Florenz
- Florida
- Franken
- Frankfurt am Main
- Frankreich
- Fuerteventura
- Gardasee
- Gomera
- Gran Canaria
- Griechenland
- Griechische Inseln
- Großbritannien
- Hamburg
- Harz
- Hongkong
- Indien
- Irland
- Island
- Istanbul
- Istrien • Kvarner Bucht
- Italien
- Italien • Norden
- Italien • Süden
- Italienische Adria
- Italienische Riviera
- Japan
- Jordanien
- Kalifornien
- Kanada • Osten
- Kanada • Westen
- Kanalinseln
- Kenia
- Köln
- Kopenhagen
- Korfu • Ionische Inseln
- Korsika
- Kos
- Kreta
- Kroatische Adriaküste • Dalmatien
- Kuba
- La Palma
- Lanzarote
- Lissabon
- Loire
- Lombardei • Mailand • Oberitalienische Seen
- London
- Madeira
- Madrid
- Malaysia
- Malediven

- Mallorca
- Malta • Gozo • Comino
- Marokko
- Mecklenburg-Vorpommern
- Menorca
- Mexiko
- Moskau
- München
- Namibia
- Nepal
- Neuseeland
- New York
- Niederlande
- Norwegen
- Oberbayern
- Österreich
- Paris
- Peking
- Piemont
- Polen
- Portugal
- Prag
- Provence • Côte d'Azur
- Rhodos
- Rom
- Rügen • Hiddensee
- Sachsen
- Salzburger Land
- St. Petersburg
- Sardinien
- Schottland
- Schwäbische Alb
- Schwarzwald
- Schweden
- Schweiz
- Sizilien
- Skandinavien
- Slowenien
- Spanien
- Sri Lanka
- Stuttgart
- Südafrika
- Südengland
- Südtirol • Dolomiten
- Sylt
- Syrien
- Teneriffa
- Tessin
- Thailand
- Toskana
- Tschechien
- Tunesien
- Türkei
- Türkische Mittelmeerküste
- Umbrien
- Ungarn
- Usedom
- USA
- USA • Nordosten
- USA • Südwesten
- Venedig
- Vietnam
- Washington DC • Capital Region
- Weimar
- Wien
- Zypern

LIEBE LESERINNEN, LIEBE LESER,

ein herzliches Dankeschön, dass Sie sich für einen Baedeker Allianz Reiseführer entschieden haben. Er wird Sie zuverlässig auf Ihrer Reise begleiten und Sie nicht im Stich lassen.
Natürlich beschreibt er die wichtigen Sehenswürdigkeiten, aber er empfiehlt auch die nettesten Kneipen und Bars, dazu Hotels für den großen und kleinen Geldbeutel, gibt Tipps für Restaurants, Shopping und für vieles mehr, was eine Reise zum Erlebnis macht. Dafür haben die Autoren und die Redaktion Sorge getragen. Sie sind für Sie regelmäßig nach Mexiko gereist und haben all ihre Erfahrungen und Kenntnisse in diesen Reiseführer gepackt.

Trotzdem: Die Erfahrung zeigt, dass Fehler und Änderungen nach Drucklegung, für die der Verlag keine Haftung übernehmen kann, nicht ausgeschlossen werden können. Für Kritik, Berichtigungen und Verbesserungsvorschläge sind wir Ihnen außerordentlich dankbar. Schreiben Sie uns, mailen Sie uns oder rufen Sie an:

► **Verlag Karl Baedeker GmbH**
Redaktion
Postfach 3162
D-73751 Ostfildern
Tel. (0711) 4502-262, Fax -343
E-Mail: info@baedeker.com

Besuchen Sie uns auch im Internet unter www. baedeker.com. Hier finden Sie jeden Monat den aktuellen Reisetipp der Redaktion und das gesamte Verlagsprogramm. Hier können Sie auch lesen, wer Karl Baedeker war und wie er seinen ersten Reiseführer geschrieben hat. Mit seinen über 175 Jahren ist der Karl Baedeker Verlag der älteste Reiseführer-Verlag der Welt.

www.baedeker.com

ZU GEWINNEN: STADTREISE NACH LONDON

Unter allen Einsendungen verlost der Verlag am Jahresende – unter Ausschluss des Rechtswegs – eine Städtekurzreise für zwei Personen nach London.
Freuen Sie sich auf ein spannendes Wochenende in London. Natürlich ist ein Baedeker Allianz Reiseführer London auch dabei!